U0117818

西安外国语大学
学术著作出版专项资助项目

声誉经济

文化奖、荣誉与文化价值的流通

[美] 詹姆斯·F. 英格利希 著

芮小河 党争胜 译

南京大学出版社

The Economy of Prestige

Prizes, Awards,
and the Circulation of Cultural Value

by James F. English

THE ECONOMY OF PRESTIGE：Prizes，Awards，and the Circulation of Cultural Value by James F. English
Copyright © 2005 by the President and Fellows of Harvard College
Published by arrangement with Harvard University Press
through Bardon-Chinese Media Agency
Simplified Chinese translation copyright © 2023
by Nanjing University Press Co.，Ltd.
ALL RIGHTS RESERVED

江苏省版权局著作权合同登记　图字:10-2022-229 号

图书在版编目(CIP)数据

声誉经济：文化奖、荣誉与文化价值的流通／(美)
詹姆斯·F.英格利希著；芮小河,党争胜译. -- 南京：
南京大学出版社,2024.1
书名原文：The Economy of Prestige：Prizes，
Awards，and the Circulation of Cultural Value
ISBN 978 - 7 - 305 - 27380 - 3

Ⅰ.①声… Ⅱ.①詹… ②芮… ③党… Ⅲ.①文化经
济学一研究 Ⅳ.①G05

中国国家版本馆 CIP 数据核字(2023)第 218623 号

出版发行　南京大学出版社
社　　址　南京市汉口路 22 号　　　邮　编　210093
SHENGYU JINGJI WENHUAJIANG RONGYU YU WENHUA JIAZHI DE LIUTONG
书　　名　**声誉经济:文化奖、荣誉与文化价值的流通**
著　　者　[美]詹姆斯·F.英格利希
译　　者　芮小河　党争胜
责任编辑　刘慧宁　　　　　　　　编辑热线　025 - 83597091

照　　排　南京南琳图文制作有限公司
印　　刷　徐州绪权印刷有限公司
开　　本　718 mm×1000 mm　1/16　印张 24.5　字数 365 千
版　　次　2024 年 1 月第 1 版　第 1 印次　2024 年 1 月第 1 次印刷
ISBN 978 - 7 - 305 - 27380 - 3
定　　价　78.00 元

网址：http://www.njupco.com
官方微博：http://weibo.com/njupco
官方微信：njupress
销售咨询热线：(025) 83594756

中文版前言

在 2010 年的中国之行中,我有幸为南京大学英语系的师生们做了一次讲座。中国知名学者刘海平教授请我谈谈《声誉经济》(*The Economy of Prestige*)。我想在讲座中展示更多图片,于是重点选择了大名鼎鼎的文化奖通常颁发给获奖者的奖品,如金牌、水晶制品、小雕像等。我展示了一些著名奖章和雕像的照片,并介绍了在它们的制造和流通过程中人们特别考虑之处:选择艺术家设计奖品时,要优先考虑奖品的哪些工艺或特征,制造过程中要使用多少黄金或贵重材料,销售和交易奖品时要设计哪些合同条款予以限制。我讲述了这些奖品被伪造、盗窃和破坏性使用的故事,描述了它们的可收藏性,随着时间的推移它们增值或贬值的趋势,以及收藏者们不同的收藏动机,也就是说人们想要得到别人成就的象征物品的不同理由。当我结束讲座时,会场鸦雀无声,似乎无人愿意第一个提问。过了一会儿,有一个研究生举手了。"谢谢您,教授,"他礼貌地问道,"但这与文学有什么关系?"

这可是个好问题!事实上,我在宾夕法尼亚大学的同事们在我撰写这部书时提出了同样的问题。我的首部专著是有关从约瑟夫·康拉德(Joseph Conrad)的《吉姆爷》(*Lord Jim*)等英国小说名著的解读,我作为 20 世纪小说专家被宾夕法尼亚大学聘任,他们想知道为什么我突然开始研究颁奖活动这个文化游戏,以及所有相关的不体面的丑闻和令人尴尬的审美评判失误。一个文学学者去研究文化领域里的"光荣

1

的奖杯"，到底能研究出什么名堂？

如果想找到这个问题的全面答案，请阅读本书。在此对这个问题的简要回答如下：文学奖或艺术奖并非文化的边缘或派生物，而是文化生产的典型机制。人们要认可某种东西是"文学"，乃至是一部文学杰作，必须经过一个集体的来回拉扯和争夺，这个认可过程可以被广义地描述为一种经济行为。它涉及个人、团体和机构之间为争夺稀缺的回报而进行的交易：这种回报当然包括图书销量和利润，但也包括相关的消费者（观众）、持久的认可（不朽）、公众的关注（名气）、同行之间的联系和友谊（社会关系）、未来的工作前景（职业发展）、在个人领域中的权威（影响力）等，还有更多诸如此类的回报。文化奖只不过是最突出和最恶名远扬的世俗文化交易场所，文学价值是通过文化奖这一文化交易场所并在其中生产、流通和维持的。所有的艺术和高级娱乐领域都是如此，为多集电视剧设立的文化奖和为多卷本诗歌设立的文化奖，其运作方式基本相同。对文化奖所有显而易见的不完善之处进行研究，有助于我们了解整个文化经济，以及我们作为读者、作家或文学评论家在利用自身的品位和偏好时所遵循的艺术规则。

我们运用这些经济术语来思考文学和艺术，这实际上是采用了一种社会学视角。本书的方法植根于法国的皮埃尔·布迪厄（Pierre Bourdieu）、美国的理查德·彼德森（Richard Peterson）以及 20 世纪 80—90 年代的其他社会学家们的研究，他们奠定并发展了有关文化生产的社会学模式。不过，问题是当我撰写《声誉经济》时，这项研究与美国文学研究几乎没有什么关联。1993 年，约翰·杰洛瑞（John Guillory）在《文化资本》（Cultural Capital）一书中对文学研究和品位标准做出了卓有成效的研究，尽管该书得到广泛赞赏，对我也有很大的启发，但它并未引发文学和文化研究普遍转向社会学的方法。21 世纪初，"文学社会学"对文学研究者来说还不是一个活跃的子领域。当我 2010 年在中国访学时，中国的文学研究可能也是如此。

从 20 世纪 90 年代开始，美国学术界发生了很大的变化。为追踪学界一些变化的景象并鼓励进一步的研究，丽塔·科普兰（Rita

Copeland)和我在 2010 年共同编辑了《新文学史》(*New Literary History*)杂志特刊,专门讨论"文学的新社会学研究"(New Sociologies of Literature)问题。丽塔和我都是 20 世纪 80 年代初的研究生,当时文学和文化社会学在批评理论的课程中占有很大的比重,其核心是雷蒙德·威廉斯(Raymond Williams)、理查德·霍加特(Richard Hoggart)、斯图尔特·霍尔(Stuart Hall)、吕西安·戈德曼(Lucien Goldman)、托恩·贝内特(Tong Bennett)以及从事跨学科文化研究的学者们的一系列著作。我们不禁要问:这个曾经显赫一时但现在似乎陷入沉寂的研究领域到底发生了什么? 我在《新文学史》特刊的导言中回答了这个问题:人文主义者对扩大科学和社会科学课程的不满,以及他们对定量方法在学术界和其他领域传播的敌意,导致"文学社会学"研究倒退,并且文学社会学旗下一些最知名的研究项目也被取消了。但丽塔和我也注意到,与此同时,特别是在书史(book history)、电影和媒体研究、人文教育的历史和理论,以及数字人文等领域,新的知识形态已经出现并以某种隐蔽的方式在与社会学进行交流和合作。《新文学史》的《文学的新社会学研究》特刊重点刊发了一些新研究,包括资深学者托恩·贝内特和约翰·弗罗(John Frow)的研究成果,他们在 2008 年出版了《文化分析手册》(*Handbook of Cultural Analysis*);阿托·奎森(Ato Quayson)正处于其学术生涯成熟期,他在《校正:为社会阅读》(*Calibrations*:*Reading for the Social*,2003)一书中提出了颇具个性和高度跨学科的新方式[①];马克·麦格尔(Mark McGurl)的《项目时代》(*Program Era*,2009)对创意写作及其对"二战"后美国小说创作的影响进行了一种修正式的社会学分析;大卫·奥尔沃斯(David Alworth)的《现场阅读》(*Site Reading*,2015)则对文学小说和装置艺术做了创新性的研究,其研究深受社会学家布鲁诺·拉图尔(Bruno Latour)的影

---

① 美国斯坦福大学英语系奎森教授使用一种他称之为"校正"的阅读方法:用文学之外的东西来解读文学,例如,他研究的文本包括黑人流行乐歌手鲍勃·马利(Bob Marley)的歌词等。——译者注(本书脚注均为译者注)

响；希瑟·乐福（Heather Love）为特刊撰写了一篇文章，提出了文学研究的"描述转向"（descriptive turn）趋势，接下来的十年里，她发表一系列文章来挖掘文学研究的社会学根源，其在 2021 年出版的著作《失败者：社会越轨与酷儿理论》（*Underdogs：Social Deviance and Queer Theory*）标志着该研究达到了顶峰。

2013 年，《N＋1》杂志指出，关于文化的社会学思考已经成为"主流"研究，在布迪厄"半社会学"（semi-sociological）研究的启发下，出现了帕斯卡尔·卡萨诺瓦（Pascale Casanova）的《文学的世界共和国》（*World Republic of Letters*）和我的《声誉经济》这类研究著作。现在出现了"过多的社会学"研究，不仅见于人文学术研究领域，而且也见于更广泛的社会问题研究中。这种说法有些夸张，但毫无疑问，在社会学与人文学科各研究领域之间，包括电影研究、流行音乐研究和文学研究等，相互交换概念和共同创新研究方法的机会越来越多，而且时至今日这种交流还在加深。文学、艺术史或电影研究者们研究文化价值的生产体系和机制已经不会再让人感到奇怪或意外了。社会学与艺术研究和人文学科研究的这种相关性现在已被广泛认可。

作为《声誉经济》一书的作者，我并不觉得是我激发了以社会学为基础的文化研究模式的新活力，但我力图为文学社会学的发展做出贡献，并为有更多研究者与我对话而感到高兴。出乎我的意料，在这种从社会学、经济学和机构研究的视角对文化领域进行分析的大趋势下，学者们对文化奖的兴趣越来越大。几乎可以说，在过去十年间，"文化奖研究"已成为文化奖的一个子领域。长期以来，文化奖一直被严肃的学者们所忽视，但最近它成为一个重要的研究课题，仅 2010 年以来就有数百篇相关的学术文章发表，数十种学术著作出版。就连有关诺贝尔文学奖的学术研讨会就召开了多次，与会者于 2022 年在诺贝尔奖研讨会议上提交的论文即将发表在文学研究期刊《世界文学杂志》（*Journal of World Literature*）和社会学研究期刊《诗学》（*Poetics*）的特刊上。

对于欣欣向荣的文化奖子领域以及我个人几乎处这一领域的中心位置，我有一些复杂的感受。我在《声誉经济》中提出，文化奖之所以重要是因为它们让我们特别关注到，我们对文化评价天生的缺陷和不纯粹的性质感受到焦虑。文化奖对价值的评价让我们觉得非常不可靠，并且是非常公开的、可耻的妥协的结果，于是我们把文化奖当作其他更值得尊敬但同样不纯粹的文化评价不在场的证明，比如那些在大学里产生并通过大学传播的文化评价，或者经过所谓公平的"时间的考验"的文化评价。想要理解文化奖如何发挥功能，我们需要将它们视为与上述这些更受人尊敬的、有来历的文化评价一脉相承，也与我们作为文化奖研究者的文化评价研究一脉相承。我们把文化奖变成一个独立的研究领域，作为一个特殊的案例孤立地进行研究的危险在于，我们可能只是落实了把文化奖当作一种文化缺场的证明，来强化我们高高在上地认可真正的文化价值时，与文化奖及其所代表的劣币划清界限的感受。这并不意味着我们不应该研究文化奖，但这种研究只有在我们最终更清楚自己是作为文化声誉的经纪人在发挥支持作用时才值得拥有，也就是说，这种研究产生一种本身更具有反思性的文化社会学。

　　我对下面这类有关文化奖的学术研究也有一些复杂的感受，在某种程度上我也促进了这类研究。近年来，文化奖在学者们采用数据驱动模式和计算方法研究文化史方面发挥了其特殊的作用。学者们将获得著名的文学奖或电影奖，或入围这些奖项的小说或电影作为受人尊敬的文学或电影的代表，这已经成为数字人文学科的一个标准步骤。通过算法，人们能把获奖小说的数字化语料库（甚至只是关于它们的相关信息，也就是它们的元数据）与同年度那些或多或少随机挑选的或有着类似篇幅的小说进行比较，以找出著名小说和普通小说之间的差异，或者把它们与畅销书做一番比较，以揭示那些被评论界视为成功的小说与那些在商业上取得成功的小说之间的差异，或者拿它们与浪漫小说和惊险小说进行比较，以揭示文艺小说和通俗小说之间的不同。我在 2016 年发表了一篇有关此类研究的文章，揭示了当代英语小说大约从 1980 年开始发生的重大转变，转变涉及小说时间背景的设置。20世纪 60 年代和 70 年代，畅销小说和获奖小说都倾向于描述当下正在发生的事件和行为，而描写历史事件的小说却显得违反了常规。但是，从 20 世纪 70 年代末开始，以过去为背景的小说开始在重大年度小说奖的竞争中占比越来越大，而在最畅销小说榜单中的占比却越来越小。到 21 世纪初，只有 12% 的畅销小说以过去时代为背景，而以过去时代为背景的小说则占获奖小说总数的一半多。于是，在文学的商业化和文学声誉之间出现了一个决定性的分岔口，这可以用来界定"当代"英语文学时期开始的时间。当我们再次把获奖电影与票房最高的电影进行比较时，却并未发现类似的趋势。金钱和声誉之间的关系在电影史上有着不同的呈现。

一些前沿的数字人文学者也沿着这个思路展开了系列研究，他们是安德鲁·派珀（Andrew Piper）、理查德·让·苏（Richard Jean So）、J. D. 波特（J. D. Porter）和桑德·曼谢尔（Xander Manshel）等。其研究往往比我的简单统计研究有着更复杂的计算，因而能够辨识出不同模式间更微妙的相似性和差异性。例如，在《文化资本如何运作：获奖小说、畅销书和阅读时间》（"How Cultural Capital Works：Prize-winning Novels，Bestsellers，and the Time of Reading"，2016）一文中，安德鲁·派珀和伊娃·波特兰斯（Eva Portelance）运用机器学习方法发现了当代小说的文化地位与这些小说对"怀旧叙事"的依赖性之间的关联。通过算法，他们发现，获奖小说（处于文学地位等级的顶端）中"怀旧的"语言段落比畅销小说多出 50%，而畅销小说中的"怀旧的"语言段落比科幻小说和浪漫小说等这些文学地位较低的通俗小说要多。这项研究表明，人们并不只是倾向于把文学声誉赋予那些将人物行动设定在过去背景的小说上，而是倾向于赋予人们以"怀旧心态"塑造的小说。他们还简单分析了近期的奥斯卡获奖电影，认为这可能也是美国电影的实际情况。

文化奖的数字人文研究成果非常令人鼓舞，可以引导我们对文化研究的方法和具体的艺术作品提出新的问题。这些研究与学者们最近对文化领域里持续存在的有关性别和种族偏见的研究相吻合，在文化领域里，人们赋予白人男性艺术家及其作品声誉的比例仍然很高。我认为，在设计这类研究时，我们可能对奖项与文化地位之间的关系过于想当然了，获奖名单可为学者们提供一个可利用的、大致能代表优秀文学或艺术作品的名单,但获奖和文学品质两者并不完全等同。我们需要对所谓"真正的"艺术家或知识分子主张不受文化奖活动的影响持怀疑态度。他们的主张还远远未构成批判文化奖的基础,而是为文化奖提供了一线生机:文化奖若不是因对艺术品的价值问题进行了错误的评判和错误的计算而受到诋毁,就无法实现其最重要的目的。为了成功地成为声誉经济中最不可或缺的工具,文化奖必须经常公开且可耻地经受不住高雅文化的纯艺术性标准的考验。必须有人不断地站在公认的权威的位置上断言,文化奖是一种贬值的文化货币,文化奖所传播的声誉是一种劣币。如果我们把文化奖当作高度的文化声誉的标志,就不能认识到文化奖的这个性质。我的确觉得获奖的书籍、戏剧或电影可以为那些在当代文化领域里采用计算模式的学者们提供有用的数据。但是,这些学者们面临的一个关键挑战就是如何深度处理盛行的高雅文化对立低俗文化的模式,以便把对获奖者的文化地位的疑虑考虑在内,并考虑到为难以获得主流认可的作品和艺术家保留特殊类型的声誉奖励,人们可能觉得这些作品太难懂、太狂野或太任性,或是这些艺术家们太难缠、太讨厌、太猥琐、太小众。本书的主题之一是,文化声誉对其拥有者来说,总是一种混合的货币和喜忧参半的事。文化声誉是一种价值形式,但除非它带着污迹,否则无法保持较高的文化地位,而我们还没有找到很好的方法把它的这种双重性转化为数据记录下来。

* * * * *

《声誉经济》一书全面讨论了文化奖的形式和功能,讨论虽然涉及所有的艺术和娱乐领域,但还是明显倾向于文学和电影奖的案例研究,这是因为文学和电影是我的专业研究方向,而且因为多种原因,研究文学和电影奖项的文章要远多于关于古典音乐、芭蕾舞、摄影、绘画、建筑等奖项的研究,至少在英语世界如此。本书也比较强烈地倾向于英语世界,对诸如"世界音乐""世界文学"和"世界电影"等影响全球趋势和潮流的领域进行了论证,而相关案例大多来自欧美各国。有关"全球文化声誉经济"的研究更多强调美国和欧洲文化奖的国际影响，而不是处于全球南方(Global South)的地区和国家文化奖的运作情况。我对这方面的研究采用了帕斯卡尔·卡萨诺瓦在《文学的世界共和国》一书中所采用的世界体系方法，她的这项研究颇有影响力，但其欧洲中心主义的研究也引起颇多争议，并受到一些批评，可能我的研究也难免会受到类似的批评。

　　以上两个缺陷反映了我作为一个学者的局限性，可能很难补救。可以肯定的是，如果是今天撰写这本书，我会更加努力地把我的文化舒适区以外的现代文化奖项的历史和功能纳入研究范围，而采用更广泛的视角将有赖于我对研究其他国家和地区文化奖的学者们的了解。虽然文化奖研究有了很大进展，但据我所知，还没有人进行这种综合研究。在多大程度上其他国家、其他大陆的文化奖符合我在书里所描述的一般模式和趋势？本书中文版的读者可能会思考这个问题，特别是关于中国文化奖的问题。在欧美，执迷于唯一的获奖者、杰出艺术家个人是文化奖的基本特征，而在中国，这些并不那么重要。中国同一奖项通常会下设多个类别的获奖者。在这方面，中国的文化奖往往更像我们国家的研究基金项目。如果仔细探究，无疑会发现许多中国文化奖的独特之处，有些可能完全是中国独有的，有些则与一些地理上、语言上或政治上有联系的国家所共有。每个国家的文化声誉经济本身就很有趣，但更有趣的是不同国家之间的异同，以及各个国家的声誉市场如何结合在一起，从而形成范围更大的区域的文化竞争和地位交流，甚至可能形成文化竞争和地位交流的世界体系的相关问题。我希望《声誉经济》中文版可以为从事这一比较研究的中国学者们提供有益的参考。对本书的翻译，我很感谢两位译者芮小河和党争胜，他们精通文化和语言，胜任了将这本书翻译成中文的艰巨任务，本书的语言在英文学术术语和独特的美国习语之间来回切换，本书提出的严肃问题可能很难离开文化奖所根植的那些笑话和讽刺。

詹姆斯·F. 英格利希

费城，2022 年 8 月

目　录

文化声誉的全球经济

插图目录

引言：文化奖与文化研究

我不知道这意味着什么，我觉得这不算什么。
——埃迪·维德(Eddie Vedder)，1996年"格莱美最佳硬摇滚
演奏奖"得主"珍珠果酱"(Pearl Jam)乐队的成员

这是一部研究文学、艺术类奖项的著作。过去100年里，文学、艺术类奖项的数量增长惊人，但这一现代文化生活中的重大故事在学术界鲜有人知。这些奖项深受大众质疑或令人不安，这或许是我们难以接受其数量快速增长的最大原因。本书也对此进行研究。向艺术家颁发奖金、奖章或奖杯，或者说从文化事业的各个领域里挑选杰出人士，并授予他们特殊的荣誉，这既是一种司空见惯的行为，也是一种极为怪异和令人反感的做法。颁奖之所以为人熟知是因为它历史悠久，至少可以追溯到公元前6世纪古希腊举办的戏剧艺术、古典和中世纪的建筑竞赛，以及文艺复兴初期就已经创立的民间作曲奖、大学论文奖和其他各种文化奖项等。从17世纪到19世纪，随着皇家学会、国家学会、各类专业协会和学术团体的兴起，颁奖活动更加普遍。20世纪初以来，各种文化奖越来越多。今天，颁奖活动可能成为我们文化生活中最流行的现象之一，涉及从古典音乐到文身艺术、发型设计、美食摄影等

在内的所有文化领域。然而，只要我们仍在为下面这些情况感到不安，那么我们就无法接受颁奖活动：艺术家似乎与拳击手或掷铁饼者无异，艺术变成了竞争或竞赛，必须从中选出明确的赢家，并给他们颁发镀金奖牌或水晶雕像、成堆的证书或巨额的支票，而这些奖品根本无法表彰或匹配他们罕见的艺术天赋或成就。半个世纪前，约翰·赫伊津哈（Johan Huizinga）在《卢登斯人》（*Homo Ludens*）一书中表明，艺术与体育本质上在人类生活中扮演着相同的角色。[1] 当代会计师们在企业费用清单上把后印象派画展和国际田径运动会都列入"艺术和体育"营销项目时，可能就是这样想的。然而，许多持现代艺术观的人观点与此相左，他们认为，在文化问题上"完全强调赢家和输家是错误和不恰当的"[2]。事实上，对大多数观察者来说，文化奖是外部施加给艺术世界的，并非艺术灵感的自然流露。20 世纪颁奖活动的兴起，特别是近几十年来奖项的激增，被广泛视为消费社会最突出的症状之一。消费社会仅仅从明星身份和成功的视角来看待艺术成就，用基于网络电视模式的、肤浅的、同质的通俗文化迅速取代丰富多彩的文化。从这个角度来看，奖项非但没有表彰艺术的精华之处，反而玷污了它。

　　文化奖一方面更全面、更密切地占据了文化活动领域，另一方面又持续激起我们的反感和排斥，我们对文化奖既熟悉又陌生，由此催生一种很复杂的张力，本书将从多方面对其一探究竟。这种张力从根本上触及艺术与金钱、政治、社会、时间等的关系问题。它涉及权力问题，即文化权力是由什么构成的，文化权力相对于其他形式的权力是如何定位的，以及它的特定逻辑和运作方式在现代时期如何发生了变化。这种张力还涉及文化地位或声誉问题：声誉是如何产生的？又存在于何处？存在于人际关系中、事物中，还是在人与物之间的关系中？声誉的流通有什么规则？这种张力的确涉及个人和集体对艺术的投入的本质问题，或者说我们的认可和幻想、信念和虚构、愿望和拒绝等问题。

　　简而言之，本书的范围比最初其所显现的更广阔，它看似专注于一个易于管理的，甚至相当非主流的研究对象——当代形式的文化奖，而实际上话题广泛，不仅包含了文化的经济层面，而且囊括了与"文化资本"相关的市场交易的规则或逻辑。从20世纪以后文化奖项的激增，本书发现了整个文化场域(cultural field)变革的关键所在。在文化奖 4的运作机制，诸如提名、评选、颁奖、领奖、赞助、宣传和丑闻等精心设计的各个环节中，本书发现了能够体现文化场域特征的新的组织和关系。

为了探讨这些问题，我采用了一套经济学术语，这些术语在艺术问题上的适用性和阐释力一直备受争议。当然，金钱在艺术和文学世界中发挥着重要的作用，如在赞助、营销、慈善捐助等中。显然，文化奖在不同程度上与艺术的商业目的、文化生产的实际资金和文化产品的流通有着密切联系，严格来说，没有人会质疑探究文化奖的经济动机和效果的合理性。但这种探究只是我研究的一个方面，我的研究还涉及文化奖和荣誉特有的**文化**经济学——这可以称为"文化声誉经济学"(the economics of cultural prestige)。这种另类的文化经济学与货币经济交织在一起，离开货币经济便无法被理解，但它本身并不是以货币为基础的，它涉及"资本""投资""捐赠""回报""流通""积累""市场"等经济术语。文化经济学假定艺术家、批评家、知识分子以及文化场域里的其他重要角色进行逐利或寻求利益交换的经济行为基本上属于正当行为。但它并未把货币经济置于首要位置。它不是把文化简化为经济学，把人们的艺术动机降格为对金钱的欲望，而是扩大了经济学的概念，使之包括非货币、文化和象征的交易系统，即歌德所称的"总体知识贸易的市场"[3]。正如皮埃尔·布尔迪厄(Pierre Bourdieu)所言，这个研究必须 5"把以经济计算法计算的对象不加区别地扩大到**所有**物质的和象征的商品，也就是以特定形式出现的**罕见的**、值得人们追捧的东西，这可能是'美言'或微笑、握手或耸肩、恭维或关注、挑战或侮辱、荣誉或头衔、权力或乐趣、流言蜚语或严谨的信息、特质或差异等"[4]。

这种关注文化经济与货币经济及二者间不断变化的关系，却不屈从于简化的**经济主义**的方法，似乎特别适合研究文化奖。首先，文化奖的核心是它的模棱两可性或两面性，这是至关重要的。一方面，我们往往把文化奖，包括伴随它的奖杯或奖章，还有其所代表的荣誉以及任何现金奖励等看作一种礼物。颁奖和领奖活动毕竟不是简单的购买或付款行为，并非与商业活动完全一致，也非狭义的**经济**交易，而是涉及那些在一个高度仪式化的舞台上迎接掌声或喝倒彩声的颁奖者和领奖者，即使这两者在某些方面是互惠的，人们也很容易将颁奖活动与市场交易行为区分开来。例如，个人可以通过不同方式来谋取奖，但通常不能以讨价还价的方式去获奖。个人不能为自己的艺术作品索要更高的奖，因为个人也可能要求提高该作品的定价（无论如何，这样做很可能会导致人们产生敌意或尴尬，后文将提到这些）。虽然赞助方或颁奖者也不能公开要求得到任何经济补偿或回报，但会有这样的安排，例如在绘画奖中，获奖艺术家有义务通过颁奖机构来出售其画作。不过，这对奖项的性质造成致命的损害，将降低它的声誉，并将它转移到营销合同协议的范围内。事实上，从经济学的视角来看，文化奖在许多方面都可能显得不平衡或失调，贫穷的艺术家接受价值低的文化奖，却拒绝奖金更慷慨的奖项，重要奖项的奖金比一般奖项的要少得多，收入相对低的学者向富豪艺术家颁发高达六位数的"研究奖"，自由职业的批评家们为富有的基金会从事大量无偿的评选工作，更不用说一些认真的艺术家和知识分子虽然没有参与奖项的竞争，却深深地、不可思议地为其投入了情感。在避开或超越交换条件的情况下，从任何严格的经济学或"交换"的方法来看，文化奖似乎提出了雅克·德里达（Jacques Derrida）所说的"余物问题……[或]没有人知道该拿剩余部分怎么办"[5]——礼物本身的问题等。那些追随乔治·巴塔耶（Georges Bataille）的人们着手打破并抛弃有关文化实践的经济学考量，把正宗的文化奖算作"纯粹的花销"，永远无法计入"收支平衡账目"[6]，就和他们计算真品的艺术价值的方式一样。

然而，另一方面，"奖"（prize）一词恰恰源自金钱和交易。这个词可追溯到拉丁文"pretium"，意思是"价格""金钱"，类似于梵语"prati"，意思是"反对""回报"。正如赫伊津哈所声称的，"价格最初产生于交换和估价领域，并以反价值为前提"。[7]无论是评委与管理人员内部谈论文化奖的言语，还是外部人员对文化奖的评论，在相当程度上都以计算的用语为主，提到了平衡、公平、义务、债务等细节。在所有的文化仪式和实践中,受抨击最多的是文化奖与市场动态妥协性的融合,它似乎总是在真正的文化活动(参与者只关心艺术的利益)与肮脏的竞争和贪婪(参与者肆无忌惮地追求职业和经济上的个人利益)之间摇摆。1996年,尼古拉斯·凯奇(Nicolas Cage)荣获奥斯卡最佳男演员奖,他在感谢奥斯卡委员会"帮助我模糊了艺术与商业之间的界限"之时,不仅指的是这一现实,即奥斯卡奖已成为其推广者的巨大营销工具和迪士尼子公司美国广播公司(ABC)①的主要收入来源,而且还指此类文化奖更深层次的模棱两可之处:它们既是一种认可貌似更高级和独特的美学形式价值的手段,也是一个呈现这种价值往往受制于最具商业化的生产和交易体系的舞台。

本书力图找到研究文化奖的角度,以捕捉其在根本上模棱两可的本质。我们对文化奖的文化现象不能严格地从计算和交易的角度来理解:慷慨、庆典、热爱、游戏、社群等,与营销策略和自我推销一样,都是文化奖的真实组成部分。对于我将要详细讨论的文化奖激增的原因,持完全质疑或嘲讽的态度是不可取的,其实人们的这种态度恰恰出现在旨在催生经济效益的颁奖现场上。同样,人们觉得文化是神秘的并对其近乎膜拜也不可取,这将限制人们利用广义的经济概念来研究艺术实践和艺术价值。我们需要认真分析文化奖,承认众多参与者们所怀有的崇高理想和诚意,同时也要认识到这些理想和信念本身就是竞争性交易和交换的社会体系的一部分,文化奖为这一体系服务并通过它生产所有的文化价值。

奖的模棱两可性就是布尔迪厄所说的所有的**象征资本**(symbolic capital)都具有的"双重现实"的特征。奖的模棱两可性使我们有必要使用这种双刃剑式的方法。数十年来,布尔迪厄一直是文化社会学领域中最具影响和争议性的学者。2001年,他去世前出版了民族志研

8

---

① 美国广播公司(The American Broadcasting Company,简称"ABC")创立于1943年,是美国四大电视网之一。它于1996年被迪士尼公司收购,成为其子公司。参见迪士尼公司的官网有关该公司的介绍:https://disney.fandom.com/wiki/ABC,2023年1月5日访问。

究、理论解释、文化历史和政治论战等领域的四十多种著作，旨在推进文化实践的一般经济模式。[8]诚然，这种模式忽略或大大低估了艺术和文学的某些方面；同所有的模式一样，它的还原法在一些读者看来实在难以接受。[9]作为接受过学术训练的文学评论者，我并不完全赞同布尔迪厄的思想体系，特别是他对某些文学文本，如对福楼拜（Flaubert）、伍尔夫（Woolf）或福克纳（Faulkner）等的作品的理解方式。本书的目的之一是质疑布尔迪厄关于艺术的商业化的宏大叙事的一些核心内容，同时还质疑该叙事所在的现代主义文化场域的基本构架和它所产生的公认的抵抗策略。[10]不过，布尔迪厄与其学派的著述，还有过去 20 年来学者们重新对文化、经济学与社会学之间关系开展的更广泛的研究，构成了本书重要的理论背景。当代学术界没有其他学派能更深入地探究文化奖需要解决的以下各种问题：作为文化能动者的机构和个人要争取的各种利益，实现这些利益要运用的博弈、机制和策略等手段，以及这种文化利益实现在维持或改变权力的社会分配方面（不同社会群体或阶级的相对地位）的最终作用。

　　我从文献中提取的最基本的概念包括**资本**和**场域**（field），"资本"不仅仅是从狭义的经济意义上［或甚至是追随加里·贝克尔（Gary Becker）去探讨"人力资本"的经济学家们所接受的更广泛的意义］来理解，而且是指任何被登记为资产，并被人们投入其工作的领域中用来营利的东西。因此，哈佛大学哲学学位或精通梵语的证明在学术界可以被算作资本，或被视为在"教育场域"（educational field）中的"教育资本"（教育场域本身是整个文化场域的一个区域或一部分）。然而，这些相同的资产在其他场域，如军事或商业活动的场域中，可能相对毫无价值，因为这些场域根据自己的估价方式和交换条件来生产并流通特定形式的资本。每一个场域（因其被公认是一个场域）都拥有自己的资本形式、谈判和交易规则、边界和限制条件，尤其是自己独特的利害关系，没有一个场域可以被简化为任何其他场域。举一个简短的事例，我们不可能因为电影界的明星效应只不过是一种委婉的市场化的说法而把电影场域仅仅视为商业场域的自然分支或产物。然而，每一个场域都可以被视为一般实践经济的一部分，这是一种广泛的社会逻辑，涉及参与者们凭借不同的混合资本或资本组合去逐利，去争夺各种由集体承认的利益，其中最重要的是对价值生产权力的争夺，而这意味着人们给本质上并不具有价值的东西赋予价值的权力。

然而，我要大量谈到有关文化奖的中心问题，也就是本书的关键点，如下：特定的场域里不仅存在特定形式的"资本"，而且这种资本还与所有其他场域和所有其他类型的资本建立了不同的关系。不存在完全自主或独立分出来的各种资本，使得个人可能去占据"纯粹的"文化的区域或边缘，在那里，金钱、政治、新闻名人或社会关系、种族、性别优势等毫无意义，或使得个人可能去获得一种免受社会、象征或政治经济影响的经济资本。这事关不同资本之间相互转换的比率和商榷原则，这两个都是整个实践经济中最重要的利害关系。要说在各个场域中会存在完全不可替代的"纯粹"形式的资本，这种说法既不可能，也不可取。无论在哪里，每一种资本都是"不纯粹的"，因为它至少含有一部分可以转换的资本，每个资本持有者都在不断地投入资本进行运作以努力捍卫或修改这种不纯粹的转换比率。

事实上，这就是文化奖大量增加的根本原因，文化经济已经超过了整个经济，文化奖的数量和经济价值的增长速度比一般文化经济要快得多。各协会和艺术家协会，学术团体和委员会，甚至艺术家和评论家个人等颁奖的速度，与企业赞助商和富有的慈善家一样快，这在很大程度上是因为文化奖是文化与经济、文化与社会或者文化与政治资本之间谈判交易的最佳工具。也就是说，文化奖是我们的**资本间相互交易**（capital intraconversion）最有效的体制能动者。通过文化奖，不仅特定的象征财富被"提现"（诺贝尔奖得主的绝版作品突然在吸引人的新版盒装书中出现，并被译成各种主要的语言），或某些经济财富在文化上被"洗白"，例如诺贝尔靠制造炸药赚得的钱被转化成最高文学成就。

10

49

11

普利兹克（Pritzker）①把大规模千篇一律的、平庸的凯悦酒店带来的利润转换为建筑创意和天才的象征。但是，在所有交易过程中产生的障碍和转换比率是人们不断竞争并随时调整的结果。因此，获奖者、评委、赞助者、艺术家和其他相关人员就被视为内部交易的能动者。他们每个人并不代表某种特定的、纯粹的资本形式，而是代表一种相当复杂的特殊利益，这种利益与资本间相互交易的规则和机会相关。他们的游戏不应被简化成以下这种战场上的游戏：在这个战场上，真正的艺术力量运用纯粹的象征资本的武器保卫着一小块（或许正在缩小的）"艺术独立"地带，与专横的商业势力（或"政治正确"等）对抗，而这股商业势力沿着唯一的一条边界线与"独立"方交锋，不断尝试使伪劣艺术越过边界，就像特洛伊木马一样迂回进入真正的艺术的地盘。这个令人过于熟悉的情景掩盖了更多关于奖项和一般文化生活的信息。相反，我们应该想想在场域里的每一个地点或位置上进行的游戏，整个文化生产场域是一个全面接触的市场或内部转化交易的区域，在这里，人们的（经济的）参与手段和做法变得更加复杂和多样。

因此，我通过重新确立研究导向来摆脱一般对艺术和金钱的笼统叙述，文化奖现象通常都会受这种叙述支配（在有关商业化的叙述中，艺术家或至少是艺术的自主性可能被列入历史上资本主义的受害者的行列，但更罕见的是在有关大众解放的叙述中，艺术家通过市场摆脱精英集团和把关者的压制）。[11] 我的方法虽然保留社会学家的雄心壮志，以揭示与文化奖有关的那些庞大的社会历史体系问题，但仍然高度关注文化奖作为文化交换工具，并致力于研究文化奖所促成的复杂交易的类型。在这些交易中，艺术和金钱不是唯一的利害关系，艺术家、资

12

————

① 杰伊·A.普利兹克（Jay A. Pritzker，1922—1999）与其妻子一起于1979年创立了"普利兹克建筑奖"，该奖每年颁发一次，奖励一位在世的建筑师，以表彰其重大成就。该奖的许多程序和奖励都仿照诺贝尔奖的模式，因此它被誉为"建筑界的诺贝尔奖"，获奖者获得10万美元的奖金，一份表彰证书，并从1987年起获得一枚铜质奖章。普利兹克家族产业包括遍布全球的凯悦连锁酒店。参见该奖官网：https://www.pritzkerprize.com/about，2023年1月5日访问。

本家和消费者也不是唯一的重要参与者。在我看来,大多数当代文化批评要么高估了特殊性,要么过度依赖普遍性。一方面,我们在多种形式的细读中,通过艺术家的天赋或评论家的聪明才智,让一件或一小部分艺术作品产生了丰富的知识和洞见;另一方面,根据一般的文化生产和消费的理论以及对国家或全球趋势的广泛评估,我们试图调查并报告整个文化生活的状况和轨迹,但遗漏了整个文化空间的中间地带,这个地带不仅挤满了艺术家和消费者,而且还有官方人员、工作人员、赞助商和文化管理者等,他们积极地制造和推广诸如最佳榜单、电影节、艺术家大会、读书俱乐部、钢琴比赛等工具。然而,学者们几乎还未开始细致地研究这些工具,建构其历史,收集其参与者们的人种学数据,了解其具体的逻辑或规则,及其被运用的方式。在这个时代,文化奖已成为一种运用最广泛和最有效的工具。也有许多研究者们在关注我的分析,特别是对艺术赞助、新闻和高等教育领域的分析。

我们为了解目前开展各种文化活动的新条件而面临的关键任务之一是,探讨和解释这些越来越无处不在的文化实践手段。相对于狭义的解释或宏大的理论研究,这不仅是一项社会学研究,而且必然是一项反思性的研究,需要学者们系统地思考自身一贯的性情的象征性和物质基础,对我们许多人而言,包括我们对这些特定的文化现象和一般的文化社会学方法习惯性的屈尊俯就的态度。由于没有考虑到个别艺术品的独特品质,这种方法从批评的专业性和审美的精致性来看可能会显得尴尬、粗糙。

因此,本书的重点在于文化奖及其涉及的规则、策略以及游戏的玩家,旨在致力于全面重新确立文化研究的导向,使其面向那些经常被无视的、仅仅被当作文化生产机器的东西,也就是在介于人们凭借灵感的艺术创作与明察秋毫的消费行为之间发挥作用的中间地带,这些行为更容易产生一种准宗教的倾向,甚至在今天仍然主宰着文学和艺术批评领域。即使社会学研究也很少愿意把调查的重点严格地或创造性地集中在活跃的文化实践市场上,社会学研究为我们提供的对大学或博物馆的分析远远比对读书俱乐部或名人堂的分析更广泛,同时对艺术

13

14

家、评论家、消费者人种的分析也要比对文化机构人员或行政人员的同类分析全面得多。在主流的文化研究范围内,几乎看不见诸如主要的艺术捐赠基金会的经理、当地电影俱乐部的副主席、诗人出生地博物馆的首席管理员等人物。这些被忽视的文化交换中的能动者们和工具的迅速崛起,是我们这个时代的文化生活最显著的特征之一,除非我们对他们有所研究,否则就别指望能可靠地发现 19 世纪以来"文化游戏"发生变化的方式。我对文化奖的研究不会产生一则关于后现代文化启示录的精妙寓言,比如超级重商主义(hypercommercialism),或者超重视凭证主义(hypercredentialism)的寓言,也不会产生一部关于品位民主化的令人欣慰的喜剧。但我希望,本研究能使我们更清楚地认识到这些斗争的性质,也能使我们把握那些可以决定我们未来文化的机遇。

文化奖的时代

第一章 文化奖狂潮

> 人人都是赢家，每个人都必须得奖。
>
> ——"渡渡鸟"，选自刘易斯·卡罗尔（Lewis Carroll）的《爱丽丝梦游仙境》（*Alice's Adventures in Wonderland*）

为什么历史学家尚未梳理过现代文化奖的历史？也许最明显的原因就是对于现代文化奖那些无所不在、令人瞠目的现象，从诗歌创作到色情电影拍摄，各种文化领域设立的奖项层出不穷，有谁能跟进或能将其全部记录下来呢？文化界充斥着各种奖项，数量超过了我们所有够得上奖励的文化成就，这一感受是有关奖项评论中反复出现的一个话题。在文学界，有一则广泛流传的笑话：戈尔·维达尔（Gore Vidal）称，美国的"文学奖比作家还要多"；澳大利亚诗人彼得·波特（Peter Porter）称他的祖国设立了太多的文学奖，"悉尼几乎没有哪个作家还未获过奖"。一位英国作家开玩笑道，在他参加的伦敦布卢姆斯伯里举办的一场"大型文学活动"中，他竟然是"在场仅有的两位从未获得过文学奖的小说家之一"。[1]更糟的是，另外那位作家为了不让人发现他没有获得过任何文学奖，就捏造了一个莫须有的奖——"彭伯顿-弗罗斯特纪念奖"（Pemberton-Frost Memorial Prize），并声称自己获得了该奖。

于是这位英国作家陷入了一个与正常获奖情形完全相反的喜剧场面:他成为夹杂在众多获奖者中的唯一的失败者。正如许多评论者所指出的那样,整个文学奖舞台已变得像《爱丽丝梦游仙境》中的"核心竞赛"一样,在竞赛中,渡渡鸟宣布道:"人人都是赢家,每个人都必须得奖。"[2]

当然,这并非一个特别的文学情形,而是当代文化生活的一个普遍特征。在好莱坞,人们仍会引用伍迪·艾伦(Woody Allen)的电影《安妮·霍尔》(Annie Hall)中的一句旧台词:"颁奖!他们就只会颁奖,我简直不敢相信。'颁奖给最伟大的法西斯独裁者:阿道夫·希特勒。'"记者们也翻出艾伦电影里的笑话,面对新闻界中数量增长惊人的奖项,一位撰稿人称,"法西斯独裁者"大概是唯一没有被纳入授奖的群体[3]。我们处处都能听到同样的抱怨,一位评论过大量新音乐奖节目的专栏作者指出:"奖项过多,可是优秀作品却很少。"[4]奖项通过其引发外界密切关注的过程催生了其他奖。如今,这一过程似乎已达到了一种文化狂热的地步,几乎每一天都有一个新的奖项被宣布设立,无论是更气派的有巨额奖金的超级大奖,如奖金20万美元的多萝西和莉莲·吉什奖(Dorothy and Lillian Gish Prize)、20万美元的兰南终身成就奖(Lannan Lifetime Achievement Award)、10万英镑的IMPAC都柏林文学奖(IMPAC Dublin Literary Award)、10万美元的极地音乐奖(Polar Music Prize)等,还是那些带有地方色彩或像外科手术式精准的小奖,如玛丽·戴蒙德·巴茨奖(Mary Diamond Butts Award)授予加拿大安大略省40岁以下的"布艺艺术家",奖励其通过"穿针引线的方式"制作的作品,美国作家之友奖(Friends of American Writers Award)奖励居住在美国阿肯色、伊利诺伊、印第安纳、爱荷华、堪萨斯、密歇根、明尼苏达、密苏里、北达科他、内布拉斯加、俄亥俄、南达科他或威斯康星等州的青年作者的最佳小说作品,参选者出版书籍不超过三部,还有更离谱的"恶搞奖"或"差评奖",如影视厅耻辱奖(Videomatic Hall of Shame Awards)、金酸莓基金会的乔·埃斯泽特哈斯最差剧本奖(Joe Eszterhas Award for Worst Screenplay)等。

当然,除了文化奖,其他事物也大量增加,比如人口在增长,自

1900 年以来，美国的人口增长了四倍，世界其他地区的人口增长了近五倍。经济增长得更快，在全世界范围内也许增长了 15 倍或 20 倍，随之而来的是各种商品和服务的爆炸式增长。书籍、剧院门票、乐器、艺术用品等在经济中可归类为"文化"部分，它们的生产和销售比其他部分增长得更快。例如，1929 年，美国的图书支出占国内生产总值（GDP）的 0.11％，到 1950 年上升到 0.15％，1970 年达到 0.18％，2000 年上升至 0.38％。1982 年以来，图书销量的增长速度是人口增长速度的两倍，图书总支出的增长速度是 GDP 的五倍。如果美国人仍然像 1929 年那样把同样比例的收入用于购书，那么每年的图书销售额将不到 100 亿美元，而实际上却达到 360 亿美元。[5]但是，文化活动的这种普遍增加只能在一定程度上解释文化奖增长。的确，与 40 年前相比，当今制作和销售的书籍、戏剧、电视节目的数量要多得多，竞争奖项的作品数量也要多得多。制作和发行这些作品所投入的资金更多，而图书奖、戏剧奖和电视奖的数量增长明显呈现出一条陡峭的曲线。（参见附录 A 展示这一总体趋势的两个示例。）

20

　　单单为所有奖项编制索引就是一项艰巨的任务。近年来，盖尔标准参考资料《奖项和荣誉》（*Awards, Honors, and Prizes*）已扩充到两本电话簿的体量，超过了两千页。这套书定价近 700 美元，每六小时该索引就会增添一项新的奖项，当然，它所遗漏的奖项肯定要远多于已登记的。[6]电子新闻数据库"莱克西斯/尼克西斯"（LEXIS/Nexis）由于收录的奖项报道过多，结果在 20 世纪 90 年代中期，该数据库专门开设了一个档案库来收集有关艺术和娱乐奖项的主要报道，当时所有这些奖也都建立了自己的官网。1994 年，国际杰出奖大会（The International Congress of Distinguished Awards，简称"ICDA"）成立，旨在控制和规范这一混乱局面，但徒劳无益。国际杰出奖大会统计了 100 多个奖金超过 10 万美元的"杰出"奖项，这是从 2.6 万多项奖项中挑选出来的特别荣誉，在"国际杰出奖大会"中，文化奖是仅次于科学奖的第二大奖。[7]

　　虽说无人能完全追踪所有的奖项，但人人都会记下自己荣获的奖。当今的文化工作者，如作家、画家、建筑师、历史学家、电影人、音乐家、演员、舞蹈家、学者、记者、魔术师、雕塑家、动画师、摄影师、喜剧演员、广告商、歌剧演员、时装设计师、电视制作人等，无论走到哪里都会随身携带书面获奖证书，他们在每一次采访中，在宣传报道、名人录、资助申请书、宣传资料或其履历中，甚至在其最后的讣告页上，都会重点展示出他们所获的奖杯和奖品。《纽约时报》有一篇关于 1995 年美国国家图书奖①获奖者斯坦利·库尼茨（Stanley Kunitz）的文章，开篇就提及"库尼茨凭借《精选诗集：1928—1958》（*Selected Poems*，*1928 - 1958*）于 1959 年获得了普利策奖。此后，他还相继获得了博林根奖（The Bollingen Prize）、布兰迪斯成就奖（Brandeis Medal of Achievement）、勒诺尔·马歇尔奖（Lenore Marshall Prize）、沃尔特·惠特曼荣誉奖（Walt Whitman Citation of Merit）和国家艺术奖（National Medal of Art）等"。[8]当安藤忠雄（Tadeo Ando）获得 1995 年度普利兹克奖后，有篇典型的新闻报道先表示不列出这位建筑师获奖清单，并解释道："太长，在此不再赘述。"但随后附上的该建筑师的职业简历实际上相当于一个奖项年表：1980 年的日本建筑学会奖（Architecture Institute of Japan Prize）、1983 年的日本文化设计奖（Japanese Cultural Design Prize）、1986 年的吉田五十八奖（Isoya Yoshida Award）和每日艺术奖（Mainichi Art Prize），以及 1992 年的嘉士伯建筑奖（Carlsberg Architecture Prize）等。就好像获奖是文化工作者唯一能做到的真正有新闻价值的事情，这或多或少是他们一生中难以评估、难以描述，或至少未能报道的诸多文化成就中最重要的一个成就。在这种背景下，最能说明艺术家身份的就是其所获的奖项，如一位"奥斯卡奖得主"或是一位"普利策奖获奖作家"昨晚去世，享年 86 岁，甚至报纸的商业版也依赖于当代这种独特的文化传记形式。1995 年，当艺术和娱乐电视

---

① 美国国家图书奖是美国图书出版与销售行业于 1950 年设立的民间文学奖，国内有学者将该奖译为"美国全国图书奖"，以显示其并非政府设立的奖项，本书沿用该奖的传统译名，以避免读者因新的译名而困惑。

公司任命一位新的播出宣传①副总裁时，报纸商业栏目报道尽职尽责地指出，这名男子"获得过三项艾美奖、两项广播设计奖（Broadcast Design Awards，简称'BDA'），在纽约国际电影节（New York International Film Festival)和芝加哥国际电影节（Chicago International Film Festival)，以及莫比乌斯国际奖（Mobius International)、特里和阿迪奖（Telly and Addy Awards)的竞争中获得过最高奖，并且还获得过15项广播设计协会（Broadcast Designers Association，简称"BDA")提名奖，创下了历史最高纪录"。9

  人们几乎能在每天的新闻晨报上读到这些概括某人成就的报道，这无疑会加深一种普遍的感受，那就是文化奖太多了，已经变成了一枚22劣币。然而，与此同时，这些报道反映了记者们和一些人长久的意愿，甚至说是强化的义务，即接受所谓的文化奖等于文化价值，接受奖章和奖杯是衡量一个人的文化价值的合法手段，或许也是唯一合法的手段。文化奖的激增并未使人们对其关注减少，随着人们仔细追踪和统计奖项，其关注度反而加强了。就算迈克尔·杰克逊获得了200多个奖项，人们也**从未停止计数**。按照通常的逻辑，奖项最终将陷入致命的恶性膨胀之中，然而，它们仍是文化经济中最容易变现的资产。

  不过，我们一旦认识到文化奖的象征价值终究会经受住所有的吹毛求疵、开玩笑和公开的诋毁，也就是奖项本身确实物有所值，甚至无论我们如何去看待它们，我们就会提出以下问题：如何做一些当时似乎必要的计算？如此多的奖项在评比，人们是何时开始把它们进行累计清点的？以下哪个奖项的价值更高？——美国音乐奖（American Music Award)、MTV音乐奖（MTV Music Award)、灵魂列车奖（Soul Train Award)、格莱美奖、先锋奖、普利策奖、水星奖还是极地奖？多少

---

  ① "播出宣传"（on-air promotion)是美国电视台打造自己的品牌和推广其节目系列的主要工具。播出宣传的形式是通过节目上的图形信息、简短的剪辑片，以及较长的广告片，将观众引向节目的重点，从而提高节目的知名度，增加收视率。参见 Thomas Frank，"What is On-Air Promotion?" *Harper's Magazine*，July 1，1999，http://producerscraftspllpromo. pbworks. com/w/page/36300434，2020 年 1 月 5 日访问。

个地方级的艾美奖才等同于一个国家级的艾美奖？"创意"奥斯卡奖（如编剧或导演奖）与"技术"奥斯卡奖（如音响或灯光奖），两者的价值比是多少？由于技术奖罕有"政治性"，并以更严格的专业标准来衡量，它实际上是一种更合理的荣誉，还是一个微不足道的小插曲？那么这些广告奖，诸如阿迪奖（Addy）、克里奥奖（Clio）、戛纳电影节奖和莫比乌斯奖呢？以上这些甚至也能算作"文化"奖吗？我们是否可以认为，一条凭借特别"创意"获得了克里奥奖的30秒的电视广告在文化上毫无价值，而凭借发型设计"成就"获得的艾美奖（有两个这样的奖项）更具有积极的价值？如果某广告涉及的是一项公共服务而不是企业产品，或者它是由一位在广告界之外获得认可的艺术家撰写或执导的，比如斯派克·李（Spike Lee）为耐克公司制作的备受赞誉的广告和斯派克·琼兹（Spike Jonze）最近制作的耐克广告，这有什么关系吗？那么"年度卓越体育表现奖"（ESPY①，体育界的）最佳个人表现奖（Most Dramatic Individual Performance）或最佳表演奖（Best Showstopper）呢？[10]我们能否把体育奖与舞蹈奖等文化领域里的奖完全区分开来呢？要知道这两种奖项都采用了类似的竞技形式，在体力上同样费力。摔跤奖历史悠久，职业摔跤手是体育运动员还是戏剧表演者？那么健美运动员呢？他们的评奖标准是审美而不是运动的标准，而且健美奖至少从19世纪末就开始了。

　　这些问题本来有些无聊，但这表明我们在对一个庞大的、**有内在关联**的领域的历史进行调查或总结时所面临的巨大困难，这个领域没有明确的制高点，也没有稳固的边界。我们要负责任地进行这项研究工作，就需要对自己的投资、对我们习惯性地衡量和比较文化资产时所处的特定位置以及因占据这个位置而获得的好处等，具有高度的自我认识。这项有关文化声誉经济的"反思性社会学"研究与现有关于奖项的

---

　　① "ESPY"（年度卓越体育表现奖）的英文全称是"Excellence in Sports Performance Yearly Award"。该奖于1993年创办，旨在奖励过去一年中，体育界表现最出色的运动员。

评论大相径庭，现有的讨论内容浩如烟海，但作为批判性见解的来源大 24
多可忽略不计。每年各大主流报刊都会发表成千上万篇关于文化奖的
文章，这些便是我们所拥有的新闻文献，它们取代了真正的学术研究。
此外，这些文献的大部分内容都不属于报道或新闻的范畴，而是一些贬
损性的段子、小道消息，或是一些固执己见的、往往相当尖刻的署名文
章，它们构成了一种评论，其作者通常是那些担任过评委或参与评选竞
争的人，他们对自己曾参与的奖项进行评论，这些评论全部被恰如其分
地嵌入他们力图描述并批评的评奖体系中。事实上，关于某个奖项的
大多数评论仅仅是该奖项整个体制结构的一部分，是该奖项未公开的、
或许是无意产生的宣传组织的一部分，尤其是当这种宣传组织采取丑
化奖项或对它屈尊的态度之时，更是如此，而许多人对某些评奖机构的
"内幕"的描述或回忆录也是如此。这些形式各异的评论远远不能充分
说明奖项，就像有关媒体政治的那些揭秘好莱坞的热门电影或周日早
上揭秘政治内幕的华盛顿环路脱口秀节目一样，涉及的都不过是待诊
断明白的症状而已。

毫无疑问，任何关于文化奖的研究，包括本研究也是如此，任何评
论者都无法完全避免参与到他们所要研究的声誉经济之中，即参与到
评价和贬低、推崇和蔑视的体系之中。不过，我并非意在要夸大我的方
法论（或者更广泛而言，夸大我们从社会学角度更系统地反思我们与文
化现象的关系来探知其真相的可能性），我只是意在要强调文化奖似乎
会对任何真正审视其功能和效果的研究产生特殊的阻力。有关文化奖
的新闻报道和准学术文献表面上活跃，但在这之下，我们发现了无新意 25
的争论在无休止地重复。一方面，文化奖奖励优秀作品，给"严肃的"或
"高品质的"艺术作品带来知名度（从而鼓励普通大众消费更高档次的
文化产品），并帮助尚在奋斗中或鲜为人知的艺术家们，为后赞助时代
提供一个赞助体系，为不同的文化群体创造一个展示群体自豪感、团结
氛围和庆典场面的论坛。另一方面，文化奖又被认为系统地忽视优秀
的艺术，而奖励平庸的艺术，把严肃的艺术诉求变成了一场有辱人格的
赛马活动或营销噱头，把不必要的注意力集中在那些已经牢牢地确立

了个人的声誉和职业生涯的艺术家身上，从而提供了一个封闭的、精英化的论坛，让文化内部人士在这里以权谋利并相互交易。

出于我将在本书第三部分探讨的原因，在上述评论类型中，第二种评论远多于第一种评论。人们对文化奖的新闻报道采用讽刺和居高临下的语气已经成为一个标准特征，以至于不采用这种语气就显得迟钝或幼稚。不过，我认为最天真的是那些高高在上的批评者们，他们没有考虑到自身在一个更大的体系中所处的位置。除非权威人士，即那些通过这些奖获得文化权威的人士，对其进行猛烈抨击，现代文化奖将无法发挥其社会功能。在我看来，对文化奖的大量嘲讽和讥笑必须被视为狂热的评奖体制的组成部分，而不是以任何方式推出的外在批判。因此，本书读者不应该期望回到熟悉的（大体上是预先设定的）、造就了绝大部分奖项评论的"评选"话题。本书第一部分甚至全书的目的并非要判断文化奖是一种财富还是一种尴尬，获奖的艺术家或作品是实至名归还是名不副实的，奖是提升还是拉低人们的品位及艺术家这一职业的地位。相反，我的目的是要分析贯穿整个文化奖体系的象征性交换、胁迫、协商、竞争和联盟，其中的相互鄙视和相互尊重，不仅涵盖评选过程和颁奖仪式，还包括许多非评选体系核心的做法，特别是围绕奖项产生的新闻话语以及所有的炒作和反炒作。

虽然我将从对文化奖现象的总体回顾开始，但我采用的远非百科全书式的方法。本书未对文化奖进行系统的分类，未开展对文化奖历史刨根问底式的调查，也未试图对文化奖进行全面的分析。全书的研究偏向比较明显，即偏重于从文学领域和英美两国选取案例，这与我自身专业知识的局限性有关。不过，这个方法使我提出比任何现有的关于文化奖的研究都更重要的视角。从特定角度来看，虽说文化奖在一个包含正当文化实践的场域中还未取得合法地位，但它不是对文化的威胁或污染。文化奖是典型的当代文化实践的形式，是一个文化实践的项目，其主要功能是促进文化的"市场交易"，使不同的个体和机构的文化能动者以各自的资产、利益和倾向来进行互动，共同参与到一个价值生产的集体实践中去。如果我们更愿意把这个项目称为"美的生产"

或"艺术的生产"，那么就应该认识到，如果没有一系列复杂的交易，仅仅靠艺术家个人及其作品，这个生产过程就不可能发生。文化价值不可能在人们的人情债和义务缺失的情况下出现，也不可能在某些人未能从他人那里赢得信誉或尊重（分布很不平等）的情况下出现；文化价值的产生总是一个社会过程。文化价值也不可能出现在政治真空中，参与者们不可能不受阶级、种族、性别或民族等主流等级观的影响，也不可能对这些等级观漠不关心，文化价值的生产总是政治化的，它也不可能完全独立于市场经济或对立于经济市场，它的生产总是以多种方式牵涉货币经济。文化奖促成了艺术、社会、政治、经济与其他形式的资本之间进行复杂交易，这在本质上与各个文化场域中的其他交易并无不同，通过这些交易，"艺术"被生产出来，也就是被认可为艺术。因此，本研究旨在从回顾20世纪以来文化奖的兴起和迅速扩散开始，但并非要将文化奖妖魔化为文化的敌人。恰恰相反，本研究将使文化奖与其他类型的文化实践基本上保持连续性，以从其身上学习如何更好地或更自觉地理解我们的文化生活，包括我们的品位、倾向、投资和幻想。

第二章　现代文化奖的滥觞

28　　　　整个颁奖体系……属于一个无批判的时代；是一群已学会了字母表却拒绝学习如何拼写的人的行为。

　　　　　　　　——埃兹拉·庞德（Ezra Pound），引自《文学文摘》（*Literary Digest*），1928 年 1 月 14 日

　　文化奖在现代的崛起可以说始于 1901 年设立的诺贝尔文学奖，也许这一历史上最悠久的文学奖给人的印象完全是一个当代的文学奖，与其说它是历史的产物，不如说它是我们这个时代的一部分。全世界一百多家报纸报道诺贝尔奖的新闻，[1] 诺贝尔奖充分抓住了集体的想象力，以前所未有的力度强化了文化奖奇特的扩增逻辑，使其从一百年前相当偶然的一种文化活动形式上升到如今人们不可否认的核心形式。在瑞典斯德哥尔摩市举行首届诺贝尔奖颁奖典礼之后的短短三年内，法国就设立了龚古尔文学奖（Goncourt）和费米娜文学奖（Femina Literary Prize），约瑟夫·普利策（Joseph Pulitzer）则宣布他打算效仿阿29尔弗雷德·诺贝尔，在美国设立一系列年度文学奖和新闻奖。[2] 通常，其他文化领域不会受新设立的文学奖的影响（其中一些领域，如音乐创作和建筑，在 19 世纪末已经设立了完善的竞赛制度，为评委制定了详细

22

的规则和协议，并为获奖者提供大量的现金奖励）。不久后，在这些领域中就开始出现了向诺贝尔奖看齐的迹象，文化奖进入发展期，直到20世纪末，每个文化领域和文化子领域都会觉得有必要拥有自己的诺贝尔奖：有的自称"艺术界的诺贝尔奖"，如日本的皇家世界文化奖（Praemium Imperiale Prizes）；有的自诩为广播和有线电视行业的"诺贝尔奖"，如皮博迪奖（Peabody Awards）；还有的则是被称为"诺贝尔音乐奖"，如瑞典皇家音乐学院的极地奖，诸如此类。就是在文学领域，也有来自瑞典以外其他国家设立的"诺贝尔奖"，如美国俄克拉荷马州的诺伊施塔特国际文学奖（Neustadt International Prize for Literature），组织者声称它"经常"被誉为"美国的诺贝尔奖"。每个潜在的诺贝尔奖最终都会产生数百个甚至数千个围绕"最佳"主题的越来越细化的各种奖项，更不用说众多以"最差"为主题的模拟奖和差评奖——金酸莓奖（Golden Raspberry Awards）、烂笔头奖章（Bad Writing Medal）、搞笑诺贝尔奖（Ig-Nobel Prizes）[①]等。

　　虽然诺贝尔奖标志着文化奖历史上一个崭新的、特别疯狂的时代的到来，但我们应注意不要过分夸大文化奖的现代时期与其之前时期的离断，文化奖至少已经存在了2 500年。现代形式的奖，如17世纪以来由大学和皇家学院颁发的各类奖项，一直在被模仿并被分化，进而呈现出扩散的趋势。20世纪文化奖爆炸式的增长相当引人注目，这涉及赞助者和管理者的大量创新，但从这些最基本的发展趋势来看，它与人们长期以来的文化实践是一致的。

30

　　为艺术家颁奖至少可以追溯到公元前6世纪晚期，当时一年一度

---

　　① 搞笑诺贝尔奖名称是英文"不正经的"（Ignoble）和诺贝尔奖（Nobel Prize）的结合。该奖创立于1991年，主办方为科学幽默杂志《不可思议研究年报》（*Annals of Improbable Research*，简称"AIR"），典礼由哈佛大学拉德克利夫物理学学生协会（Harvard-Radcliffe Society of Physics Students）和哈佛大学拉德克利夫科幻协会（Harvard-Radcliffe Science Fiction Association）共同主办，经常邀请诺贝尔奖得主颁奖。该奖旨在庆祝不同寻常的事情，表彰富有想象力的人，并激发人们对科学、医学和技术的兴趣。参见该奖主办方网页：https://improbable.com/ig/about-the-ig-nobel-prizes，2022年1月5日访问。

的结合音乐、诗歌和戏剧的节日庆典遍布希腊中东部城市（古代阿提卡地区）。这些节日聚会通常以比赛或竞赛的形式组织诗人、剧作家、戏剧团或乐手相互竞争，以争夺由评审团颁发的奖，人们有时会根据令人意想不到的复杂的章程来管理评审团的评选。比赛包括合唱比赛、诗歌创作暨朗诵比赛、竖琴、长笛、小号演奏和其他艺术比赛。建筑设计比赛是"竞赛体制"的前身，从中世纪晚期到现代，这种体制越来越多地构建了建筑领域，它也存在于古典时代，也许比盛大的节日更早，但它从来不是节日的一部分，也不与奖本身相关。即使在今天，一个新建筑设计方案获奖也不等同于获得普利兹克奖或斯特林奖（Sterling Prize）[3]。

在所有的古典文化节日活动中，最著名的是由希腊最伟大的城市雅典举办的戏剧比赛。这些戏剧比赛是雅典人每年为纪念酒神狄奥尼索斯而举行的年度节日的核心活动，其宗教性质给参演的艺术家带来了特别崇高的地位。演出戏剧的诗人、组织演出的合唱队指挥、组成戏剧团的演员和歌手，当然，尤其是那些参演剧目获奖的演员，都得到了"宗教领袖应有的尊重……神圣而不可侵犯"[4]。即使他们被招募参加由雅典议会赞助的公关事业，吸引游客并给他们留下深刻的印象，也享受着这种几乎神圣的地位，雅典议会为提供资金的私人**赞助者**（choregos）或演出赞助者提供税收减免。艺术家们为了赢得艺术节向他们提供的特殊而崇高的地位，不得不在评委会面前忍受竞争的压力和潜在的羞辱。此外，艺术节结束后，这些评委们经常受到指责，说他们受贿或受到不当影响，或根本无法区分伟大的艺术和平庸的艺术。

奖的基本矛盾，也就是艺术家一方面被**神圣化**，被提升到几乎是神一样的地位（"神圣化"是布尔迪厄最喜欢用的涉及文化荣誉或奖项的术语），另一方面又卷入一个包含务实的财务核算、国家或城市的自我宣传以及党派事务（往往是政治琐事）的体系中，**被亵渎**进而被粗暴地打入尘世间，文化奖的这种矛盾现象至今还一直存在。正如我在"引言"中所指出的，本研究的主要目的之一是探讨现当代评奖活动中这种神圣与非神圣之间，或象征的与物质的之间的融合。然而，在简要追溯

31

现代文化奖的前身时，我想强调经典奖项中的另一种矛盾性，即在文化的节庆性和官方导向之间、文化工作的**庆祝**和**管理**之间的矛盾。这种矛盾一直持续至今。

　　在之后的历史中，文化奖一直与大规模的整个城市的节日和文化聚会之间有着经典的联系。事实上，文化奖似乎常常只是这种场合的一种借口或一种便利的组织手段。19 世纪的历史学家 A. E. 黑格（A. E. Haigh）关于雅典舞台实践的研究至今仍然很有价值，他指出，成千上万的游客从其他城市和地区涌入雅典来参加每年一度的狄奥尼索斯戏剧比赛，他们是真正寻求文化新奇和刺激性的饕餮，"能日复一日、从早到晚地观看悲剧和喜剧而不觉得腻味"，还会为节日提供了作者与观众"直接接触"的机会而感到兴奋。[5] 后来的几个世纪里，节日越来越多地成为声名狼藉的性爱狂欢，而它最早却是文化消费的狂欢。这种狂欢在今天仍然很常见。人们会想到在戛纳电影节或多伦多电影节上观众们每天观看八部电影的紧张节奏，以及他们兴奋地"瞥见"大牌导演和其他文化名人的事，当然，这些当代电影节总是围绕着一系列奖项展开，整个电影节的高潮是宣布大奖得主，如金棕榈奖（Palme d'Or）得主的时刻，而获奖影片当即就会受到激烈的批评或抱怨（戛纳电影节上的法国记者们有时会在新闻发布现场上发出欢呼声和嘘声）。[6] 我还想到了其他与希腊节日和艺术竞赛相关的现代活动：不仅有戏剧节，如爱丁堡艺穗节（Edinburgh Festival Fringe），还有古典音乐表演竞赛，如在美国沃斯堡市（Fort Worth）举行的为期 15 天的范·克里伯恩国际钢琴大赛（Van Cliburn International Piano Competition），以及大型博览会或艺术展览，如威尼斯双年展（Venice Biennale），所有这些都为主办城市带来大量国际观众，对观众的耐力有相当高的要求。"威尔士埃斯特德福德艺术节"（Welsh Eisteddfod）是一个由戏剧、诗歌、音乐和舞蹈比赛组成的年度节日，据说其历史可以追溯到 1176 年，可能更符合古典模式。[7]

　　即使一个奖项与节日没有任何正式的联系，它也往往会成为节日活力的焦点。人们对颁奖前后举办的晚会和对颁奖仪式的重视程度几乎不相上下。就奥斯卡奖而言,整个洛杉矶地区都在举办各种外围庆祝活动和衍生活动——在颁奖典礼前一个多星期,甚至在颁奖典礼后的一些日子里,电影院举办特别系列影展,餐馆供应特别菜单,舞厅开设特别主题之夜,还有衍生的和模拟的奥斯卡颁奖典礼,自动下注竞猜奥斯卡奖获奖者的活动等。到了颁奖典礼当天,可以毫不夸张地说,偌大的城市的全部生活都围绕着奥斯卡颁奖典礼而展开。

从更广泛的视角出发,我们可以看到节日以壮观场面的刺激,尤其是大规模的**竞赛**场面的刺激为重点,今天即使有些文化奖无实际的现场表演或不展览参评作品,这个重点也依然没变,让一群入围的竞争者们去参加即将宣布仅仅一位获奖者的公共集会,这一做法一度只与奥斯卡奖、艾美奖(Emmy Award)、英国电影电视艺术学院奖(BAFTAs)和格莱美奖等电视"娱乐"奖有关,但从 20 世纪 70 年代末以来,这种模式在文学奖和其他"合法的"艺术奖中也越来越典型。事实上,正如我们将看到的,20 世纪后半叶,推动奖项激增的主要因素之一是其独特的力量,创立者凭空制造可由电视转播的文化活动,用看似不可抗拒的力量吸引文化名人进入其活动轨道,从而确保相当数量的观众参与。

34　那些本质上糊弄人的奖项,**只不过**是人们制作廉价的电视特别节目的工具,大量不知名且通常不重复的奖被颁发给任何愿意出席颁奖现场的名人们(由此在两个小时的节目中,他们能间歇性地在镜头前展示自己的卖相)。即使是这些令人沮丧的有线电视节目,显然也能产生强大的观众群,带来丰厚的利润。然而,文学奖或雕塑奖等更独立、不那么电视化的艺术奖项也与同样的"景观经济"(economy of spectacle)联系在了一起。除了布克奖,还有什么奖项能让电视重点报道一部"无法读懂"的小说及其作者,就像报道詹姆斯·凯尔曼(James Kelman)的作品《多么晚了,多么晚》(*How Late It Was，How Late*,1994)一样? 还有什么方法比同一天既获得最佳艺术创作奖特纳奖(Turner Prize)又获得最差艺术创作奖 K 基金会奖(K Foundation Award)更能让英国雕塑家雷切尔·怀特瑞德(Rachel Whiteread)成为国际电视上的名人呢?

在美国,尽管文学奖、绘画奖和雕塑奖的颁奖宴会还未进行电视转播，但文化奖已经有一种明显的与电视融合的意识。1999 年度美国国家图书奖颁奖典礼由影视明星史蒂夫·马丁(Steve Martin)主持，他将美国国家图书基金会 50 周年金奖颁发给了主持日间电视节目的巨星奥普拉·温弗瑞(Oprah Winfrey)。几年前，温弗瑞的制片人设计的电视图书俱乐部模式让她大获成功并因此而受到表彰。截至 1999 年底，经奥普拉每月精选推荐的图书已经连续 28 次登上了畅销书排行榜，奥普拉本人也被誉为美国历史上最有影响力的文学"品位引领者"[8]。表面上奥普拉获得的"文学奖"是由一位电视明星颁发给了另一位电视明星，但这标志着两个方向的融合。一方面，奥普拉的读书俱乐部本身就近乎一种新的图书奖。俱乐部评选的是月度图书而不是年度图书，虽然俱乐部的评选不涉及壮观的竞争场面，因为俱乐部不公布入围名单，只邀请被选中的小说家到演播室参加节目。"奥普拉读书俱乐部"(Oprah Book Club)的节目意在为出版商、书商和文学人士等制造典型的颁奖典礼所具有的那种刺激和悬念。制片人煞费苦心地要确保某部被幸运选中的小说绝对保密，这部书将能多卖 100 万册，甚至还可以让美国国会图书馆发行一个 ISBN(国际标准书号)，书商可以在不知道图书书名的情况下通过这个书号提前订购奥普拉精选的图书。另一方面，如果说奥普拉的制片人通过挪用图书奖的某些元素来重振日间节目的收视率，那么美国国家图书奖基金会的管理者也同样试图通过挪用电视的某些元素来重振图书奖的活力。早在 1986 年，美国国家图书奖基金会就已经采用了奥斯卡奖风格的颁奖模式，即提前宣布提名作品，然后在宣布最后获奖名单时让被提名者承受最大的压力和屈辱。美国国家图书奖基金会一直在进一步寻找办法来实现其联合电视的战略，所以它非但没有将"奥普拉俱乐部"视为伪奖项和侵权威胁来回避，反而将它视为一次机会，以此来加强美国国家图书奖在电视上的吸引力，给这个合法的文学奖，还有那些当红的名人带来一些节目的异彩和轰动。在新世纪国家图书奖的首次颁奖中，头一次出现了这种情况，乔纳森·弗兰岑(Jonathan Franzen)的获奖小说《修正》(*The Corrections*)其实是被奥普拉最先推选出来的作品(尽管国家图书奖的这次评选后

35

来遭到了抵制）。

文化奖的这种喜庆、盛大的元素往往不得不与官方对它的控制和严格管理的元素并存，这很不容易做到。在古典时代，虽然人们是在极其活跃的节日气氛中评选获奖者，但甄选过程本身非常谨慎和严肃，特别是在挑选评委时。黑格描述了5世纪所谓的"大酒神"戏剧比赛的评选制度。由于这些节日是在雅典城（雅典卫城）的城墙内举办的，因此也被称为"城市酒神节"。节日受雅典议会（Athenian Council）的管辖，但议会成员本身并没有资格担任评委。相反，十个阿提卡（Attic）部落的代表向议会提交他们各自部落的提名名单（符合某些一般的评选资格的规则），把每个被提名人的名字写在一张纸条上，然后把纸条放进一个与提名部落相对应的盒子里。这十个盒子一直被锁着，直到节日前夕，在一个所有被提名人都参加的仪式上，从每个盒子中抽取一个名字。这十名"初审评委"随后被要求评判所有剧目，并在比赛结束时向评议会提交他们的排名名单。然而，到此这一进程仍未结束。一个盒子再次被拿了出来，评委们的十张表格被放进了盒子里，再随意取出其中的五张表格，这五张表格就成为公开的文件并被作为颁奖的依据，而其他五张表格则被销毁，不为人知。在这一系列旨在表现最完美的评选自主性和公正性的精心设计中，人们却看到了丑闻的威胁——它仍然潜伏在每一个颁奖礼堂或宴会厅的门口，并继续衍生出奇怪的评选和保密仪式：来自平克顿公司或普华永道会计师事务所的代表们站在一旁，一脸阴郁，手里拿着密封好的信封。事实上，正如我将进一步讨论的，丑闻威胁是文化奖的一部分，而诸如盒子、眼罩和蜡封之类的设计，与其说是缓解这种威胁，倒不如说是在公众眼里维持这种威胁。

凭借评委遴选获奖者的复杂程序，雅典城官员既保持了对颁奖过程的控制，似乎又利用这种控制消除了他们自己的偏见，从而将酒神节戏剧比赛定位为一项官方的国家活动和政治活动，而这些活动在某种程度上却与政治无关。[9]在这方面，古代的奖项至少与酒神节的奖品一样被官僚化。事实上，奖项对于文化合法性和权威性的**体制**来说，一直是至关重要的。虽然艺术节和比赛构成了现代文化奖重要的前身，是

36

37

标志其功效的一个载体,但同样重要的文化奖的谱系可以追溯到后来的文艺复兴和启蒙运动,当时先是伟大的国家艺术与文学学院,再是建筑和其他有抱负的"行业"专业协会,开始更严格地监督和约束文化工作者及其作品。其中最重要的机构是分别成立于1635年和1648年的法国的文学学院和艺术学院。它们还不是最早的机构。法国艺术学院的正式名称为"皇家绘画与雕塑学院"(Académie Royale de Peinture et de Sculpture),显然是仿照罗马的"圣路加学院"(Accademia di San Luca)建立的,而圣路加学院则比它早了半个多世纪,并且是仿照1565年意大利科西莫一世(Cosimo I)和乔治·瓦萨里(Giorgio Vasari)在佛罗伦萨建立的迪塞诺学院(Accademia del Disegno)成立的。这些法国学院特别成功,并被广泛效仿,加速了国家官僚机构控制艺术和艺术价值生产的进程。

这些学院有权有势的管理者,黎塞留红衣主教(Cardinal de Richelieu)①、夏尔·勒·布伦(Charles Le Brun)②、约书亚·雷诺兹爵士(Sir Joshua Reynolds)③等,当然有他们特定的意识形态和美学议程,而这些机构开始代表某些正统艺术观,例如,法国皇家艺术学院通常被认为在欧洲大陆推行古典美学,而伦敦皇家艺术学院(Royal Academy of Arts)则被认为在英国推广了欧洲大陆的古典主义,尽管它有些姗姗来迟。但历史学家们长期以来认识到,法国的这些学院和一般学术机构更重要的议程是学术本身。这些机构是确立和扩大其自身权威的机器,确保了在各个民族文化领域的任何价值等级体系都直接或间接地

38

① 黎塞留红衣主教(1585—1642),法国神职人员、贵族和政治家。他在1607年成为主教,后来进入政界,成为国王的"首席大臣"。他力图巩固王室权力,限制贵族的权力,将法国转变为一个强大的中央集权国家。他是一个戏剧爱好者,是法兰西学院的创始人和赞助人,并担任过索邦大学的校长。参看《新世界百科》:"Cardinal Richelieu," *New World Encyclopedia*:https://www.newworldencyclopedia.org/entry/Cardinal_Richelieu,2020年2月5日访问。

② 夏尔·勒·布伦(1619—1690),17世纪法国首席宫廷画家,也是当时最有权势的艺术家,曾为凡尔赛宫和卢浮宫创作大量的壁画和天顶画。

③ 约书亚·雷诺兹爵士(1723—1792),英国18世纪后期最负盛名的画家和艺术评论家,英国皇家美术学院的创办人。

交给机构来处理，于是，艺术家们是否重要只能根据他们与学院的关系以及他们所接受学院的培训和学院对成功的标准来衡量，假如无论是从培训上还是从观念上，艺术家们都算不上学院派画家，那么他们的艺术就不可能有任何真正的价值。艺术没有价值并不是因为它存在争议，反而这些争议总是表明了它的价值，而非缺乏价值，因为艺术进入批判性讨论的舞台——以被某些赞助人知道或在某些展览场所展出为前提——已经是一种罕见的成就。这些学术机构除了承担独特的美学保守主义或改革的任务（这些任务最终是可以协商的，而且在最后这个例子中完全是武断的）之外，还有所有文化生产能动者（无论能动者是个人还是机构）所面临的任务：尽可能使自身在大范围的文化场域中成为明确的价值生产的权威或认证者。1635 年，黎塞留创建法兰西学术院，旨在建立一个名副其实的"最高文学法院"[10]，来负责制定并执行法国的文学游戏规则，不仅要奖励符合学院规定条件的成功的文学家们，而且要对那些违反或触犯其规则的文学家做出评判。事实上，学院在成立两年后就首次发布了一份训诫书，提出了臭名昭著的评判**意见**，批评皮埃尔·高乃依（Pierre Corneille）的戏剧《熙德》（*Le Cid*）违反了亚里士多德的三一律①。正是基于这一官方的审美评判，黎塞留才公然禁止该剧的公演。[11]

鉴于**评判**任务的基本导向是通过奖励和批判来维护文化标准，学院自然倾向于奖项和荣誉。事实上，可以说成立一个学院就等于创立了一个文化奖，因为当选学院院士本身就被视为一个极高的荣誉，更何况院士的数量被策略性地加以限制以强化这一荣誉地位，如法兰西学术院的院士人数为 40 人。几乎所有学院从成立伊始就开始赞助各种奖品或奖章。1769 年初，约书亚·雷诺兹爵士在英国皇家学院的开幕式上首次发表了他关于艺术演讲；同年年底，他在颁奖典礼上又发表了

① 希腊哲学家亚里士多德提出的三一律概念强调悲剧包含三个基本元素——"行动的统一""时间的统一"和"地点的统一"。"行动的统一"指悲剧里所有事件都应该遵循开头、中间和结尾的逻辑顺序发生；"时间的统一"指表演的悲剧的时间在一天之内完成；"地点的统一"指悲剧中所有事件发生在一个场所里。

第二次演讲。一些学院的诞生是直接出于人们管理奖项、控制赞助流动的抱负。查尔斯·勒·布伦在巴黎成立皇家学院（Académie Royale）的过程中发挥了重要作用，不久后，他又帮助在罗马成立了法兰西学院（Académie de France），这样皇家学院就可以把它的获奖者，即所谓的罗马大奖（Grands Prix de Rome）的获奖者，送去罗马进一步学习古典技艺。皇家学院及其罗马分支机构从 1666 年开始管理这些奖项，并使其迅速成为欧洲艺术界最令人垂涎的奖项。1720 年，他们利用这一成功，把设立的奖项扩大到包括建筑奖在内，并在 19 世纪早期再次扩大到包括音乐奖和雕塑奖在内。到目前为止，这两所学院都在法国大革命后进行了重组，皇家学院在几经民主化后，更名为"国立高等美术学院"（Ecole Nationale Supérieure des Beaux-Art），罗马的学院则被赋予了更大的自治权，并迁到了美第奇宅邸。但关键是，对勒·布伦来说，学院和奖是合为一体的，是整个文化活动的一部分，他帮助确保了大奖赛从一开始就处于一个体制闭环中，由皇家学院的院士们来评选并给其学生们颁奖，以便他们能够进一步从其分支机构——罗马的法兰西学院获得更多的学术证书。

按现代说法，罗马大奖赛是学术研究经费或奖学金，而不是奖，它更像罗德奖学金（Rhodes Scholarships），而不是特纳奖或皇家世界文化奖。这一区别在某种程度上说明了 19 世纪后期以来它的声誉相对下降的原因，当时在印象派画家的领导下，绘画和雕塑界开始去除其学术背景，当然，并不是脱离博物馆、画廊和期刊等其他机构的控制。即使在文学界，严格意义上的专业奖，如 18 世纪以来牛津大学和剑桥大学颁发给某一特定主题的"诗歌奖"，也只承载了奖在过去的一小部分象征意义。[12] 1878 年，奥斯卡·王尔德（Oscar Wilde）凭借其诗歌《拉文娜》（"Ravenna"）获得了牛津大学的纽迪格特奖（Newdigate Prize），这一成就极大地提升了他在公众中的声誉。而如今，连牛津大学的本科生也不太可能听说过这个奖。尽管如此，罗马大奖赛是官方和官僚层面典型的文化奖，它们被有意识地部署，成为机构垄断的工具，这在古典时代是显而易见的，虽然相对来说这还比较模糊，但从 17 世纪到 19

31

世纪，奖项的节日、流行、狂欢的层面趋于黯淡。

这并不是说近代早期兴起的由文化官员来管理奖项始终是一件压制性的、威严的事情，也不是说推动这些奖项的机构组织运作顺利，没有遇到任何阻力。相反，那些管理和评判古典奖项的人受到嘲笑和指责，同样，各种官方学院和学会的领导也受到嘲笑和指责。事实证明，文化奖对承担文化认证的机构组织是有用的，也许是不可或缺的；随着我们在 20 世纪越来越成为一个"凭证社会"，文化认证的机构组织的扩大是一种与文化奖的扩散不可分割的现象。但是，奖不仅仅是一种证书，同样重要的是，它还是一种耻辱的标记。整个评奖、授奖和领奖的交易过程一直是人们对文化价值进行竞争和争论的重要场合，在这种场合，奖对领奖人来说既是收益的象征，也是损失的象征，这取决于领奖人在争议中所处的位置。文化奖一直是有用的，也就是说，它不仅对文化官僚，而且对那些因远离文化官僚中心而获得优势或利益的人也是有用的。随着管理奖项的官僚兴起，反制度主义或"独立"的立场和抨击奖项的言论也随之兴起。

42　　英国皇家文学学会（Royal Society of Literature）在 1823 年成立后的最初几年里每年颁发一次金质奖章，通常在每年的颁奖典礼上颁发两或三枚，从这类奖项的早期历史来看，我们就会清楚这一点。甚至在学会正式宣布颁发奖章之前，人们就进行了强烈抵制，它们从未完全逃脱英国文学领军人物的嘲弄和屈尊对待，这些文学家们小心翼翼地与皇家文学学会保持一定的距离。沃尔特·司各特（Walter Scott）①爵士一开始就试图劝皇家学会的支持者不要颁发这个奖。1821 年 4 月，他在与约翰·维里耶（John Villiers）爵士的通信中进行劝阻，这是全部信件中最长的一封。他还对拟成立的皇家学会彻底进行了谴责，但在几天后，他给一位宫廷内侍发了一封道歉信，请求不要直接向国王上报他的过激言论。这封精彩的信简直是一份伟大的抨击文化奖的资料，我

---

① 沃尔特·司各特（1771—1832），19 世纪苏格兰著名的历史小说家和诗人，曾拒绝接受"桂冠诗人"称号。

们发现他在信中几乎列出了所有的反对设立奖项的意见。那些准备掌权的文化官员们及其神圣化意图激起了文化独立人士和个人主义者的不满，使得他们提出这些反对意见。[13]

司各特认为，首先，虽然拟设立的学会和它颁发的奖章作为一种新的赞助看似合理，但实际上这种赞助是"完全无用"的。18 世纪以来，文学的商业市场不断扩大，这意味着那些可能获得皇家金质奖章的英国重要的文学人物将不需要经济支持。他写道："对于像该计划所提议的用一枚可能价值 100 英镑的奖章奖励的那种天才作品，任何一个书商都会为之拿出 10 倍或 20 倍的价钱。而对任何一位杰出作家的作品，3 000 或 4 000 英镑都是非常常见的报酬。"[14]司各特对"天才作品"具有市场的信心，这在同时期攻击皇家艺术学院（Royal Academy of Arts）的人们当中也很普遍，[15]这种攻击在维多利亚时代早期和中期表现得似乎比后来更为强烈，而在维多利亚时代后期，在公众的想象和反艺术体制化的言论中，为艺术而艺术的观念和清贫艺术家的形象开始更受推崇。但是，象征经济和物质经济之间的根本区别，以及真正伟大的作家（他们的伟大与市场没有直接关系）与通俗作家（他们可能是也可能不是"天才"作家）之间的根本区别，在这种言论中仍然很重要；司各特谈道，诗人柯勒律治和哥特小说家查尔斯·马图林（Charles Maturin）都是"具有伟大天赋和才能的作家"，他们完全"错过了财富和人气的潮流"。[16]不过，人们设想的是，由国家机构设立的荣誉和奖项，就像这个拟设立的学会奖，必须授予那些被广泛认可的天才作家，也就是说，授予那些已经声名显赫的作家（极少数作家例外），他们在商业市场上有很大的影响力。这类批评一直困扰着文化奖，直到今天，当奖金 2 万英镑的布克奖颁发给某位小说家时，他的离婚判决书上公布的年收入据说是这个数字的 20 倍，1998 年获布克奖的伊恩·麦克尤恩（Ian McEwan）就是这样的例子。六位数的建筑奖奖金通常被千万富翁赢得，还有甚至明确指定是作为赞助工具的奖项，如麦克阿瑟研究基金（MacArthur Fellowship）这种所谓的"天才奖"，该奖旨在通过把获奖者从"经济束缚"中解放出来，为他们"在其职业生涯中，当基金可以产生显著影响的时候"提供"发挥潜力的自由"。该奖的获奖者通常是美国最大牌的学术界明星，他们的薪水足以使该奖相形见绌，他们的从业条件已经让他们具有了麦克阿瑟研究基金声称要提供的机会："按照自己的节奏致力于自己的事业。"[17]

司各特在阐述这一点时指出，由于同时承担着神圣化和赞助的活动，新的文化社团和学院陷入了潜在尴尬的双重困境。如果皇家文学学会把它的金质奖章颁发给有着无可争议的优点的作家，如拜伦、汤姆·摩尔（Tom Moore）或司各特本人，那就有被作家拒绝的风险，因为这些作家几乎不需要社会给予的经济或象征性奖励，而且实际上，如果他们允许自己与奖励机构发生联系，他们失去的象征资本甚至要比他们能获得的多。司各特正是从象征利益的角度来看待这个问题，并严格地使用了一个经济学术语，他得出的结论是，真正有地位、公认的"天才"作家凭直觉会知道，对这类交易要"离得远远的"。司各特说道："每一位有名气的文人都会很自然地感觉到，这样的学会，其目标，或者更确切地说，其自然的结果是将才能**平均化**，当他把自己所有的东西都投入学会的总资本中去时，他却反而承担了学会缺乏公众信任的一部分责任。"[18]司各特认识到学会只会消耗其最杰出的成员和获奖者的象征资本以提高其总资本的价值，作为有名望的作家，他倾向于在其他地方进行投资。但另一方面，如果学会试图避免作家拒奖的尴尬，而将奖章授予名气较低的作家，它将更为尴尬。正如司各特所言，肯定会有许多作家渴望获得这样的荣誉，但"正是这些人，他们庸才和贪婪的性情会使他们不配得到皇家的恩赐，或者使君主的恩惠变得可笑"[19]。他总结道，一个由王室资助的国家机构，不断地向平庸之人颁发金质奖章，但它无法吸引那些出于象征原因它"最想授予奖牌"的人并将他们的"名字"纳入它的授奖范围，这将不可避免地成为"一个笑话"，一个公众笑话。他所提及的强大的但一直备受争议的法兰西学术院显然是英国皇家文学学会仿照的模板，"即使是拥有强大权力的路易十四（Louis XIV），也未能受到尊重……那些与之相关的天才们（司各特无疑想到了伏尔泰和**哲学家们**）在后期之所以取得了成功，更确切地说，是因为学术界需要他们，而不是因为他们需要学术界所能授予的任何荣誉"[20]。

　　司各特也预见到了其他潜在的尴尬：最杰出的作家将会避开皇家文学学会，他们不会去担任评委。学会组织的将是一个盲人领导盲人的评选，那些才华平庸、名不见经传、沉闷的学究们推选出其他才能和名声平平的作家授予荣誉（司各特评论道，这些"优秀的评委"评判"老波特酒""烟草"和"鸡尾酒调制"[①]，但并不是非常可靠的支持"纯艺术的评委"）。司各特说道，事实上真正才华横溢的作家会发现"作为评委互相评审"的前景是特别卑鄙和"粗俗"的。这是"一项既不受欢迎又令人讨厌的任务，很少有人愿意去承担，因为很少有人有能力做好这件事"。假设这些作家可能被说服来参与评审，他们易怒和独立的天性也定会让年度评选演变成"一连串荒谬和可鄙的争斗，更可鄙的是，搅入其中的可能还是一些天才"[21]。司各特指出，作家们彼此之间保持一定距离，就可以"遵守礼仪，但把一群在政治、品位、脾气和举止上不同的文人强行塞进群体中，他们除了普遍易怒的脾气和握笔的中指上的墨水点之外，没有任何共同之处，除了争吵、讽刺、诽谤和决斗之外，还能指望会产生什么呢"？在勒萨日（Le Sage）的流浪汉小说《吉尔·布拉斯》(*Gil Blas*)中[②]，法布里西奥（Fabricio）对作者的盛赞对它来说就是一个笑话。无论如何，不管是谁来做评判，无论评判结果如何，司各特相信，记者们肯定会利用这个机会制造大量谣言和恶评。学会内部围绕文化价值问题的争吵将是一个诱人的新闻场面，也是王室的敌人们的一个绝好机会。整件事情"会被严重地歪曲，雅各宾派的蹩脚文人们

46

---

　　① 司各特在嘲笑这些没有才华且上了年龄的学会成员，他们参与学会评选工作主要是为了聚在一起喝酒（老波特酒和鸡尾酒）和抽烟（烟草）。波特酒是一种加强型葡萄酒，味道相当浓烈；老波特酒是陈年的、有年份的波特酒。鸡尾酒是一种酒精混合饮料，通常在派对或聚会上饮用。

　　② 《吉尔·布拉斯》是法国作家阿兰·勒内·勒萨日（Alain Rene Le Sage，1668—1747）的流浪汉小说，被公认是欧洲文学史上最早的现实主义小说之一，它讲述了主人公从天真无邪的青年变为狡猾的仆人再变为地主和贵族的一系列冒险经历。该书1715—1735年分四卷出版，出版后大受欢迎，并被翻译成多种欧洲语言。

会把这件事说成君主通过给文人发放养老金来将其与王权捆绑在一起，并企图以此来蒙蔽和奴役人民"——"正是那种公众野兽会贪婪地吞下的指控"。[22] 总之，司各特预见了现在我们称为"文化战争"的情景，这是文化奖不可避免的副产品（他没有看到自己对拟设立的学会的谴责本身就是这种趋势的典范）。文化奖公开的神圣化非但不能提升获奖者的地位或为其增添光辉，反而吸引草草行文的记者们最廉价的镜头，产生有辱人格的丑闻和争吵。

　　显然，对于这些新兴的学会及其奖项在现代文化生活中的作用，司各特既具有惊人的先见之明，也有大错特错的看法。事实上，他所预言的许多事情都会成为现实，这不仅与皇家文学学会有关，也与一般的文化奖有关。不过，这些尴尬和丑闻的发展更多地促成了奖项的成功而不是它的失败。不过，这里要讨论的问题是，鉴于如此强大、清晰而又有说服力的反对意见（司各特的信表达了有着崇高地位的作家们和艺术家们的普遍倾向，这可以追溯到早期的法兰西学术院），[23] 文化官员们为什么如此轻易地、成功地建立了神圣化的机构并将其扩大？更特别的是，乔治四世本人是个颇有教养的人，还崇拜司各特，是怎么让他加入一项似乎缺少文化尊重并且肯定会招来负面宣传的事业的呢？

　　正如我之前说过的，部分答案在于乔治四世希望扩大对难以驾驭的艺术领域的官僚控制，扩大国家创造艺术价值的权力份额——经典化、神圣化，确定哪些作者将被**认可**配得上特别荣誉，而这些得到认可的作者将被反过来授权以赋予其他作者或作品以价值。不管媒体怎么评说，整个欧洲的艺术生产正越来越多地受到自上而下的官僚管理，国家或君主在谋划这种管理体系方面的失败被视为软弱的表现。英国没有任何与强大的法兰西学术院相抗衡的力量，这肯定在国王的盘算中。但也有另一种动机，那就是奖开始在文化领域中占据重要的地位，而人们对艺术的纯洁性和神圣性的新信仰在主导着这个领域。同许多在20世纪创立文化奖的人一样，乔治四世也被"不朽"的名头所诱惑，这是皇家学会的支持者们非常明确地向他提出的。该学会最热心的支持者之一威廉·杰尔丹(William Jerdan)在 1821 年的《文学公报》(*Literary Gazette*)上宣称:"乔治四世的统治将是历史上的盛世;但我们冒昧地预测,并非战争成就的辉煌使其光耀;不是文明的巨大进步使其令人难忘,也不是科学的奇妙发现为其增添光彩;而是皇家文学学会的成立将产生巨大的影响或造就一个不朽的时代。"[24]

　　当权者通过文化赞助之举比任何其他举动或成就更能确保自己在历史上的地位,这并非什么新鲜事。确实,国王路易十四在 1672 年接管法兰西学术院时就相当直接地利用了这种赞助优势,他确立了非官方但有约束力的法规,学术院成员们的"主要目标"从此将是"使无与伦比的路易王之名不朽"。[25]但到了 19 世纪初,对不朽之名的保证已呈现出一种更加明显的现代色彩。杰尔丹的论断是一种现代艺术观,先将艺术从所有世俗的东西,包括政治("战争的成就")、社会和经济("文明的进步")、科学("奇妙的发现")等领域中移除,再将艺术置于一个明显超越一切的领域里,在那里,艺术消亡等法则不再适用。从艺术家或唯美主义者的角度来看,文化奖有可能将艺术拖入这些世俗的领域(把不再被视为政治或商业的行为进行"政治化"或"商业化"),但从赞助方或资助人的角度来看,它们提供了一种神奇的资本内部转化的可能性,使经济财富和政治权力等世俗的成就可以被转化为艺术的异质世界中永久的荣誉。

　　在 19 世纪 30 年代,这种特殊的艺术概念,即艺术作为一套人类实践和活动,本质上不是延续别的实践和活动,而是作为一个特殊的、独特的、实际上是超然的领域,就已经表现出普遍性,尽管实际上这个概念只能追溯到此前的大约一个世纪,它的双重根源在于早期启蒙运动的经济学和美学。我们看到,19 世纪以来,文化奖的兴起与这一美学传统有着深刻的联系。尤其是永恒和不朽的思想,不断地在关于奖的论述中被提及。另一种说法是,文化奖的现代活力同它们与人们的死亡观念密切相连,这种联系在许多奖项上颇为明显,文化奖最初是为了"纪念"赞助方或资助者亲密的朋友、亲戚或同事而颁发的。与其他功能相比,文化奖的纪念功能更能使有分歧的甚至对立的文化生产的能

48

49

动者——从专注的学生个人到当地的艺术家团体，再到大型跨国公司——达成一致，每个能动者都为奖项的设立深入地进行投资且不能撤回。文化奖这种通过不同的力量吸引不同文化能动者的能力不仅为文化资产（评论家的地位、学术专长、行政智慧、社会关系、种族代表性、艺术管理权威、金钱等）的交易提供了一个平台，而且还为围绕这种交易的条款和价格的谈判提供了一个论坛。在过去数百年里，这一直是文化奖崛起的主要动力。

第三章 文化奖扩增的逻辑

政府决定给这位天才颁发几枚新的奖章，这些是他以前从未
获得过的奖章。其中一枚奖章是表彰他在 1956 年之前的作品，另一枚则表彰他从 1956 年至今的作品，还有一枚是表彰他未来的作品。

50

——唐纳德·巴瑟尔姆（Donald Barthelme），《天才》（"The Genius"），选自 1987 年的《四十篇短篇小说》（*Forty Stories*）

可以说文化奖在现代兴起之初，即 1895 年 11 月，阿尔弗雷德·诺贝尔在其巴黎的寓所签署他最终的遗嘱，承诺以永久奖的形式"赠予人类一份礼物"之时，就被确立作为一种工具（一种完全意义上的经济工具），它非常适合围绕社会、体制和艺术观念这三个轴心来实现文化目标。在社会方面，文化奖发挥其作为号召和组织手段的作用，围绕它可以组织盛大的文化活动和庆典活动。文化奖成了一种游戏和激烈的竞争，这种"文化游戏"可以与任何一种被称为艺术的文化游戏相结合或叠加。因此，文化奖带给人们特别的刺激和机会去观看大规模盛会，而这些机会通常并不是相关艺术自身所带来的。本书最后一部分将从国际的、全球的层面来讨论文化奖。19 世纪后期，文化奖开始促进艺术

51

与观赏性体育之间的新古典主义融合，其富有竞争性的盛会吸引了人们的关注，尤其是新闻界的关注，这种关注产生了现代形式的特别资本，我们称之为"名气"。人们不仅关注某个艺术家、某件艺术作品或艺术形式，而且还关注颁奖的个人或团体以及举办活动的地方——社区、城镇、城市、国家等。因此，奖可以成为社群主义认同和自豪感的一个节点，一种围绕"我们"和"我们拥有"的定位手段来团结群体的方式，奖作为一种手段，被用来提高自组的群体在所有同类群体的象征经济中的地位。更宽泛地说，文化奖汇集了异常广泛的文化"玩家"：艺术家、评论家、工作人员、赞助商、公关人员、记者、消费者、旁观者等，让他们认识到与自身相关的利害关系，并由此认为自己有义务去维护自身的利益。文化奖发挥经济学家所说的"沟通"功能：它让不同的玩家在知情的情况下来打交道，以便在理论上可以进行互惠互利的交易。

在体制方面，奖的功能使人们要求取得权威并行使权威，本质上，这就是生产文化价值的权威。文化奖给人们提供了一个体制基础，基于这个体制，人们控制或力图控制文化经济、特定文化场域中的荣誉和奖励的分配，即人们认为值得特别关注的东西。在现代，对奖的控制往往始于政府，但在大多数国家，奖已逐渐脱离了政府的控制。事实上，如果说现代欧洲早期的国家学院和皇家学会代表人们对物质的和象征性的赞助实行集中，那么当代形式的文化奖则表明，在文化神圣化场所激增的情况下，这种抱负普遍行不通。文化奖赋予文化工作者一定的权力（文化社会学家普遍低估了这种权力），他们在幕后组织和管理奖项，监督成员或评委的评选，吸引赞助方或资助人，制定规则及特殊情况的规则。也就是说，文化奖有助于艺术的官僚化，甚至在某种程度上，它产生的不可避免的后果之一就是与它对抗的团队"独立沙龙"（Salons des Indiépendants）作为"反体制机构"赞助了不同的奖项。[1] 正如我们所预料的，这些非官方和反官僚的反体制机构很快就会成为既定的体制格局的一部分，被最新一代独立人士或局外人士所鄙视并成为他们抨击的目标。虽然奖项以及赞助它们的学会或学院确实有时会被停办，但许多奖项通常在引发抵制或反对活动过去很久之后会继续

52

存在。于是，艺术领域中充斥着令人尴尬的、多余的奖，而它们与人们曾经执着维护过的奖已经没法区分了。

在艺术观念上，文化奖为人们提供了特别丰富的机会去检验并确认艺术是一个独立的并且优越的领域，一个人们开展大公无私的活动的领域，它产生了一种特殊的、长久的、无实用价值的、因稀缺让人想拥有的艺术价值。正是因为这种艺术和艺术价值的概念需要通过人们持续的集体想象来维持，所以人们有必要举办一些活动来促进某种集体文化的（错误的）认可。一场音乐会或一出戏剧无法有效地做到这一点；艺术表演并不能让人们自动获得任何对审美价值特别的理解，而一个奖项能很好地实现这一目的。文化奖不能促成人们对某个艺术家或作品的价值达成完全一致的意见（尽管它可以对这种价值产生真正的影响），但它确实大多以批评回应的形式促成人们对艺术自身特殊的、长久的价值达成共识。这是因为评奖总会产生争论的场面，人们争论如何准确地衡量艺术品的价值，以及赞助者和评委如何合法地主张计量艺术品价值的权力，这些争论的言辞是基于人们对奖纯粹作为礼物的象征经济的信念，于是只会加强人们的这种信念。

诺贝尔奖的设立对一段时间以来文化奖越来越猛烈的发展势头起到了催化剂的作用。在伟大实业家发迹的"美好时代"（Belle Epoque）①，人们创立奖的想法（当然不是诺贝尔奖那种规模的奖，也不是向外国人颁发大笔奖金的那种奖，就是某种一般奖）已经成为非常自然的想法。也就是说，这种想法顺理成章地遵循一种社会逻辑，这种逻辑在当时已经牢固地确立，并确保了奖对整个文化经济的用处，这是因为奖对特定的个人和群体有用，从政府官员和富有的慈善家到自由文化事业家，再到"独立的"艺术家们成立的松散的协会等，而这些个人和群体的文化目标可能是多种多样的。这一系列的能动者们及其目标反过来又确保文化生活本质上具有竞争性，而这种竞争性，也就是奖相当粗俗地体现

---

① "美好时代"指从普法战争结束到第一次世界大战爆发之间的一段时间（1871—1914），在这段时间里，法国进入一个社会繁荣期，经济、文化和艺术发展迅速。

出的这种竞争性，不仅反映在单项奖上，而且反映在奖项彼此间的关系
54　上：会出现新的奖项与已有的奖项进行竞争，去诋毁它们或者至少窃取
它们的一些光彩，所有奖项都会努力捍卫或提高各自在整个文化生产
场域中的地位。作为一种文化等级制的工具，文化奖越来越多地被人
们用来描述一个等级制度，即一个精细的由大大小小的象征性奖励构
成的索引体系，各种奖项之间的协商构成了一种二级游戏或附属的文
化市场。虽然在奖项之间和奖项内部开展的游戏不是一个完全独立或
明晰的系统，但这种游戏的确有其规则以及参与原则，可称得上颁奖现
场的内部逻辑。当然，从 20 世纪初开始，特别是 20 世纪最后的 30 多
年开始，奖项激增的原因不能完全用这种内部逻辑来解释，但它本身是
一种文化生产逻辑，我们不应简单地将它等同于某种更广泛的职业化、
官僚化、商品化、颓废的或关于文化衰落的笼统叙事。因此，在追溯诺
贝尔奖之后的文化奖历史时，我们首要的任务是接受文化奖之间富有
成效的争斗。

　　作为一个强大的玩家和一个颇具吸引力的对手，诺贝尔文学奖（最
初的五项诺贝尔奖中的一项文化奖，在此我们使用这一术语）参与了这
个二级文化游戏，部分原因在于其奖励范围广泛（涵盖任何文类及任何
语言的作品），而且奖金数额巨大（通货膨胀后，1901 年的奖金已调整
至相当于 75 万美元），以及规模空前宏大。但这也源于以下现实，诺贝
尔奖成功地浓缩了历史上一系列截然不同的目标和功能，从而激发了
55　各种形式的文化奖对它竞争性地模仿和对抗。诺贝尔奖由一位富有的
实业家完全以现代的方式创立，以他名字所命名的私人基金会是该奖
的永久赞助单位。通过一系列净化的文化交易，诺贝尔逐渐洗白了他
的经济财富和象征声誉。事实上，这是第一次将一位伟大的实业家的
全部财产用于奖励活动：诺贝尔决心越过其家族继承者，将他所有的资
本投入奖励和颁奖机构，这在当时是一个令人震惊的创新，而其他富有
的欧洲家族却反对此举。然而，虽然诺贝尔奖与时俱进，但它仍然深深
植根于现代早期皇家学会和国家学会的官僚传统中。毕竟，该奖是瑞
典文学院颁发的，1786 年，为捍卫瑞典语的纯正性，瑞典国王古斯塔夫

三世(King Gustav Ⅲ)成立了文学院,并特别指定法兰西文学院和西班牙文学院的院士们具有提名资格。[2]即使在今天,诺贝尔奖的获奖者也还是从瑞典国王手中接过奖品,作为荣誉嘉宾,瑞典国王和王后在斯德哥尔摩主持颁奖仪式。同样,尽管诺贝尔奖的全球抱负(无论在实践中多么有限)代表着一种真正的创新,但它显然还是一种欧洲模式的民族主义举措,旨在提升一个自我感觉较弱的欧洲民族-国家的文化形象,并扩大其文化权威的影响范围。

就其明确的评价标准而言,诺贝尔奖似乎再次汇集了不同的元素,将几种不同类别的文化成就纳入一项荣誉的认可,而在 20 世纪接下来会出现效仿诺贝尔奖去奖励每个类别的成就的奖。最明显的是终极神圣化式的奖,或像好莱坞重新命名的"终身成就奖"(Lifetime Achievement Award),这几乎成了任何年度颁奖典礼上必不可少的奖,还有各种文化名人堂的入选原则,其中美国俄亥俄州克利夫兰的摇滚名人堂特别成功。这种追溯性荣誉起源于曾经声势浩大的学院院士的推选,通常以候选者漫长的、杰出的职业生涯为前提,尽管与候选人的出身和社会地位相比,这一标准往往是次要的。这种荣誉有迟到的风险,偶尔会有法国作家在已排到终身院士候选行列的最前排时去世,瑞典文学院也曾有过将要获奖的作家(最引人注目的是托尔斯泰)因去世而一下子失去了获奖资格的事例。当然,入选名人堂的并不限于在世的艺术家,但奖项同样面临着时间的压力:出于象征性的和商业性的原因,通常来说,让活着的传奇人物入选名人堂比让去世的人入选要好得多。即使是那些长寿的并能获得这个荣誉的人也会半开玩笑地将它称为"死亡之吻",这是一种耻辱,标志着他们作为高产的艺术家生命的结束,部分原因在于这些终身荣誉与艺术家个人的生死息息相关,甚至比其他类型的奖项更多地促成了艺术家个人的浪漫的、英雄的人设。从文化推广的角度来看,这是一个非常有吸引力的人设,因为就像利奥·布劳迪(Leo Braudy)所说的,这种人设使艺术家转变为"星光熠熠"的名人,并玩转以明星为中心的经济,即使是在建筑或电影等文化领域中,也不可避免地需要合作。[3]例如,过去三十年里颁发给费德里科·费里尼（Federico Fellini）、米开朗基罗·安东尼奥尼（Michelangelo Antonioni）、查理·卓别林（Charlie Chaplin）、霍华德·霍克斯（Howard Hawks）、黑泽明（Akira Kurosawa）、让·雷诺阿（Jean Renoir）和伊利亚·卡赞（Elia Kazan）等人的好莱坞电影终身成就奖，就是一个稳步传播导演实践理论等的好工具，它为电影业增添了包括乔治·卢卡斯（George Lucas）和史蒂文·斯皮尔伯格（Steven Spielberg）等在内的一个新的明星阶层，还强化了当代电影营销中重要的"品牌化"机制。

然而，诺贝尔奖并不只是或者一定就是终身成就奖。涵盖最早的五个奖的诺贝尔遗嘱明文规定，诺贝尔文学奖将颁发给特定的"作品"或"创作"，而不是作家的终身成就，涉及该奖的遗嘱原文似乎用"在文学领域创作了最杰出作品的人"这句话来强调这一点。此外，根据另一项遗嘱，这一杰作必须在"前一年"出版（或产生影响）。诺贝尔基金会迅速对这一条款做出了非常宽泛的解释："该奖应授予遗嘱中提及的文化领域里的最新成就，而只有在其重要性直到最近才显现的情况下，才应授予较早的作品。"[4]然而，即使这种宽泛的解释能让瑞典文学院严重倾向于把诺贝尔文学奖作为终身成就奖，人们也仍然可以从中看出年度图书奖模式的痕迹。事实证明，这种模式对出版商、书商和评论界非常具有吸引力，并已成为文学奖的主流。瑞典文学院有时会选择时机，在作家出版新作品后给其颁奖，在某些情况下，甚至在颁奖时"特别提及"这部作品，就像 1932 年文学院给英国作家高尔斯华绥（Galsworthy）颁奖时提及他的《福尔赛世家》（*Forsyte Saga*）（刚好是在《福尔赛世家》的最后一部，即《福尔赛家族短篇小说集》出版两年后），此外，1954年文学院给海明威颁奖时提到他的《老人与海》（*The Old Man and the Sea*）。几乎从所有年度最佳图书奖（以及其他类别年度最佳奖）中都可以看出，年度奖与终身奖之间的界限模糊，这标志着作者当前某部作品的声誉与其之前所有作品的声誉之间的张力。事实上，1954 年，瑞典文学院对海明威"前一年"的"杰作"的关注，很可能对普利策奖评委会在 1954 年宣布《老人与海》为 1953 年度最佳小说产生影响。虽然普利策奖是最佳小说奖，这并不意味着它没有抱负去界定一部美国伟大作家的正典、去创造文学名人堂;普利策奖毕竟是以阿尔弗雷德·诺贝尔为榜样、受其启发而创立的。当福克纳在1949年获得诺贝尔文学奖时,那些普利策奖的参与者们感到非常尴尬,因为福克纳当时还没有获得任何可以说是真正的美国国家级的荣誉:正是普利策奖这种未能认可杰作的失败,在几个月后为美国国家图书奖的设立打开了大门。早在1941年,普利策奖委员会就想要推选海明威的小说《丧钟为谁鸣》(*For Whom the Bell Tolls*)获奖,但海明威的政治立场让评委会的成员们感到不快,导致他们不愿提名,如果普利策奖委员会在此时更具人气的海明威身上再犯类似的错误,这将是对新晋国家图书奖的极大支持。

在设立诺贝尔奖的遗嘱原文中,特别是在获奖者必须"赋予人类最大的利益"这句话,以及获奖作品必须朝着"理想主义方向"这个麻烦的规定中,可以发现第三个原则,即视艺术家为人道主义者。过去的三十年里,人道主义奖的传播速度与文化奖一样迅速,这些奖项旨在表彰模范公民、社会上具有远见卓识的人、道德和政治领袖、社群英雄等。例如,授予纳尔逊·曼德拉(Nelson Mandela)的部分荣誉就包括西蒙·玻利瓦尔奖(Simón Bolívar Prize)、阿方索·科明基金会和平奖(Alfonso Comín Foundation Peace Prize)、贝克研究所安然奖(Baker Institute Enron Prize)、格莱茨曼基金会奖(Gleitsman Foundation Award)、国际和平与自由奖(International Peace and Freedom Award)、联合国人权奖(U. N. Human Rights Award)、不来梅团结奖(Bremen Solidarity Prize)、萨哈罗夫奖(Sakharov Prize)、阿斯图里亚斯奖(Asturias Prize)、教科文组织和平奖(UNESCO Peace Prize)、蒂珀雷里和平奖(Tipperary Peace Prize)、卡特-梅尼尔人权奖(Carte-Menil Human Rights Prize)、安妮·弗兰克奖章(Anne Frank Medal)、W. E. B. 杜波依斯国际奖章(W. E. B. Du Bois International Medal)、英迪拉·甘地奖(Indira Gandhi Award)、贾瓦哈拉尔·尼赫鲁奖(Jawaharlal Nehru Award)、谢赫·优素福和平奖(Sheikh Yusuf Peace Award)、杰西·欧文斯全球奖(Jesse Owens Global Award)、非洲和平奖(Africa Peace Award),以及两个第三世界的奖——国际友谊之星奖(Star of

59

International Friendship)和自由精神奖和自由勋章(Spirit of Liberty Award and the Liberty Medal)等。这些奖的伟大先导当然是诺贝尔和平奖，但文学奖也一直承载着同样的道德责任，最近几十年来，这种责任越来越重，因为它标志着对本土文学和少数派文学(minority literatures)①姗姗来迟的认可，以及对具有强烈政治信念的作家的青睐，这些作家在其祖国或社群中作为道德领袖已成为偶像：沃莱·索因卡(Wole Soyinka)、纳丁·戈迪默(Nadine Gordimer)、托尼·莫里森(Toni Morrison)、君特·格拉斯(Günter Grass)等全都获得了多项人道主义奖，他们把这些奖与自己获得的文学奖相提并论。

有一些文化奖，如1950年设立的德国图书贸易和平奖(Peace Prize of the German Book Trade)——最近颁发给了非洲作家奇努阿·阿切比(Chinua Achebe)——以及1989年授予迈克尔·杰克逊的全美城市联盟年度艺术家(人道主义)奖(National Urban Coalition Award for Artist/Humanitarian of the Year)，这两个奖项明确地将两种荣誉联系在一起。其他奖项，如1970年创立的美国有色人种民权促进协会形象奖(NAACP Image Awards)，坦率地否认艺术成就和种族典范之间有任何区别：美学和有关社群的议程是不可分割的，因为正如美国有色人种民权促进协会所宣称的那样，"形象就是一切"。最近设立的超级大奖，如奖金35万美元的兰南文化自由奖(Lannan Prize for Cultural Freedom,1999)或奖金10万美元的"列侬-小野和平基金"(Lennon-Ono Grant for Peace,2002)，同样根据艺术价值与"自由"或"和平"政治之间的一个明确但不具体的比例，将对艺术和政治的考量相结合。这种对评选标准的折中也以一种不同的形式反映了文学奖和娱乐奖对历

① "少数派文学"是当代法国理论家吉尔斯·德勒兹(Gilles Deleuze)和费利克斯·瓜塔里(Felix Guattari)提出的一个概念，指的是由少数民族、族裔作家使用大语种创作的文学作品，而不是他们用自己的少数民族母语创作的文学作品，此类文学的一大特征是去地域化，即作者保持与其母语的距离。少数派文学往往被视为一种边缘文学。参见：Gilles Deleuze and Félix Guattari, *Kafka: Toward a Minor Literature*, trans. Dana Polan (Minneapolis: University of Minnesota Press, 1985)。

史或传记作品的高度青睐，这些作品令人振奋地表现了人类社会中的英雄们在面对历史危机时所展现的道德引领作用，作家们或演员们则充当了英雄们的文化替身，被授予各种奖。我想起了托马斯·肯尼利（Thomas Keneally）的《辛德勒方舟》（*Schindler's Ark*）和史蒂文·斯皮尔伯格的《辛德勒的名单》（*Schindler's List*）所获得的众多奖项，还有苏珊·萨兰登（Susan Sarandon）因出演《死囚漫步》（*Dead Man Walking*）的女主角而获得的奥斯卡最佳女演员奖，当她与自己在影片中饰演的诺贝尔和平奖候选人、修女海伦·普瑞恩（Helen Prejean）本人一起登上奥斯卡领奖台时，观众们究竟是在为谁鼓掌？又是为什么成就而鼓掌？近期评委们因屈服于"政治正确"而被攻击，实际上是两种艺术卓越性概念之间的张力浮出水面，这两种概念一直是评委们争论的焦点，这不仅体现在评委们的内部争端中，也体现在各种文化奖项之间的竞争中。每一个宣告其社会议程或抛弃社会议程的奖都为自称更纯粹审美的新奖打开了大门，而每一个自称审美更纯粹的奖又为新的、能更明确表达艺术价值与社会利益的奖打开了大门。

　　问题在于，虽然诺贝尔遗嘱声明中一些自相矛盾的对使命的表述很长时间内给瑞典文学院造成了困难，但它们也导致大量奖通过几个不同的渠道进行竞争性的模仿。这一时期设立的其他奖也激发了模仿的奖，模仿的奖既有欣赏原奖的，也有与原奖针锋相对的。例如，"龚古尔奖"（Prix Goncourt）是根据埃德蒙·德·龚古尔（Edmond de Goncourt）的遗嘱在1896年设立的年度杰出图书奖（诺贝尔遗嘱于同年公开），并于1903年首次颁发，但在颁奖几个月后就出现了第一个充满敌意的反对奖——费米娜奖，该奖提议设立完全由女性组成的评委会，这是对当时全部由男性组成的龚古尔学院的抵制。[5] 但是，没有任何奖像诺贝尔奖一样在文化奖的扩散过程中发挥了决定性的作用。从1902年普利策决定在美国设立新闻和文学奖开始，诺贝尔奖直接激发了各种奖，"填补没有诺贝尔奖的空白"这句话被当成设立一个崭新的、有高额奖金的国家或国际级艺术大奖的理由。虽然拟设立新奖的那些文化领域中可能已设立了一项或多项基于同一原则的奖，但就算事实如此，似乎也不

61

能阻止新奖的设立。1987 年创立的日本"皇家世界文化奖"（The Praemium Imperiale Prizes）由日本富士通通信公司（Fujisankei Communications Corporation）提供大量赞助,旨在"弥补诺贝尔奖的不足""填补诺贝尔遗嘱的空白",媒体经常将其称为"艺术界的诺贝尔奖"。[6]但到 20 世纪 80 年代末,在皇家世界文化奖设立奖项的五大领域中,有几个领域已经设立了重大的国际奖。例如,在建筑领域,即使我们先不提国际建筑师联合会（UIA）、美国建筑师协会（AIA）和英国皇家建筑师协会（RIBA）等由各国或国际协会颁发的金奖,新的奖项显然也重复了普利兹克奖这个奖金为 10 万美元的大奖的目标。普利兹克奖的"流程和奖励仿照诺贝尔奖的模式",它是凯悦集团（Hyatt Corporation）的杰伊·普利兹克在 1979 年设立的,旨在表彰"诺贝尔奖未涵盖的创意工作"[7]成就。皇家世界文化奖与普利兹克奖的重复设置并未能阻碍 5 年后另一项"艺术领域的诺贝尔奖"的设立,即价值 25 万美元的莉莲·吉什奖（Lillian Gish Prize）。该奖首位获奖者弗兰克·盖里（Frank Gehry）曾荣获普利兹克奖和皇家世界文化奖,他也是沃尔夫奖（Wolf Prize）的前得主,但这并不令人意外。沃尔夫奖的奖金高达六位数,甚至比普利兹克奖更像诺贝尔奖,而且比它创立得还要早。[8]

这些重复设置的奖项不会对诺贝尔奖本身构成威胁。整个评奖经济背后的原则是只能有一位获奖者,这一原则确保了诺贝尔奖的主导地位绝不会因为竞争者的增加而被削弱(甚至可能还会被强化),所有这些奖项都无法超越诺贝尔奖。当拉里·提斯（Larry Tise）着手创立国际杰出奖大会（International Congress of Distinguished Awards,简称"ICDA"）时,他前往斯德哥尔摩向诺贝尔基金会（Nobel Foundation）发表了演讲,他成立国际杰出奖大会的部分目的是帮助媒体从不断增设的众多奖项中挑选出那些真正重要和受人尊敬的奖项。这项提议虽然让诺贝尔基金会倍感亲切和鼓舞,但他们似乎认为诺贝尔奖永远不会加入这样一个组织。国际杰出奖大会的功能将是保护和捍卫奖项金字塔的上层,即在处于顶峰的、无与伦比的诺贝尔奖的下面这一层的奖。

从已设立奖的角度来看,它们在低于诺贝尔奖的精英化奖的层次上似乎很难获得并保持优势，因为设立奖的门槛太低。如果里卡多·沃尔夫（Ricardo Wolf）可以将其设立的奖称为"建筑诺贝尔奖"，那么杰伊·普利兹克为什么就**不行**呢？沃伦·巴菲特（Warren Buffett）或比尔·盖茨（Bill Gates）为什么以后就不能这么做呢？国际杰出奖大会以及那些更有抱负的奖品管理者和赞助者有一个目标：他们想让第二层的玩家眼下所享有的优势能像诺贝尔奖所享有的那样更具有持久性。然而，现实是这些优势虽然不那么明显，但往往是决定性的，这使得一个较新的奖项几乎不可能取代那些较老的奖项——即那些从成立伊始起就被公认为是所在领域的"诺贝尔奖"的奖项。相反，新奖项的目标是将自身置于一种与主流奖项具有明显互补性（可能是对立的）的关系中，通过对照更受尊重的奖项的一些失败或欠缺之处来确立其自身存在的必要性。

63

　　推动新奖项传播的竞争力量来自给文化世界带来活力的所有能动者（agents）。特定场域或子场域中的艺术家们为本场域进行了巨大的精神投资，但他们会嫉妒另一个场域或子场域的艺术家们享有更大的象征回报。艺术评论家理查德·科克（Richard Cork）在首届"特纳奖"颁奖典礼上追问道："文学界有大量的奖项，为什么艺术界却没有？"[9]要是油画家能获得国家荣誉，为什么陶瓷画家就不能呢？如果短片和情景喜剧的制作者有资格获得国际奖项，为什么那些制作音乐视频或电视广告的人就不能呢？如果有这种情况发生，为什么发展中国家的音乐、影像制作人就必须去伦敦、戛纳或洛杉矶去寻求导演天才的桂冠，而不是到那些离他们更近的文化中心去寻求呢？即使是从事一种崭新的、被忽视的、次要的或不完全合法的艺术形式创作的艺术家们，也可能在一个较为正式的专业协会的支持下，通过为自己设立奖项，然后积极地将这些奖项推向公众的视野，以表达他们渴望得到更广泛的认可，并在整个文化场域中占有更好的地位。

　　但是，如果认为奖只是由外部文化力量强加给艺术家的，那就想错了，认为艺术家为新奖计划的传播提供了唯一的甚至主要的动力的这种看法也同样是错误的。富有的慈善家和慈善信托管理人一直患有一

64

种屡见不鲜的心病——对诺贝尔奖的嫉妒。可以理解的是，他们一直羡慕诺贝尔的成功，这位炸药和军火制造商通过一次善举，就使自己的名字成为文化声誉的代名词。与建造大学图书馆或捐赠歌剧团相比，大多数奖项相对便宜，并且这些奖项还有着潜在的、巨大的、长期的象征回报（因为赞助者的捐赠每年都会重复和更新，赞助者的慷慨之举每年都会被重复和称赞，赞助者的名字永远与受人尊敬的艺术家的名字联系在一起），这就使得文化奖成为一项颇具吸引力的慈善活动。在美国尤其如此，政府对艺术的资助通过对富有的个人和公司的减税来间接实现，而不是像欧洲及其他大多数国家那样直接减税。在这些国家，尤其是在英国，慈善事业对奖项扩增的重要性不如奖项宣传的重要性，因为参与企业广告的人将奖项作为一种类似赞助体育活动的工具，而且通常奖的成本要低得多，不过商人们或在文化生产末端从事推销工作的人们并不把奖项作为一种让自己实现"不朽"的手段，而是借助奖项把全国甚至全世界的注意力聚集在某个艺术家身上，使其一举成名变成明星，并如他们所愿，卖出不少产品。

在文化场域中的这些不同的参与者或代理人的推动下，新奖项被迫系统性地既要模仿更为成熟的、更具声誉的奖项，又要与之有所区别，以建立一种精心设计的互补或对抗关系，这是无法制止的。每一个特定场域里的头号奖，以及这个场域里无论如何有争议地成了"诺贝尔奖"的奖项，都会催生大量的模仿奖，并对奖项的相似性和差异性提出各种合理的主张。每一种凭借与原奖的差异而成功的模仿奖都会催生另一轮的模仿奖，如此反复。这一过程有时会退化为几乎可笑的、对狭隘的文化场域的规定——这种小众、古怪领域里的"诺贝尔奖"在艺术性上似乎相当于最佳人缘小姐奖（Miss Congeniality）。例如，英国有一个利奇菲尔德奖（Lichfield Prize），"奖励限于斯塔福德郡利奇菲尔德区这一地理区域内的以历史或当代为背景，而不是以未来为背景的未公开出版的最佳小说"[10]。诸如此类的荣誉显得微不足道，甚至称不上荣誉，并且鉴于它们完全可以被忽略，这类奖项有失败的风险。随着时间的推移，许多奖项通过放宽其最初的规定或赞助者遗嘱声明的限制而走向文化主流，以更接近大奖的评选范围和评选标准来规避那种风险。

那些一开始就雄心勃勃的奖项也表现出同样的趋势，向拥挤的、奖项越来越多余的文化中间地带挺进。在确立了"反普利策奖"的地位后，设立25年的美国国家图书奖开始变得与它的对手非常相似，导致美国国家书评人协会（National Book Critic's Circle）又推出了自己的"反国家图书奖"和"反普利策奖"：国家书评人协会奖（National Book Critic's Circle Award，简称"NBCCA"）。但到1981年，国家书评人协会奖设立仅六年后，美国三大文学奖全部颁发给了同一部小说——约翰・厄普代克（John Updike）①的《兔子富了》（*Rabbit Is Rich*）。十年后，这三大文学奖中的两项被授予兔子书的续集——《兔子歇了》（*Rabbit at Rest*），自此在为期五年的评选中，所谓"反普利策奖"的评选结果与普利策奖重合了两次，而在其他三年中，三大文学奖评选出的获奖作品是同一部作品。甚至在法国也可以看到同样的模式。在法国，主要的文学奖明确声称要避免重复颁奖，人们认为这是它们一致遵循商业逻辑的特征，因为它们排除同一部作品重复获奖的理由是这会浪费一个重要的宣传机会。法国原创的雷诺多奖（Renaudot）标新立异，它是由一些记者创立的，这些记者们厌倦了龚古尔学院（Goncourt Academy）作为伽利玛（Gallimard）、格拉塞（Grasset）和瑟伊（Seuil）等法国大出版社的公关人员，龚古尔奖已经与"伽利-格拉-瑟伊"（Galligrasseuil）的霸权联系在一起。[11]然而，虽然这种看似不可避免的重复趋向确实扼杀了其他一些奖，尤其是那些从一开始就缺少任何引人注目的差异化策略的奖，但随着文化场域里旧的反文化的、独立的或非主流的位置重新开放，产生了新一代不同的奖项，这个趋向更明显的效果是奖项的进一步传播。在法国，人们觉得所有重要的图书奖——龚古尔奖、雷诺多奖、费米娜奖、梅迪西斯奖（Médicis）等，以及这些奖

66

---

① 约翰・厄普代克（1932—2009），美国小说家、诗人、评论家。厄普代克的著作颇丰，他的"兔子四部曲"包括《兔子跑了》（*Rabbit，Run*，1960）、《兔子归来》（*Rabbit Redux*，1971）、《兔子富了》（1981）以及《兔子歇了》（1990），描绘了美国自"二战"后40年来的社会历史的全貌。厄普代克获得的奖项和荣誉的清单见本书附录C。

项精心协调的官方发布日期和幕后交易,同样都是法国出版业的工具,这使得反其道而行之的 12 月图书奖(Prix Décembre)[设成立于 1989年,最初名为 11 月图书奖(Prix Novembre)]作为图书奖新贵取得了成功。[12]此外,在国际上,法国图书奖成功的优势引发了同类奖在英国的扩增,从 1969 年开始,汤姆·马施勒(Tom Maschler)完全仿效龚古尔奖创办了布克奖(Booker Prize),后来布克奖又成为其他国家颁发年度小说奖的典范,最典型的是俄罗斯布克奖(Russian Booker),还有英国在其他领域颁发的年度奖,特别是特纳奖,又名布克艺术家奖(Booker Prize for Artists)。[13]

67　　这种基本的结构模式是后诺贝尔奖史上所有艺术奖的特征。因为文化场域是一个具有关系的场域,文化奖猛烈扩增的逻辑并不像大多数评论家们所想象的那样趋于饱和。事实上,有关目前这个领域中一定充斥着多余的奖项以至于它们相互扼杀的看法完全是错误的。相反,每一个新奖项都填补了文化奖体系中的空白,同时也表明了这个体系存在某种缺失,这将顺理成章地强调另一个奖项。尽管随着时间的推移,奖项之间变得越来越相似,这一趋势确实带来了奖项过剩的负担,但这种负担在很大程度上只会落在地位最稳固的奖项上,也就是那些在场域中最强大的奖项。对于新创立的奖项来说,这种调和的趋势是一个福音,因为它保证了代表"纯粹""正直""独立"等品质的最显眼或较显眼的位置很少被某个奖项长期占据,而是根据奖项更新换代的时效性不断地重新对新的奖项开放。此外,伴随广泛的文化和经济上的"全球化"趋势,以及在大都市和在相对弱势或被忽视的地区,那些受压迫的和被边缘化的群体为得到文化认可而提出的合理要求,整个产生争议的领域都在扩大。因此,人们认为新奖项的设立范围会缩小的想法是可笑的。即使在今天,我们所看到的是一个适合进一步扩展的文化奖体系。当然,也有一些奖的限制因素,对此我将进一步探讨,这些限制主要来自评奖和众多奖项的管理所涉及的工作量,新奖项的创立者们常常低估这种工作量并严重缺少相应的资助。未来,评奖所产生的实际工作量将需要得到更好的补偿,也将占据评奖行业预算更大

的份额，这几乎肯定会拖累该行业的增长。但是，我们不要搞错了，正 68
是由于诺贝尔奖创立以来已经出现了文化奖的扩张现象，不仅现在潜
在的奖项创始人和赞助者比以往任何时候都多，而且不那么直观地说，
文化场域中还有更多的地方可以设立新奖项。

第四章　娱乐类奖项

　　我将制作一档展示各种颁奖现场的节目，节目内容完全围绕获奖者和被提名者，"最愚蠢的获奖感言"，诸如此类的东西。如果这行得通的话，我们可以设立一个关于奖的电视频道。

　　——乔治·施莱特（George Schlatter），美国喜剧奖（American Comedy Awards）和美国电视奖（American Television Awards）的
创始人①

　　如果说诺贝尔奖为当今许多文化奖树立了榜样，特别是为那些由个体慈善家或慈善企业在最合法的艺术领域里设立寻求将金钱转化为文化声誉的奖项树立了榜样，那么，奥斯卡奖显然为官方社团、学术机构和专业艺术组织在不太合法的艺术领域——娱乐界提供了另一种模式。奥斯卡奖并不是设立最早的电影奖。1920 年首次颁发的摄影杂志荣誉奖［Photoplay Magazine Medal of Honor，后更名为金奖（Gold Medal）］是专业协会颁发的首个奖项。[1]美国电影艺术与科学学院（The

---

　　①　转引自 1993 年 5 月 24 日《华盛顿时报》（*Washington Times*）刊载的罗德·德雷尔（Rod Dreher）的文章《人人都是赢家》（"Everybody's a Winner"）。

Academy of Motion Picture Arts and Sciences，简称"AMPAS"）成立于 1927 年。1929 年初，它颁发了第一批奖项。1930 年，学院成员们（而不是小型评审团）首次提名并投票选出了获奖者。到 1935 年，当"奥斯卡"刚刚声名鹊起时，新成立的"纽约影评人协会"（New York Film Critic's Circle)就颁发了第一批相当于奥斯卡奖的其他奖项。从 20 世纪 40 年代后期开始，美国全国性的或各州、各市组建的评论家圈子也纷纷效仿，这些组织主要的公共职能是颁发奖项、各类荣誉，及颁布前十名的名单。1944 年，由好莱坞外国记者协会（Hollywood Foreign Press Association)组织的金球奖（Golden Globe Awards）或许可以归入这一类别，尽管该奖涉及对"评论家"一词的重大延伸。

此外，在"二战"后不久，我们发现，学院中的某些成员代表开始设立一些行业和专业团体，比如演员和导演协会，其他国家的全国性的学会和专业团体，它们开始通过各自的颁奖计划来维护自己的地位。例如，1921 年成立的美国电影编剧协会（Screen Writers Guild)，自 1954 年起成为美国编剧协会（Writers Guild of America)的分支机构，并在 1949 年首次颁奖，同年，美国导演协会（Directors Guild of America)也首次颁奖。首个"外国奥斯卡奖"是丹麦电影评论家协会于 1948 年颁发的波迪尔奖（Bodil），随后，英国电影协会奖（British Film Association Awards)，即当今包括电视的英国电影和电视艺术学院奖，以及意大利大卫奖，即大卫·迪·多纳泰罗奖（David di Donatello Awards），分别于 1954 年、1955 年颁了奖。

最终，在那些年还出现了比专业协会更多的电影组织，每个新的电影节都带来了一批新的奖项，其中最古老的威尼斯电影节（Venice Festival)——国际电影艺术展（Mostra Internazionale d'Arte Cinematografica)创立于 1932 年，它原来是"威尼斯双年展"（Biennale di Venezia，1895 年首次举办)中的一个电影单元，首届只颁发了观众奖，但到 1934 年第二届电影节时，随着一个官方奖项——"墨索里尼杯最佳意大利电影奖"（Mussolini Cup for Best Italian Film)，以及一个平行的最佳外语片奖项的设立，电影节已经完全脱离了双年展模式，成为一项年度颁奖活动。墨索里尼杯实质上是法西斯的宣传工具，从 1943 年到 1945 年，因为战争而被迫中断了三年。直到战后，著名的金狮奖（Golden Lion）才成为国际电影节的最高荣誉。与此同时，1939 年的戛纳电影节被视为针对威尼斯电影节的反法西斯主义行动，它当时针对的是这一情况：意大利出于政治原因禁止电影界的许多大腕入境，结果他们身着盛装却无处可去。由于法国在首届电影节上首次放映影片《巴黎圣母院》（*The Hunchback of Notre Dame*）时正逢德国入侵，电影节活动被推迟到 1946 年，最终在戛纳举办了，其最高奖于 1955 年更名为"金棕榈奖"（Palme d'Or）。欧洲三大电影节的最后一个——柏林电影节，是"二战"后由美国和德国联合发起的，这是美国在占领德国期间重新调整德国文化机制运动的一部分，金熊奖（Golden Bear）于 1951 年开始颁奖。

"二战"后初期，美国国家学院在除电影以外的文化场域中开发了奥斯卡奖式的奖项，最早是 1948 年美国国家电视艺术和科学学院（National College of TV Art and Science）颁发的艾美奖，然后是 1958 年美国国家录音艺术与科学学会（National Academy of Recording Arts and Sciences）颁发的格莱美奖。皮博迪广播奖（Peabody Awards in Radio）最初是由美国国家广播协会（National Association of Broadcasters）的一个委员会提议的，设立于战前，比艾美奖早了八年，但它一开始是以普利策奖为榜样的新闻奖，很久以后才将自己与奥斯卡奖相比较。[2] 事实上，文化奖项希望被视为"相当于奥斯卡奖"的愿望直到 20 世纪 70 年代初才真正显现出来。如今，这已是无数奖宣传口号的内容。这正是奖设立最为密集时期的开端，奖在各个领域都有巨大的增长，这不仅是因为人们设立了许多全新的奖，而且同样重要的是因为现有奖（见附录 A）都进行了扩展，全新的奖包括数百个新设的电影节竞赛奖，如 1976 年多伦多的"电影节中的电影节"（Festival of Festivals），如今这个电影节上放映的影片的数量是戛纳电影节的三倍。威尼斯电影节在 20 世纪 50 年代只设立了几个奖，并在 1968 年进入动荡时期后完全放弃了电影竞赛模式。如今的威尼斯电影节每年要颁发近百个奖，从亚洲电影促进联盟奖（Network for the Promotion of Asian Cinema NETPAC）到西格尼斯评委会奖（SIGNIS Ecumenical Jury Prize）[3]。在电视领域，艾美奖在 1970 年设立了 53 个奖项，到 20 世纪末，该奖的规模扩大了四倍，在黄金时段、日间、新闻和纪录片以及体育节目中都单独设立了颁奖仪式。此外，美国电视学院的地区分会在此期间都推出了或大幅扩展了当地的艾美奖节目，使每年颁发的当地艾美奖数量从几十项增加到近千项。

　　看下那些超级明星艺人的简历，我们就会对所谈论的评奖现象的规模有一些概念了。迈克尔·杰克逊就是一个很好的例子，他的职业生涯正好与上述时期完全吻合。20 世纪 70 年代早期，少年杰克逊是一位非常成功的艺人，在 1979 年推出一张名为《墙外》（*Off the Wall*）的专辑之前，他已经获得了八项重要的音乐奖。从那时起到 20 世纪末，他赢得了不下 240 种奖：连续 20 年，每月获得一个奖（见附录 C）。

　　即使在似乎远离主流的大众娱乐领域，类似奥斯卡奖的现象也易见。例如，在古典音乐方面，战后几年里，钢琴比赛的数量迅速增长。尽管像大多数现代形式的文化奖一样，这些大赛可以追溯到 20 世纪之初——第一届安东·鲁宾斯坦国际大赛（Anton Rubinstein International Competition）于 1890 年在俄罗斯圣彼得堡举行，但在第二次世界大战之前，这些比赛并不算多：有华沙的"肖邦"（1927）、布鲁塞尔的"伊丽莎白女王"（1937），以及美国的"瑙姆堡"（Naumburg，1925）和"莱文特里特"（Lventritt，1940）等钢琴大赛。战后，人们争先恐后地创办新的比赛，于是在 1957 年成立了国际音乐竞赛联合会（Federation of International Music Competitions），旨在协调大赛日期和宣传。从 1950 到 1970 年，钢琴比赛的数量增加了五倍；从 1970 至 1990 年，这个数字又翻了一番。[4] 到 20 世纪末，人们可以在 50 个国家找到五百多个钢琴比赛的目录。[5] 鉴于这些比赛会延续多天，我们可以推断，一年中的任何一天，一般来说至少有一场或往往不止一场为钢琴独奏家举办的金牌争夺赛。随着奖的增多，各个大赛之间的竞争也更加激烈，包括借鉴媒体成功的宣传策略及吸引观众的策略，争夺参赛者、赞助商和购票的观众，尤其

73

是争夺电视的报道。各种奖凭借其影响力将金钱、关注力和声誉引向出色的获奖者，无论他或她的演奏技巧和演奏风格与其他参赛者的区别有多么细微。各种比赛的影响力剧增，使得当今的钢琴家几乎不可能在未赢得至少一枚金牌的情况下就能拥有成功的职业生涯。钢琴家们在现场观众面前表演及现场录音的机会都和他们追逐奖牌密切相关，而这不像以前那样，与专家的评论或口碑紧密相关。[6]按照传统，莱文特里特钢琴大赛是私密且低调的，虽然其组织者为其平和而庄重的赛事而感到自豪，但在 20 世纪 60 年代末和 70 年代，该奖也被迫追随更奢华、奥斯卡式路线的莫斯科钢琴大赛进行重新设计。1958 年，莫斯科大赛使一位鲜为人知的前莱文特里特奖得主范·克里伯恩（Van Cliburn）一夜成名，随后在 1962 年，美国巧妙地利用了这位名人，创办了沃斯堡范·克里伯恩国际钢琴大赛（Van Cliburn International Piano Competition of Fort Worth）这项雄心勃勃的大赛。[7]

从 20 世纪 70 年代初开始，颁奖活动突然间遍地开花，愈演愈烈，这既是文化生产方式广泛转变的缘故，也是其转变的结果。这些深刻的历史转变已被广泛视为文化资本的崛起。早在 1973 年，丹尼尔·贝尔（Daniel Bell）就宣告了资本主义社会晚期或"后工业化"阶段的出现，在这一时期，随着从 19 世纪中叶以来文化资本在权力组合中所占的比重越来越大，它终于能够超越或在某种程度上取代原始的经济资本；因此诞生了一批新的"技术官僚"精英，他们的主要资源是"知识"，而不是土地或工业机械，他们的资本或"财产"的形式是专业"技能"而不是通常意义上的财富。[8]在贝尔的著作出版几年后，社会学家们，尤其是那些政治上的左翼社会学家们，必须正视许多人提出的一个"新阶级"（New Class）的概念。新阶级指的是不断扩大的专业管理阶层，由知识分子和技术知识分子组成，他们不断增长的社会权力份额似乎与其特定的文化资历和才能相关，而不是与其物质财富相关。在传统的（马克思主义的）阶级划分体系中，他们似乎没有明确的位置。[9]阿尔文·古尔德纳（Alvin Gouldner）的《知识分子的未来和新阶级的崛起》（*The Future of Intellectuals and the Rise of the New Class*，1979）和兰德尔·柯林斯

(Randall Collins)的《凭证社会》(*The Credential Society*，1979)描述了这一新阶级的优势，这是讲述同类话题最好的著作。新阶级的优势与柯林斯所说的"文化市场与物质市场之间的相互作用"相关，而这一相互作用用古尔德纳的话来说，需要有"一种普遍的资本理论，在这种理论中，新阶级的'人力资本'或旧阶级的金钱资本[仅仅]是特例"。[10]正如柯林斯提出的，现在"阶级斗争控制物质生产的关键"要在"文化的政治经济学"中去寻找，而不是完全在经济学中去寻找。此后，物质斗争将在具有文化价值的地带中进行。

尽管放弃了新**阶级**观，但社会学家和历史学家们至今还在强调新兴的文化资本特别是新兴的文化经济。[11]这表明我们至少处在历史上的一个有利位置，这可以解释 20 世纪 60 年代末以来文化奖的疯狂增长。但是，相比大多数后工业时代的历史学家们，我们有必要从更广泛的意义上来思考文化资本，以明确区分文化资本分别与声誉经济(象征文化生产的经济)以及后工业时代的商品和服务经济的关系。文化资本常常被简单地等同于经济学家加里·贝克尔(Gary Becker)所说的"人力资本"(正如古尔德纳交替使用术语所表明的那样)。对贝克尔及其许多弟子来说，人力资本实质上是一种生产性的技术知识，这种知识可以在先进的经济体系中发挥有益的作用，通常与正规教育有着牢固的联系。但是，文化资本与教育系统的联系并不像这里显示的那样紧密，教育系统开展的项目也不像仅仅向学生传授技术知识并评判学生吸收知识的质量和数量那样明确或与社会无关。教育系统对公民按照等级分类，它通过等级、级别、荣誉、机构层次等对教育地位严格进行分配，既不像一般人认为的那样简单，也不像一般人认为的那样精英化。文化资本的崛起远远超过了由扩大的教育机构所推动的人力资本的兴起(还远远算不上权力场中的一次革命)，[12]它是各种形式的文化价值赖以产生的场域的普遍扩张，其驱动力是人们对社会的维护和操纵越来越依赖于对象征性等级或声誉的主观区分。20 世纪 70 年代以来，改变社会的不是新阶级的崛起，而是强大的资格认证和评奖制度体系的崛起，该体系日益垄断了象征资本(特别是教育文凭和学位，但也不完全限于这些)的生产和分配,同时还让人们对任何权力的行使都越来越依赖于他们对象征资本的积累和控制。

　　整个文化生产体系日渐依赖象征资产及支配象征资产分配的体制,这一体制也可以与20世纪60年代后有关社会转型的其他说法联系起来。柯成兴(Danny Quah)等经济学家将20世纪60年代之后的时期视为向"无重量经济"(weightless economy)转型的关键期①,这一转型的象征标记是1971年对美元(金本位制)的摈弃。在无重量经济中,绝大多数活动涉及知识或信息、新闻或娱乐、数字或期权(预测)等各类无形资产的贸易。尽管所有交易物品的实物量(其实际**重量**)根本没有增加13,但这些"非物质化"产品贸易的增加意味着全球经济从1972年以来增长了大约五倍。这似乎表明一个提供艺术声誉、各种服务和活动等**象征**商品的**经济**市场在大幅拓展,而象征资本通过这些服务和活动在市场上流通。

　　激进的英国地理学家大卫·哈维(David Harvey)将此类服务和活动的蓬勃发展视为"大约1972年以来文化实践巨变"的一部分,涉及人们从对商品的消费转向新的、日益"短暂的"服务性消费。这些服务包括哈维提到的"娱乐、盛会、热闹和消遣"等,均严格遵循时尚的逻辑,这标志着在后福特时代,资本向更灵活的积累形式和更短暂的生产与消费周转周期迈进,进入了一个新阶段。14娱乐奖和颁奖典礼的盛大表演消遣活动与所有的由时尚主导的领域的"新即热,旧即凉"时效性相一致,可以很容易地被纳入晚期马克思主义有关后现代文化生活的叙事中,在这种叙事中,后现代文化生活的速度越来越快,也越来越短暂。

---

　　①　华裔经济学家、英国伦敦政治经济学院经济学教授丹尼·夸赫的中文名字为柯成兴,他提出的"无重量经济"也被描述为知识经济、无形经济、非物质经济,包括以下四个要素:首先是信息、通信技术和互联网;第二,知识产权,不仅包括专利和著作权,还包括更广泛的品牌名称、商标、广告、金融和咨询服务、金融交易、保健(医学知识)和教育等;第三,电子图书馆和数据库,包括新媒体、视频娱乐和广播等;第四,生物技术、传统图书馆和数据库,以及药品。这四个要素构成了现代经济中增长最快的领域。译者编译自柯成兴的文章:Danny Quah, "A Weightless Economy," *The Courier*, 1998, p. 19. https://unesdoc.unesco.org/ark:/48223/pf0000114259,2020年1月20日访问。

不足为奇的是,鉴于名流本质上受制于时尚的、短暂的名声,利 78
奥·布劳迪(Leo Braudy)等主要研究名流的历史学家们倾向于认为当
代名人文化也是从这个历史时刻兴起的。当然,早在半个世纪前好莱
坞明星制就已经存在了,当时八卦专栏、画报杂志、画廊老板、图书推介
人和其他文化推广经纪人等也组成一个密切关联的体系,这些足以把
一位受人尊敬的作家或画家转变为文化巨星——海明威和毕加索就是
很明显的例子。[15]但是,快速发展的“名人研究”文献倾向于和布劳迪的
观点一致,在 20 世纪最后 25 年里,这种制造明星的体系在广度、密度
和效力上有了更大的发展。[16]毫无疑问,几乎在所有文化领域中,奖已
成为制造明星的主要工具。

我们还需要认识到,20 世纪的“60 年代后”和“1968 年后”这两个
术语或许比任何其他术语都更能引发对文化“政治化”——文化资本与
政治资本之间越来越直接的转换,进行历史梳理。这些论述强调的与
其说是一个新的经济阶层的崛起,不如说是妇女运动、民权和黑人权力
运动、同性恋解放运动等新的社会运动兴起,而这些社会运动在 1970
年左右在文化场域中具有相当重要的地位,并沿着更具代表性(即使不
算是更民主)的路线重塑文化场域。长期以来,人们认为文化奖将其
“政治”议程强加给文化场域,并因此对它进行斥责,但人们也把它视为
衡量群体地位最突出的晴雨表,在促进少数派文化和反对派文化的兴
起并使其获得关注和尊重等方面发挥了巨大的作用。

最后,我们应该注意到,这一同样的历史时刻标志着文化技术方面
的重要转变。大众对名人的盲目崇拜,无重量的和象征性的资产交易 79
及投机活动的大规模扩张,消费社会的全球化(消费的瞬时性越来越狂
热,商品和服务越来越短暂),以及 20 世纪 60 年代新社会运动产出的
许多具体的文化成果等,所有这些都成了在电视上播出的重要现象:在
简单的因果意义上,这些现象不是电视媒介产生的,也不仅仅是电视这
个主导技术的结果,而是由电视彻底进行调解和管理的。可以毫不夸
张地说,当时借助卫星通信新技术的电视是理解这些现象及其持续影
响的关键。在这一方面,1970 年 4 月 7 日电视播出的奥斯卡颁奖典礼

是颁奖史上的一个关键时刻，它上演了一出乏味的但明显带有政治色彩的大戏：明星之间的代际争斗、反对派的名人与青年反对派的名人之间的一争高下。约翰·韦恩（John Wayne）这位冷战时期的偶像艺人最终获得了最佳男演员奖，他后来还接到了尼克松总统的祝贺电话，但他也被外面的抗议人士贴上了"种族主义者"的标签。他的角色后来演变成了罗纳德·里根（Ronald Reagan）的政治形象。让·赫肖尔特人道主义奖（Jean Hersholt Humanitarian Award）连续两年颁给了慰问越战部队的好莱坞艺人，但反越战的影星简·方达（Jane Fonda）和彼得·方达（Peter Fonda）也都获得了提名，而他们的父亲却因为政治保守从未获得过提名，杰克·尼科尔森（Jack Nicholson）、丹尼斯·霍珀（Dennis Hopper）（老方达说他在颁奖典礼上戴牛仔帽该挨打）和戈尔迪·霍恩（Goldie Hawn）等对政治不满的年轻一代偶像艺人也获得了提名。霍恩曾经赢得最佳女配角奖，热播电视综艺节目《大笑》的主持人鲍勃·霍普（Bob Hope）常年担任奥斯卡颁奖典礼主持人，他评论道："女士们先生们，这不是奥斯卡颁奖典礼——这是一场**疯狂的**表演。"霍普在颁奖典礼结束时尖锐地指出，各种"充斥在银幕上的混乱的、古怪的角色"，即由霍珀、尼科尔森、方达等人扮演的角色，"不是值得效仿的榜样"，他期待有一天，所有的抗议和反对声都会消失，一切都恢复安静，唯一要"争夺的将是在剧院外排队的地方"。[17]

奥斯卡颁奖典礼在美国广播公司（ABC）播出后，43％的美国有电视的家庭——约2 500万个家庭观看了该节目。从1960年美国广播公司首次签订转播合同以来的十年里，在电视台播出的所有节目中，只有五档节目赢得了很高的收视率，但五档节目中没有一个节目能像奥斯卡颁奖典礼那样长达两个半小时，因此这是一块利润颇为丰厚的广告磁石。[18]从辉煌的1970年以来，虽然奥斯卡颁奖典礼的电视收视率有所波动，并且在尼尔森年度排行榜上，"超级碗"美式橄榄球赛已经蹿升至榜首位置，然而，无论是对奥斯卡学院还是对电视台来说，奥斯卡奖转播带来的相关利润一直在增长。那些参与奥斯卡颁奖典礼的人与其说是将它视为好莱坞的盛事，还不如说是将它看作**电视上**首屈一指的好莱坞盛事。旧的好莱坞明星制正越来越严格地受制于新的电视名人逻辑,即一种夸大亲密感而非距离感的逻辑,这可能会极大地放大或者实际上抵消电影机构所产生的效果。奥斯卡颁奖典礼节目现在被视为主流的文化媒介和新主流媒介之间的一个关键的结合点。

　　奥斯卡颁奖典礼的制片人也开始恍然大悟,与所有其他电视节目相比,奥斯卡颁奖典礼几乎就是一台印钞机。从狭义的经济角度来看,之前的大多数颁奖典礼都是作为送礼仪式出现,单纯只有支出,包括现金和劳务的支出,而这些支出只能得到间接的回报,是一种旷日持久的、广泛分散的和(或)严格意义上象征性的回报,而奥斯卡奖节目则意味着送礼者每年可直接并且即时获得一笔意外之财。就连 1952 年首次由电视转播的奥斯卡颁奖典礼也是一项相当有利可图的事业,为美国电影学院(Motion Picture Academy)的金库入账达 50 多万美元(经通货膨胀调整)。但到了 20 世纪末,奥斯卡奖实际上颠覆了诺贝尔奖的经济学:学院颁发的每一尊金像所实现的利润相当于瑞典文学院给每位诺贝尔奖得主的奖金(大约 100 万美元)。在 1970 年转播奥斯卡奖之前,美国广播公司曾坐视美国全国广播公司(NBC)在奥斯卡颁奖节目合同的竞标中胜出,竞标始于 1971 年,每五年一次。不过,美国广播公司一有机会就恢复了对该节目的控制权,并自 1976 年以来一直牢牢地控制着该节目的转播。美国广播公司从奥斯卡颁奖典礼转播中获得的利润总是远高于其他黄金时段播出的节目,颁奖典礼转播成为该公司的生命线,因为自有线电视兴起以来,它就"基本上成为一项收支平衡的、微利的业务"[19]。到 1999 年,美国广播公司在任何季度都能幸运地获得 2 500 万美元的净收入。[20] 仅奥斯卡颁奖典礼转播一项收入就超过 2 000 万美元,而广告收入则超过 6 000 万美元。[21]

　　在本书的第二部分,我们将考虑管理、评选、资助和推广文化奖的实际工作,以及从事这项工作的人员的具体安排,还将详细讨论动机问题。当然,在作为"礼物"的奖项背后,一定程度上总是多少存在着一种委婉的"盈利动机"。但在过去三十年里,奥斯卡奖在创造净收入方面取得了无与伦比的成功,这个利润动机以更直接或更赤裸裸的方式发挥了作用。1970 年以来，电视台制片人一直表现出不遗余力地颁发文化奖的冲动，现在几乎还没有文化或美学的术语可以用来表述这种冲动。这股对奖的狂热风席卷电视台高管们，1972—1974 年这几年对他们尤为重要，因为正是在这几年里，他们发现了自己凭空制作颁奖节目的能力。在奥斯卡奖的经济潜力逐渐显现之际，美国广播公司却在竞标中将其转播权输给了美国全国广播公司，这一失误导致的后果在两年后变得更加严重：美国广播公司与美国国家录音艺术与科学学会（National Academy of Recording Arts and Sciences）就颁奖地点发生争执后，将格莱美奖拱手让给了哥伦比亚广播公司（CBS）。当哥伦比亚广播公司转播 1973 年的格莱美颁奖典礼并获得 53％的收视率时，美国广播公司开始对自己的决定感到非常后悔，[22] 它的反应是推出了一档节目与之竞争，这就是全美音乐奖（American Music Awards）。虽然该节目似乎因没有历史、文化声誉，也没有任何象征性的净资产而处于不利的位置上，但它实际上具有一大优势：由于没有音乐行业官方的参与，也就不受这种参与所带来的影响，包括专业上的顾虑、官僚机制和根深蒂固的利益冲突的影响。全美音乐奖将基于音乐销售数据和"大众评选"（People's Choice）投票数，而不是由那些有资质的专家们组成的评审团投票或由会员们投票产生，颁奖典礼也不是由专业人士组成的协会来管理，而是由热门节目《美国大舞台》（American Bandstand）的迪克·克拉克（Dick Clark）领导的制作团队来管理，该节目既没有设立奖励技术的奖，也没有设立奖励古典音乐或爵士乐的奖，只有对流行明星们的展示。尽管它实际上只不过是一档电视节目，旨在展示当年最具市场价值的艺人——奖本身没有任何明显的象征意义，只是为了确认唱片音乐市场已确立的价值。但多亏了克拉克，1974 年的首届全美音乐奖颁奖典礼吸引了比格莱美奖更高级别的音乐天才，挑战了后者在该领域的可信度以及观众份额。在成立后的几年内，全美音乐奖一直是收视率大战中的赢家。在 1978—1987 年的十年时间里，它的收视率有七次领先于格莱美奖。

　　哥伦比亚广播公司对全美广播公司和美国广播公司的奥斯卡奖节

目采取了同样的策略：1975 年，它推出了大众评选奖（People's Choice Awards），这是一个基于尼尔森调查数据的颁奖节目，除了电影奖外，还有电视、音乐和体育奖等奖项。此时，人们任何针对以这种方式制作颁奖节目的可行性或对颁奖节目总体可行性的怀疑都已经烟消云散，各电视台每年播出的颁奖节目的时间都超过了 25 个小时，而在 1971 年只有 9.5 个小时。到 1977 年，虽说人们对奖已见怪不怪了，但报纸还是刊登了人们抱怨奖过多的文章，例如，有篇讽刺文章宣布颁布"美国奖项基金会首届年度奖"[23]。然而，到 20 世纪末，每年用于播出颁奖节目的黄金时段又增加了 150%，达到约 60 个小时，有线电视频道还增加了 200 多个小时的颁奖节目，70 多个单独的颁奖典礼。[24]在有线电视频道上，即使是一些最知名的奖，如 TNT（特纳电视图）的有线电视王牌大奖（Ace Awards），似乎也只是一个让名人以极低成本在屏幕上现身几小时，同时为自己的产品做广告的借口。在许多情况下，奖项似乎会颁给愿意出席的艺人。这些艺人往往身兼两职，既是主持人，又是特约嘉宾。当你看到他们出现在舞台上时，你就知道他们很快就会获奖。比尔·马赫（Bill Maher）在 1995 年主持了第十六届王牌大奖，当晚他几乎在完成开场白的同时就获得了两个大奖中的第一个——娱乐节目最佳主持人奖。他讽刺地说，"太好了，现在我得主持剩下的烂节目了"[25]。

84

　　即使是文化奖的外围产品或衍生产品，如各种预热奥斯卡奖的节目，也已成为一个重要的特色节目和网络及有线电视的主要收入来源。"E! 娱乐频道"（The E! Entertainment Channel）播出由琼·里弗斯（Joan Rivers）主持的奥斯卡奖预热节目，这是该频道 1998 年收视率最高的节目，事实上也是该频道创办 11 年来收视率最高的节目。它的巨大成功导致美国电影学院（Motion Picture Academy）在 1999 年介入，以捍卫其与美国广播公司签订的合同的价值，学院在该台推出了"官方"的预热奥斯卡奖节目，并禁止非美国广播公司的摄像机在下午 5 点以后在洛杉矶多萝西·钱德勒大厅（Dorothy Chandler Pavilion）铺着红地毯的入口处拍摄名人们入场的画面。

　　因此，尽管推动奥斯卡奖的种种力量以及受该奖直接影响的文化地带都有很大的不同，但在过去几十年里，奥斯卡奖在文化奖领域里的影响力已经不亚于诺贝尔奖了。如果说诺贝尔奖是慈善模式，是文化奖作为"献给人类的礼物"的模式，那么奥斯卡奖则是一种商业模式，是文化奖作为商标财产、宣传工具和有利可图的媒体特许经营权的模式。在"二战"后的岁月里，奥斯卡奖已经成为人们羡慕和效仿的对象，20世纪70年代初以来，几乎每一个电影生产国都在直接模仿奥斯卡奖，每个"外国奥斯卡奖"都有自己的称号：法国的凯撒奖（César，1976）、加拿大的精灵奖（Genies，1979）、中国的金鸡奖（1981）、挪威的阿曼达奖（Amanda，1984）、西班牙的戈雅奖（Goya，1986）、捷克的狮子奖（Lions，1994）等。在美国国内，奥斯卡奖巩固了它在更成熟的电影奖中的主导地位，同时也激励了更多的新奖。战后创立的电影奖，即大部分由行业协会和电影界赞助的电影奖，已经形成了一个有序的体系，在这个体系中，奥斯卡奖的卓越地位不言而喻，并总是得到认可。这个体系的一个特点是其时间表，根据这个时间表，颁奖季必须在冬季末的奥斯卡颁奖典礼上达到高潮（直到最近，总是在三月底或四月初），而所有其他奖在整个冬季的几个月里只不过是奥斯卡奖最终结果的提前预告，正如一位制片人所说，这是奥斯卡颁奖宴会的"开胃菜"。其中一些作为提前预告的电影奖对奥斯卡奖得主的预测几乎与伦敦、拉斯维加斯博彩公司的预测一样可靠。到目前为止，金球奖已经成为最知名、最赚钱的第二梯队奖，该奖在1980至1999年间的20次最佳影片评选中，有16次评选出的最佳影片获得了奥斯卡奖，有14次评选出的最佳导演获得了奥斯卡奖。在所有这些奖中，最多余的是美国导演协会（Directors Guild of America）颁发的杰出导演奖，同样在20年里，该奖只有两次未授予奥斯卡最佳导演奖得主。事实上，长期的奥斯卡颁奖典礼筹备工作似乎越来越像是一种铺垫，因为有太多的彩排，以至于当真正的奥斯卡颁奖之夜到来则变得平淡无味。2000年夏，电影学院宣布将把颁奖典礼的日期提前到2月下旬，这在一定程度上回应了这个问题，因为表面上的优势已经开始变成劣势。[26]

85

　　不出预料，1970 年后的新奖项表现出更强烈的差异化趋势，其不同的评选资格和评选标准有望提供一个替代奥斯卡奖的激进的方案，或者至少是一种温和的对奥斯卡奖的修正。但这些奖中的大多数，从最普通的市场到更受限制的市场，即从纯粹的人气竞赛，如"大众评选奖"，到"独立""艺术"电影奖，如"独立精神奖"（Independent Spirit Awards，创立于 1986 年）都比其公开的民粹主义言论或反商业性言论更接近奥斯卡奖的模式。它们不仅遵守以奥斯卡奖为中心的颁奖日程安排以及奥斯卡奖的基本分类，过于强调个人成就和个人创作，而且即使它们的获奖名单各不相同，它们也往往会强化奥斯卡奖推行的相同的基本价值等级。因此，从记录上就会发现，举例来说，虽然 1996 年度的独立精神奖最佳男主角西恩·佩恩（Sean Penn）、最佳男配角本尼西奥·德尔·托罗（Benicio Del Toro）和最佳女主角伊丽莎白·舒伊（Elisabeth Shue）等获奖演员没有获得过奥斯卡奖提名，但这并非全部事实。在《离开拉斯维加斯》（*Leaving Las Vegas*）中与舒伊演对手戏的尼古拉斯·凯奇（Nicolas Cage）获得了奥斯卡最佳男主角奖，在《死囚漫步》（*Dead Man Walking*）中与佩恩演对手戏的苏珊·萨兰登（Susan Sarandon）获得了最佳女主角奖，在《非常嫌疑犯》（*The Usual Suspects*）中与德尔·托罗演对手戏的凯文·史派西（Kevin Spacey）获得了最佳男配角奖。此外，史派西凭借当年在《与鲨同游》（*Swimming with Sharks*）中的表演获得了独立精神奖最佳男演员奖的提名，而《非常嫌疑犯》的编剧克里斯托弗·麦夸里（Christopher McQuarrie）在两届颁奖典礼上都获得了最佳剧本奖。

　　这里不同电影奖评选结果的差异与过度重合相比是微不足道的，整个阵容与独立精神奖关于向制作电影的无名英雄致敬的言论相矛盾。[27]到 1996 年，独立精神奖已经成为一项相当盛大的活动，在加利福尼亚州圣莫尼卡海滩的一个半英亩①大的帐篷下举行，由塞缪尔·L. 杰克逊（Samuel L. Jackson）担任主持人[他本人曾获得奥斯卡奖提名，

_____

　　①　1 英亩约等于 4 046.86 平方米。——编者注

还在 1995 年凭借《低俗小说》(*Pulp Fiction*)获得了"独立精神奖"],并提供豪华午餐。两天后,在奥斯卡颁奖典礼的广告时段,独立电影频道(IFC)及其母频道布拉沃(Bravo)对整个活动进行了电视转播:这是一个号称"消灭奥斯卡奖"的商业噱头,独立电影频道的新闻发布人称该奖是对奥斯卡奖商业主义的"完全'非商业性'的回应"。大多数出席者似乎将其视为一次商业活动,仪式前人们的交谈主要围绕电影制作、发行和新项目的资金支持等话题。米拉麦克斯影业公司(Miramax Films)①获得了 10 项提名,还在现场前排和中间预留了几张桌子,占据了主导地位。接下来的几年里,该公司发起了一场声势浩大的、具有争议的争取获奖的运动,最终在 1997 年凭借《英国病人》(*The English Patient*)获得九项奥斯卡奖,随后又于 1999 年凭借《莎翁情史》(*Shakespeare in Love*)和《美丽人生》(*Life Is Beautiful*)获得最佳影片、最佳男主角、最佳女主角、最佳女配角、最佳剧本奖及其他三项大奖。²⁸ 整个颁奖过程中,观众们显然对庆祝所谓的获奖者"独立"于大制片厂的资金不那么感兴趣,他们更感兴趣的是为好莱坞巨星喝彩,西恩·佩恩和朱迪·福斯特是观众们的最爱。据推测,电视观众们也有这种追星的倾向,因为他们收看电视的动机是"观看朱迪·福斯特、哈维·凯特尔(Harvey Keitel)、昆汀·塔伦蒂诺(Quentin Tarantino)、薇诺娜·赖德(Winona Ryder)、亚历克·鲍德温(Alec Baldwin)、桑德拉·布洛克(Sandra Bullock)和约翰·特拉沃尔塔(John Travolta)等明星"。

88　　　独立精神奖的这种模棱两可产生的部分原因是 20 世纪 90 年代"独立"电影的地位日益受到困扰,当时越来越多昂贵的,也往往是明星云集的、暴利的电影在大型电影公司之外进行制作和融资。当这类电

---

①　米拉麦克斯影业公司目前是贝因传媒集团(beIN Media Group)和派拉蒙公司(Paramount Company)的合资企业。在全球范围内生产、融资和发行电影、电视等娱乐产品。该公司的影片在全球范围内获得超过 100 亿美元的票房,并获得超过 68 项奥斯卡奖,其中有四项是最佳影片奖。参见米拉麦克斯公司官网的简介:https://www.miramax.com/about,2023 年 1 月 5 日访问。

影开始获得大量的奥斯卡奖提名时(1997 年 2 月提名公告日被称为"独立电影日"),影业巨头们也收购或建立了名义上的"独立"子公司。事实上,米拉麦克斯公司早在 1993 年就被迪士尼公司收购了。在许多评论者看来,到 20 世纪 90 年代末,"独立"电影就像是主流商业电影公司体系中的一个营销类别,其包含的电影产品带有小型子公司的合法标签,面向的观众群比标准的电影产品要小众一些,但这一切"独立"电影产品还是可以看出是由好莱坞出品的:独立电影相当于从大啤酒制造商那里冒出来的小厂所生产的啤酒。为回应人们普遍将独立电影视为虚假标签的看法,1999 年,独立精神奖决定设立一个新的奖项类别——50 万美元以下最佳处女作(Best First Feature Under ＄500 000)。组织者希望这个奖项能成为独立电影真正的避难所,能让他们去表彰真正"默默无闻"的电影人。然而,他们不会从每年的明星庆典中去除任何电视镜头里可见的浮华。

　　但是,正如我们在上一章中所谈的,随着时间的推移,文化奖倾向于软化其差异化策略,开始与其最初竞争对立的奖项合并,这种趋势并不局限于独立电影,甚至也不像人们通常认为的那样,是电影人的经济独立性受到侵蚀的结果。重要的是要防止将文化奖扩散的奇特逻辑纳入现成的艺术商品化叙事中。首先,随着时间的推移,那些比主流奖有着更完美的商业立场的奖往往开始追求象征利益,引入基于评委会评选的奖项或终身成就奖,或者用更具文化合法性的元素来淡化流行的标准。为了摆脱商业主义的污名,一些主要奖项已经彻底改革了自身的规则和程序,成功地在艺术家和评论家中赢得了信誉,这使得"独立的"或"另类的"文化奖的发起人不得不自认倒霉,他们激发的变革反而导致自己成为多余的奖项而最终被停办。例如,英国流行音乐界的顽童流行乐奖(Brat Awards in Popular Music)最初是 1993 年《新音乐快报》(*New Musical Express*,简称"NME")杂志上的讽刺性专题报道,然后在 1994 年就变成了一场真正的颁奖节目。1993—1994 年,英国唱片业协会(British Phonographic Industry,简称"BPI")对全英音乐奖的投票程序做了重大修改,这在一定程度上要归功于顽童流行乐奖。[29]

89

然而，在这些变动生效后，《新音乐快报》发现其最高奖总是颁给那些赢得全英音乐奖的艺人。到 1999 年，在多次尝试重新区分却失败后，顽童流行乐奖干脆放弃了其讽刺的名字，改为最佳奖（Premier Awards），这实际上承认了全英音乐奖不再是《新音乐快报》有效的抨击目标。

我们注意到，随着时间的推移，主流奖和另类奖之间的差距缩小，为异质奖和非正统奖开辟了新的机会。这就是整个文化领域的时间逻辑。[30]但是，由此不断产生的新的或前卫的立场以及差异化战略并不是简单地沿着单一的金钱轴线来划定，由奖的"商业化"程度来决定它在这个领域里的地位。差异往往是建立在社会、种族和意识形态的界限上，例如，全国有色人种协会形象奖或家庭电影奖。可以肯定的是，"商业化与独立之间的对立"这一说法在当代文化奖舞台上仍然普遍存在，但反复无常的讽刺已经潜入这种说法中，导致无论新奖对待"商业化"的立场如何，它对商业化的致敬或批评的形式越来越看不出来。几十年来，奥斯卡奖巩固了其主导地位，对其他奖的吸引力也大幅提升，同时也出现了一个由模拟奖构成的影子世界，这些奖讽刺性地模仿和克隆"真正的"奖，但它们与高尚的神圣化之间的关系远非那么简单。

最接近合法的文化奖世界的是 MTV 电影奖（MTV Movie Awards），该奖创立于 1992 年，是青少年电影观众的"奥斯卡奖解药"。这些奖在 20 世纪 90 年代产生的效果与 70 年代迪克·克拉克（Dick Clark）在全美音乐奖上产生的效果大致相同，迫使人们进一步将重点从娱乐类奖转向把奖**当成**娱乐。像"最佳接吻""最佳格斗"和"最佳动作场面"等奖项类别打破了主流文化奖倡导的个人艺术天才的浪漫主义意识形态，获奖者得到的奖品是一个类似于爆米花罐的小雕像，里面装满镀金爆米花。这些年轻人评选的奖似乎摒弃了奥斯卡奖的自命不凡和严肃性，由此也没有了它的象征的意义。然而，MTV 电影奖的非严肃性本身就是一件非常严肃的事情，在该奖多种形式的多媒体宣传材料中这一点经常被提及，并在节目中被仔细管控。当有人越过了可接受的界限，过于明显地偏离了文化奖颁奖典礼的言辞规范时，这种越轨之举就会从转播的节目中被剪辑删除。有这么一个事例，1999 年，获奖导演鲍比·法雷利（Bobby Farrelly）在发表讽刺性模拟的获奖感言中，提到了六周前发生在美国科罗拉多州利特尔顿（Littleton）科伦拜恩高中（Columbine High School）的枪击案，他郑重地表示，希望他的作品能激发更多的高中校园杀戮案。在 20 世纪 90 年代后期，这当然是在常规 MTV 节目的范围内，例如，讽刺卡通片《比维斯和布特海德》（*Beavis and Butthead*），但在 MTV 电影奖颁奖典礼上这种言论被认为是不可接受的。事实是，正是严加控制的 MTV 电影奖的非严肃性促使年轻观众们认真投入对该奖的评选，但他们并不会把选票"投"给 B 级片或校园经典电影，而是表彰了许多被奥斯卡奖神圣化的电影和演员，如 1994 年的汤姆·汉克斯（Tom Hanks）和汤米·李·琼斯（Tommy Lee Jones），1998 年的《泰坦尼克号》，1999 年的格温妮丝·帕特洛（Gwyneth Paltrow）等。

　　MTV 电影奖对非严肃性颁奖节目理念的认真落实使其节目在收视率上成为赢家，也成为一种利用电影与音乐市场协同效应的重要工具。好莱坞的高管们将该奖视为衡量青年影迷市场的唯一最佳标准，因此也是真正决定未来项目资金走向的重要颁奖节目。[31] 在这方面，该奖不仅属于娱乐类别，而且也属于同样重要的且发展更为迅速的"商业知识"类别，在"无重量经济"中占有一席之地，这个奖项作为有关经济价值的信息，以及有关行业趋势的潜在预测数据，意味着它具有经济价值。几乎所有的当代奖项管理者都渴望以某种形式在这两个方面获得成功。他们想要娱乐和取悦观众，他们想要被当成领先的而不是落后的价值指标。因此，毫不奇怪的是，MTV 电影奖已经成为超级大片奖（Blockbuster Awards）（现已停办）等新奖的榜样，甚至包括奥斯卡奖，如奥斯卡奖就采用了 MTV 电影奖的技术方法来播放被提名影片的混剪片段。毕竟，对奖项的非严肃性的战略管理是奖项管理者的一项基本任务，他们必须确保那些知道不必过于严肃对待奖项的人（大概是我们中的大多数人）对奖项有一定程度的投入或信念，那些人恰恰因为奥斯卡奖的矫情或俗气而接受它，所以当颁奖典礼变得过于沉稳或庄重时，他们就会失去兴趣。

　　MTV 电影奖颁奖典礼因在娱乐奖中备受尊重而迅速跻身获奖节

目的行列，该节目于 1993 年首次获得有线电视王牌最佳剪辑奖（Cable Ace Award for Best Editing）。这个老掉牙的笑话——"现在有这么多奖，他们很快就会为颁奖而颁奖"——已经完全过时了。即使在艺术奖和文学奖中，近年来也有一些奖项获奖，包括 1998 年入围赞助奖的橘子奖（Orange Prize）。在建筑领域，杰伊（Jay）和辛迪·普利兹克（Cindy Pritzker）作为普利兹克奖的创始人，获得了第十届华盛顿特区国家建筑博物馆荣誉奖（Honor Award of the National Building Museum）年度奖。在广告方面，克里奥奖 CD（Clio Awards CD）是 20 世纪 90 年代中期获奖广告的集锦，已获得多个奖，其中就有纽约艺术导演协会奖（Art Directors Guild of New York Award）。在娱乐奖中，奥斯卡奖、格莱美奖，尤其是托尼奖，数十年来一直赢得艾美奖下设的"音乐（喜剧）特别奖"类别，以及 1988 年创立的"美国喜剧奖"（American Comedy Awards）。在 1995 年的美国喜剧奖上，加里·山德林（Garry Shandling）因 1994 年在格莱美奖典礼上的表演而获得提名；罗珊妮·巴尔（Roseanne Barr）因在 MTV 视频大奖（MTV Video Awards）颁奖典礼上的表演而获得提名；乌比·戈德堡（Whoopi Goldberg）因在奥斯卡颁奖典礼上的表演获得提名；杰森·亚历山大（Jason Alexander）和艾伦·德杰尼勒斯（Ellen DeGeneres）因在艾美奖颁奖典礼上的表演而被提名。这些节目的制片人、编剧和导演以及主持人都非常清楚地意识到，他们不仅在收视率的商业市场上以及在电影、音乐或戏剧艺术家中获得尊重的象征性市场上相互竞争，还在附属的象征性市场上竞争，以在颁奖节目制作领域中获得认可。

　　随着我们进一步走向这个不断扩大的、不太严肃的奖项世界的边缘，我们会发现越来越不为人看重的通俗流派奖。例如，为了保持人们对电影的关注，1984 年讽刺专栏作家兼电视主持人乔·鲍勃·布里格斯（Joe Bob Briggs），又名约翰·布鲁姆（John Bloom），创立了轮毂奖（Hubcap），又称哈比奖（Hubby）。他宣布该奖为"汽车影院奖"（Drive-In Academy Awards），并在费尔利·迪金森大学（Fairleigh Dickinson University）的惊险片影院（Chiller Theater）恐怖电影大会上颁发该奖。

哈比奖包括最佳混蛋奖（Best Slimeball）、最佳功夫奖（Best Kung-Fu）和最佳无厘头性爱喜剧奖（Best Mindless Sex Comedy）等，却从未被电视转播〔虽说宗毓华（Connie Chung）曾在节目中宣布要播出〕。哈比奖在 1995 年被停办，但它可以被视为无意识的 MTV 电影奖的前身，该奖实质上将布鲁姆对大牌电影奖的讽刺变成了一种新形式的大牌电影奖。然而，哈比奖（实际上还有乔·鲍勃·布里格斯的汽车电影院超级粉丝形象）给其创始人带来麻烦的部分原因是，它所讽刺的对象或目标非常模糊。人们不禁要问，布鲁姆颁发最佳胸部计数奖（Best Breast Count）或最佳恶心奖（Best Gross-Out）①，是否对合法的文化价值等级进行了庸俗化的颠倒？即主张纯粹的无意识愉悦的价值高于纯粹的审美鉴赏，或者更确切地说，是否让整个电影在美学上蒙羞。他并不是质疑"艺术"相对于"垃圾"的优越性，而是质疑当代电影上升到艺术层面的能力——嘲笑那些把《泰坦尼克号》当作《战争与和平》的人自命不凡。他称赞《赎罪日》（*Day of Atonement*）是"有史以来最好的电影，讲述了在迈阿密说法语的犹太黑手党的真实内部运作，以及他们憎恨不尊重自己传统的说西班牙语的智利裔德国黑帮的原因"时，[32] 似乎一直在坚守自己相当成熟的品位——以鉴赏家的方式去消费最粗俗的垃圾电影，只有最享有文化特权的人才能这么做。但是，布鲁姆的这种讽刺的鉴赏力可以被看作他有别于现实生活中的乔·鲍伯们（Joe-Bobs）的一种方式（像鲍伯这样的南方蓝领工人被认为会直接接受暴力的、厌恶女性的电影），也可以被看作他有别于传统的电影评论家与普通电影观众（奥斯卡奖的支持者）的一种方式，后者盲目坚持中产阶级的品位，无法享受电影《监狱风云》（*Prison Heat*）中的"活生生的食虫场景"或《飞天大战 2》（*Flesh Gordon Ⅱ*）中的"星际痔疮场序列"。

有了哈比奖，我们难以确定的是一项严肃的荣誉是否授予了同类边缘文化产品中被评为佼佼者的电影（一部特别具有娱乐性的汽车影

94

---

① 这些奖都是故意恶搞愚蠢、不体面的奖品。"最佳胸部计数"是针对电影中最裸露的女性乳房；"最恶心奖"是针对影片出现的最恶心的场景，例如有人掉进厕所等。

院电影），还是一种不光彩形式的模拟荣誉授予了被认为是同类主流文化产品中最差的一部电影（一部特别琐碎和污秽的电影），或者该奖固有的嘲弄最终是否指向特定的低俗文化或资产阶级的消费风格而不是特定的创作风格。这些不确定因素已经越来越多地蔓延到娱乐奖领域中，因为该领域本身已经设法变得更具娱乐性，通过越来越古怪和有趣的方式在复制主流奖项。例如，为色情片设立的奖项，虽然表面上是为了表彰传统上被轻视和边缘化的影片，但与哈比奖一样都具有某种讽刺或浮夸的风范。成人影业新闻奖（Adult Video News Awards，简称"AVNs"）让人们不要太当真，该奖的口号是"一场派对和一场颁奖秀（按此顺序）"，每张桌子上都放着十管润滑剂，奖项则包括最佳肛交场景奖（Best Anal Sex Scene）和最佳特色性虐录像奖（Best Specialty Tape：Spanking）等。而事实上，该奖在拉斯维加斯市的百利宫和凯撒宫等主要场馆举办，有数千名穿着礼服和晚礼服的电影业内人士出席（以及许多普通持票人，按影视业行话，普通票叫"雨衣"）；有狗仔队在铺着红地毯的入口处排着队；有像魔术师佩恩（Penn）和泰勒（Teller）这样的名人艺人；有获奖者的小金像奖品，而获奖者的领奖致辞除了令人不安地明确提及性行为之外，完全模仿了典型的奥斯卡演讲用语，包括对父母的感谢等，这些似乎都在增强而不是削弱过分模仿奥斯卡奖的效果。

　　但我们在这里再问下：被嘲笑的到底是什么？这些模仿奥斯卡奖的奖真是在模仿奥斯卡奖吗？奥斯卡奖已经代表了一种重要的、实际上堪称典范的奖项扩增，它将文化评奖扩展到不那么正统但更受欢迎的文化领域中——产生了众多的乡村音乐奖、工艺奖和流行文学奖的部分趋势，包括神秘小说（阿加莎奖、埃德加奖）、犯罪文学［金匕首奖（Golden Dagger）］、西部文学［马刺奖（Spur）］、浪漫文学［金心奖（Golden Heart）］、贝蒂·特拉斯克奖（Betty Trask）、科幻文学［星云奖（Nebula）、雨果奖（Hugo）］，甚至科幻浪漫文学［蓝宝石奖（Sapphire）］等文学奖。就像为图画小说（漫画书）设立的鲁本奖（Reuben Awards）一样，情色电影奖只不过是这种模仿逻辑在文化尊重的范围不断扩大的情况下进一步的发展。这一逻辑不仅产生了色情片奥斯卡奖（Oscars of Porn）（成人影业新闻奖以此闻名），还产生了大众评选色情片奖［如限制级娱乐的粉丝奖①（Fans of X-Rated Entertainment Awards，简称"Foxes"）］、色情片评论圈奖［（如限制级影片评论家组织奖（X-Rated Critics Organization Awards，简称"XRCOS"），1983 年设立］、外国色情奖［法国戛纳的热棕榈奖（The Hot d'Ors）对成人影业新闻奖来说就像金棕榈奖之于奥斯卡奖一样］，以及色情名人堂［如拉斯维加斯的情色传奇（Legends of Erotica）名人堂］。[33] 所有这些色情片奖都声称与成人影业新闻奖所提供的评价尺度一致：不那么自命不凡，意味着不那么受象征资本或智力资本的支配；不那么腐败，意味着不那么受社会资本的支配，或者不那么商业化，意味着不那么受经济资本的支配，这在本质上与奥斯卡奖的竞争者方式一模一样。

威廉·马戈尔（William Margol）在 1978 年创立了首个主要的色情奖——情色奖（The Eroticas），该奖被停办后，他协助创立了第一个成人电影终身成就奖，他告诉我，情色奖的功能应该是表彰色情电影制作中真正的"艺术成就"和"历史重要性"，而成人影业新闻奖是由主要的行业刊物承办的行业奖项，只认可最卖座的电影。根据马戈尔的说法，成人影业新闻奖缺乏象征力度，对内部人士来说是一个"笑话"。[34] 这可能是真的，但对那些参与成人影业新闻奖的人来说，这并不是什么新闻，他们显然沉迷于成人影业新闻奖作为模拟奖项的地位，这种地位似乎并未削弱反而是增强了它作为推广工具的作用。人们很难相信"限制级影片评论家组织奖"和"情色奖"不是内部笑话，这个领域里的所有

---

① "X 级别"（X-Rated），"X"指代英文"explicit"，意思是电影的明确受众。X 分级体系被许多国家用来对内容仅适合成人的电影进行分级。X 级别影片是限制级影片，含有不适合儿童观看的内容，如极端暴力、强烈暗示的性等。美国电影协会（MPAA）制订的电影分级体系自 1968 年开始使用，旨在确定电影是否适合普通观众，或者是否应根据观众年龄进行限制。根据这个体系，电影有五种不同的分类：G、PG、PG-13、R 和 NC-17。电影分级基于暴力、语言、毒品/药物使用、裸体和性等，根据每部电影中这些成分的含量对电影内容进行评分。X 分级不是美国电影协会指定的官方评级。参见：美国电影协会官网，https://www.motionpictures.org/film-ratings，2022 年 1 月 2 日访问。

97　奖和荣誉在某种程度上都具有讽刺意味。这并不是说它们不是"严肃"的奖项——如果你在这个特定的文化领域里工作，不会想要去赢得这么一个奖项，它既不会提高你在同行中的地位，甚至在某种程度上也不会提高你在更广阔的社会中的地位。这也不意味着这类奖项对消费者没有影响。相反，色情片的观众往往会被获奖影片吸引。很少有文化消费领域（儿童文学是其中之一）的奖对消费者有更直接和更强大的影响。[35]色情片奖象征着声誉经济中一种广泛的趋势：评奖工具越来越多地采取戏仿和自我戏仿的形式，继续在象征的或物质的意义上作为经济工具发挥有效作用，它们本身被视为文化娱乐，而不仅仅是对文化娱乐的评价；但是，即使这种娱乐功能显然成为它们的主要功能，它们的市场功能仍继续发挥作用，也就是说，它们继续在建立其所在领域的象征等级、经济等级方面发挥着强大的作用。

即使是那些滑稽的、颠倒黑白的荣誉，也就是奖励"最差"文化作品的"傻瓜奖"，也完美地尽了声誉经济功能的一部分，这类奖的运作更像其他普通奖，它们不是人们通常想象的文化炸弹。当然，这些奖并不是什么新发明，实际上它们是体制化形式的讽刺，在私人俱乐部和沙龙中享有悠久的传统。在20世纪，最差图书奖似乎与最佳图书奖同时出现。例如，在英国，芭芭拉·卡特兰（Barbara Cartland）深情地回忆起20世纪20年代的事情，当时奥斯伯特（Osbert）和伊迪丝·西特维尔
98　（Edith Sitwell）夫妇在他们位于切尔西（Chelsea）的豪宅里举办了"年度最差文学作品"的颁奖典礼，"年度最差诗歌和其他'最差作品'的奖品，包括放在玻璃盒子里的一条光滑的鱼……可以肯定地说，当时所有最聪明的文学天才都被彻底曝光了"[36]。然而，20世纪70年代以来，与其他形式的奖项一样，特别是与那些颁奖就是娱乐场面的奖项一样，这种模拟奖在某些领域里成倍增长，其冗余程度几乎接近普通奖的水平。例如，在电影界，创立于1981年的金酸莓奖（Golden Raspberry Awards），或称莓子奖（Razzies），不得不与创立于1939年的哈佛讽刺

奖(Harvard Lampoon)下的各种普尼奖(Poonie)①共享空间,它源于1978 年出版的《史上最差的 50 部电影》(*The Fifty Worst Films of All Time*)一书的金火鸡奖(Golden Turkey Awards)、1979 年首次颁发的臭虫奖(Stinkers)、许多十大最差电影名单(其中最早的是 1939 年的哈佛讽刺奖),以及许多其他类似的耻辱奖等。在广告界,克里奥奖(Clio Awards)被施米奥奖(Schmio Awards)讽刺,而施米奥奖本身就是消费者团体赞助的哈伯德奖(Hubbards)的一个变体。在文学方面,有年度最差图书奖"J. 戈登·库格勒奖"(J. Gordon Coogler Award)、年度最差翻译奖"支架奖"(Rack Award)、年度最差性爱场景奖"最差性爱奖"(Bad Sex Award)、最差学术作品奖"拙劣写作大赛金奖"(Bad Writing Contest Gold Medal)和最差非虚构作品奖"银大黄奖"(Silver Rhubarb Award)。还有几个故意专为拙劣作品设立的奖,比如布尔韦利顿拙劣作品大奖(Bulwerlytton Grand Prize of Bad Writing)、达希尔·哈米特拙劣作品奖(Dashiell Hammett Bad Writing Prize)和海明威拙劣作品奖(Hemingway Bad Writing Prize)等,这些奖实际上是在戏仿奖励非主流文学体裁的最佳作品奖,而不是奖励小说这一主流体裁的最差作品奖。

奖励最糟糕作品的奖往往表现为对在作品的领域中的主流奖的戏仿或歪曲,就好像它们讽刺的对象是主流的神圣化及其所代表的价值观,但它们的实际效果通常要比其所显示的模糊得多。一个接近于实现这种专一的讽刺意图的奖是顽童音乐奖颁发的年度最差唱片奖(Worst Record of the Year Award)。如前所述,尽管这些音乐奖的设立是对全英音乐奖的尖锐抨击,其小金像是一个竖起中指的拳头,但顽童音乐奖在 1993—1994 年修改了程序后,无法从积极的方面将自身与模拟的对象进行区分,也就是说,顽童音乐奖无法将其主要奖项授予全英音乐奖得主之外的艺术家。但是,在顽童音乐奖评比的这些年里,它

99

①　"Poonie"(普尼)是"Lampoon"(讽刺)的缩写。这个词听起来很愚蠢,此处用来强化奖的愚蠢。

77

确实经常通过颁发年度最差唱片奖成功地从**摆烂**的角度上与全英音乐奖区分开，年度最差唱片奖被授予那种极其卖座的泡泡糖音乐或庸俗音乐，虽然这些音乐对顽童音乐奖的支持者们来说既好笑又讨厌，但仍会受到全英音乐奖的尊重，甚至赢得该奖。例如，"辣妹组合"（Spice Girls）在解体后获得了英国音乐界的最高荣誉——英国音乐杰出贡献奖（Outstanding Contribution to British Music Award），1997年，她们凭借热门单曲《想要》（Wannabe）获得了英国最佳单曲奖（Brit Best British Single）和最差唱片奖（Brat Worst Record Award）。第二年，人们预计埃尔顿·约翰（Elton John）致敬已故戴安娜王妃的作品《风中之烛》（Candle in the Wind）的翻唱将同样获得双奖。然而，这首歌在两个奖的评选中都以微弱劣势败北。尽管这些年来模拟奖和原奖越来越难以区分，但"最差唱片奖"提醒人们，顽童音乐奖不仅仍然有能力模仿全英音乐奖的形式，而且实际上还能嘲笑其内容，并挑战其价值体系。

100   不过，更典型的反对奖是金酸莓奖基金会颁发的金酸莓奖，该奖创立于1980—1981年，虽然它声称是"对一般颁奖典礼特别是奥斯卡颁奖典礼的模仿"，但它的模仿似乎并没有超出奥斯卡颁奖典礼的形式。哈佛讽刺奖可能难以维持其讽刺性，1994年，该奖最后一次颁发给《辛德勒的名单》、《费城故事》（Philadelphia）和《阿甘正传》（Forrest Gump）等三部电影。与之不同的是，金酸莓奖并不嘲笑美国电影艺术与科学学院所反映和提倡的特殊文化爱好或品位。金酸莓奖讽刺的并非那些获得奥斯卡奖提名的电影，恰恰相反，它讽刺的是那些奥斯卡奖不屑一顾的电影：像《停不下的音乐》（Can't Stop the Music）、《伊斯达》（Ishtar）、《天降神兵》（Howard the Duck）和《克里斯托弗·哥伦布：大发现》（Christopher Columbus: The Discovery）等这类失败的大制作电影，或者像商业上成功但又俗不可耐的动作片《兰博：第一滴血2》（Rambo: First Blood，Part II）。更罕见的是，金酸莓奖还针对一些原本是低成本、声名远扬的，却令人难以置信地搞砸了的电影，如诺曼·梅勒（Norman Mailer）的《硬汉不跳舞》（Tough Guys Don't Dance）。在每年获得金酸莓奖提名的大约25位男演员、女演员和导演中，平均有三位被奥斯卡奖提名或成为奥斯卡奖得主，特别是菲·唐纳薇（Faye Dunaway），她曾三次获得奥斯卡奖提名，并于 1977 年获得了最佳女主角奖，她在 1981 至 1998 年期间获得了七次金酸莓奖提名，两次获奖；1991 年，凯文·科斯特纳（Kevin Costner）凭借《与狼共舞》（*Dances with Wolves*）获得奥斯卡最佳影片、最佳导演和最佳男主角提名，之后他成为金酸莓奖长期针对的目标，在接下来的七年里，共获得九次提名和五个奖项。金酸莓奖部分模式的滑稽性在于其年复一年地集中提名一小撮名人，这是当代象征性市场上运行的赢家通吃逻辑的负面版本。即使在这些情况下，金酸莓基金会也并不真的与美国电影学院（Motion Picture Academy）发生冲突，因为金酸莓奖并没有羞辱那些获得奥斯卡奖的电影和表演。唯一的例外是，1984 年艾米·欧文（Amy Irving）凭借《燕特尔》（*Yentl*）同时获得奥斯卡奖和金酸莓奖最佳女配角提名。大多数金酸莓奖得主都不在奥斯卡奖表彰的版图上，近一半的金酸莓奖获奖者是电影界的局外人或标新立异的艺人，这意味着名人们从其他娱乐领域——电视［威廉·夏特纳（William Shatner）、汤姆·阿诺德（Tom Arnold）、伊丽莎白·伯克利（Elizabeth Berkley）］、流行音乐（麦当娜、普林斯①、香草冰②、辣妹组合）、脱口秀［保利·肖尔（Pauly Shore）、亚当·桑德勒（Adam Sandler）、安德鲁·戴斯·克莱（Andrew Dice Clay）］或体育［O. J. 辛普森（O. J. Simpson）、丹尼斯·罗德曼（Dennis Rodman）］——跨越而来。这些人物具有较高的公众知名度，从而确保了金酸莓奖的知名度，他们在好莱坞相当低的地位也确保了每年对明星的嘲弄实际上并没有挑战明星制的既定等级。总之，可以说金酸莓奖是对电影品位的一种消极体验，而奥斯卡奖则是对电影品位的积极表现。如果你喜欢那些赢得奥斯卡奖的电影和演员，你就会不喜欢那些赢得金酸莓奖的电影和演员。

----

① 普林斯·罗杰斯·内尔森（Prince Rogers Nelson，1958—2016），美国流行歌手、词曲作家、音乐家、演员，七次获得格莱美奖，入选美国摇滚名人堂。
② 罗伯特·马修·范·温克尔（Robert Matthew Van Winkle，1967—   ），美国白人说唱歌手、演员和电视主持人，他的艺名为香草冰（Vanilla Ice）。

电影预告片编剧约翰·B. 威尔逊（John B. Wilson）是金酸莓奖的创始人、策划人，他还不遗余力地为该奖公关，喜欢提到该奖"完全"围绕"糟糕的品位"，某种意义上这是真的。该奖的颁奖典礼——"浮华镇（Tinsel Town）①最俗气的反颁奖典礼"明显是粗俗且不够体面的，有异装癖的主持人、肮脏廉价的奖杯——一个金色的塑料酸莓花粘在一卷破损的超-8（Super-8）胶卷上，以及傻乎乎的观众起哄。然而，这些"价值区分者"对待自身及其品位的评判比他们口头说的还要认真。威尔逊非常积极地推动有关金酸莓奖的新闻报道，结果该奖的颁奖成了奥斯卡颁奖典礼前的系列颁奖节目的最后一场，在 1929 年首届奥斯卡颁奖典礼所在地举行，这已经成为奥斯卡奖宣传中的一个重要甚至是不可或缺的组成部分。正如 1996 年颁奖典礼的开场音乐［恰如其分地基于电视喜剧情景剧《帕蒂·杜克秀》（Patty Duke Show）的主题曲］所暗示的那样，金酸莓奖对低级趣味的戏仿庆祝与其说是在直接树立文化神圣化的对立面，不如说是成为文化神圣化不可分割的孪生兄弟：[37]

> 奥斯卡意味着加长豪华轿车
> 设计师礼服和电影皇后
> 金酸莓奖就值两块钱，
> 它们总是被彻头彻尾的蠢货们赢得
> 多疯狂的一幕！
> 当然，它们是荣誉，
> 我们承认，就算是一个恶名！
> 它们很像
> 它们真的一点儿都不像
> 哦，谁他妈的在乎?!

---

① "Tinsel"这个词被用来描述炫耀性的甚至是华而不实的东西，当人们用"Tinsel Town"来指代好莱坞时，往往是嘲讽性的，意思是虽然好莱坞到处都是名人和荣华富贵，但很肤浅。

它们是荣誉

两个不同种类的荣誉！

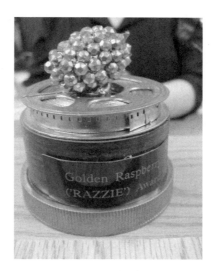

图 1　金酸莓奖奖杯

"就值两块钱。"照片由迈克·梅德洛克（Mike Medlock）拍摄。版权©：
约翰·威尔森（John Wilson）和金酸莓奖基金会

鉴于对品位的评判从根本上说是一种消极的评判，是一种后天习得的
能力，去拒绝接受他人（缺乏品位的人）所享受的乐趣，因此，从评委的
角度来看，金酸莓基金会的"嘲笑艺术"等最差奖项比普通的最佳奖项
更能充当区分文化的工具。西尔维斯特·史泰龙（Sylvester Stallone）
一向是金酸莓奖得主，而凯瑟琳·赫本（Katharine Hepburn）则一向是
奥斯卡奖得主，金酸莓基金会成员对史泰龙的作品不屑一顾，但又不加
入为赫本鼓掌的行列，他们这样做更能显示其文化游戏的意识，特别是
因为他们能表达自己的文化爱好，而不会表现出对最常见也是最粗俗
的机制——评奖——的认真态度。尽管金酸莓奖自称"俗气"，但它比
奥斯卡奖更注重对好品位的监督，而且在效果上也更精英化。这并不

103

奇怪，例如，史泰龙和其他重复获奖的人，如麦当娜、莎朗·斯通（Sharon Stone）和伯特·雷诺兹（Burt Reynolds）等，都是有蓝领背景和文化取向的演员。事实上，金酸莓奖将史泰龙评选为 20 世纪最差男演员时，抓住了工人阶级艺人的典型。史泰龙的职业生涯遵循着一条令人熟悉的轨迹，他的人生从倒霉开始（出生在曼哈顿西区的"地狱厨房"①，他的面部神经受损导致口齿不清，穿梭于亲人之间，多次被学校开除，被表演老师告知他没有表演天赋），到广受观众欢迎并取得巨大成功——他在 20 世纪 70 年代末和 80 年代拍摄的《第一滴血》（Rambo）和《洛奇》（Rocky）的票房收入超过 20 亿美元——再到为获得文化认可和尊重而付出艰辛的努力但徒劳一场（20 世纪 90 年代末，他开始寻求在低成本、高地位的电影项目中表演严肃的角色；他成了现代艺术收藏家、马球运动员、"新表现主义"画家）。金酸莓基金会甚至在其时事通讯中加入了一个名为"关注斯莱"（Eye on Sly）的定期专栏，并嘲笑史泰龙家族的其他成员。1986 年，他当时的妻子布丽吉特·尼尔森（Brigitte Nielsen）获得了最差女演员奖，他的弟弟弗兰克（Frank）获得了最差歌曲创作奖。金酸莓奖基金会可以被视为一个文化监管机制，会确保史泰龙永远不能完全完成他的上升轨迹，史泰龙及其作品将被永远印上粗俗的标记——对那些懂行的人来说，这是一个笑话。

然而这个笑话的文化含义是非常严肃的——至少跟和奥斯卡奖同类的任何其他颁奖典礼一样严肃，金酸莓奖获奖者并没有忽视这一点。其中只有一个外国人——动作导演保罗·范霍文（Paul Verhoeven），带着十足的幽默感出席了颁奖典礼，并发表了一个讽刺性的获奖感言。对与会人员来说，金酸莓奖是一场很好的娱乐，其所做的大部分文化工作是指出"奥斯卡奖竞赛"真正的失利者：他们不是那些仅仅满足于获得提名却又铩羽而归的竞争者，而是那些身处电影学院年度等级制最底层而且默默无闻的人，在学院成员们的眼中，他们的作品只是坐实了

---

① "地狱厨房"指的是从纽约第八大道以西到哈德逊河，南北从第 34 街到第 59 街的一个社区。历史上一度以黑帮横行、犯罪率高而著称。

他们作为艺术家的微不足道的地位。

　　从某种意义上说,文化奖已经超出了戏仿的范围。近几十年来,模拟奖并不是真正作为对奖的平衡或是奖的解药而出现的,也不是对当代文化中让人觉得横行霸道的奖的抵制,而是人们的一种廉价的并且潜在的强大的差异化策略。就当代电影而言,金酸莓奖并不代表一种独特的或特别有趣的气质和品位,虽然金酸莓奖起步较晚,但在所有文化奖项中它还是成功地在奖项最扎堆的领域里占据了独树一帜的位置,使约翰·威尔逊及其基金会得到的象征权力比那些规模更大、资金更充足的组织得到的更多。当七位数的预算已经成为娱乐奖行业的惯例时,人们通过反其道而行之以进行区分的娱乐性策略——讽刺性地表彰最差作品,这可能是穷人最好的选择,特别是金酸莓奖仅"567 美元的预算"这个笑话本身就有助于人们以娱乐性的方式来强调差异性。

　　因此,我们应该看到当代文化奖热潮的各种反常的或古怪的表现——模拟奖、差评奖和傻瓜奖等,这些不是文化奖绝迹或饱和的迹象,而是衡量其灵活性以及将其作为价值区分工具的那些人是否足智多谋的标准。当我们审视众多戏仿和歪曲"真正的"文化奖的节目,认识到那些"真正的"或"严肃的"奖被迫充当明知是可笑的娱乐节目时,我们所面临的困难是如何想象一种能真正抵制甚至超越评奖文化体系的立场。文化奖已成为文化交易中最普遍、最尴尬、最不可或缺的工具。几乎任何文化事务的运转都不得不借助于它们,更不用说抵制其公认的影响力了。在本书接下来的两个部分中,我们将转向这一事务的话题:首先是人们资助、管理、评判和颁奖等实际事务,涉及人们把文化奖当作文化经济中的转换工具进行有效的部署;然后是人们抵制或逃避各种哀叹"诺贝尔奖效应"和"奥斯卡奖效应"的事务,或"布克奖化"影响我们当代文化生活的事务。

106

文化奖产业之特性

第五章　文化奖的设置

还有更特殊的奖。一个由吉尼斯(Guinness)资助的奖是为了奖励作为最佳(公司)赞助商的艺术公司。

——安东尼·索恩罗夫特(Anthony Thorncroft),引自 1997 年 7 月 1 日《金融时报》有关 1997 年度"《金融时报》奖""艺术的商业赞助协会奖"的报道

109

过去百年间,活着的家人、朋友或同事为纪念一位受人爱戴与尊敬的人,特别是那些毕生致力于文学或艺术的人而设立了以其名字命名的文化奖,这种现象变得越来越普遍。只要我们发现文化阶层人士的死亡率突然上升,就很可能会接着发现一堆新的奖。第一次世界大战后,英国出现了一系列纪念性的图书奖和诗歌奖,其部分资金来自战争中亡故者的遗孀。20 世纪 80 年代初艾滋病(获得性免疫缺陷综合征)危机爆发以来,美国出现了大量的纪念性艺术奖和戏剧奖。20 世纪 90 年代末,我在宾夕法尼亚大学研究生院的两位朋友和两位同事在几个月内都去世了,这让我意识到,如今人们设立奖项作为一种得体的纪念,这种举动几乎是自发的,甚至是必需的。就上述四位逝者每一位的案例来说,大家最直接的反应是募集捐款来设立奖项:一个是特优写作

110

奖,另一个是杰出论文奖,其余两个则是更专业的学术成就奖。人们以这些令人不安的、相同的方式来纪念这些逝者,他们正处在其职业生涯的中期,均为事业成功的学者和主要研究型大学的文学评论家等,而他们的朋友大多是其他研究型大学的文学评论家。因此,我们在此讨论的是戴维·洛奇(David Lodge)所讽刺的精英文学学术界的"小世界",至少从 18 世纪的诗歌奖与散文奖的竞赛开始,这个世界就特别倾向于设立奖项。这还不仅仅是局部现象。最近,我收到了我的一位老朋友的讣告邮件,他是一位非学术型的记者兼作家,八十多岁时还一直积极地活跃在公共生活中,以他的名字命名的年度纪念奖也立即出现了。然而,他在有生之年曾一直坚决拒绝接受任何颁发给他的奖和荣誉。事实上,我的这些朋友中没有一个人正面评价过文化奖,当然没有多少人会正面评价它。可是我们还是毫不犹豫地把奖项作为纪念他们的最合适的方式。

　　我想在这里强调一个事实,人们设立奖项已经成为一种自发的或习惯性的举动,这是一种**不经意**之举,如同大多数其他形式的礼物一样,无论多么"体贴",本质上都是不经意的:我们不会问自己是否要带酒或花去参加晚宴,是否要购买结婚礼物或馈赠礼物。这些都是人们不假思索的行为,没有谁会去刻意盘算,但实际上当我们要选择葡萄酒年份或花瓶时,就需要仔细考虑和计算花费。我们最终会尽量赠送一些在种类和规模上都适合这个场合和个人的东西,但人们"赠予"某种东西或任何东西的做法都是预先建立在一个社会关系的场域中,在这个场域中,我们彼此联系在一起。由于设立纪念奖的行为(表面上看是一件相当复杂并且官僚化的事情)在过去的一百年里屡屡重复发生,它已成功地融入了这个文化习惯区。在我们错误理解的经济倾向的框架内,我们现在认定奖项适合纪念活动,此后,我们完全可以无所顾忌地着手完善奖项的馈赠与已故的朋友或同事的"奉献"品质之间的对应关系,例如,他们可能投入了大量时间和精力来培养年轻的音乐家、少数族裔学生、未出版作品的诗人,或其他一些可以容易地被确认有资格获奖的人。由此,我们重续并恢复了这位朋友慷慨的自我投资,并自诩也是在慷慨行事，我们既是慷慨地对待这位朋友，保证他因此在某种程度上会永垂不朽，也是慷慨地对待潜在的获奖者。在纯粹的捐赠或支出的领域里，人们捐赠奖项的行为远远未超越经济逻辑，而是包含了一种平衡账目的冲动，甚至不可避免地带来了共享象征利益的诱惑。但是，当我们以可能使自己成为受益方的方式来平衡账目时，我们并不明白自己到底在做什么。出于习惯，我们让奖项基本上以理想的方式出现，这样做的一个后果是，我们忽略了奖项给其他落选者和亚军带来的痛苦，无论痛苦有多轻微：即使是最快乐的颁奖典礼也会伴随着**不快乐**的负担。但是，我们理想主义的一个更重要的影响是，我们很少停下来去考虑这项事业中无趣的、物质方面的问题。

112

特别是我们没有考虑到每年管理、评审和颁奖所涉及的实际劳务和成本，这需要我们甚至是他人付出劳动，还有必不可少的时间成本和金钱成本。必须有人去筹集和管理这些资金，确保它们用于良好的投资，也许还需要人们持续不断地为捐赠基金来募集捐款；必须有人去挑选并说服评委参加评审活动；必须有人来决定、解释和执行评选资格规定、提名程序等；必须有人去负责证书上的恰当措辞，证书的印刷和装框，或者设计和制作某种奖章或雕像，并每年加以复制，或者至少，必须有人撰写并发表演讲或表彰的声明；必须有人为颁奖仪式找到合适的房间或大厅，并确保它可用，还要向嘉宾发出邀请，也许会安排餐饮，安排活动。需要有人将获奖者的名字和其他相关信息输入存档，并确保这些信息发布在相关的节目、通讯、行业杂志、报纸或大众杂志上，还要确保通知那些可能对获奖者感兴趣的人，包括死者的遗属、获奖者母校的校友、以前的获奖者等。

显然，这其中每一项任务都会产生额外的任务，需要额外的工作人员来完成。一旦评委选好了，就必须做出安排，把他们召集在一起，然后评委们必须着手去开展一项往往相当艰巨的工作，即审查和评估所有提交的作品，或提名或受邀参加活动，相互审议，达成共识。一个规模相对较小、鲜为人知的奖项，比如面向地方新闻界的"最后期限奖"（Deadline Awards），可能需要 50—100 名评委参与评选。一旦雇用了

113

宴会承办人，就必须对他们的工作进行监督和评估，对他们的收费进行审查，并可能会质疑。一旦与对接的记者取得联系，可能必须为他们准备特别撰写的新闻稿，并发送后续传真，给他们的编辑写感谢信，诸如此类。任何一个认识到自己在管理一个文化奖的人都可以做证，无论这个奖是多么微不足道，多么具有地方性，它几乎总是超出了其创始人的设想或规定，涉及更多的工作、更多的人员和更多的费用。

这就是为什么在一个奖项的增长远远超过文化经济增长的时代，文化领域里到处都是消失的、取消的或停办的奖项。有时候，整个奖项计划都会被终止。1998年，我给各种文化奖的办公室群发了一封邮件，包括以下大量已停办奖项的前任管理人员：伦理文化学院图书奖（Ethical Culture School's Book Awards）、《延续》女性研究奖（Continuum Women's Studies Awards）、和谐奖（Harmony Awards）等。我收到许多已不存在的行政办公室退回的邮件。20世纪90年代中期以来，美国儿童电视中心（American Center for Children's Television）就不再颁发奥利奖（Ollie Awards），即儿童电视节目卓越奖，理由是"财政原因"导致其难以为继。[1] 这些奖项所需的劳务量超过了美国儿童电视中心（ACCT）的最低预算所能支持的限度。该中心决定"根据提名委员会的意见，对每位参评者的作品进行如实的、建设性的评论"，虽然每个被提名节目的参评费高达245美元，[2] 但评选工作在经济上还是无法持续。有时，某个机构或管理机构只是精简其奖励名单，放弃那些似乎对其使命最不重要的奖项。这种情况通常发生在机构收到太多来自"朋友"的"馈赠"之后，发现自己负担着一些微型的甚至可能是多余的纪念奖，而机构中无人对这些奖项进行多少投入。例如，20世纪90年代初，美国电影学会（American Film Institute）取消了两个纪念奖——罗伯特·M. 贝内特奖（Robert M. Bennett Award）和玛雅·德伦奖（Maya Deren Award）——但继续颁发其最古老、最负盛名的奖，1973年设立的终身成就奖。有时，某个组织虽然几乎每年都愉快地增加新类别的奖项，但也会决定取消某个被认为太难、有争议或不合时宜的奖项：例如，1999年，奥斯卡委员会（美国电影艺术与科学学院委员会）投票决定停办短纪录片奖。人们强烈反对这一变化，罗伯特·雷德福（Robert Redford）和马丁·斯科塞斯（Martin Scorsese）等知名的学院成员们呼吁理事会撤销决定，结果他们成功了。[3]不过，大多数被取消的奖项甚至还没等到正式宣布就会销声匿迹，更不用说有组织的抗议了。负责奖项运转的人因为资金不足并且工作不受重视就最终放弃了，他们把剩下的资金留在一个休眠账户中，也许是想让其他人以后再去积极盘活它。

即使是那些拥有最充裕的捐赠或企业赞助预算的重量级奖项，奖项的劳务支出负担可能也是一个问题。阿尔弗雷德·诺贝尔和约瑟 115 夫·普利策等人的遗赠规定往往非常具体，甚至过于具体，比如什么样的艺术家或作品应该获奖，他们应该得到多少奖金，以及涉及文化奖神圣化的其他方面。但是，在有关执行遗嘱的实际分工和报酬的具体问题上，他们几乎没有交代，也许只是提议设立一个纪念基金会，或指定由现有的某个机构负责提名、评选、颁奖等日常事务，以此类推，通常是一个公认的拥有必要的专业知识和充足时间的学院、社团或大学。诺贝尔的遗嘱语焉不详，结果导致其在瑞典的家族成员提起重大法律诉讼，还有一些有影响力的保守派人士也加入了，反对瑞典人的家族资本流入外国人的口袋里。[4]一位历史学家描述了这份大胆而粗略的遗嘱所造成的困局："主要的接受遗赠者是一个尚待设立的[未具名的]基金或捐赠基金，该基金或捐赠尚不存在，因此必须创建。而被委派去挑选获奖者的机构不得不承担分给它们的繁重任务，这些机构要承担重大责任，但未见遗嘱在报酬方面有任何的规定。"[5]

毫不奇怪，当瑞典文学院的几位成员在诺贝尔去世几周后听说了他提议设立文学奖的消息时，他们强烈地表示反对这一想法，并且明确指出，管理和评审这样一个雄心勃勃的奖项（被提名者跨越 30 种语言而且至少还有众多的民族文学传统），就算对一个完全能胜任这项任务的团体来说，也将是一项艰巨的任务。瑞典文学院显然不能担当此任。瑞典文学院沿袭法兰西学院，于 1786 年成立，其官方职责是捍卫瑞典语的"纯洁、活力和威严"。直到一百年后，成员仍然几乎全部由美学上 116

保守的、文化民族主义的语言学家、古典学者、历史学家和神职人员等组成,甚至也几乎与当代瑞典诗歌和小说没有明显的联系,更不用说与更广泛的国际文坛有什么联系了。[6]诺贝尔奖的反对者们还认为,如果文学院接受这套极其艰巨的新义务,它必然会忽视其传统的职责与职能。诺贝尔奖不仅会增加文学院的工作量,还会改变其文化地位和宗旨,文学院将不再顾及其杰出创始人国王古斯塔夫三世(King Gustav Ⅲ)的意图,而是以中产阶级工程师和军火制造商阿尔弗雷德·诺贝尔的意图取代之。

院士们同意了常任秘书卡尔·戴维·阿夫·维森(Carl David AF Wirsén)的观点,最终投票接受了承办诺贝尔奖的任务。维森是斯德哥尔摩市的一位文化精英,也是一位特立独行、富有远见的人。他并不担心这会使文学院偏离其传统使命,反而很高兴有机会能广泛扩大其文学活动的范围及影响范围。在文学院讨论诺贝尔的提议时,他提出的主要论点之一是,如果成员们拒绝掌管文学奖,诺贝尔指定用于文学的资金将被用于非文学的奖项,这是全世界文学界的经济损失,文学院将因此永远受到指责和唾骂。[7]事实上,这是一种乐观的情形。因为如果就连与和平奖有关的挪威议会这个遗嘱指定的机构都拒绝参与,并对遗嘱提出异议的话,那么诺贝尔的家庭成员们就准备宣布遗嘱完全无效。毫无疑问,文学院的一些院士们一想到自己的机构将永远不受"全欧洲的大文豪们"的待见,这种象征性损失的威胁就足以动摇他们的想法。如果不是巨额的捐赠在为获奖者提供空前的巨额现金奖励的同时,还可经新成立的诺贝尔基金会(Nobel Foundation)稍做调整,为文学院提供大量资金,那么维森就不太可能说服院士们。

诺贝尔基金会已经意识到他们给文学院以及其他四个奖项掌管机构造成的困难,便相应地起草了1900年的官方章程。根据规定,文学院可以从主要基金可动用的年度收入中拿出四分之一用于自己的开支,包括与奖项没有直接关系的开支。这意味着院士们,其中许多是教授,每人每年将获得相当于教授的工资的三分之一的酬金——这并非完全是这些院士们所希图的意外之财,但是一项诱人的福利。[8]基金会还首次承诺,一次性拨款给文学院,数额为年度开支预算的六倍(按照目前来算超过 100 万美元),让文学院在觉得合适的时候使用,以便为新的管理任务做好准备。[9]这是一种罕见的组合,既有大量的年度运营预算,又有巨额的签约奖金——这两项在阿尔弗雷德·诺贝尔的遗嘱中都没有具体的规定,而这就是诺贝尔的安排得到落实的原因。只有诺贝尔的巨额财产(1896 年他去世时为 900 万美元,相当于今天的 2.5 亿美元)才使他那模糊的、几乎无法管理的计划得以实现。

　　大多数文化奖项的财务安排远没有这么宽裕。一般来说,为工作人员提供的经费很微薄,而主要例外的是企业赞助商赞助的奖项。事实上,在这种情况下,赞助通常涵盖支付奖品的行政、文书、宣传的费用和其他办公费用,而奖项的最初创始人和赞助人却没有充分考虑到这些花销。即使与奖金相关的现金奖励足以吸引记者的关注,但它通常只占总预算中相当少的一部分,而且获得的难度最小。英国橘子奖的创始人很早就设法搞到了一笔匿名的捐款,足以提供给年度获奖者 3 万英镑的奖金,从而使该奖脱颖而出,成为当时英国单部小说奖金最高的奖项。但在与英国图书信托基金会(Book Trust)的马丁·戈夫(Martyn Goff)及其他经验丰富的奖项管理人员讨论后,他们了解到,为了使橘子奖成功地运转,他们需要拿出更高的预算去支付运转费用,特别是与推广和宣传相关的费用。他们找到了一家企业赞助商,并找到了一位有能力的合作伙伴——移动电话服务公司橘子公司(Orange PLC)的彼得·雷蒙德(Peter Raymond),他在没有提供确切数字的情况下告诉我,到 1999 年,橘子公司每年在该奖上的花费,包括大范围的销售点促销、图书俱乐部搭售及其他创新的促销手段等,每年支出约 25 万英镑。[11]

118

　　因此,1999 年英国奖金数额最高的最佳小说奖的实际成本是公布的"价值"的十倍,即奖金数额的十倍,并且从一开始就需要大约 800 万英镑的原始捐赠才能永久资助该奖。这还只是一个单部小说奖,它设有一个小型的管理委员会,每月举行一次会议,由五名评委组成的一个评委会进行评选,还有一场两个小时的颁奖典礼。像普利兹克建筑奖这样的奖项，其评委们不是简单地收到一堆邮寄来的书，而是要与普利兹克奖的管理人员们一起到世界各地去参观被提名建筑师设计的建筑，成本显然要高出许多，光是旅行预算就高达数十万美元。[12]预算花销更高的是相关人员去参加艺术节活动，例如被提名的艺术家们现场为观众表演，或在舞台或屏幕上展示被提名的作品等。虽然主办方可以出售门票，但收入很少抵得上支出。在这种情况下，费用往往由一大群公共及私人赞助者分担。例如，1999年维也纳电影节由29个"企业赞助商"、25个"宣传合作伙伴"、16个"官方供应商"和5个公共组织一起赞助。范·克里伯恩国际钢琴大赛仅授予一等奖获得者2万美元的现金奖励，但其举办费用则超过300万美元。1993年，该比赛得到了57家公司、31个基金会、众多个人捐助者以及各级政府的艺术委员会或机构的资助。[13]

我并不认为每一项文化奖都需要高达六七位数的预算。我的意思是捐赠年度奖的现金奖励并不能为奖项的持续运转提供足够的保障。不仅在"业余"奖项的创始人中，即那些将奖项作为纪念或慈善礼物的人中，甚至在一些以企业模式推出奖项计划的人中，都形成了习惯性的做法，即低估捐赠的奖所带来的事务或劳务。因此，我们发现，在评奖行业的工作人员中，志愿者或低薪员工的数量惊人，他们高度依赖专业上的关系和义务的网络、友谊以及利益的交换：高度依赖"社会资本"而不是金钱。这方面最明显的案例是聘请的评委们，他们的报酬很少超过象征性的费用，可是在某些艺术领域，评选工作可能非常耗时。图书奖对评委的要求可能是最高的，在某些情况下，他们必须阅读超过100本书——也许是3万页，对一个快速阅读者来说，或许要在三个月内平均每周花费40小时来读书。布克奖评委约翰·萨瑟兰（John Sutherland）说道，"如果你算一算，显然人们不可能把它们都读完……撒谎是惯例了"[14]。

此外，评委们从事这种几乎不可能完成的工作也就意味着换取几百美元和免费阅读被提名的图书的机会。由于工作量与报酬水平相差甚远，除了在最后的、要求最少但最显眼的评选和评价阶段之外，管理人员经常召集一些有空闲的人或志愿者——办公室周围的人、业务上的朋友们来匿名处理其他所有阶段的事务。事实上,具名与不具名的评委们之间的特殊分工已成为不断扩大的奖项行业最典型的一个特征。为了理解现代奖项组织中的权威结构和权力关系(这将是下一章的内容),我们需要更仔细地考虑公开的评选者与隐形的评选者的问题,来解读他们之间的相互依赖和内在冲突,这也是他们合作的特点。

第六章　品位管理

令人惊讶的是，在过去的 19 年里，她没有一年不担任图书奖的评委。这是一个了不起的记录，我们大家都可以对此感到自豪。在以前的任何时代，都不可能有这样的成就。

——《泰晤士报文学增刊》对苏珊·希尔（Susan Hill）出任图书奖评委的评论

说起文化奖评委的报酬很少或他们只领取最低工资时，我似乎未抓住重点。显然，人们从事评选工作的动机并非为了金钱，而是出于对艺术的理想的热爱，或者更现实的是出于对参与其中的个人或组织的责任感，或者更讽刺的是出于渴望获得社会的和象征性的奖励。上述所有动机都不需要排斥其他动机，如果文化奖没有将理想与物质、审美与经济、慷慨与自利的冲动结合成一个单一的、复杂的（有意识或无意识的）性情，即我们所认为的评判习性（habitus）[1]，就不可能达到它们目前的文化影响力。即使评委会成员出于责任感而不太情愿地进行评选，他们也几乎总是认真地、尽心尽力地对待这一任务，并将其所在评委会的最终决定视为真正的审美鉴赏之举。无论他们对评奖的"腐败"或"政治"有何怀疑，他们都相信自己与其他评委所做的文化工作具有合法性和相对的纯粹性。在与前评委们的交谈中,我发现"一般奖"和"我本人参与的奖"之间的区别是最需要强调的。如果人们认为评委们是富有批判精神的,那就大错特错了。但这并不意味着他们的工作不掺杂个人利益或不用算经济账。事实上,这两种观点只不过是从正反两面对习性与场域之间关系产生的一种基本的误解,这种关系通常确保一个人的真实倾向、被指派的角色和最佳发展机会之间的"良好的契合"。评委们通常会在其履历或个人传记中列出自己出任某评委会成员的信息,并将其视为一种证书和地位的标志。虽然他们参与评奖并不是通过工作换取报酬,但这还是一种经济交易,因为他们出借或投资了自己的声誉,将声誉投入流通以得到回报。文化奖自身也得到了总回报的一部分,并从交易中象征性地获利。

事实上,奖的声誉与其评委的声誉是相互依赖的,这是奖项管理者的第一条公理。除了诺贝尔奖,主要的国际奖往往由有资历的、著名的评论家、艺术家和文化领袖等组成国际评委会。他们在文化上取得良好资历的部分原因是他们曾担任过主要奖项的评委。这就是为什么那些负责宣传奖项的人通常不愿宣扬其他文化等级相同或级别更低的奖项,却经常赞许地列出他们的评委以前评判过的"著名奖项"[2]。评委的地位保证了奖项的地位(因此还要指定的获奖者愿意接受它),而奖项的地位保证了与评审相关的荣誉。表面上这种评奖声誉的循环性并不引人注目,实际上却是整个象征经济的特征,这也许在有关"不合格的"名人或普通人评委(从这个闭环之外抽取的评委)的丑闻中表现得最为明显,本书第三部分将讨论这些越来越频繁地出现在评委会中的评委。

这种情况给雄心勃勃的初创奖带来了一个特殊的问题,奖项的创始人计划快速获得声誉,但没有明显的象征资本来源可供利用。就像诺贝尔基金会实际上的操作,简单地向评委支付一笔他们难以抗拒的、诱人的酬金,以经济资本来补偿象征资本的欠缺,这实际上比表面上看起来要困难得多,其原因我将在后文讨论。因此,对于初创奖项的管理者来说,最好的选择往往是动用他们所有的社会资本储备,利用一切可以利用的关系和支持,以便在奖项设立的头一两年就能请来几位赫赫有名的评委，并希望由这些评委启动的评选能促进该奖以极快的文化发展速度使声誉达到可持续发展的水平：评选年复一年走上正轨，后一组评委平稳地接替前一组评委，并且很高兴将个人与这个奖项联系在一起，因为在后任评委们的眼里，前任评委们与他们处于象征结构的同一层次。

有个很好的案例说明了管理体系在这一方面的运作及时常会遭遇的失败，那就是现已停办的特纳明日小说奖（Turner Tomorrow Award for Fiction）。1990 年，媒体大亨泰德·特纳（Ted Turner）为尚未出版的幻想小说设立了这个国际奖并为其提供了大量的资助。它不仅以 50 万美元的奖金成为有史以来单部获奖小说奖励金额最高的奖项，而且就连四位入围者每人都将获得 5 万美元的奖金，这比当时布克奖、普利策奖和美国国家图书奖加起来的奖金还要高。当然，巨额奖金本身并不能保证奖项的成功，尽管奖项可以借此快速吸引一些人的关注，使它在类似奖项云集的领域中占有一席之地。另一位美国首席执行官詹姆斯·B. 欧文（James B. Irwin）曾经推出一个极为成功的奖——国际 IMPAC 都柏林奖（International IMPAC Dublin Award），该奖将成为世界上奖金数额最高的单部小说奖，正如几年后他所说的那样，在当今的文化舞台上永远不可能启动一个"5 英镑的奖"。但是，他也指出，即使奖项有数百万美元的赞助，"我也不认为声誉是可以买到的。声誉是由评委多年的评判建立起来的"[3]。

虽然特纳认识到这个问题，但也许他并不完全相信声誉是买不到的，他甚至给评委们提供了不同寻常的慷慨的资助，每位评委的报酬为 1 万美元，这是有史以来最高的文学奖评审费。对于国际知名作家来说，他们参加一小时的公开朗读就能赚到那么多钱，并且在这个过程中还能卖掉一些书。但为了特纳明日奖，担任评委的作家们将至少要踏上一次通宵的纽约之旅，某些情况下，他们要从某个遥远的国家出发，要参加一次漫长的、讨论可能很激烈的会议，并阅读十几份由不知名的业余爱好者撰写的文稿。以普通图书奖的标准来看，这是很轻的工作量，特纳明日奖的管理者将"预判"或提前筛选的常见做法发挥到了极致,他们雇用匿名的"专业读者"对来自 58 个国家的 2 500 多份参评作品进行仔细研究,从而在**正式的**(即具有象征意义的)评委进入游戏之前就完成了 99.5％的作品的评选过程。[4]要求一些世界顶尖的文学大家们以每小时约 70 美元的价格评选数千页的文稿,这完全是一个省钱的方案,是不可能成功的。

此外,特纳明日奖因其可疑的文化背景和过于明显的商业动机,在寻求知名的评委时屡屡受挫。毕竟,泰德·特纳对美国文化所做出的最著名的贡献是他精心策划了经典黑白电影的彩色化,这种做法虽然具有很好的商业意义,但遭到了电影史学家们的广泛抨击,并被美国导演协会成员斥责为"文化屠杀"[5]。就特纳明日奖而言,无论哪部文稿获奖,其作者都将自动与特纳出版公司及其合作伙伴班塔姆公司(Bantam)签订合同。班塔姆公司的创始人伊恩·巴兰汀(Ian Ballantine)和他的妻子贝蒂(Betty)以及他们公司的畅销科幻小说家雷·布拉德伯里(Ray Bradbury)被适时地任命为评委。显然,人们希望围绕这一有史以来奖金最高的单部小说奖的炒作能够产生足够的宣传以确保作品有强劲的销量。电影版权也是这一奖项协议的一部分,一些评论者认为,该奖不寻常的参评资格标准相当于为制作电影或为电视系列短剧改编小说的规格。[6]按照评选规则,文稿字数的范围为"5 万—10 万字","设定在不久的将来",以"积极的全球问题的解决方案"为主题,并以"地球上所有生命的生存和繁荣"结尾,换句话说,就是有着皆大欢喜结局的鼓舞人心的科幻小说。[7]这些限定条款将该奖置于一个特殊的、双重定位模糊的奖项类别中,偶尔会出现在精英领域中,就像许多由大学出版社赞助的处女作诗歌奖一样,但最常见的奖与商业化的艺术体裁有关,如浪漫小说或西方风景画。在这种特殊的、双重定位模糊的奖项类别中,人们把明确的契约元素叠加在(已经表里不一的)颁奖仪式上。

这类奖项竞赛的细节以及它们摒弃传统文化奖所蕴含的礼物精神的程度很令人吃惊。一年一度的"公园艺术"(Arts for the Parks)竞赛含混地、误导性地由听着像是政府和非营利机构的美国国家公园艺术学院(National Park Academy of the Arts)赞助的,这个竞赛是合同奖项的一个典型代表。[8]所有提交绘画作品参赛的艺术家都须同意授予赞助学院"独家使用艺术家的画作的权利"。如果画作被复制用于海报，他们将一次性得到100美元的固定版税；如果画作被用于记事卡，则一次性得到50美元的版税。前100名决赛选手同意由艺术学院出售他们的画作，学院则抽取40%的行业标准佣金。奖励本身被称为"购买奖"，与普通的销售交易几乎没有区别。在这里，"奖金"和"价格"在词源上的联系（两者都来自拉丁语"pretium"，意为"价值"）已经被完美地具体化了：根据参评合同的条款，奖金就是购买价格，无论它比艺术家的要价高多少或低多少。艺术家将其作品赠送（出售）给赞助商，以换取奖（价格）。当然，价格的设定是在确保学院盈利的基础之上的。所有购买奖品的现金价值可以超过报名费（总额超过10万美元），学院还可以通过每幅画1 000—3 000美元的销售佣金进一步增加收入。

127　　像这样一个被美化的"汽车旅馆艺术"的奖，其象征价值因其明确的商业目的而被降低，它与文化上更具抱负的特纳明日奖之间尴尬的相似之处只会因为特纳公司支付给其评委异常巨额的费用而加剧。这些费用往往让评审过程看起来更像是商业交易的一部分，特纳公司花钱使杰出作家成为商业化的文化名人是为了预先宣布的5万美元的宣传活动，即让一部不知名的小说更好地进入主流书评，以更有力地展示该小说作为高级文学的合法性。一个奖项的声誉，即人们对其文化价值的集体信念，不仅取决于评委们的声誉及其文化组合的规模，还取决于他们自己对该奖的明确的信念和个人的投资意愿。我们对奖项的信念实际上是一种代理信念，一种对他人信念的信念。如果评委们的信念被人们视为是虚伪的、将信将疑的，如果他们对奖项的兴趣被认为是花钱买来的，那么文化奖的整个良性循环就会受到威胁。在"特纳明日奖"案例中，曾任普利策奖和国家图书奖评委的《华盛顿邮报》文化评论家乔纳森·亚德利（Jonathan Yardley）正是基于这些理由抨击了该奖，他写道，特纳明日奖的安排证明了文学界人士"比宾夕法尼亚大学沃顿商学院更痴迷于金钱"，为了一万美元"什么都愿意做"。[9]

　　特纳出版公司面对庞大的但在文化上不合法的经济资源以及其微

不足道的象征资源带来的巨大的困难，如何能够组建一个包括卡洛斯·富恩特斯（Carlos Fuentes）、纳丁·戈迪默（Nadine Gordimer）、罗德尼·霍尔（Rodney Hall）、彼得·马蒂森（Peter Matthiessen）、华莱士·斯特格纳（Wallace Stegner）和威廉·斯泰伦（William Styron）等令人敬畏的文学大腕们在内的评委会？这种交易最终所依赖的货币是社会资本。如果没有与精英文学阶层广泛而密切的联系，无论花多少钱，特纳出版公司都不可能顺利启动这个奖项。他们说服托马斯·金兹伯格（Thomas Guinzburg）来担任该奖的总经理，从而建立了与精英文学阶层的联系。金兹伯格毕生与文学打交道，其父创办了维京出版社（Viking Press），他本人曾担任该出版社的首席执行官，并曾担任"美国图书奖"（American Book Awards）委员会主席，他是纽约出版界最知名、最受欢迎的人物之一——一位文学与经济资本之间的完善调解者。20世纪70年代中期，金兹伯格曾安排戈迪默、马蒂森在维京出版了他们的作品。斯特格纳和斯泰伦都获得了"美国国家图书奖"或"美国图书奖"，而金兹伯格则与这些奖有关联。1982年，在金兹伯格担任美国图书奖主席时，马蒂森是"美国图书奖国家文学奖章"（ABA National Medal for Literature，该奖由金兹伯格家族基金会赞助）的评委，斯泰伦是该奖的颁奖人。从那时起，六位作家全都让金兹伯格当过他们的咨询师或顾问。1983年，金兹伯格帮助霍尔在维京企鹅出版了一本书。用斯泰伦的话说，他是"我们所有人的朋友"[10]。金兹伯格说服他们参与评审，甚至还成功地阻止了他们辞职。由于参评作品质量很差（据说其中一部的内容完全由"祈祷"一词组成，重复了十万次），而且评委们对特纳公司评奖的动机心存疑虑，导致他们试图提前退出评审。

　　然而，金兹伯格未能成功地阻止整个评选事件难堪的败局，他引荐的六名评委组成了一个多数派团队对抗由巴兰汀夫妇和布拉德伯里组成的少数派团队，最终评委会投票结果是不颁发50万美元的大奖，而只是挑选出四名获得5万美元大奖的入围者之一丹尼尔·奎因（Daniel Quinn）的《伊什梅尔》（*Ishmael*），给予特别奖励。导致大多数"文学"派评委做出这个异常的选择的原因是，他们一想到有史以来最高额奖金

小说奖要颁发给一部他们认为没有什么文学价值的作品，就感到很不
高兴。马蒂森评论道，《伊什梅尔》由一位男子与一只大猩猩之间的一
系列心灵感应的哲学对话组成，虽包含了许多"有价值的思想"，但它
"不是一部小说"。[11] 另一方面，对于评委会中少数代表赞助商利益的
"出版"派以及赞助商来说，没法接受评委们拒绝给获奖者颁发 50 万美
元奖金的结果，这并不是因为它把那 5 万美元的奖金变成了一种侮辱，
虽说这确实具有侮辱性。奎因在听到这些意图的风声后也很生气，这
是可以理解的，因为这一结果代表了"象征性"评委对特纳奖在"经济"
方面的干涉，即对特纳公司精心设计的一揽子推广、宣传、出版和电影
改编计划的破坏，这是不受欢迎的。特纳公司的经理们漠视评委会的
决定，干脆地否决了它，然后将奖颁发给了奎因，甚至都没有告诉评委
们。当斯泰伦和其他人公开抱怨说特纳公司剥夺了在他们同意担任评
委时承诺赋予他们的绝对权威时，特纳公司的一位高管明确表示，这是
生意——特纳公司是管理者，而评委们虽说享有国际声誉，但他们只是
打工的，在他们拿到报酬时，合同就到期了，"我不欠比尔·斯泰伦任何
东西。据我所知，他兑现了支票"[12]。至于颁发给奎因的 50 万美元奖
金，这位高管说："这不是威廉·斯泰伦的钱。"[13]

　　文化奖固有的劳资关系很少这样明显，更不用说如此激烈了。[14] 泰
130　德·特纳进军图书奖行业的失败之举标志着一种权力等级制度，这种
制度是更成熟的、文化影响力更大的奖项的典型特征，在这种等级制度
下，评判权并不像人们认为的那样牢牢地掌握在评委的手中。就像这
个案例，相对而言，赞助企业公开和直接干预评选是非同寻常的。在这
种情况下，作为首席行政官，金兹伯格通常会"处理"任何棘手的评委，
但他自己并不像特纳公司的人所希望的那样温顺。"特纳明日奖"潜在
的弱点在于它依赖于金兹伯格与重要的小说家们之间的友谊，而他在
友谊中的利害关系远远超过他在该奖中的利害关系，也远远超过他与
特纳的友谊。但是，要像斯泰伦所声称的以及与他本人所相信的——
评委们"可以自由地做出任何他们想要的评奖决定"，或可以在奖项组
织的管理中享有"自主权"，[15] 这是不可能的。相反，评奖的结果在很大

程度上取决于评判与决定,而这些评判与决定是名义上的评委或官方的评委所无法控制的,评委们也无法完全自主地按照其个人品位和偏好做出决定。为了推行他们的偏好以使评奖对他们自己有利而不是对赞助商和管理者有利,评委们必须凭借不寻常的技巧或不屈不挠地就奖项管理的限制进行交涉。

首先,管理方对评奖进行限制是出于对参评候选人的范围进行限制的实际需要,这是通过几个步骤或阶段实现的。第一阶段涉及管理方制定并执行评选资格的规则,而评委通常无权处理这些问题。那些很容易赢得评委认可的作品,以及那些似乎符合流派、国籍、性别、主题内容等既定标准的作品,往往或多或少会因为技术原因而被排除在评选范围之外,例如艺术家的国籍、作品的大小或长度,及其发行或出版日期。例如,一部电影除非在前一年的某个时间在洛杉矶或纽约市的影院至少连续上映七天,否则就没有资格获得奥斯卡最佳纪录片奖。美国电影艺术与科学学院的委员会特意制定了这一标准和其他特殊的资格标准,以此来限制评委们[他们曾无视《蓝色细线》(*The Thin Blue Line*)、《巴黎在燃烧》(*Paris Is Burning*)和《篮球梦》(*Hoop Dreams*)等跨界热门影片,而是倾向于更晦涩、更"学术"的纪录片],并引导他们做出更受欢迎、更少产生"争议"的决定。许多奖项的规则规定,艺术家只有事先同意出席颁奖典礼才可能被推选为入围者,那些管理部门出于自身原因不欢迎的潜在获奖者也就被剔除出评委的视野了。

通过提名,潜在获奖者的范围进一步缩小,而这通常也超出了评委权力的范围。也就是说,不仅在参评作品提交给初评和终评评委的时段之间可以进行分工,而且在此之前,在被允许提名的人、收集和筛选提名的人以及预先判断提名作品的人当中还可以进行分工。在提名过程充分"封闭"的情况下,评委会的状况对评选没什么影响;即便评委们倾向于以冒险或颠覆的方式行使其评判权,与管理人员的目标或仅仅是与他们心照不宣的倾向和性情背道而驰,他们的这种可能性也已经被排除了。英国泰特美术馆(Tate Gallery)的管理人员过去每年都会发放表格,在这些表格上可以填写该美术馆的"特纳英国艺术奖"

(Turner Prize in British Art)的"公众提名"候选作品。1994年,在《每日电讯报》(*Daily Telegraph*)的一位艺术编辑敦促读者接受特纳组织者的邀请去提名后,约2300项提名涌入泰特美术馆,提名数量是通常的十倍,其中近三分之二的人提名尼克·帕克(Nick Park)的优秀动画短片《穿错的裤子》(*The Wrong Pants*)为年度最佳艺术作品。然而,最终这些提名被弃用,泰特美术馆馆长尼古拉斯·塞罗塔(Nicholas Serota)给出的理由是它们不是由"专家"提交的。[16]众所周知,特纳艺术奖的提名过程并不打算如此"公开",该奖的评委们不得不考虑来自规定范围之外的作品,事实上,能被提名的作品的范围相当狭窄。

在极端情况下,管理者甚至不向评委提交提名作品。一个有趣的案例是克里奥奖,该奖涉及广告行业的商业奖与艺术奖之间的边界,旨在表彰广告中的艺术"创意",不过它是根据产品类别而不是艺术类别来进行提名和颁发的。克里奥奖不是根据创意类型来划分奖项的类别,比如,幽默广告与非幽默广告,或电影与动画,像人们看到的水星广播奖(Mercury Radio Awards),以及电影行业奖(Cinema in Industry Awards,简称"Cindys")那样的,也不是根据创意劳动的不同分工(如编剧、音乐、摄影)来划分奖项的类别,而是颁发最佳酒精饮料广告奖或最佳银行(金融)服务广告奖。[17]长期担任克里奥奖总监的安德鲁·扎菲(Andrew Jaffe)承认,这么做是出于商业动机,"对一家广告公司来说,如果他们想与汽车公司签订合同,能告诉汽车公司他们去年做了最佳汽车广告要比说做了最幽默的广告更有用"[18]。扎菲和他的工作人员正在不断调整这些奖的类别——停办一些,又增加一些。这取决于主要的广告收入来自哪里。如20世纪90年代末,他们为家庭娱乐和互

联网广告设立了新类别的奖项。有趣的是,目前克里奥奖评委们在不参考奖项类别的情况下进行评审,他们在同一个平面上查看所有被提名参评的广告,然后决定哪些广告获得金牌、银牌或铜牌,而不会去考虑广告上宣传的产品。如果他们所选的前四个恰好都是互联网广告,那就顺其自然。即使某些类别的最佳广告被认为不值得被授予金牌或银牌,并在最后落入众多铜牌得主的行列中,但这并不妨碍克里奥奖的

管理者将参评广告分类为诸如"最佳汽车广告奖"等。因此,管理者决定将哪些广告提交给评委们审议,以及在颁奖典礼上如何按等级分发奖品的逻辑——人们会认为这是决定整个奖品计划的逻辑,这一逻辑掌握在管理者手中,并且不受任何支配评委进行创意价值评估的逻辑的影响。

筛选的第三个层次是预判,这种做法正变得越来越普遍,因为文化奖绝对数量的增长速度远远超过公认的能够出任评委的专家们的增长速度,特别是那些愿意为评委工作无偿贡献大量时间的专家。即使在有资格的参评者的数量非常有限的情况下,就像地方戏剧奖一样,管理者也发现有必要实行预评审的机制。1995 年设立的巴里摩尔奖(Barrymore Awards),即美国费城非营利戏剧界的"托尼奖",在最初几年里是由 12 名评委组成的一个评委会进行评奖。但到 1999 年,其组织者意识到,几乎没有任何评委在投票前真正观看过可能符合条件的100 部左右的全部戏剧。因此,巴里摩尔监督委员会引入了一个筛选程序,该程序涉及被称为"提名者"的 60 名预评人,他们被分为三组,每组负责观看大约三分之一的参评戏剧。然后,这些小组将汇集他们最喜欢的候选戏剧,创建一份戏剧入围名单,最后由 15 名真正的评委从中选出一部获奖戏剧。[19] 但即使是这一过程也被认为不切实际,很难找到这么多愿意担任提名者的人,也很难为他们所有人拿到足够的免费戏票。因此,近年来,监督委员会继续修改其预选制度。截至 2002—2003年,提名者总人数已减少到 40 人,从 40 人中再随机抽取 6 人组成小组并特别授权;这些超级提名者的提名随后被视为"合格的巴里摩尔奖"参评作品,并被转交给最终由 10 人组成的评委会。以美国华盛顿特区海伦·海斯奖(Helen Hayes Awards)的评选过程为榜样,这很可能是一个很好的解决方案,来解决日益棘手的问题,即如何在不走太多弯路的情况下完成评审工作,同时还不会损害评审过程的合法性。但是,非常精细和多重的评选安排往往表明问题本身就是棘手的。

当然,对于许多奖项,特别是那些以公开竞赛形式设立的奖项,参评者数量太多导致任何评委或评委会都无法将他们全部考虑在内。在这些情况下，初选评委可能会被安排撰写每个参评者或被提名者的评估报告、概述评论、汇编传记或其他背景信息，可能会提供一个暂定的排名或给特别有竞争力的候选者标上星号，并将被提名的艺术家和作品打包，以便评委更快、更容易地进行评判。虽然这些奖项的评委们在理论上可以接触到所有被提名者，但在大多数情况下他们的注意力很快就决定性地集中在少数几个最受欢迎的候选者身上。与其他奖项一样，初审实际上排除了一部分（也许是绝大多数）参赛作品，从而缩小了潜在获奖者的范围以及他们之间的差异，导致评委们的审议尽管具有象征意义，但对评选结果的影响微不足道。

135

  由此，相比那些部分担当奖项公众形象的评委们，这些幕后的初选评委们可以行使更明确的决定权，他们代表着管理者权力更直接的延伸，因为管理者选择评委的过程在很大程度上不受细微的程序和公众监督的约束，这些因素在某种程度上对奖项管理机构要任命与其文化取向完全一致的评委有所限制。如果这个奖项由一个更大的机构管理，那么初评通常由管理者自己的助理或实习生——"办公室里的人"来完成，不止一位奖项协调员向我解释道，管理者通常对提交的作品进行第一遍粗略的筛选，并且没有其他人参与。管理者本人担任这个特设评委会的主席。如果在评选的初选阶段没有足够的内部工作人员，通常会招募管理者的朋友和同事来做这个工作——最好是该领域的专业人士，但不是具有相当公众知名度的人。任何既有专业知识又有名气的人都将被保留，去担当真正的评委。

  举个例子，洛杉矶比弗利山剧院协会成立于 1977 年，旨在支持一家社区股权豁免剧院①，几年后，该协会（这可不是普通的社区）设法得到大量盈余资金。按照 20 世纪末的模式，该协会于 1980 年决定将这笔钱用于设立一项年度奖。1983 年，他们的剧作家奖大赛更名，以协

136

---

  ① 股权豁免剧院是美国的一种小型的、当地的剧院。这种剧院的观众席座位少于 100 个，它可以出售以非协会演员为主角的戏剧的门票，也就是说，演员和剧务人员不是演员协会或其他剧院协会的成员，因此他们没有得到协会规则规定的最低工资。这种剧院按照法律术语被称为拥有股权豁免权的剧院。

会最杰出的成员朱莉·哈里斯(Julie Harris)的名字命名,冠军的奖金为 5 000 美元。之后多年间,协会其他成员也跟进捐赠了一个 2 000 美元的二等奖和一个 1 000 美元的三等奖,这就导致了奖的名字有一长串:"比弗利山剧院协会亨利博士和莉莲·内斯本基金会奖暨朱莉·哈里斯剧作家奖大赛"。到 20 世纪 90 年代末,该奖每年吸引 550 至 600 部参评作品,收到 1 500 多份咨询,并建立了包括两次筛选在内的三级评审制度。首先,由"读者"选出前 10% 左右的参评作品,然后将其转交给"半决赛评委们",他们选出其中大约 20% 的作品(或大约 12 个剧本,仅占原始提交作品的 2%)供"终选评委们"考虑。多亏了朱莉·哈里斯的斡旋,毕竟她是美国戏剧界的泰斗,这些终选评委通常都是世界知名的剧作家、导演和演员,他们自己也获得过更重大的奖,包括艾美奖、编剧协会奖(Writers Guild Awards)、普利策奖和托尼奖等。哈里斯本人获得了 5 个托尼奖和 10 个该奖提名,比其他任何演员都多。相比之下,读者和半决赛的评委们都不那么引人注目,他们是独立电影发行商、小演员、名人配偶等。协会主席向我保证,筛选评委的选择权完全掌握在戏剧大赛协调员玛塞拉·梅哈格(Marcella Meharg)的手中,而她称自己每年都倾向于依靠一些同一类型的人来当评委,这些人均从相对较小的支持者和协会圈子中抽调。[20]

这个模式可以推广到大多数以公开竞争形式组织的奖项,即大约 98% 的提交作品都实际上被管理组织或机构排除在竞争之外,也就是说,参评者基本上通过一个内部筛选程序的操作被排除了。虽然更大范围的初选所做出的评判很可能会符合终选评委们的审美倾向,但这一点并不能得到保证,初选后留给精英评委们的作品的评选范围相当狭窄。评委们发现自己被行政安排所操纵,从而对他们认为最多只能算是中等水平的作品给予了看似狂热的支持,发生在特纳明日奖上的事情并不罕见;斯泰伦和马蒂森远不是第一批对名义上由他们自己"评选"出来的获奖者表示反对的评委。

然而,尽管这种评选制度受到严格限制,但相比特纳明日奖的案例,还是为评委们提供了更多发挥个人作用的空间。有人可能会认为,评委会越大，评委的综合声誉越重要，奖品的整体权力分配就越有可能从赞助商和管理者手中转移出去。事实上，情况正好相反。当管理者对评委们决定获奖者的方式不满意时，一个标准的补救措施是扩大评委会。例如，1986年，美国国家图书奖评委会没有选择托妮·莫里森（Toni Morrison）的畅销书《宠儿》（Beloved），而是选择了拉里·海涅曼（Larry Heinemann）的《帕科的故事》（Paco's Story）。之后，美国国家图书基金会（National Book Foundation）对这一特别的评选感到尴尬，于是将评委会成员人数从三人增加到了五人。在人数更多的评委会中出现了派系的趋势，特别是鉴于管理者有更大的空间来安插"名人""普通人"或其他一些表面上有着普通品位的代表，这就促使评委会走向共识和妥协，做出安全、明显和预期的选择。相比之下，当一个奖项由一位评委决定时（对评委们的选择必须主要根据他们在特定领域中的声誉和资历），评选结果就不那么容易预测，而且可能会进一步偏离赞助商和管理者的期望。

138

有一种奖项通常只有一位评委，那就是处女作诗歌奖。这类奖项享有相当大的文化合法性，与特纳明日奖等更令人质疑的奖项相比较，是一个有趣的对比。正如已经提到的，它们与特纳奖共享一个明确的合同条款，即获奖诗稿自动进入与主办方出版社签订的出版合同，通常保证它的印数比处女作诗集的平均印数要多一些，因为获奖诗集预计会卖得特别好。

赞助出版商使用"获奖"一词来推销他们出版的获奖诗歌作品，特别是用来推销年轻的、不知名诗人的作品，这并非近期的创新举措。至少，这可以追溯到18世纪剑桥大学的西顿奖（Seatonian Prize）和牛津大学的纽迪盖特奖（Newdigate）诗歌比赛。埃里克·辛普森（Erik Simpson）指出，1750年剑桥大学首次颁发的西顿奖将出版获奖诗歌纳入标准的奖励安排之中。到1810年，剑桥大学和牛津大学都偶尔出版获奖诗集或选集。到1830年，即使那些比赛中落选的作品也可能被宣传为"落选诗作"（先于后来使用的"被提名""亚军"和"入围"作品等营销短语）。[21]在后革命时代的美国，有抱负的诗人不太可能将纽迪盖特奖诗人视为文化理想的代表,诗歌比赛往往会更加公开化,而非严格意义上的学术事务。事实上,此类大赛中最著名的奖项是由娱乐界的一位人物 P. T. 巴纳姆(P. T. Barnum)赞助的,他利用这一大赛为瑞典歌手珍妮·林德(Jenny Lind)在 1850 年举行的演唱会开展了前期的宣传活动(获奖诗歌被改编成歌曲并由林德在纽约首演时演唱)并大获成功[22]。就像英国的大学诗歌大赛一样,这些竞赛被独立出版商当作营销机会,1824 年,他们发行了《波士顿诗歌奖作品》(*Boston Prize Poems*)这本颂歌集,提交给波士顿剧院(Boston Theatre)主办的一场比赛,以宣传其为期三天的"莎士比亚周年纪念"(Shakespeare Jubilee)[23]。这本特别的诗集引起了人们的关注,因为书中有一首匿名的落选诗歌是由 17 岁的亨利·沃兹沃思·朗费罗(Henry Wadsworth Longfellow)提交的,这也是他的诗作首次被公开出版[24]。整个公共诗歌竞赛的传统明显带有古典奖起源的痕迹。诗歌通常是颂歌或其他为规模更大的庆祝或节日活动公演的戏剧的一部分,到 19 世纪末似乎已经消失,而利用诗歌金奖的市场吸引力来出版图书的传统也随之消失。不过,随着 20 世纪现代文化奖体系的兴起,一种新的、不那么公开的、更精英化的模式出现了,这就是处女作诗歌大赛,它被认为是对尚不为人所知的诗人和一般小型的、非营利或微利的诗歌出版社的一种支持。

首个也是最负盛名的诗歌大赛是 1919 年由耶鲁大学出版社设立的耶鲁青年诗人奖(Yale Series of Younger Poets),该奖目前的路线是 1933 年重设后制订的。此外,还有其他五十多项诗歌大赛,这些大赛已成为当代美国诗坛不可或缺的一大特征。由于大赛设置的奖金非常少(通常为 500—1 000 美元,相当于预付版税),并不像特纳明日奖这类奖的奖金数额那样匪夷所思。但是,如果人们认为它们的合同只是一种形式,对出版社并没有实际的经济意义,那就错了。在成熟的大赛中,奖的象征价值可以作为一种营销工具来有效地降低通常伴随首部诗集出版而来的财务风险。20 世纪 40 年代以来,在美国最重要的报刊上,耶鲁青年诗人奖的获奖作品几乎肯定会被评论,自 20 世纪 50 年代出版社开始发行平装本以来，其中一些作品已数次重版并售出数万册。1972 年耶鲁奖得主迈克尔·凯西（Michael Casey）的《污言秽语》(*Obscenities*)还保持着销售纪录，该书在发行三个版次后，才被一家面向大众市场的平装书出版商选中，最初发行量为 11.75 万册。[25]获奖者的成功反过来又提高了该奖的知名度，使其能够吸引更多的作品参评。凯西获奖后，参评耶鲁青年诗人奖的作品数量大幅增加。报名费通常在 15 至 25 美元之间，通常诗歌大赛有 400 至 800 部作品参评，而耶鲁大赛平均约有 700 部参评，提供赞助的出版社可以从一场诗歌大赛中获得超过 1 万美元的收入，这比印制一本 50 页的书的花费还要高出几千美元。耶鲁青年诗人奖规则规定，提交的诗稿必须“至少 48 页，不超过 64 页”；其他大多数诗歌奖也有类似的限制。不过，对每年重复提交贺卡祝福语样式的十四行诗作参评的作者或彻头彻尾的疯子，该奖并没有限制。事实上，任何时候都有数以百计的毫无希望的诗作循环流通于美国的各个诗歌大赛间。一位大赛管理者表示，参评的作品中整整四分之一的作品都是“用愚蠢的字体打印的或带有作者孩子的涂鸦”[26]，并且每年都不乏这种重复提交的诗作，出版社则将它们当作轻而易举的收入，因为初选时根本不必要为它们花时间。苏珊·惠勒（Susan Wheeler）的《钻石袋》(*Bag "O" Diamonds*)在 1993 年获得佐治亚大学出版社奖（University of Georgia Press Award）。而在这之前，她已经参加过 88 次比赛；格雷·雅各比克（Gray Jacobik）声称，在连续 15 年间其作品《双重任务》(*The Double Task*)每年至少参加 20 次比赛，花费大约 5 000 美元，最终才于 1998 年获得了马萨诸塞大学出版社的杜松奖（Juniper Prize）。[27]这些事例特别鼓舞人心，因为类似事例也在其他评奖中发生，象征财富往往还会带来象征财富。惠勒的书在 1994 年赢得了美国诗歌协会的诺玛·法伯处女作奖（Norma Farber First Book Award），并入围《洛杉矶时报》图书奖，其下一部作品《烟雾》(*Smokes*)在 1996 年获得了四种方式图书系列奖（Four Ways Book Series Award），两年后她又获得了古根海姆基金（Guggenheim Fellowship）。就在雅各比获得杜松奖的次年，她乘胜追击第二次赢得了诗歌大赛——她的《最终散射面》（*Surface of Last Scattering*）获得了得克萨斯评论出版社（Texas Review Press）颁发的 1999 年度 X. J. 肯尼迪奖（X. J. Kennedy Prize）。

众所周知，令大批非参赛者感到乐观的另一个原因是，这些大奖赛是由一位评委来做决定的，是定期轮换到一位诗人来担任新评委的，某些情况下，一年轮换一次。由此，重复提交作品参评的人可以想象，他们要获奖的话只须在某天打动某个评委的心弦。当然，现实情况是，在提交作品中只有 2% 或 3% 的作品出现在评委面前。实际上，许多作品几乎一到编辑、助理编辑或初级实习生的办公桌上就被淘汰了，其余绝大多数在经过初审评委们的深思熟虑后又被排除在外。不过，只有一位评委对这些奖具有决定权，这一点非常重要，这的确为那些原本被拒之门外的诗人们提供了机会。

最典型的事例出现在 W. H. 奥登（W. H. Auden）①担任耶鲁青年诗人奖评委期间。从 1946 年开始，奥登就养成了怒怼耶鲁大学出版社（Yale University Press）诗歌编辑的习惯，因为奥登绕过了他们所选的为数不多的几位入围者，自行选出了一位获奖者。他选出的前两部获奖作品，包括琼·默里（Joan Murray）的《诗歌》（*Poems*）和罗伯特·霍兰（Robert Horan）的《开端》（*A Beginning*）等，均系他通过其他渠道拿到的诗稿，这些获奖作品并未经过出版社提名，甚至他还宣称由出版社提交的所有作品都未达到获奖的水准。[28]然而，根据出版社的规定，默里甚至没有资格参评，她在三年前就已经去世了。1955 年，奥登再次断然拒绝了出版社选择的入围者，并且联系了他认识的两位年轻诗人弗兰克·奥哈拉（Frank O Hara）和约翰·阿什贝利（John Ashbery），请他们把完成的诗稿寄给他。两位诗人实际上已经正式提交了参评诗作，但在比赛中，这些诗作很早就被耶鲁大学出版社的编辑们淘汰了。

① W. H. 奥登（1907—1973），诗人、剧作家、文学评论家，出生于英国，是 20 世纪 30 年代英国新诗运动的领军人物，后于 1946 年加入美国籍。奥登交游广阔，曾在多所欧美名校任教，教授诗歌，他的著作颇丰，在现代英美诗坛的地位显赫，曾获得诺贝尔文学奖提名。

当奥登宣布阿什贝利的《有些树》(*Some Trees*)的获奖信件送达出版社所在地纽黑文(New Haven)时,曾否决提名这两位诗人诗稿的出版社内部"读者"愤怒地辞去了诗歌大赛的初评工作。

在处女作诗歌奖的历史上,还没有哪位评委像奥登一样一贯藐视出版社编辑的意愿和期望,并不断地被催促着辞职。然而,正是因为他心无旁骛地、长久地把持了耶鲁青年诗人奖(他是该奖任期最长的评委),这个奖才在数十个同类诗歌大赛中遥遥领先。除了阿什贝利,奥登在 20 世纪 50 年代评选出的获奖者还包括艾德里安娜·里奇(Adrienne Rich)、W. S. 默温(W. S. Merwin)、詹姆斯·赖特(James Wright)和约翰·霍兰德(John Hollander)等。在数百位不知名的年轻作者提交的诗稿中进行筛选,要保持一贯的标准并评选出有分量的作品绝非易事。这些诗人在给奥登提交作品参评时,他们的年龄都未超过 30 岁:默温只有 24 岁,里奇只有 21 岁。为了便于比较,看看奥登担任评委之前和之后的五位获奖者:1941 至 1946 年间,获奖者是杰里米·英戈尔斯(Jeremy Ingalls)、玛格丽特·沃克(Margaret Walker)、威廉·梅雷迪思(William Meredith)、查尔斯·E. 巴特勒(Charles E. Butler)和夏娃·米利安(Eve Merriam);1960 至 1964 年间,获奖者是乔治·斯塔·巴克(George Star Buck)、艾伦·杜根(Alan Dugan)、杰克·吉尔伯特(Jack Gilbert)、桑德拉·霍奇曼(Sandra Hochman)和彼得·戴维森(Peter Davison)。虽然这些后期选出的获奖诗人中有些仍然在出版作品,但没有一位像奥登所选的诗人们那样出名、有影响力,并且诗作被广泛教授和评论。毫无疑问,无论奥登是否将他们评选出来,阿什贝里、默温和里奇等诗人都会在战后美国诗歌中占据重要的地位,但耶鲁奖对他们的职业生涯确实很重要,该奖不仅让他们的作品得以出版,还确保了这些作品在《诗歌》《党派评论》《纽约客》和《纽约时报书评》等刊物上被评论家们异常认真地评论。奥登担任评委之前,耶鲁年轻诗人大赛的获奖者并不总是得到这样的待遇。奥登个人的地位使他能够扩展甚至超越他作为耶鲁青年诗人奖评委的规定角色,也使出版社能够为系列作品争取到比平常更多的宣传,从而对获奖作者的早期事业起到比其他方式更有力的推动作用。

换言之,在奥登任评委期间,耶鲁青年诗人奖的运转达到了理想状态,奥登做出了大胆的选择,使得入选诗人们开启了他们重要的创作生涯,并且由于他的评奖与当时诗歌领域前沿的鉴赏品位大致保持一致,该奖自身的文化合法性和有效性得到提升。但这之所以成功,是因为奥登极力反对该奖的既定协议和行政限制,并将他认定的诗歌的利益强行置于出版生意和诗歌大赛的利益之上。奥登不拘一格的行为还包括他在 1950 年和 1955 年两次拒绝给任何作品颁奖。与特纳明日奖的管理者不同,耶鲁大学出版社的编辑们并没有否决奥登的这些决定。他们不能冒险与这位诗人公开争论,因为他们自己的信誉取决于诗人的评判,但他们肯定希望去和他理论一番。奥登的拒绝除了迫使年度系列奖评选中断外,有关评论文章也相应中断了,而这些评论文章除了宣传获奖诗人外,也是出版社宣传自身的一种重要形式。他的拒绝破坏了出版社与一百多位诗人之间的关系,这些诗人们诚心诚意地提交了他们的参评诗作和报名费,而奥登选出的前两名获奖者都是未真正参加大赛的内部人士,出版社不得不隐瞒这一事实,这已经够尴尬的了,更令人尴尬的是,奥登在次年的一个公开声明中宣称,他收到的诗稿都不会被出版。

毕竟,对于大多数提交作品来参加诗歌处女作大赛的人而言,他们的善意取决于他们对大赛的竞赛性或游戏性概念的接受:他们要么经过一场大赛成为最佳参评者,要么经过一场抽奖成为最幸运的参评者。无论哪种情况发生,都必须有一位**赢家**,哪怕此人在赢之前参加大赛并失败过一百次。通过在某些年份拒绝推选出获奖者,奥登植入了一种完全不同的美学范式,在这种范式下,只有少数人即真正的艺术家们实际上能创作出真正的诗歌,而其他人的落选之作可能不具有任何艺术价值。从这个角度来看,耶鲁青年诗人奖作为工具唯一合乎情理的目的是为真正的艺术作品提供认可。这不是诗人在一众参评者中成为佼佼者或交上好运的问题,而仅仅是被**认可**的问题:被一位艺术家认可为艺术家,被一位自身就是公认的艺术家所认可。就因为大赛与竞技或

144

145

幸运没有任何关联，评委没理由去担心"公平"，也没理由去滋养那些长期重复参评的人的希望，严格地从美学角度来看，这些参评人可能被视为不合格。

奥登的例子不仅仅具有历史意义。与大多数其他奖项的评委相比，耶鲁奖这类奖项的评委在更大程度上继续强力推行个人的品位和兴趣，否决编辑及其他初选评委的决定，他们行使自我赋予的否决权，致使颁奖的延续性中断。例如，1998 年，爱丽丝·富尔顿（Alice Fulton)担任了沃尔特·惠特曼奖（Walt Whitman Award)的评委，该奖奖金为 5000 美元，是美国处女作奖中奖金最丰厚的奖项，由于她对美国诗人学会管理初选过程缺乏信心，于是便要求查看 200 份被淘汰的诗作，并从这些被正式淘汰的诗作中评选出了获奖作品——简·海勒·莱维（Jan Heller Levi)的《我曾惊奇地凝望你》(Once I Gazed at You In Wonder)。[29]丹尼斯·莱沃托夫（Denise Levertov)拒绝了所有提交参评安辛格诗歌奖（Anhinga Prize for Poetry)的作品，并指示出版社不要颁发任何奖。次年，安辛格出版社（Anhinga Press)的编辑们不得不承受人们愤怒的抱怨和参评作品数量的急剧减少，他们认为莱沃托夫行使否决权"对出版社的声誉造成了打击"。[30]然而，实际情况可能是评委们的这些强烈干预最终确实符合诗歌奖及其管理机构的利益，正如奥登为耶鲁青年诗人奖所做的那样。现任耶鲁青年诗人奖的负责人谈道，虽然 W.S.默温在担任丛书编辑的第一年(1998)没有颁奖，但这对出版社和丛书的宣传作用至少不亚于出版一部新书。[31]即便在一两年内提交的作品数量减少，出版社也通过免除支付奖金或出版书的义务，得到了数千美元的意外之财（评选细则明确规定报名费不予退还）。然而，这些事件有助于说明奖项名义上的评委与行政机构之间的结构性裂痕，说明在正常情况下，行政机构实际上完成了大部分的评审工作，这种机制旨在产生一位获奖者，一位在一定范围内的获奖者。当评委坚持认可的艺术品的价值超出这一范围，并（或）否认这一范围内的任何艺术品具有价值时，他或她就会让人注意到评奖中始终存在一场真正的争斗，一场有文化修养的个人与文化机构之间的争斗，一场由享有声誉的艺术家个人掌握的文化权力与由更复杂的文化能动者掌握的文化权力之间的争斗。

评委和管理人员为停发奖而进行争斗的关键正是他们对生产文化价值的权力的争斗。当这种争斗爆发且定期爆发时就会演变成丑闻。争斗往往不是由这一方就是由那一方发起的。当评委在评判一批参评者后拒绝颁奖时，从其立场来看，只有评委才有权宣布某人为诗人。奖仅仅是一种编造的或物质形式的象征价值，只有评委才有权将这一象征价值赋予诗歌作品。诗作的价值及声誉取决于受人尊敬的诗人的所说所想，而不是取决于奖项管理者通过其管理团队和宣传机器所产生的。另一方面，从一位气愤的奖项管理者的角度来看，奖项本身确实拥有"造就"一位艺术家的力量。评委只是奖项为实现这一目标而采用的手段或技术之一，而且只是出现在评选过程的最后阶段中。在某些情况下，他们完全是可有可无的。重要的文化事实，即记录在文化记忆中的事实是某人获得了某个奖项。几乎没有人知道或关心在评委的办公室里发生了什么，或者在评委与预审评委之间的交往中发生了什么。

当然，这种非此即彼的文化争斗只是便于新闻报道。首先，如果无论是评委还是奖项及其管理人员垄断了文化权力，争斗就不会发生。文化奖实际上是文化经济中的一个能动者，根据自身利益，即对某个奖项及奖项整体上有利的东西，来生产价值并使价值流通。但是，为了有效地为自身的利益服务，奖项也必须为其艺术家（评委）的利益服务，承认评委拥有特殊的权力和特殊的能力，能够在其他人无法区分艺术品的品质的情况下做出区分。奖项管理者试图在事后否认或收回这一认可，质疑评委的合法性，就破坏了奖项自身的象征魔力。如果最有资格胜任评委的人无论是出于团结艺术家、反对文化管理者，还是出于自身利益不想被一个象征价值存疑的奖项所抹黑，从而不愿意担任评委，那么在接下来的几年里，即使这种象征性损失比较轻微，也可能会加剧而变得致命。这当然是特纳明日奖在其动荡的首次启动后所面临的情况。

同时，评委对奖项及其管理者有着复杂的依赖性。评委自身的地位或权威（使此人成为评委的首要的特殊资本、禀赋）可能部分取决于**评委**自己所赢得的奖。在某个文化领域，艺术家有可能在没有获得过任何奖的情况下成为举足轻重的人物（尽管现在这变得难以想象），但这样的艺术家不会被邀请去担任评委。管理者不愿邀请一位对奖持极度怀疑或敌对态度的人来担任评委，或是艺术家断然拒绝担任评委并宣告自己的自主性，无论哪一种对奖的态度在代表文化风向的公共舞台上如何表现，都将阻止艺术家去运用奖这个可能是当今最强大的工具去赋予作品价值。因此，不仅是在管理上桀骜不驯的艺术家被排除在主流的声誉经济之外，而且这种人特别有能力去认可的整个一系列的（新兴的但尚未被神圣化的）艺术家们也被排除在外，这些艺术家在得到认可时会使文化场域给认可者更多支持。

因此，在评委和很大程度上不具名的、仅仅做行政管理的人员之间通常一直进行着一种博弈，后者对评选与排除过程的控制权不比评委少，也许他们还有着**更多的**权力，正因如此，由一位评委单独开展评选变得越来越罕见，而抵制奖项内部推选倾向的能力以最集中和最有效的形式体现在这种评委身上。虽然单个评委或很小型的评委会往往比大型评委会在评选中更易于做出反常规的、不可思议的选择，但人们大多不愿去支持抵制这种违反文化理性的程序。美国国家图书奖评委会评选的获奖作品是拉里·海涅曼的战争小说《帕科的故事》而不是托尼·莫里森的《宠儿》，这引起了人们强烈的抗议，可是海涅曼的书现已绝版。如果我们把在 20 世纪 80 年代末的"文化战争"初期发生的这场斗争设想为莫里森（以及那些为非裔美国女性小说家争取更多认可的人）与海涅曼（以及那些争取维持白人男性军人小说家特殊地位的人）之间的小规模冲突（后文将进一步讨论这一纠葛），人们的强烈抗议似乎并不过分。但是，如果我们把这场斗争看成艺术家与管理者之间的斗争，这就另当别论了。美国国家图书奖组织（National Book Awards Organization）在其执行主任芭芭拉·普莱特（Barbara Prete）的领导下，近期才从之前难堪的阶段（1980—1986）走出来，更名为"美国图书奖"（American Book Awards，曾短暂使用简称"TABA"），在此期间，普莱

149

特未充分掩饰她为了取悦出版社赞助商而对该奖进行的商业化和企业化改造意图，或者她婉转地表达了这个意图。随着该组织努力将"获奖"的营销标签扩展到尽可能多的书籍和出版社，奖项的数量激增到27项（1983），该奖的颁奖典礼变得越来越耀眼，越来越像奥斯卡奖。美国图书奖委员会中的出版社高管遭到痛批，并受到大约40名"国家图书奖"获奖作家们带头抵制，他们反对"美国图书奖"的整个管理框架和评审程序实际上"将决策权从写书的人转移到卖书和买书的人"，[32]之后，高管们决定断绝该奖与美国出版商协会之间所有正式的联系，取消了小说奖和非小说奖这两个主要奖项以外的一切奖项，并恢复该奖的传统名称——"国家图书奖"（National Book Awards）。

150

1987年，在全新的、更尊重文化的评选规则首次被启用之时，普莱特和委员会首先希望把小说奖颁给一位毫无争议的主流的严肃作家，这位作家已经被神圣化，其小说不但能在商业上获得成功，还能得到评论界的好评。莫里森及其《宠儿》完全符合要求：该小说获得的好评刊登在《洛杉矶时报》和《纽约时报》周日版的图书版块头版，并稳居畅销书排行榜。但为争取更高的合法性，国家图书奖现在将评选权集中交给一个完全由作家们组成的小型三人评委会，而不是由作家、编辑和出版商等组成的大型评委会。1987年的评委会由小说家希尔玛·沃利策（Hilma Wolitzer）担任主席，她是"面包块作家会议"（Bread Loaf Writers Conference）①的资深成员，评委会成员包括《洛杉矶时报》的首席书评人理查德·埃德尔（Richard Eder），他也是1986年度美国国家书评人协会最佳书评奖得主，以及美国非裔小说家格洛丽亚·内勒（Gloria Naylor），她曾在1983年获得了美国国家图书奖。

这个评委会并不准备推选一部显而易见的获奖作品。虽然在结果公布后三位评委都对其审议和投票情况守口如瓶，但埃德尔和内勒似

---

① 面包块作家会议成立于1926年，是美国最古老的作家会议，由位于美国佛蒙特州的米德尔伯里学院（Middlebury College）创办，每年8月中旬在佛蒙特州米德尔伯里东部的面包块旅馆（Bread Loaf Inn）举行。

乎都支持了海涅曼的小说。埃德尔给所有其他被提名的作品撰写书评并给予很高的评价，他称《帕科的故事》是一部"极具原创性、感人至深的书"，一部有着"非凡力量"的作品，但他显然没有评论《宠儿》。这项任务由自由撰稿人约翰·伦纳德（John Leonard）完成，他是莫里森忠实的崇拜者和密友，对该书他不吝赞美之词。[33] 至于内勒的票投给了谁，可以从后来许多为莫里森感到愤愤不平的支持者们对她的排斥推断出来。例如，她原计划在纽约州立大学石溪分校（SUNY Stony Brook）进行为期一个月的驻校创作，但据报道，她的计划被该校教师琼·乔丹（June Jordan）取消了，作为莫里森的朋友，乔丹曾领导了对国家图书奖的抗议。[34]

对于整场"丑闻"及其引发的诸多评论，后文探讨在有争议性的评奖中各种能动者的策略或游戏风格时将有更多的讨论。在此，我的观点很简单，无论我们如何看待美国国家图书奖评委在 1987 年所做的决定，这一决定都显示了评委们的某种罕见的自主权，偏离了颁奖机构及其管理者的目标和愿望。一个大型的评委会不太可能保持这种自主性。例如，普利策奖还包括一个由三人组成的小说评委会，但这个评委会的职责只是向规模大得多的普利策奖委员会（目前有 19 名成员）推荐最多三名入围者，而大评委会最终可以做出任何决定，即使这意味着放弃小评委会的所有提名者。人数众多的大评委会（评委们都是清一色的新闻从业背景），更倾向于通过知名度和威望来衡量文学的伟大品质，于是普利策奖就倾向于做出安全的、一致的推选。1987 年，普利策奖一致的安全的推选是《宠儿》，这并不会让托尼·莫里森有任何损失。

在一片宽慰和赞扬声中，莫里森终于获得了普利策奖，而国家图书奖的懊恼更严重了，该奖委员会刚刚对该奖进行了彻底的重建以恢复其合法性。在一众美国图书奖中，国家图书奖委员会在与其主要的竞争对手相比之下，发现其机构处于这样的状态：要么是专门的文学才能较弱（无法区分真正伟大的文学作品和普通的战争小说），要么是在文化和政治方面不够进步（拘泥于白人男性文学传统的、倒退的价值观）。很明显，管理方的应对措施是将小说奖评委会从三人扩大到五人——

除了美国国家书评人协会的 24 人委员会外，这比美国任何主要的图书奖评委会人数都多。[35]尽管出任国家图书奖委员会委员的出版社高管不会像出任普利策奖顾问委员会委员的记者那样，直接控制担任评委的作家们并行使否决权，但通过增加由其任命的评委人数，他们有效地加大了自身的权力，以引导评选过程，并阻止个别担任评委的作家们去特立独行地评选。美国国家图书基金会表面上是在执行"文学界"的命令，实际上是在利用莫里森丑闻来做文学界在美国国家图书奖颁奖期间强烈反对的事情。普莱特与国家图书奖的管理者通过扩大他们作为"评委们的评选者"的角色，最终成功地实现了几年前他们还无法落实的权力转移。

这种权力的转移是 20 世纪以来文化奖兴起的根本原因，作家们称之为"决策权从写书的人向买卖书的人转移"，但他们未能准确地描述出这种权力转移的特点。首先，与传统观点相反，20 世纪初以来，商业上的成功与文化奖所赋予的声誉之间的相关性变得越来越弱，而不是越来越强。如果将文学、电影和流行音乐等领域的畅销作品排行榜与普利策奖、奥斯卡奖、格莱美奖等奖项的获奖名单进行比较，就会发现一种普遍的差异模式，与 50 年前相比，现在这两种榜单之间的一致性有所下降，尤其是在文学领域（见附录 B）。事实上，如果我们在这些相关性中寻找积极的趋势，那就是近几十年来，重大奖项促进获奖者作品的销量大增。[36]从这个意义上说，奖确实更多地涉及商业：它们已成为人们强大的营销工具。这是因为奖影响文化产品畅销的主动权加强了而不是减少了。奖所生产和流通的具体的象征资本在严格的经济意义上变得更有价值，但纯粹的商业价值却变得不那么容易转化为声誉，甚至不那么容易与声誉产生交集。

除了这些典型的错误和简化概念之外，有关艺术对立于金钱的主流观点忽略了中间人、奖项管理者或官员们，他们具体的利益既不与艺术家们的一致，也不与出版商、制片人和营销商们的一致。[37]他们直接的关注点既不是美学也不是商业，而是为了最大限度地提高文化领域里所有奖项中由他们主办的某个奖项的知名度和声誉。奖项的商业影

153

响力，即它对文化零售商的经济价值，是其中的一部分，它在艺术家中的声誉，即它对潜在获奖者、评委、主持人等的象征价值，也是其中的一部分。但这也是一个社会问题，甚至是具体的管理声誉的问题。这个奖项运转良好吗？它是否保持在运营预算的范围内？它是否善待它的预评人和评委？它的颁奖仪式是否适当地举行？是否令人愉快地出席？它的管理者是不是很受欢迎，人脉很广，有能力拉来赞助？这些事情很重要，随着奖项及其行政管理部门被赋予越来越多的文化权力，对管理者们来说，他们承担的风险和人们对他们的期望都在上升，人们对他们的工作的战略要求也加强了。管理者们必须找到方法，越来越多地把控有争议的、总是具有潜在灾难性的评判、裁决和遴选过程，而不是过于公开地作为评奖工作的领导露面。他们应设法更多地让人们将他们视为促进评选决策的人，而不是去担当决策者。就算管理者们在当代文学经典形成的过程中发挥了更大和更强的作用，他们也必须设法留在文化场域的幕后。

154

第七章　奖品:生产和交易之物

奥斯卡奖奖品本来是周五佳士得的"娱乐界藏品"拍卖会中的重点拍品,并被很突出地展示在拍品画册封面上,估价为 30 万至 40 万美元。

——2003 年 7 月 22 日《纽约时报》报道,佳士得撤回奥森·威尔斯(Orson Welles)获得的奥斯卡编剧奖金像,等待与美国电影学院通过法律诉讼解决

很少有人认真关注荣誉奖章或牌匾、特别题字的书、银杯、水晶雕塑、半身像、青铜器和小雕像等颁发给文化奖获奖者的奖品实物。人们通常认为它们是俗气的、琐碎的东西,是必需的信物,但本身没有任何真正的意义或价值,相当于文化上的竞赛奖杯。然而,这些物品显然构成了奖项的一个基本和持久的特色,没有这些特色,奖项行业就不会真正知道如何运作。本书对文化奖的形式和功能进行思考,更清晰地分析文化奖行业不仅生产大量新奖,而且发展新的二级或三级的,甚至更细化分级的经济的发展趋势,虽然这种经济仍然是派生的或相互依存的经济,从原始的奖品交易中演变而来并依赖于原始的奖品交易的估价和交换体系,但它们发展出自己独特的逻辑和规则、积累策略、盈利

或亏损、成功或失败的机会。如果我们想要充分理解 20 世纪末文化奖狂潮背后的苦心经营原则，确保奖项行业在不断的差评奖悲叹和奖项饱和叙事面前持续扩张，那么我们就需要考虑奖品的奇特生命，包括从其物质生产的各种过程到其多重且有时矛盾性的象征性义务的累积，再到其发展的一些出人意料的流通路径。

　　文化奖的象征价值最具体、最物质的体现就在于颁发的奖品。在许多情况下，随之而来的现金奖励根本不是同等意义上象征价值的具体体现。我们知道，小奖可以带来六位数的现金奖励，而一些最重要的奖根本不奖励现金。现金与声誉之间的关系是不可忽视的，但它通常受到其他因素的支配，以至于奖金被人们简单地理解为伴随着奖品颁发的，而不是代表奖品。相比之下，奖品恰恰是一种替代物，是唯一能够以物质形态体现或赋予人们荣誉的物品。因此，获奖者在展示奖品时说"这是我的艾美奖"或"这是我的瑟伯奖（Thurber Prize）"是非常自然的。然而，尽管这些荣誉物品与奖的象征价值紧密联系在一起，但它们承载着另一种截然不同的价值，并在其他市场上流通，这些市场与文化声誉市场既有联系又有区别，而且在某些方面甚至格格不入。

157　　首先，这些奖品是用可回收材料制造的，这些材料本身具有特定的货币价值。这种价值是波动的，就某些材料而言，在一些时候可以取代物品所承载的其他种类的价值，即便是最负盛名的奖品也是如此。诺贝尔奖的科学和文学奖章于 1901 年由埃里克·林德伯格（Erik Lindberg）设计，由瑞典皇家造币厂（Myntverket）铸造，传统的奖章含有 7 盎司①纯金，是相当有价值的物品，但在第二次世界大战期间，诺贝尔奖章的价值成为德国获奖者特别担心的问题。作为一种极具可替代性和便携性的财富，黄金一般在国际动荡时期会大幅升值，而纳粹政权把藏匿黄金或将黄金运出德国国境定为死罪——尤其是对犹太人，他们的资产已被纳粹没收。1940 年，当德国人开始占领丹麦时，伟大的丹麦原子物理学家尼尔斯·玻尔（Niels Bohr）当然会担心，因为他在哥本

---

　　①　1 盎司约等于 28.35 克。

哈根的理论物理研究所(Institute of Theoretical Physics)不仅近年来成为德国顶尖物理学家的避风港,而且成为一些在那里避难的德国诺贝尔奖得主,特别是詹姆斯·弗兰克(James Franck)和马克斯·冯·劳厄(Max von Laue)的避风港。由于获奖者的名字被刻在诺贝尔奖章上,这些对玻尔的同事们不利的证据尤其危险。玻尔预料到他的办公设施会遭到搜查,于是在纳粹到达前几个小时设法将奖章溶解了。这种化学操作比人们想象的要求更高,并不适合在理论物理实验室里进行。奖章溶解后的液体被盛在罐子里,结果前来搜索的德军军官一无所获,研究所也幸免于难。在战争结束后,溶液中的黄金被回收并被归还给诺贝尔基金会,而基金会则为两位获奖者重新铸造了奖章。

在这场生死攸关的战争大戏中,如果说奖章是主角似乎有点奇怪,因为我们还不习惯将它们视为可替代的财富。在这出戏中,倘若是一盒珠宝或一捆现金占据舞台中央就不会令人惊讶,不寻常的是,奖章这个具有强大象征意义的物品的象征维度完全消失了。可以肯定的是,从德国走私出去的贵重物品确实象征着对德意志帝国的不忠。但是,诺贝尔奖章通常的主导价值——文化声誉,在德国人袭击玻尔的研究所的那一刻根本没有被计算。问题并不在于德国犹太人获得诺贝尔奖是德国政府的耻辱,因为冯·劳厄是一个新教徒。问题仅仅在于冯·劳厄和弗兰克把将近一磅①的纯金从德国走私到了丹麦。

自战争以来没有可与此类比的时刻,但诺贝尔奖章的纯粹的商品价值确实在1979—1980年急剧上升,当时阿拉伯石油禁运导致金价大涨到每盎司1 500美元以上(按2005年的美元购买力折算)。这也在一定程度上刺激了人们把诺贝尔奖章单纯当作一个贵金属圆牌,即使是富有声誉的诺贝尔奖的奖品,在当时它对收藏家的价值并不是很大。1983年,苏富比拍卖行以1.2万美元(按2005年的美元购买力折算约合2.5万美元)的价格拍卖了英国的诺曼·安格尔(Norman Angell)爵士于1933年获得的诺贝尔和平奖奖章,这是一件特别值得收藏的物

① 1磅约等于0.45千克。

品，安格尔是和平主义经典著作《大幻觉》（The Grand Illusion）的作者。这次拍卖表明在那些年，一枚普通的化学奖奖章的价值几乎不会超过 6 000 美元（经调整）的商品价值。[1]此外，我们可以预料到，获奖者的家族成员宁愿悄悄地将奖章卖给珠宝商以换取其黄金价值，也不愿意将其公开拍卖，因为这似乎是对他们杰出的先人的一种侮辱，更不用说有辱对阿尔弗雷德·诺贝尔的纪念。正如一位拍卖专家所说的那样，出售家族的奖品是相当不体面的，这足以让人们保守秘密。"从某种意义上说，这就像贩毒一样。"[2]也许是考虑到这一点，当金价达到历史最高点时，诺贝尔基金会在 1980 年指示瑞典皇家造币厂开始降低奖章的黄金纯度，从 23 开降到 18 开，奖章的黄金含量减少了约四分之一。金价很快就回落了，但即使是重要性相对低的诺贝尔奖奖章，收藏家给出的收购价也开始持续大幅攀升。

159

图 2 描绘了 20 年来诺贝尔奖奖章作为实物商品的价值与作为可收藏的象征物品的平均价值（按通货膨胀调整后的美元购买力）的对比情况，并显示了这种关系的根本变化。

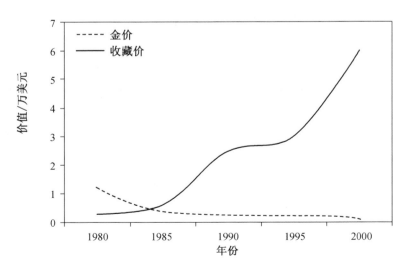

图 2　诺贝尔奖奖章：商品价值与收藏价值

即它们所含黄金的价值与其收藏价值

在这种特殊情况下,人们显然已经没有了熔化奖章的动机。但是,长期以来,获奖者或其继承人一直在权衡荣誉奖章的象征意义或情感价值,而不是奖章作为金、银的简单价值。奖项管理人员虽然高度认识到他们需要提供足够特别的奖品,但也必须警惕过于贵重的奖品所产生的不幸的激励。

两个世纪前,罗伯特·骚塞(Robert Southey)①在 1827 年获得英国皇家文学学会金质奖章(Royal Society of Literature Gold Medal)后的行为很好地印证了这种长期以来的担忧。沃尔特·司各特爵士在那一年获得了该协会的另一枚奖章(我们之前谈过他谴责该学会及其奖章的信),同他一样,骚塞屈尊接受了该奖,但拒绝出席颁奖典礼,也没有发表获奖感言,还在一封信中轻蔑地描述了整个事件。1830 年,他请一位银匠鉴定了这枚奖章,并给他的儿媳写了一封轻松愉快的信,信中说,这枚奖章足以为她买一个"又大又漂亮的咖啡壶",剩下的钱足够买一个银制"蛋糕篮"或"糖罐子"或她想要的任何东西。³这笔交易确实存在,骚塞委托人定制了一个咖啡壶,甚至写了几行讽刺诗刻在壶的侧面:

> 我获得了一枚金质奖章
> 皇家学会投票给的;
> 这东西不可嗤之以鼻,
> 它可是值五十个基尼;
> 奖章一边是国王的头像
> 另一边是墨丘利神②!
> 但我缺少世俗的财富,
> 再说墨丘利神也没穿裤子;

---

① 罗伯特·骚塞(1774—1843),英国浪漫主义湖畔派诗人之一,散文家、评论家和传记作家,1813 年被封为桂冠诗人。

② 在罗马神话里,墨丘利担任奥林匹斯山上诸神的使者,他机智、能言善辩,据说是掌管商业的神。

于是考虑到荣誉和实用性，

并且为了表现出谦逊，

我把奖章卖了（为何不能卖？），

用得到的钱，

买了这个银咖啡壶；

托付吾儿小心保管，

从此代代传承。

这些诗句铭刻此处，

可能让事情真相大白；

但愿皇家学会能够明智，

将来给他们的墨丘利神穿上衣服。

在 1945 年对英国皇家学会（Royal Society）的研究中，戴维·加德纳·威廉斯（David Gardner Williams）挖苦道，骚塞对待奖章的方式相当于"一种反向炼金术。奖牌进了熔炉，金牌变成了白银"[4]。但骚塞对魔法的破坏是更有说服力的炼金术逆转，正是通过这种魔法，皇家学会将法定硬通货转化为文化资本，转化为艺术领域特有的"更高"或"更稀有的价值形式"。骚塞这一姿态的真正目的首先是否认该学会（以及国王乔治四世）声称他们所拥有的这种炼金术的力量。当时艺术家和作家的看法是这种力量只能掌握在艺术家个人手中。无论该学会的古物学家或他们的皇家赞助人在奖章上刻了什么字，也无论他们用它举办什么授奖仪式，奖章的价值永远不会超过它所用到的材料。从某种意义上说，富裕的骚塞甚至无视它的经济价值。这就像司各特第一次提出把皇家勋章卖给银匠的想法一样，骚塞不仅打算将荣誉的价值降低到经济层面，还打算将经济价值转化为使用价值——用他的话说，"既要考虑荣誉，也要考虑实用性"。或者，用司各特的话来说，"把荣誉之神变成有用的东西……一个大大的面包篮……[或]大碗"[5]。

这是终极的"反向炼金术"，也就是尽可能地消除社会力量，将世俗之物从其充当的象征之物还原到其无实用性或无目的性的象征之物的水平。骚塞显然打算尽可能以轻蔑的方式来消除这种力量。最后，咖啡壶上没有足够的空间刻上他的打油诗，但他写诗的目的显然是要把奖章的赞助者们奚落上一番。他关于没穿裤子的墨丘利神的笑话可能会让我们想起人们经常提到的奥斯卡金像的光秃秃的下体。有种说法是金像的昵称源于贝蒂·戴维斯（Bette Davis）关于雕像的臀部与奥斯卡·莱文特（Oscar Levant）的相似的一句评论。但是，尽管人们提及"下体"部位是质疑特殊地位或尊严的典型方式，但对奥斯卡金像下体的评论并未真正起到贬低奥斯卡奖的作用。随着奥斯卡金像成为米老鼠一样为人们所熟悉的偶像，无论这些评论曾经有过什么样的讽刺意味，现在都已经消失了。此外，美国电影艺术与科学学院是一个现代贸易组织，它从未像 19 世纪 20 年代的英国皇家文学学会那样将自身摆放在一个崇高的文化地位上。英国皇家学会的奖章的一面是国王，另一面是罗马神，这意味着对绝对和永恒价值的双重要求：君主制和古典艺术价值。骚塞并没有直接去挑战乔治四世的权威，但他对奖章上刻的古代神仙的嘲笑，就像司各特的伪拉丁术语"荣誉之神"一样，看似轻松，却直中要害，指出了皇家学会在寻求文化合法性、特别是文化权力时遇到的严重难题。

163

　　第二种将文化奖与物质的商业界捆绑在一起的方式如下，奖品诞生在一个竞争激烈的奖品设计和制作的市场中，在这里，它们像任何商品一样具有市场价格。奖牌或其他奖杯在颁给获奖者之前必须由颁奖机构签订合同并购买。然而，在这里，我们已发现奖品的市场价格受到声誉因素的影响，特别是在手工制作的奖品较少，而批量生产的奖品较多的情况下。例如，芝加哥的 R. S. 欧文斯公司（R. S. Owens Company）占领着高端雕像奖品的市场，据说它向美国电影学院出售奥斯卡金像的利润很低，甚至没有利润。双方从未透露过交易的财务细节，但在 2000 年颁奖典礼前一周，大约 55 个金像在从芝加哥运送到洛杉矶的途中被盗，当时有关这些金像的制作成本和销售价格的估价的讨论沸沸扬扬。据欧文斯公司的内部人士透露，当时每尊雕像的价格是几百美元，或者说每年总共 1.5 万到 2 万美元（约为最终从洛杉矶韩国城的一个垃圾箱中捡到金像的清洁工的奖金的三分之一）。学院显然以接近成本的价格购买了金像。但即使欧文斯公司免费提供金像，从该公司的角度来看，这仍将是一笔成功的交易。毕竟，在《娱乐周刊》（*Entertainment Weekly*）上刊登一则小广告的费用是 2 万美元，而这家在美国三个州拥有 200 名员工、8 万平方英尺生产设施的公司会很乐意承担金像这笔费用，以保住奥斯卡奖品合同，因为这份合同是该公司所有推销活动的基础。电影导演弗兰克·卡普拉（Frank Capra）早在 1935 年就奥斯卡金像说过一句名言——它是"一个行业有史以来发明的最有价值却最便宜的全球公关项目"，这话不仅适用于电影制片方，也适用于金像的制造商。

在奖章和徽章专业制造商中，普利策奖和皮博迪奖的奖章供应商国际奖品公司（Recognition Products International，简称为"RPI"）是主要的参与者，也是同样的招徕经济（loss-leader economy）①的一部分，在这种经济中，低调的奖品补贴了重量级的奖品。事实上，根据严格的商业逻辑，人们会期望欧文斯或国际奖品公司（RPI）向声誉高、知名度高的颁奖机构**支付**购买其产品的费用，就像体育器材制造商向专业团队支付赞助费一样。这样的安排在财务上是合理的，因为这些公司从普利策奖或奥斯卡奖的合同中获得了巨大的象征利益，他们迅速将这种象征利益用于新的、更能直接赚不少钱的业务。但是，正如奖品的情况一样，交易各方必须谨慎，不要让他们的唯利是图导致奖项的象征魔力被侵蚀，而这种象征魔力首先使金钱利润变得可以实现。虽然金像制造商宣传它与奥斯卡奖的联系符合自身利益，但颁奖机构并不希望奖品被视为工厂制造的商品，制造商的名称与奖品的名称相互竞争品牌的知名度。这就是为什么国际奖品公司、美国章牌艺术公司（Medallic Art）和其他主要奖牌公司制造的奖牌只带有传统的铸造和贵金属含量的标记（在某些情况下这是法律要求的），制造商小心地把这些标记刻

---

① 招徕经济是一种特价商品经济，商家有意将少数商品降价亏本销售以招徕吸引顾客。

印到奖牌正面六点钟指针位置的边缘上，而不是刻上自家公司的标志或其他更具商业色彩的图标。[6]从颁奖仪式的角度来看，奖品应该与纯粹的小饰品交易脱钩。奖品应该看起来像是不知从哪里冒出来的，从奖品发挥其魔力的"另一个世界"中冒出来的——不像工厂出产的一件商品，而更像一件艺术品。奖品行业（或他们自称的"认可行业"）的营销人员当然非常了解这一点。正如国际奖品公司礼宾组的一本宣传手册所声明的，"由我们的工作人员制作的奖章是艺术与工艺的结合……它是高科技的对立面"[7]。

的确，颁奖机构积极传播这一观念，奖品不仅是某一特定领域或艺术实践的标志或符号，也不仅是艺术成就的象征，它本身就是一件艺术品。可以肯定的是，宣传册会详细介绍奖品的标志意义或寓意。一些机构乐于表明其奖品与艺术成就间的普遍联系，例如，西班牙电影学院（Spanish Motion Picture Academy）向获奖者赠送西班牙"最伟大的艺术家"戈雅（Goya）的半身铜像。另一些机构的奖品则明显提示其所表彰的特定艺术：加拿大的亚瑟·埃利斯犯罪文学奖（Arthur Ellis Award for Crime Writing，简称"亚瑟奖"）的获奖者获得一个悬挂在绞刑架上的木像雕塑；美国恐怖小说作家协会（American Horror Writers Association）的布拉姆·斯托克奖（Bram Stoker Award）的获奖者获得一座八英寸的鬼屋效果图，他们的名字和获奖作品的书名被刻在大门内的一块黄铜牌匾上。

在某些情况下，这些寓意变得更复杂且难以理解。艾美奖的奖品是一个长着翅膀的女性高举着一个原子，据说这象征艺术的缪斯提升了电视科学。奥斯卡奖金像站立的电影卷轴的五根辐条分别象征着电影学院最初的五个分支：演员、编剧、导演、制片人和技术人员等。然而，几乎毫无例外，宣传资料不仅把这种比喻的维度当作奖品设计的类型特征，而且当作强调的一致性或完整性的证据，重点强调这些奖品的美感，包括它们的古典图案、优雅的线条、鼓舞人心的形式、深刻的精神，以及其他的艺术品质。设计或制作这件作品的艺术家通常会署名并附上其个人简介，以确定个人的艺术资历及其特定（国家、地区、文化、种族）背景都足以使其担当此任，而这两点都不一定显而易见。

图 3 "亚瑟奖"小雕像

由加拿大工艺师巴里·兰贝克（Barry Lambeck）手工雕刻。一个有关节的木制铰接式跳跃小人，脖子上有一个套索，当绳子被拉动时，它就会"跳动"［图片来源：吉利奥·马菲尼（Giulio Maffini），文字和图片由加拿大犯罪作家协会提供］

例如，英国电影电视艺术学院（British Academy of Film and Television Arts）的奖品面具是基于米兹·所罗门·坎利夫（Mitzi Solomon Cunliffe）的设计，坎利夫出生于美国，并在美国生活了大半辈子，但她也曾长期居住在英国曼彻斯特市，并于 1955 年在那里为电视制片人协会（Guild of Television Producers）制作了面具的原版，英国电影电视艺术学院（BAFTA）的文献戏谑地提及它。[7] 我们从中得知，在它背部的凹面印有"围绕一只眼睛的电子符号和围绕另一只眼睛的屏幕符号，将戏剧制作和电视技术联系在一起"。但更重要的联系是电视奖和古典艺术之间的联系，因为奖品仍然是"基于戏剧的悲喜剧面具的传统概念"的产物。英国电影和电视艺术学院的宣传册让我们知道在当代艺术领域中保持古典感受力的能力，证明了坎利夫的视觉"始终如一的完整性"，"源于对面具雕塑及其用途的深刻理解"，并伴随着"一种付诸实现的明显喜悦"。反过来，这些都"反映了在电影和电视制作、表演和工艺方面的卓越成就"的优势。通过这种方式，奖品设计者作为艺术家的地位不仅是为了确立奖品的艺术价值，也是为了确保电视作为一个合法的艺术领域的地位。

这种从艺术起源和审美完整性的角度来谈论奖品的说法在奖品宣传册和宣传网站上非常典型，它掩盖了这样一个事实，即大多数奖品机构完全愿意改动奖品，以适应其实际的、预算方面的或象征的目标。英国电影和电视艺术学院奖不止一次地改动过坎利夫原创设计的奖品面具，而奖品的历史也充斥着被弃用的奖品设计。1932 年，由蕾妮·辛特尼斯（Renée Sintenis）设计的柏林国际电影节金熊奖雕像最初是举起右臂表示欢迎；也许是考虑到这个姿势可能会暗示创始电影节的法西斯分子，委员会在 1960 年决定重新设计雕像，改为将其左臂举起来。布克奖的支持者经常惊讶地得知，该奖最初包括一个巨大的、20 英寸高的装饰艺术雕塑，是一位穿着褶皱衣服的女性，头顶着一只碗。这个奖品在颁发的三年间受到获奖作家的嘲笑和质疑，结果组委会认为雕像过于笨重，于是委托雕塑家扬·皮恩科夫斯基（Jan Pienkowski）（当时他还没有成为现代立体书之王）重新进行设计，重新铸造较小的雕像。布克基金会购买了五个 10 英寸的新雕像当奖品，但在 1978 年奖品用完后，他们决定完全放弃颁发雕像奖品。[8] 1996 年，皮博迪委员会认为该奖颁发了 56 年的奖章不够隆重，不好用以展示，但由于他们的奖品被称为"皮博迪**奖章**"，委员会不便颁发水晶小雕像或银杯等作为奖品，于是他们的解决方案是给奖章加上一个坚固的黑色大理石底座，从而把它变成一个更像奖杯的物品。

因此，我们对经常用来表达奖品艺术完整性的修辞应该持保留态度。它可以是推广文化奖的良性循环的一部分，例如，据说奖品的象征价值是由奖章或小雕像的艺术性来体现的，而奖章或小雕像的艺术价值又是通过将设计者称为"获奖雕塑家"来确立的。[9] 然而，把奖品作为

168

艺术品的主张是否具有诚意或合法性并不重要，重要的是这种主张普遍存在。我们认为这件物品的价值来自奖品，它没有任何真正的生命或意义，除非它将奖品的声誉具体化。例如，在我们浏览现成的奖牌名录时，看到除了奖牌的月桂树枝的边框或展开的涡卷形装饰空白（"你的名字在这里"）外，奇怪的是奖牌表面一片空白，我们为"饰品效应"的全部力量而震惊。当这些物品脱离了任何公认的文化权威，也没有了任何对其象征价值的保证，它们似乎变得荒谬地微不足道。我们将在下文看到，某些奖励机构极力提倡这样一种观念：颁发的奖品与颁奖者之间的关系使价值只可顺着一个方向从奖品传递到获奖者。但我们一直在考虑，在一定意义上，实际上是文化奖从奖品那里寻求获得某种价值，奖品作为艺术的文化价值被用来确保奖励的一种象征信用或信誉。

极少数情况下，新设立的文化奖成功地获得了评论界大名鼎鼎的艺术家们签名的原创作品作为奖品，这些艺术家是公认的"天才"，他们的签名是有力的合法性的象征，从而将该奖与其他新奖区分开来，并使该奖在文化舞台上占有一席之地。普利兹克基金会说服了 20 世纪最具影响力的英国雕塑家亨利·摩尔（Henry Moore）（他的地位已经被用来为当代建筑师的作品增光添彩）制作奖品，从 1979 年建筑奖设立到 1986 年摩尔去世，他一直在为获奖者制作原创的签名作品。然而，随着该奖组织者发现自己在奖品上陷入了困境，不得不改用一个更普通的奖品，他们定制了一个毫无艺术渊源的黄铜奖章，它至多是"基于"伟大的芝加哥建筑师路易斯·H.沙利文（Louis H. Sullivan）的设计。

当然，问题在于"带有公认艺术家签名的真品"或"原创"艺术品与铸造厂生产的配套小雕像或奖牌不同，它们的数量格外有限，属于"签名限量版"。即使摩尔制作 70 座而不是 7 座普利兹克雕像，并在上面签了名，普利兹克奖管理方最终也需要一个新的奖品。然而，到那时，摩尔给奖品签名的效应所产生的主要好处也已实现，因为在一个奖设立后的最初几年里，它最需要艺术家签名所能提供的象征性支持。一旦一个奖确立了自己的地位，它通常可以承受管理者启用新的奖品或标识带来的尴尬，一如既往地坚持传统和延续价值观，这是有关奖品说辞的基础。

　　1974 年，艾米丽·基尔戈（Emilie Kilgore）为女剧作家们设立了苏珊·史密斯·布莱克伯恩奖（Susan Smith Blackburn Prize）以纪念她的姐姐，她很幸运地成为威廉·德·库宁（Willem de Kooning）的朋友。德·库宁当时是纽约抽象表现主义画派的传奇人物，几年前就开始从事雕塑工作，他主动提出为布莱克伯恩奖获奖者制作一尊雕像。但基尔戈说服他改为创作版画——从奖品的角度来看，这是一个更好的选择，因为版画是一种媒介，德·库宁的签名更重要。基尔戈还提出德·库宁应该印制 500 幅版画，这样直到在众多美国戏剧奖中站稳脚跟，布

图 4　为艺术而艺术：1974 年，威廉·德·库宁在为"苏珊·史密斯·布莱克伯恩奖"制作的奖品版画上签名

　　他旁边是艾米丽·S. 基尔戈，她创立这个奖品是为了纪念她的姐姐〔照片由凯尔·诺瑞斯（Cal Norris）拍摄，由艾米莉·S. 基尔戈和"苏珊·史密斯·布莱克伯恩奖"提供〕

莱克伯恩奖都不需要新的奖品。然而，她并没有打算持续 500 年颁发 500 幅版画，因为其中只有 30 幅版画在"苏珊·史密斯·布莱克伯恩奖"字样下的空白处印有"获奖者"字样，还有同样 30 幅版画的同一空白处印上了"导演"字样，这意味获奖戏剧的导演也可以获得奖品，200 幅版画贴上了"评委"的标签，因为基尔戈还决定把这些艺术品当作评委的报酬，该奖每年有 6 个评委。更不寻常的是，她在 60 幅版画的底部印上了"赞助者"的字样，并将它们提供给任何愿意向布莱克伯恩奖捐赠 1 000 美元及以上的赞助者。

在新设立的奖项与签名艺术家进行特别成功的合作中，布莱克伯恩奖通过付出社会资本而获得的德·库宁签名的象征价值（正如我们所注意到的，通常是新奖项资本积累的主要组成部分）得到了多重利用。它帮助新奖项在严肃艺术和戏剧界人士中，特别是在潜在的获奖剧作家中披上合法性的外衣，达到了画家签名的目的。与此同时，它还被直接用于管理员和评委之间的交易，作为吸引声誉较高的评委们的一种手段——正如我们所看到的，这是新设奖项面临的最关键的挑战之一。爱德华·阿尔比（Edward Albee）①也许是"布莱克伯恩奖"头十年中最有威望的评委，他在 1998—1999 年站出来，要求再次担任评委，这是前所未有的。阿尔比真诚地致力于支持女剧作家，他承认自己很高兴将德·库宁为布莱克伯恩奖制作的版画挂在他的苏活区（SoHo）工作室的墙上作为谈资，他还表示希望再次担任评委，而作为交换条件，他想再收集一幅版画，挂在他在东汉普顿（East Hampton）的房子里。

最后，艺术家签名的价值发挥以下作用——吸引经济资本捐赠以确保奖长期存在。这一点也是至关重要的，因为正如我之前指出的，在最初构思纪念奖时，创始人通常会忽略大量的管理劳务成本。从短期来看，这种劳务补偿不足的问题可以通过利用满怀善意的朋友和家庭

---

① 爱德华·阿尔比（1928—2016），美国著名的荒诞派剧作家，一生获得过多项奖和荣誉，曾三次获得普利策戏剧奖（1967，1975，1994），还三次获得托尼戏剧奖（1963，2002，2005），其中 2005 年获得托尼戏剧终身成就奖。

成员予以克服。但是，当最初的创始人或组织者（在这种情况下，通常是一个亲密的朋友、子女或兄弟姐妹，他们自己则承担了全部的行政工作）必须将火炬传递给第二代管理人员时，支持第二代管理人员所需的充足的捐赠就变得不可或缺。这并不是否认赞助人对女剧作家们真诚的支持，而是说德·库宁的版画已发挥了相当强大的吸引力的作用。即使人们对支持布莱克伯恩奖的文化目标没有特别的兴趣，他们也可能会把捐赠 1 000 美元（或税后约 700 美元）视为相当无所谓的慈善行为，以换取一幅德·库宁签名的版画（画至少值这个数额）。[10] 毫不奇怪，给"赞助者"提供的版画在 20 世纪 90 年代末已耗尽。布莱克伯恩奖的捐赠基金在第一年年底时有 3 万美元，现在已经攀升至 100 多万美元，接近永久支付管理人员薪资所需的金额。

就布莱克伯恩奖而言，获奖者或其他获得版画的人将版画进一步投入市场流通，奖品的经济价值能高到足以形成一个二级市场。到目前为止，据布莱克伯恩奖委员会所知，这种事只发生过一次。一位年事已高的前评委面临支付一笔难以负担的医疗费用，他联系了基尔戈，询问是否可以把他的版画卖给经销商。委员会和评委之间的非正式合同中没有任何条款禁止销售。毕竟，他们自己将版画赠送给赞助商以换取 1 000 美元礼物这种做法已经在某种程度上打破了通常的奖品交换闭环，使任何有足够现金购买奖品的人能得到它。然而，这位前评委想卖掉他的布莱克伯恩奖版画还是引起了委员会的关注。通过一次巧妙的运作，他们悄悄地向这名前任评委赠送了一份现金礼物，金额相当于拟出售的版画的市场价格，这样他就可以在不出售版画礼物的情况下享用这一小笔意外之财，也不会有第三方通过赤裸裸的（非礼物）金钱交易购买版画。

然而，这些代表荣誉的奖品易受纯粹的唯利是图交易的影响，这是奖品流通的一个重要方面，并且也凸显了它们所承载的另一种形式的价值：它们对收藏家的价值。这也是一种复杂的价值形式，包括经济价值和象征价值两个方面，而二者无法完全分开。一位芝加哥交易商成立了一个组织，旨在促进奖品和奖杯的收藏，他力图"强调收藏奖品相

173

174

对于收藏艺术品的好处"，同时告诉潜在的收藏家，奖品"更像是艺术品，而不是金钱"。这种使异同之处变得模糊只是回避了问题。[11] 与任何文化产品一样，奖品的可收藏性取决于人们预期它作为货币投资升值的前景，但这在一定程度上取决于它的象征价值或它在其他奖品中的地位——或者更确切地说，取决于它在多大程度上能够反映出其部分声誉传递给了新的收藏者，给领奖者之外的收藏者带来自豪感和地位。这种将地位依次传递给一个又一个收藏者的能力反过来不仅取决于奖本身的声誉或最初的获奖者的声誉，甚至还取决于奖在各种传记叙事（尤其是关于起源或"头号奖"的叙事）中所处的地位、获奖作品的各种等级（集体决定"最佳""最重要""最具影响力"），以及各种历史关联（该奖与丑闻和战争爆发时刻的巧合），等等。它还取决于与收藏家们相关联的领域或亚文化，收藏家们的收藏做法决定了其藏品的稀缺性和重要性的条件，也决定了他们自己对拥有的藏品和其带来的荣耀感到自豪的基础。

例如，欧内斯特·海明威（Ernest Hemingway）1954 年获得的诺贝尔奖章对于狂热的海明威纪念品收藏家来说，无疑是一种圣杯，一件可放在展柜正中央的展品，但在其他收藏家的藏品中，这枚奖章将占据完全不同的位置。收藏家们会展开竞争去得到奖牌，例如，对一些诺贝尔奖纪念品的收藏家来说，海明威唯一重要的就是他的诺贝尔奖桂冠。事实上，人们热衷于收集有关诺贝尔奖的物品，导致诺贝尔基金会不得不容忍在年度颁奖宴会上大量银器被顺走。据酒店宴会的领班称，每年约有 100 个咖啡勺被盗。[12] 有些收藏家收藏了冷战时期的皇家勋章和军用物品，对他们来说，20 世纪 50 年代中期的诺贝尔奖章对一位美国作家来说是一个重大的收获，但这远不如 1958 年鲍里斯·帕斯捷尔纳克（Boris Pasternak）那枚未领取的诺贝尔奖章那么诱人。每个私人收藏家都试图通过他或她的收藏品来确立个人身份，因此，他们获取和放置藏品的特定逻辑具有精神分析的意义，这与他们童年时期的渴望有联系，即与他们童年时的渴望及他们对童年的渴望有联系。但即使是最个人的欲望也是在社会中产生的：稀有的、匮乏的藏品除了集体意

175

义之外没有其他意义；除了通过收藏家和文化消费者之间的整体关系或者就在这种关系中，也就是文化消费领域中，收藏家的习性永远不会出现。正如苏珊·斯图尔特（Susan Stewart）所总结的那样，即使是最个性化的收藏，其特定形式也表明"一种与文化（即延迟、救赎、交换）紧密相连的审美价值，其价值体系就是文化的价值体系"。[13] 即使是看似"纯粹"的收藏家，不出售任何东西，蔑视商人-投资者类型的庸俗逐利行为，也无法简单地摆脱资本主义政治经济，无法避免在以下几个方面进行细致的经济学计算：机会成本（如果只是对藏品进行各种补充的各种机会）、短期和长期投资前景、价格本身等。

一方面，在最初的获奖者去世后很长一段时间内，其所领取的奖品仍有潜力继续向之后的收藏者传递象征价值，奖品的魔力远远超出了最初的颁奖仪式，而且部分由于这种象征的可转移性，奖品的金钱价值变得越来越高，这种升值潜力是衡量奖品效应的极佳指标。但从大多数奖品组织的角度来看，奖品的价值不仅是从一个收藏者转到另一个收藏者，而且是从一个经济体转到另一个经济体，从一个市场转到另一个市场，这是对奖品本质的威胁，需要大力监管。

这一点在最引人注目的艺术和娱乐奖的奖品上表现得最为明显，这些奖品在蓬勃发展的收藏品市场上价值不菲。像"星光大道"（Stairway to the Stars）这样的好莱坞纪念品经销公司拥有大量与奖品相关的物品，多年来，这些物品包括金球奖奖杯、艾美奖奖杯、奥斯卡奖提名奖章、沃尔特·迪士尼·达克斯特奖奖杯等。在这个市场上，即使是次要的周边物品，比如美国导演协会（Directors Guild of America）颁奖晚宴上用来标记位置设置的微型导演椅雕像也价值数百美元。本·阿弗莱克（Ben Affleck）因在《鸳鸯绑匪》（Gigli，2003）中的表演而广受批评，他获得了金酸莓奖，但他拒绝去领奖，后来这座奖杯在电商易贝网（eBay）上被吹捧为"你能触及伟大的机会"，以 1 375 美元的价格上架销售。买家是一位来自纽约的收藏家，他说自己的出价高达 5 000 美元。[14] 在价值等级的另一端，玛丽莲·梦露（Marilyn Monroe）1961 年获得的"金球奖"奖杯在 1999 年的佳士得拍卖会上拍出了 18.9 万美元。

但最令人垂涎的收藏品当然是奥斯卡金像，有几个金像已经卖到了数十万美元，如果能成功地推向市场，其中一些金像无疑会价值数倍于此。例如，朱迪·加兰（Judy Garland）因在《绿野仙踪》（*The Wizard of Oz*）中的表演而获得罕见的奥斯卡青少年奖，在 2000 年春季的拍卖目录中，该奖品以 450 万美元的价格短暂出现过。但那次拍卖和其他许多拍卖一样，遭到了美国电影艺术与科学学院的阻挠，学院在很大程度上设法阻止金像在其前主席卡尔·莫尔登（Karl Malden）所称的"纯粹的商业"领域中流通。[15]

177

图 5　本·阿弗莱克的金酸莓奖"最差男演员奖"

在阿弗莱克拒绝领奖后，这座奖杯于 2004 年 3 月被金酸莓奖基金会拍卖。尽管金酸莓奖主题歌的歌词说奖杯"就值两块钱"，而金酸莓奖基金会最近发布的新闻稿称其"黑市估价"为 4.79 美元，但中标者支付了 1 300 多美元。当易贝网出于对其合法性的担忧（这是不合理的）而暂停拍卖时，有几个更高的出价被取消了。最前面是金酸莓奖的包装材料［约翰·威尔逊（John Wilson）摄，版权属于金酸莓奖基金会©G. R. A. F］

美国电影艺术与科学学院采用了契约手段来阻止金像流入市场。1949 年,格劳曼中餐馆的传奇创始人席德·格劳曼(Sid Grauman)的继承人在分割遗产时,试图出售他前一年获得的奥斯卡特别奖,学院不仅迅速出手购买了格劳曼的金像,而且还制定了一项新规定,要求所有获奖者签署一份"获奖者协议",赋予学院优先购买权,使学院以象征性价格购买在任何时候出售的任何奥斯卡奖品。当然,在此政策出台之前颁发的金像仍可被出售——它们的价值得益于学院政策赋予它们的绝对稀缺性。[16]近年来,克拉克·盖博(Clark Gable)凭借《一夜风流》(*It Happened One Night*)获得的 1934 年度最佳男演员奖金像卖出了 60 多万美元的价格,迈克尔·杰克逊花费了 150 多万美元购买《乱世佳人》(*Gone With the Wind*)获得的 1939 年度最佳影片奖金像。在 2001 年的巴特菲尔德拍卖会上,就连乔治·斯托尔(George Stoll)凭借为《起锚》(*Anchors Aweigh*)配乐而获得的那座远没有多少收藏价值的金像也拍出了超过 15 万美元的价格。不过,有趣的是,"神秘买家"原来是两届奥斯卡奖得主凯文·史派西(Kevin Spacey),他买下了这座金像作为回报之礼赠给了学院。他说道,自己"坚决认为,奥斯卡奖应该属于那些赢得奥斯卡奖的人,而不是那些仅仅凭财力购买奥斯卡奖的人"。[17]

在这场关于奥斯卡奖品销售的斗争中,双方所提出的论点各不相同,而且相互矛盾。学院委员会提出,买卖金像的行为会贬低它,因为金像代表着一种不可剥夺的东西,即个人的成就,因此在本质上是不可转让的。学院前主席理查德·卡恩(Richard Kahn)在 1989 年评论道:"这些奖品是为个人成就而颁发的。它们表彰精英中的精英,就像战场上的嘉奖,是荣誉勋章。我想任何人看到它们作为收藏品被出售都会大吃一惊。"[18]鉴于几十年来军功章交易一直很普遍,而且非常活跃,这是一个令人奇怪的、适得其反的类比,事实上,勋章和奖章的国际市场正是以军事收藏家为主。在所有奖品中,在是否适合"作为收藏品被出售"的奖品方面,最不受质疑的是战场嘉奖、战役勋章和英勇勋章。

另一方面,出售特定文化奖的"礼物"的禁忌非常强烈,以至于卡恩有理由想象，除了学院的管理者之外，还有一些人会对奥斯卡金像出现在拍卖台上感到"震惊"。许多出售自己的或近亲的金像奖的人显然对交易感到尴尬，因此希望匿名出售。20世纪80年代，奥斯卡金像的主要交易商马尔科姆·威利茨（Malcolm Willits）不得不考虑到许多客户不安的感受：本章开头引用了他的原话，他将文化奖章和奖杯的交易与毒品交易相提并论。即使是军事或外交奖章，当获奖者的家庭成员将此类奖章投放市场时，会经常与经销商签订"不公开"销售合同，这意味着买方和经销商必须避免以任何方式公开交易。

尽管如此，禁忌和违法之间是有区别的，美国电影学院长期以来一直在诉诸法律行动，以阻止奥斯卡金像在"纯粹的商业"领域流通，这让许多评论人感到荒谬。如果有人冒充是实际的获奖者，就可以提出令人信服的理由，在法律上为交易设置障碍。例如，一名法院法官利用自己所获得的勋章来提高他在华盛顿特区的社会和政治地位，在他东窗事发后，国会规定在获奖者家庭成员之外买卖国会荣誉勋章（Congressional Medal of Honor）是非法的。这种禁令可以追溯到文艺复兴早期，当时安德鲁·马维尔（Andrew Marvell）所说的"买卖荣誉"被视为冒名顶替的罪行。但学院显然不能提出任何这样的论断，它声称，由于它授予的"荣誉奖品"是纯粹的，奖品与商业的任何关联都会无可挽回地玷污它们，这种说法遭到了相当大的质疑。1989年，塞勒斯·托德（Cyrus Todd）试图拍卖其祖父制片人迈克尔·托德（Michael Todd）获得的奥斯卡金像，但遭到了学院的阻挠。他指出，鉴于学院自身对整个奥斯卡颁奖典礼的商业抱负，学院指责他"试图将该奖品商业化"的行为是"虚伪的"。事实上，尽管托德没有指出这一点，即学院在另一条战线上不懈地提起法律诉讼，针对那些涉嫌侵犯其版权或商标的人——他们销售奥斯卡小金像的迷你巧克力肖像，推销奥斯卡奖风格的女性内衣，将一家熟食店的三明治命名为"奥斯卡"，以及许多类似的挪用奥斯卡的案例，显然这是为了保护学院在商业上利用奥斯卡奖的垄断权。正如学院律师在1955年女士内衣审判案中所指出的，学院当时已经开始与愿意支付要价的商业实体签订"合法许可协议"，而销售"奥斯卡奖"内

衣的公司却没有许可证。1949 年,宝路华手表公司(Bulova Watch
Company)向学院支付了 14.5 万美元,以获得"奥斯卡"名称和奥斯卡
标志的有限使用权。[19] 不过,即使是合法的授权商也不会得到在他们支
付购买的权限之外的额外使用权。当宝路华试图扩大它的有限使用权
时,美国电影艺术与科学学院成功地起诉了这家制表商,从而确保了
1950 年宝路华公司最初制造的"奥斯卡舞台"盒子里的奥斯卡奖手表
的稀缺性,这些手表如今至少价值 2 500 美元。[20] 如果没有商业利益,学
院就不会对那些盗用其图标或奖品昵称的人提起法律诉讼。

181

图 6 1950 年宝路华"奥斯卡奖"手表

半个世纪后该表的估价为 2 500 美元[里克·斯佩克特(Rick Spector)摄,"星光大
道"公司提供]

马尔科姆·威利茨(Malcolm Willits)负责 1989 年托德家的金像
的拍卖,他不仅认为奖品的象征价值与其商业流通之间存在自然和必
然的联系,而且认为随着时间的推移,前者实际上可能取决于后者。他
认为,从长远来看,奥斯卡金像的尊严或地位有些不稳定,而这些金像

182 的拍卖非但不会贬低反而会提高它们的象征意义。他指出："多年来，奥斯卡金像一直被那些不想要它们的人在当铺和车库里出售。马龙·白兰度（Marlon Brando）在把它送给一个朋友之前，还把它当作门挡来使用，并建议朋友用它做一盏灯。如果说有什么不同的话，那就是我们通过拍卖来恢复奥斯卡金像的价值。你知道，任何愿意为奥斯卡金像支付1.5万美元的人都会珍惜和尊重它。"[21]

183 威利茨颇为自私的论点源于以下这种观点：如今金钱本身在文化领域中具有积极的象征价值——一张巨额的价格标签本身就具有一定的文化声誉，因此一个奖品被证明能够吸引买家有助于该奖在艺术家、作家、评论家和其他利益相关方中建立信誉。当然，这并不完全正确，因为即使在今天，奖品与现金和商业过于亲密或纯粹的联系也可能而且经常会干扰其象征抱负，针对这种（经济）资本与（象征）资本之间不完全转换所进行的谈判与操纵正是在学院、托德、白兰度和威利茨本人之间所玩的一场"游戏"。如果金钱和声誉可以简单并完美地相互转换——或者如果它们完全不可转换，以至于艺术品的商业价值和文化地位总是成反比，那么就没有游戏可玩了，人们对奖品投入的关注和精力就会少得多，我们也就不会在过去一百年里看到奖品如此疯狂地扩散。

因此，奖品的商业功能应被视为其原始功能的延伸和放大，奖品交易是颁奖游戏的组成部分，而不是违反了游戏的基本规则。之所以如此，并不是因为奖品永远只与金钱有关（这当然是错误的），而是因为涉及奖品的每一笔交易——从工匠或专业铸造厂生产奖品，到人们把它作为门挡来展示，故意有损其尊严，或以诺贝尔奖纪念邮票（一种意在收藏的法定货币形式）或"奥斯卡奖"手表（一种意在收藏的商品）的形式复制和流通——这些均与金钱有关。人们无论是在拍卖会上买到奖

184 品，还是将它永久借给博物馆或名人堂，都涉及策略性的尝试交换并操纵其复杂的价值形式，而不是保护其简单的价值形式。奖品越来越多地为人们的交换和操纵活动提供便利，但这种操作远非文化领域里的腐败，而是实际上构成了文化实践本身。

图7　星光大道公司精选奖品

从左至右三座奥斯卡金像分别是：最佳音效奖《樱花恋》(*Sayonara*，1958)；最佳特效奖《紧急下潜》(*Crash Dive*，1943)，战前的大理石底座较小；最佳音效奖《窈窕淑女》(*My Fair Lady*，1964)。老鹰奖章是美国导演协会颁发给谢尔顿·伦纳德(Sheldon Leonard)的一个未注明日期的奖品。方盒中的奖章是"编剧协会奖"(当时称为"电影编剧协会奖")的最佳美国剧情片奖，由约翰·W. 坎宁安(John W. Cunningham)凭借《正午》(*High Noon*，1952)获得。爱伦·坡的微型半身像是1961年"埃德加恐怖电影奖"的奖品。底座上的"B"似乎表明它是罗伯特·布洛赫(Robert Bloch)当年凭借《惊魂记》(*Psycho*)获得的奖品。最后，史蒂夫·麦奎因(Steve McQueen)获得的金球奖"世界最受欢迎电影"，这个类别现在已被弃用。在1999年的佳士得拍卖会上，玛丽莲·梦露在1961年获得的奖品以18.9万美元的价格被售出［里克·斯佩克特摄，星光大道公司提供］

图8 "诺贝尔奖"纪念邮票

在瑞典邮政开始发行年度文学桂冠纪念邮票的头两年里，发行了纪念德里克·沃尔科特（Derek Walcott，1992）和托尼·莫里森（1993）获奖的邮票。标明发行首日的盖销邮票，可获得额外价值。[伊娃·埃德（Eva Ede）的沃尔科特邮票原件，由 C. 斯莱尼亚（C. Slania）和 P. 纳斯扎尔科夫斯基（P. Naszarkowski）刻印。A. 普拉（A. Prah）和 H. 马库斯（H. Marcus）的莫里森邮票原件，由·L. 斯约布洛姆（L. Sjöblom）和 P. 纳斯扎尔科夫斯基刻印。瑞典邮政邮票印刷。版权©瑞典邮政邮票]

游戏与玩家

第八章 丑闻当道

布克奖简直是垃圾。

——《泰晤士报》,1982 年 10 月 19 日

所有人都讨厌普利策奖。

——《新闻周刊》,1986 年 4 月 21 日

特纳奖……是一桩令人作呕的丑闻。

——《每日电讯报》,1995 年 11 月 29 日

我们已经注意到,长期以来,围绕文化奖的讨论以否定的腔调为主,[1] 从历史上看,在艺术界和文学界很难找到任何一位有名望的人对文化奖表示完全的尊重,更难找到书和文章表达对文化奖感到好笑且无所谓、戏谑的贬低或彻底的讨厌之外的态度,不包括那些由奖项赞助商自己赞助的。此外,最负盛名的奖似乎招来了最激烈的讽刺批评,它不是那些刚刚设立的小型奖,也不是古怪、异想天开的奖,更不是"人人讨厌"的与爱情或色情有关的、声誉较低的奖(人们对这些奖往往不屑一顾,而这正是我们要讨论的另一类奖),而是我们想到的所有人都想赢得的奖:美国的普利策奖或奥斯卡奖、英国的布克奖或英国电影和电视艺术学院奖,以及几乎全球性的诺贝尔奖。人们频频尖锐地嘲笑这

147

些享有盛誉的高雅文化奖项，而且最具嘲弄意味的评论家往往是最负盛名的作家、艺术家和评论家——正是他们构成了潜在的评委和获奖者的队伍，因此，我们期望他们即使算不上真正地支持奖项，也在一定程度上会手下留情。

这是什么样的交易活动或体系？文化奖貌似通过最大限度地围绕交易活动或体系或在其中传播不敬的话语来赢得文化尊重。除了平淡无奇的官方声明，文化奖如何并且为何不鼓励人们明确表达对它的肯定和赞同？如果我们不是真的要去相信文化奖并完全认真地对待它，那么它在何种意义上是"集体想象"或"社会炼金术"有效的实践？当众多重要的间接参与者事先宣布他们对文化奖的程序和结果的蔑视时，这个奖还能发挥什么样的集体文化功能呢？

这些都是我在第三部分将要讨论的问题，也是很重要的问题，这是因为首先它们触及了文化奖中的核心元素——**博弈**，人们运用潜规则及无意识的策略所建构的从获奖感言到专栏评论等的内容，并促使评论者赞扬像 1985 年度"非百老汇戏剧奖"（Off Broadway Theater Awards，简称"OBIEs"）得主达斯汀·霍夫曼（Dustin Hoffman）那样老练的或专业的"玩家"（"这是一座该死的**房子**。你怎么能打败这座房子？"①），或者比尔·默里（Bill Murray）——他在 1999 年"纽约影评人协会奖"（New York Film Critics Circle Awards）上一边脱下外套、卷起袖子一边道，"我们不妨舒服点。我要在这里待一段时间"。也促使评论者贬损 1980 年度奥斯卡颁奖典礼上像莎莉·菲尔德（Sally Field）这样笨拙的

189

---

① 在美国，当一位演员说这是一个"艰难的房子"时，其意思是观众很无聊，且带有敌意，所以演员很难赢得他们的支持。霍夫曼演技精湛，曾两度获得了奥斯卡最佳男主角奖，此处他正在和观众开玩笑，因为观众们喜欢他，并为他疯狂地欢呼。默里也在以类似的方式开玩笑，一般来说，获奖者可能犯的最糟糕的错误就是发表一个非常长的领奖致辞，因为没有人愿意坐着听长篇大论。但在 1999 年，默里是纽约最具娱乐性和最受喜爱的喜剧演员之一，而且他的节目都在深夜播出。因此，此处他在做明显"错误"的事情，即他要磨蹭地待在舞台上直到深夜，正好可以给观众表演，满足他们的期待。霍夫曼和默里作为获奖者都对自己、观众和领奖仪式进行了一番嘲弄。菲尔德则相反，她对自己获奖感到兴奋不已，不但没有表现出对奖的疏离感，而且还把它当作自我价值的最终衡量标准。

玩家（"你喜欢我！你真的喜欢我！"）。[2]这些问题之所以重要还因为它们指出了对奖进行批判性分析的一个核心难点，即通常的文化奖批评本身至少是游戏的一个基本组成部分，甚至在许多情况下还是游戏中不可或缺的一个部分，是一种可识别的合谋参与的模式。如果我们仅仅追随长期以来的主流趋势去抨击奖，硬说它们是闹剧、马戏表演和丢人现眼，或者带着掩饰不住的厌恶感勉强容忍它们，我们就不可能深入理解奖是什么以及它们是如何运作的，更不用说去质疑它们产生效应的物质和象征基础了。相反，我们必须要对这种潮流进行批判性的探究，追溯它近来的历史，并评估它在这个时代所发挥的文化作用。

　　随着这种趋势进一步强化——文化奖的话题变得更有价值，颁奖领域的层次被提升得更高或在文化上更合法，我将在这部分重点关注艺术娱乐领域中更高层次的"艺术"端，在那里，人们对奖的各种形式的批判讽刺，借用布尔迪厄的一个术语，即在颁奖中用到的"屈尊策略"，在某种程度上显得更复杂。当然，也不乏对"娱乐界"奖的攻击：有时，格莱美奖、托尼奖和艾美奖等的全部意义似乎就是给报纸专栏作家一个机会对它们进行谩骂。《旧金山纪事报》（*San Francisco Chronicle*）的一位撰稿人评论道，奥斯卡奖是"一个笑话"，而格莱美奖是"一个更大的笑话"，他补充说，"至于艾美奖，实际上他们为电视连续剧颁奖的想法可能是迄今为止最大的笑话"。[3]但是，绘画奖、文学奖、歌剧奖、雕塑奖、舞蹈奖等领域属于"合法的范围"，学术权威们可以合法地控制这个范围，并在其中推行其井然有序的等级制度和普遍标准，这些奖项与情景喜剧和纪录片的奖项不同。[4]如果这些合法的艺术奖项仍然会被嘲笑为笑话，那么它们与艾美奖的笑话有些不同。这并不是说整个被表彰的领域在审美上没有价值，也不是说它的价值标准不合法（我们将要看到，有时人们对当代文学或当代艺术广泛的讽刺观点会被策略性地传播）。这事关该领域与奖项所代表的荣誉之间尴尬、难堪或妥协性的关系的问题。如果说为日间脱口秀节目颁奖是一个愚蠢的行为，那么为诗歌或绘画颁奖就是一件**丑闻**。在文化场域里也许没有比丑闻更适合推动事务发生的手段了，它是"象征行动的**绝佳**工具"[5]。

190

虽然文化奖似乎从来都不缺少丑闻,但这些丑闻总是被划分成少数几个基本的、公认的类型,所有这些类型最终都源于奖项自身不够体面,也就是奖项要求在文化场域中拥有合法的甚至是首要的地位。虽然任何文化奖的参与者们——从赞助商或管理者到获奖者和落选者,再到出席颁奖典礼的朋友们,都可能成为新闻机构制造文化奖丑闻的来源,但最常见、最普遍的是关于评委的丑闻,特别是评委们因缺乏资历、不可思议地缺少习性或犯了明显的评选错误而显示出令人怀疑的审美倾向。诺贝尔文学奖首次颁奖就引发了一场评选丑闻,当时瑞典文学院未宣布列夫·托尔斯泰(Leo Tolstoy)是获奖者,而是将诺贝尔奖颁发给了没名气的法国诗人萨利·普吕多姆(Sully Prudhomme)。[6]然后,在随之而来的抗议风暴中,文学院不愿显得很懊悔或易受舆论压力的影响,因此坚持不推选这位俄国作家,直到他于 1910 年去世。[10]诺贝尔奖获奖名单中令人震惊地遗漏了托尔斯泰、哈代、易卜生、卡夫卡、普鲁斯特、瓦莱里、里尔克、乔伊斯等人,到 1902 年这个丑闻就已经成为评论界深入讨论的话题,至今还时常被评论家们提起以反对诺贝尔文学奖。

在这个事件中,丑闻指的是评委们对伟大的艺术视而不见,他们没有能力去区分真正非凡的作品与相对平庸的作品。42 位瑞典作家、评论家和艺术家签署了一份抗议声明,批评文学院的这一丑闻,强调被忽略的艺术家的"天才"。然而,同样常见的是这些丑闻都围绕着评委们选择了一位极其"糟糕"的艺术家,这位被推选出来的艺术家的作品违背了主流品位,显得很色情、道德败坏,在政治上不讨人喜欢,或者根据现行的评价标准根本"没有价值"。在这种情况下,评委们的品位貌似有缺陷,并不是因为他们低估了真正的艺术,而是因为他们高估了"垃圾"或"胡言乱语"。艾伦·泰特(Allen Tate)[①]和他的新批评家们在

---

① 艾伦·泰特(1899—1979),美国诗人、评论家、传记作家和小说家,是 20 世纪杰出的文学评论家之一,也是欧美新批评运动的领导者之一,获得过"博林根奖"。他主张维护文学的自主性,提倡新批评文学研究方法,关注文学文本内部元素及其构成的文本的美学形式,对文学研究产生了深远的影响。

1949 年因将首届博林根奖（Bollingen Prize）①授予埃兹拉·庞德（Ezra Pound）而遭受这类辱骂，这是另一个例子。庞德的《比萨诗章》（*Pisan Cantos*）被人们嘲笑是欺骗性的胡说八道，而庞德本人作为一个被起诉和监禁的法西斯战犯，被认为不配得到国家荣誉和奖。由于这个奖项由美国国会图书馆主办，它得到了联邦政府的默许，这是美国文学奖不同寻常的一个特点（虽然政府举办的文学奖在其他地方更常见），结果愤怒的国会议员加入书评人和文学记者的队伍，对泰特、T. S. 艾略特和其他博林根奖评委们进行了抨击。事实上，由于人们的抗议过于激烈，美国国会撤销了国会图书馆颁发此类奖的许可，直到 1989 年，随着两年一度的丽贝卡·约翰逊·博比特国家诗歌奖（Rebekah Johnson Bobbitt National Prize for Poetry）的设立，国会图书馆的颁奖权力才得以恢复。[8]

192

批评奖项的人无论是从正面评价落选者，还是从负面评价获奖者，也无论是采取民粹主义观点还是以高雅文化主义的观点去抨击评委会的精英主义或其商业主义，无论是攻击其评选的不透明性，还是其审美的不明确性，他们高喊"丑闻"并非针对奖项结构或章程中的一些小缺陷，虽说有时表面上是在针对这些，但是实际上他们针对的是奖项的根本缺陷。对于诺贝尔奖、博林根奖和其他无数的奖项来说，实际上从首次颁奖的那一刻起评奖丑闻就产生了，因为这种丑闻涉及奖项起初对自己得到合法性的要求的核心。每一个新奖项本身就是丑闻。问题很简单，奖项是否会吸引到公众足够的关注让这种潜在的丑闻在公共领域里暴露出来。

其他类型的大多数评奖丑闻都是针对评委会强加其错误的审美偏好变个花样而已。例如，虽然人们认为评委有能力做出正确的艺术区分，但是在腐败丑闻中，人们指责评委为了个人利益而出卖、交易或以

---

① "博林根奖"以其资助机构博林根基金会（Bollingen Foundation）命名，于 1948 年由美国国会图书馆设立，每年评选一次，评委会成员为美国国会图书馆的文学研究员，评委们通过投票推选出美国诗人在上一年度发表的最佳诗歌作为获奖作品。

其他方式来操纵投票。如前所述，自希腊人发明奖项以来，这类丑闻就一直困扰着奖项，任何奖项都难以幸免。1981 年，皮娅·扎多拉（Pia Zadora）获得"金球奖"（Golden Globe）最佳女主角奖，激起了人们的愤怒，这是常年围绕该奖和好莱坞外国记者协会（Hollywood Foreign Press Association）成员投票腐败丑闻中最声名狼藉的一个例子。人们普遍认为，该协会既不够资格，又热衷于把选票投给能提供最奢华的旅行和礼物的候选者。除了其他诱惑之外，扎多拉的丈夫还包机把所有协会成员送到了拉斯维加斯游玩。

通常情况下，评审丑闻所涉及的腐败不是由金钱造成的，而是由一些未公开的利益冲突造成的。例如，在英国图书奖小家庭似的争吵氛围中，这种冲突的产生是因为评委想要取悦恰好就在提名名单上的配偶或情人。这些过度亲密的社会资本丑闻始于 1974 年的布克奖，当时金斯利·艾米斯（Kingsley Amis）的作品《终结》（Ending Up）进入决选，他的妻子伊丽莎白·简·霍华德（Elizabeth Jane Howard）是评委会成员。1994 年，布克奖评委主席约翰·贝利（John Bayley）取消了其妻子艾丽丝·默多克（Iris Murdoch）的一部小说的参评资格，但同为评委，詹姆斯·伍德（James Wood）因没有对其妻子克莱尔·马苏德（Claire Massud）的小说采取同样的做法而受到谴责，他支持妻子的小说进入决选。正如马克·劳森（Mark Lawson）（他本人曾是布克奖评委）在《独立报》（Independent）上所说的那样，其他评委可能会时不时地犯错误，但"我们都完成了自己的职责，没有冒 2 万英镑的获奖支票被寄到我们自己家的风险"。[9] 一年后，美国电话电报公司（AT&T）非小说类奖的评委之一谢里登·莫利（Sheridan Morley）受到了严厉批评，因为他安排自己的未婚妻露丝·利昂（Ruth Leon）担任评委，然后还向其他评委隐瞒了他们订婚的事实。据报道，在颁奖典礼结束后，评委会主席克拉克勋爵（Lord Clark）得知莫利和利昂是一对而且很快就要结婚时，说道："他们俩真是般配。"[10] 不那么具有娱乐性的利益冲突丑闻可能涉及评委，评委被发现搞利益交换，回报编辑、出版商或制片人（这种丑闻在法国的主要图书奖中几乎已经常态化），或者评委在最近角色转换后转而支持当过评委的艺术家(有时在美国诗歌奖评选中发生)。所有这些丑闻都与奖项的"政治"相对立,文化奖不仅不可避免地与金钱流动交织在一起,而且还与社会资本流动交织在一起。正如我们所看到的,在说服一位大名鼎鼎的艺术家或批评家担任评委时,社会资本往往比象征资本更重要(远比金钱更重要),对于任何新的文化奖项来说,它都是不可或缺的货币。因此,按一般的或新闻的定义,奖项从一开始就不可避免地具有"政治性",因此总是会出现这类丑闻。

在这里我们再次看到,丑闻可以是正面的,也可以是负面的:批评者可能会指责评委与某位(配不上的)获奖者关系过于亲密,或指责评委对某位(更值得的)竞争者怀有不公平的、"私人"的敌意,甚至评委对其他评委、管理者、代理人或其他参与者怀有强烈的敌意,从而不支持这些人支持的参评者。后一种形式的丑闻与怨恨、敌意和评奖幕后的争吵有关,是无数新闻曝光和披露一切的文化回忆录的主要内容。许多报刊头版标题中的"大奖争夺战"正是有关那些奖的传闻。然而,尽管这种内幕消息是家常便饭,但它们也往往被视为另一种形式的丑闻——有辱斯文导致评委或其他内部人士将评奖丑事公之于众。当有人向媒体私下透露一些丑闻时,"泄密"这一丑闻往往比其涉及的实质内容传得更沸沸扬扬。

评论者们有能力把传出丑闻本身当作丑闻,从而使丑闻层出不穷,并牵涉评奖争议的方方面面,这是评奖界越来越重要的特点。这一点在 1994 年的布克奖评选中表现得尤为明显。当时的丑闻是该奖被颁发给一部长达 500 页的"读不懂的""冗长的""淫秽的"小说,该小说[詹姆斯·凯尔曼(James Kelman)的《多么晚了,多么晚》(*How Late It Was, How Late*)]大量使用了苏格兰的格拉斯哥方言,据报道,其中"他妈的"(fucking)一词出现了 4 000 多次,丑闻与评委们之间特别激烈的争吵和周旋紧密相关,他们推选凯尔曼的小说(一部完全值得获奖的重要作品)似乎不是因为它是任何人的首选作品,而是因为它被几位评委用来否决其他人的首选作品。紧接着,评委朱莉娅·纽伯格(Julia Neuberger)的离谱行为成了又一个丑闻,她在颁奖典礼结束后立即发

195

表公开声明，抨击这部获奖小说是"垃圾"，还抨击小说作者（"只是一个喝醉的苏格兰人"）和其他评委，谴责糟糕的评选决策过程与评选过度的政治性，她形容评选过程"完全疯了"。[11]

像这样有辱斯文的行为属于丑闻，不仅因为它们违反了公认的比赛规则（评委同意对其审议保密），还因为它们违反了一种更广泛的但不那么明确的准则，这种准则可以被称为文化体育精神。纽伯格表现得像个输不起的人，她支持的作品未能获奖，于是她闷闷不乐并进行抱怨，尽其所能去诋毁凯尔曼的获奖。评奖历史上有大量的轶事传说围绕人们违背默认的文化体育精神的集体意识，这些人不仅包括评委们，还尤其包括获奖者和落选者。读者们关切一个艺术家是否输得起；读者们穷尽所有形式提出这个问题在于一个更广泛的假设：我们都承认文化实践中存在着类似博弈的元素，并对博弈规则达成共识。或者，换一种说法，评奖丑闻的一个功能是澄清和传播，以及时不时协助修改当代一些规则，这些规则管理着"艺术家们"或其他艺术事务中的权威人士的品行，而且被视为不同于普通行业中为普通人制定的规则，即艺术游戏之外的规则。新闻界对下面这些事情的关注程度之高令人吃惊，例如，颁奖典礼参与者们的行为，落选者如何看待新闻，获奖者如何表达感激之情，如何表现宿怨和竞争，等等。新闻界的关注不仅仅是出于对名人无聊的好奇心，人们对获奖礼仪以及随时可能发生的丑闻事无巨细地予以关注，关系到他们对艺术家们作为一个特殊群体的信念，以及对艺术作为一个特殊的领域的信念。况且，正如我们将看到的，评奖把"丑闻货币"投入流通，并不是为了打消人们的这种信念，相反，是为了弘扬这种信念，确保在面对严重打压它的历史压力时人们能够把它坚持下去。

196

第九章　奖评新辞

愤慨之极！虔诚之极！感情受伤之极！197

　　——文森特·坎比（Vincent Canby），1999 年 3 月 25 日的《纽约时报》（指 1999 年奥斯卡颁奖典礼上的米拉麦克斯公司丑闻）

　　在描述我提出的有关文化奖评论的重要转变时，我将首先关注英国的布克奖，这是 20 世纪中叶以来创立的数百个文学奖中最成功的一个奖项。毕竟，这个**文学**奖的年度颁奖典礼和晚宴在英国诸多著名的宴会厅，包括皇家咖啡馆、克拉里奇酒店（Claridge's）①、英国书籍出版业公会会馆（Stationers' Hall）等举行。布克奖颁奖典礼在伦敦市政厅（Guild Hall）举办了 20 年后，最近在大英博物馆举办，并由英国广播公司（BBC）在黄金时段向大约 50 万观众直播。有关该奖的报道是全方位的，有一名巡回现场记者报道现场活动，而由知名文学人士组成的工作室团队提供持续的实况评论以及典礼前后的分析。最近，还出现了198

――――――――――

　　①　克拉里奇酒店位于伦敦梅菲尔区（Mayfair）中心地带。该酒店有超过 200 年的历史，在伦敦家喻户晓，被认为是世界上最佳五星级奢华酒店之一。该酒店曾被称为英王室白金汉宫的附属建筑，因为各国首脑在受邀前往白金汉宫享用晚餐后，会在这个酒店举办宴会回请王室。

一个由口齿伶俐、更上镜的"普通读者们"组成的团队，由他们选出"英国广播公司人民的布克奖"（BBC People's Booker）的获奖者。与此同时，另一组幕后的评论员撰写了详细的评论，它不是关于评选活动，而是关于**颁奖活动的电视报道**，这显然已经成为一种值得批判与审视的文化产物。

布克奖是一个特别引人注目的案例，它说明在评奖世界里，声誉的快速积累往往伴随着艺术媒体和大众媒体几乎不断的嘲笑和诋毁。事实上，该奖的成功及其看似神奇的力量成为一个越来越公开的秘密——它能吸引广大读者及最受评论界尊敬的英国小说家对它的关注，离不开每年英国的日报和文学报刊上刊发的一连串评奖丑闻。但是，过去 25 年里，布克奖依赖丑闻话题的确切性，以及随着文学奖新闻的发展与扩增，这种丑闻话题逐步调整，这些从未得到应有的细致探究。贬损的技巧即表达嘲讽的技巧也是任何文化游戏的一个关键组成部分。在颁奖过程中，不同的参与者在不同时刻运用这个技巧，从评委的私下审议到获奖者的获奖感言，尤其还有评论员，他们远不只是这场游戏的旁观者，而是最精明和最重要的玩家。

1968 年，来自乔纳森·坎普出版社（Jonathan Cape）的**天才**出版商汤姆·马施勒（Tom Maschler）与布克公司（Booker Company）的高管接洽时，他几乎还无法想象他所提议的文学奖将会家喻户晓，并成为英国电视转播的盛宴，但他还是看到了英国有机会创立一个具有相当文化规模的年度奖项。几年前，马施勒曾在巴黎的十月颁奖季中待过一段时间，他对英国没有一个能与法国的龚古尔奖（甚至说美国的普利策奖）相媲美的奖项这一事实感到震惊。龚古尔奖和普利策奖是由出版业和新闻业的企业家们组织的，因此他们从一开始就以极大的精力和才干进行推广，而英国现存最早的图书奖——詹姆斯·泰特·布莱克奖（James Tait Black）和霍桑登奖（Hawthornden）（两者与普利策奖同时代）既没有寻求外界关注，也没有得到其关注。对马施勒来说，这意味着英国的这个新设文学奖有了难得的机遇成为"大奖"，它姗姗来迟，但要占据**"文学奖中的文学奖"**这一几乎毫无争议的地位：这个地位是由支撑整个奖项经济的唯一的获奖者原则所支撑的。在英国,似乎还缺少这么一个大奖。马施勒精力充沛,是乔纳森·凯普公司出版的"高品质"小说的公关人,1968 年,他决定创立一个奖金丰厚、备受瞩目的年度小说奖来填补这一空白。

但是,为什么马施勒和坎普公司总经理格雷厄姆·C. 格林(Graham C. Greene)一起找到布克兄弟公司(Booker Brothers)这家在加勒比地区经营蔗糖的食品公司? 为什么布克公司同意赞助该奖? 这不仅仅是因为该奖偶然遇到一个具有书卷气的名字,也不仅仅是我所说的文化洗钱的问题,虽说布克公司确实像后殖民时代早期的殖民地农业综合企业一样,正在寻求转向服务行业(尤其是金融服务行业)多元化的发展,并在改善公司在英国国内的公众形象。事实上,双方之间已经有了一些直接的生意上的联系。作为一家多元化的公司,布克已经开始涉足图书业务。几年前,布克公司利用税法中的特殊条款,购买了阿加莎·克里斯蒂(Agatha Christie)和伊恩·弗莱明(Ian Fleming)等畅销书作家的版权(后者是坎普公司最重要的摇钱树之一),在向作者付款之前,布克公司通过减税会计工具来把收入循环。布克公司的艺术家服务部门立即取得了成功(1968 年创造了 10 万英镑的利润,到 20 世纪 70 年代中期,这个数字增长了三倍),尽管它在布克公司的资产负债表上只占很小的一个部分,但它的收入增长却持续超越公司的其他项目。[1]布克公司把赞助一个重要的图书奖作为促进图书业务的方式是合理的,它可以让布克公司的避税专家与出版界内部人士有更密切的接触,提高公司在高收入作家中的知名度,并可能促进与布克公司有关的图书贸易,即小说的整体销量。

当然,马施勒多少得到了同样的好处:因为不仅一般的小说,而且尤其是坎普出版的小说有了更高的知名度、更好的销售渠道和更高的销量。事实上,在布克奖设立后的 25 年里,坎普出版社是唯一的最大的受益者,其入围小说(20 部)和获奖小说(4 部)的数量相当于紧随其后的两家出版社的总和。[2]对于布克公司来说,费用不是大问题,最初资助 5 000 英镑用于实际的奖金,加上用少于该数额的资金资助午餐会

200

议、在出版业公会会馆举办体面的颁奖晚宴招待会以及支付评委的报酬等。而对于坎普出版社来说，它根本不用付出任何成本。首先，由任何一家出版社赞助文学奖都会遇到的一个难处是该出版社的图书也将参评竞争，马施勒等寻找赞助商的原因显然是为了避免出现去推广一个由出版社赞助的文学奖，即便如此，马施勒对布克奖的特别参与也被视为一种不够体面的优势。

201 　　因此，为图书奖经济注入一些资本完全具有合理的商业理由。但是一个奖具有良好的经济意义并不意味着它具有良好的象征意义或文化意义。在许多方面，布克奖都并未做好成功的准备。在英国的图书奖领域，该奖并不是唯一的，它不仅错过了作为英国最古老图书奖而具有重要的象征意义，还落后于"第二代"图书奖，比如在第二次世界大战期间设立的约翰·卢埃林·里斯纪念奖（John Llewellyn Rhys Memorial Prize，由一位战争中阵亡者的遗孀倡议设立）。随后，还出现了萨默塞特·毛姆奖（Somerset Maugham Award，1946）、W. H. 史密斯奖（1959）和其他一些奖。1968 年，布克奖与一堆充满活力的新奖竞争：包括创立于 1965 年的《卫报》奖（Guardian Prize）和杰弗里·费伯纪念奖（Geoffrey Faber Memorial Prize），还有 1968 年早些时候刚刚宣布成立的银笔奖（Silver Pen）等。人们通常认为，布克奖的巨额现金奖励使它与其他奖项截然不同，虽然它的 5 000 英镑奖金最初确实高于其他奖项，但这种状况并未维持多久，而且奖金的差距也从来没有大到成为使它能与其他奖区分开的一个重要的标志。多年来，虽然布克奖管理方一直在增加奖金的数额，但并非意在维护人们眼中的奖的象征性优势；管理者从未去花工夫使布克奖的奖金与新奖的奖金数额持平，或超过新奖，诸如 NCR 图书奖（NCR Book Award）、橘子奖①、《爱尔兰时报》-爱尔兰航空国际小说奖（*Irish Times*-Aer Lingus International Fiction

---

　　① "橘子奖"（2006—2012）的冠名来自赞助商——英国的一家电话公司橘子集团（Orange Plc），之后因赞助商变动，百利公司成了新的赞助商，于是更名为"百利女性小说奖"（Baileys Women's Prize for Fiction，2013—2017），2018 年后又有两家公司加入该奖的赞助，于是取消了赞助商冠名，更名为"女性小说奖"（The Women's Prize for Fiction）。

Prize)或 IMPAC 都柏林文学奖(IMPAC Dublin Literary Award,该奖奖金高达 16 万美元)等。诚然,这些奖项中没有一项能直接与布克奖展开竞争,因为 NCR 图书奖是一个非小说类的奖项,而后三个奖项只向非英国小说家开放(IMPAC 都柏林文学奖甚至向翻译小说开放)。[3] 20 世纪 80 年代初以来,特拉斯克奖(Trask Prize)[①]、惠特布雷德图书奖(Whitbread Book Awards)[②]和《星期日快报》奖(*Sunday Express Awards*)等仅限英国作家参评的英国文学奖在不同时期所颁发的奖金都高于布克奖。这一趋势现在似乎出现了逆转:作为与新赞助商曼集团(Man Group)达成的协议的一部分,布克奖管理方于 2002 年初宣布,布克奖现更名为"曼布克奖",奖金将翻倍。[③] 但是,在英国文学奖奖金价值的排名中,布克奖奖金的这种周期性变化和调整只是证实了排名本身并不是该奖赢得特殊地位、取得非凡成功的关键。

　　布克奖在其创立历史和奖金价值方面并不突出,并且它所宣称的标准和目标也并不突出:按照马施勒的意图,它是一个最普通的全国性年度小说奖,可能会成为另一个龚古尔奖。事实上,在这方面,除了那些为年轻作家设立的奖,如萨默塞特·毛姆奖和约翰·卢埃林·里斯奖之外,大多数知名度较高的小说奖似乎都一样,它们选出的获奖作品有时甚至会重复:1981 年,萨尔曼·拉什迪(Salman Rushdie)的《午夜之子》(*Midnight's Children*)同时获得了布克奖和惠特布雷德奖,《约克郡邮报》图书奖(*Yorkshire Post* Book Award)授予了保罗·塞洛克斯(Paul Theroux)的《蚊子海岸》(*The Mosquito Coast*),而詹姆斯·泰特·布莱克奖则由拉什迪和塞洛克斯共同获得。

　　因此,布克奖在设立之初似乎不具有明确的象征荣誉。事实上,该

202

---

　　① 该奖全称为本书之前提到的贝蒂·特拉斯克处女作奖(Betty Trask Prize),是专为英国 35 岁以下、发表处女作小说的作家而设的奖。

　　② 1971 年成立的惠特布雷德图书奖是由一家连锁酒店公司赞助的,当惠特布雷德的子公司科斯塔咖啡公司接替赞助时,其名称以新赞助商冠名,被改为科斯塔图书奖(Costa Book Awards)。21 世纪初,该奖与布克奖和橘子奖成为公认的英国最有影响力的三大文学奖项。

　　③ "曼布克奖"的名称使用于 2019 年,现更名为"The Booker Prize"。——编者注

奖曾是一个不稳定的项目，整个项目在启动后的短短几年内就非常接
近于倒闭。1970和1971年度布克奖评委会的私人通信和会议记录读
起来就像一架失事飞机的黑匣子记录：出版商们威胁要停止报名参评；
203 经常有人拒绝担任评委；马施勒坚持要插手管理委员会主席的管理工
作，使得真正的主席辞职；图书信托基金突然被请来承担管理责任，但
它从未管理过文学奖；赞助商虽然签订了头七年的赞助合同，但已经放
话准备提前退出赞助。[4]

　　但实际上，从1971年开始，布克奖就出现了一系列的年度丑闻，其
中最著名的是约翰·伯格（John Berger）在1972年发表了粗鲁的获奖
感言，这件事在该奖的每一段历史中都会被提及。伯格因其关于法国
移民工人的小说《G》(G)而获奖（该小说还获得了詹姆斯·泰特·布莱
克奖和《卫报》小说奖）。就在伦敦摄政街的皇家咖啡馆里①，伯格站在
一堆布克公司的高管的面前，谴责布克公司是殖民主义企业，是在剥削
圭亚那种植园黑人工人的基础上建立的，并宣布将把他的一半奖金捐
给黑豹组织（Black Panthers）伦敦分部。[5]这一事件的具体政治内容当
然令人感兴趣：虽说没有移民或非英国人参与其中，而且"后殖民小说"
这一类别也尚未出现，但也许正是在这一时刻，人们才首次看到，布克
奖在力图界定受到大都市伦敦控制及商业利用的后殖民文学的斗争
中，终归在体制上和意识形态上发挥了相当强大的作用。[6]但在某种意
义上，具体的政治内容无关紧要，记者们被指派来报道评奖活动，重要
的反而是伯格事件的外在形态或形式、某些基本的和常见的特征使它
符合少数记者的意向和报道的准备，他们以报道丑闻的言辞描述了
事件。

　　事实上，如果不是因为前一年发生了一起规模不大的丑闻，伯格事
204 件不可能使布克奖的公众形象得到如此巨大的提升，尽管这起丑闻的
政治倾向截然相反（它将布克奖置于颠覆传统的英国价值观），但它符

---

　　①　1971年度布克奖颁奖仪式在伦敦摄政街的皇家咖啡馆举行，此处指伯格在领奖
台上发表获奖感言。

合类似伯格事件的一般模式，并为新闻报道提供了类似的机会。这件事就是马尔科姆·马格里奇（Malcolm Muggeridge）辞去评委一职。马格里奇是一名保守的基督教记者，也是英国广播公司（BBC）周日早间节目的主持人，通常被人们称为"圣马格斯"（Saint Muggs）。马格里奇在当年年中退出评审时写信给布克奖的秘书道："我认为从最坏的意义上而言，被提名的作品仅仅是色情作品，不具备任何文学品质或特色去弥补其令人恶心的内容。"布克奖管理方迅速发布了一份引人入胜的新闻稿，强调马格里奇指责参评作品是"色情"的，而周末版报纸则利用"圣马格斯"在周日节目中的瞩目第一次对布克奖进行了真正的宣传。

伯格获奖感言的丑闻很符合马格里奇事件所奠定的轨道。1972年，伯格在英国广播公司主持的节目《观看之道》（*Ways of Seeing*）刚刚大获成功，他生动地介绍了马克思主义艺术批评理论，并对肯尼斯·克拉克（Kenneth Clarke）的电视系列节目《文明》（*Civilisation*）进行了大胆的比较。也就是说，伯格不仅是一位小说家，而且像马格里奇一样，他是一位真正的电视名人。此外，他还出版了一本非虚构类作品（从英国广播公司系列节目中衍生出的），而这本书还登上了畅销书排行榜。[7]因此，他的行为之所以是"丑闻"，不仅是因为在某种程度上他的行为不得体，还因为这引起了非文学公众广泛的反响，他这种所谓的公众人物而非完全的文学人物成了公众反响的中心。马格里奇事件使得记者们重拾艺术与"淫秽"之间陈腐的二元对立，围绕名人的不当行为做引人入胜的新闻报道，拿这种二元对立重新做起了文章。同马格里奇事件一样，伯格事件也让记者们从新闻的角度形成一种可靠的方式去重新运用艺术与政治之间陈旧的二元对立，这是英国"长期的"文化战争的主要内容，也是美国的文化战争主要内容。就丑闻而言，伯格的获奖感言中关键的不当之处并非他的任何具体的政治立场，而是他把领奖政治化，即他决心将政治引入一场友好的文学午餐会，认为即使是最温和的文学实践——如图书奖赞助，也具有政治性，应该被公开探究和讨论。[8]

1973年，J. G. 法雷尔凭借其《克里希纳普尔之围》（*Siege of*

205

Krishnapur）获得了布克奖，他再次提供了让布克奖作为丑闻被新闻媒介报道的机会。法雷尔在获奖感言中尖锐地谈到了未来更美好的一天，那时英国矿工们"将比商人们享有更大的优先权，富人们将无法为他们的孩子购买特权教育"。[9]虽然法雷尔讲得比伯格更温和，他本人也不是名人，但他的讲话立即被视为与伯格的讲话异曲同工，他对出席颁奖仪式的布克公司高管们（其子女享受特权教育的富人们）含蓄的谴责随时被记者们拿来与前一年伯格的演讲联系在一起，记者们提到这一位就会说起另一位，说到他们时又会提起马格里奇。通过这种联想，法雷尔的讲话产生了足够广泛的名人效应。[10]

206 到 1974 年初，在这三个丑闻相继发生之后——其中两个丑闻在电视上被多次轮番播出，第三个丑闻几乎保证了另外两个丑闻在所有报纸的艺术评论版上被再次讨论（整个事件的序列被重新排列），布克奖委员会的会议记录中完全没有了沮丧的语气。他们对这个"非常令人满意"的结果感到庆幸，特别是"布克奖现在的宣传势头强劲"。[11]1971年新闻报道增加到了大约 50 篇，1972 年增加到 200 篇，1973 年再次增加；[12] 家出版商不再抱怨报名费，享有盛誉的评委更容易请到，布克公司愉快地续签了一份七年的赞助协议。又过了几年，英国广播公司决定转播颁奖典礼。这一事态发展反过来又让布克奖管理委员会按照奥斯卡奖的方式修改了奖励程序，比如评委的决定要绝对保密，在入围作家们最感焦虑及公众关注最密切的情况下，他们被召集起来在现场等候评选结果的宣布。正如一位评论家的言论，这种"虐待名人之举"确保了丑闻行为更加频繁地发生（萨尔曼·拉什迪用拳头敲打桌子，对布克奖的管理者破口大骂，说评委们对文学"一无所知"，等等），并会更受期待。报道布克奖的记者们总会有他们需要的那种"文化"素材。[13]

电视介入图书奖颁奖典礼后也会产生其他类型的丑闻，比如当来自电视台的名人记者们闯入颁奖活动现场，设法与人闲聊文学时会出现失误。最声名狼藉的事情发生在 1983 年。无脑的塞琳娜·斯科特（Selina Scott）在为英国广播公司做巡回采访时，采访了面前的英国最著名的小说家之一、当年的布克奖评委安吉拉·卡特（Angela Carter），却不认识她，而后她又去问布克奖评委主席费伊·韦尔登（Fay Weldon）是否真的读过被提名的小说。评论家们想要提出真正的布克奖丑闻的特征——布克奖是电视的价值观淡化文学价值的共谋（漂亮的脸蛋比高级的英语专业学位更有价值）——只需要提到"令人尴尬的"塞琳娜·斯科特。

207

这些相互关联的事件所导致的结果是，布克奖在它几近崩溃的十年后为获奖者带来了巨大的宣传量、知名度和图书销量，在这些方面，即使其他所有的英国文学奖加起来也比不上它。无论是从象征的还是从金钱的角度来看，作家们即使只是进入布克奖决选名单，也得到了一种比其他任何奖都更有价值的荣誉。正如托马斯·肯尼利（Thomas Keneally）的图书编辑在他凭借《辛德勒的方舟》（*Schindler's Ark*）获得1982年的布克奖时所称的，赢得布克奖"就像被铺天盖地的雪崩一下子击中一样"[15]。

众所周知，在"二战"后的数十年里，新闻资本和文化资本、名人和文学经典之间的关系普遍地被重塑[16]。从20世纪70年代初开始，尤其在那些能上电视节目的领域——如英国、瑞典、德国、奥地利、法国的文学领域以及较少上电视节目的美国文学领域中，文化奖赞助商和管理者，成了善于利用和操纵这种关系的人。布克奖的首席管理者马汀·戈夫（Martyn Goff）是该奖历史上的一个重要人物，他积极参与了利用布克奖与丑闻的关联的整个过程以保证该奖能从其尴尬的文化地位中获得最大的象征利益。正是在戈夫担任管理者的头几个月里，他成功地提醒媒体去关注马格里奇发起的对布克奖所赞赏的"色情的"、毫无美学价值的小说的攻击[17]。戈夫很早就意识到，每一个新的布克奖丑闻都会引发人们的反对，这不仅仅是针对某个评委会的决定、某种管理政策或某个获奖者的领奖致辞，而是针对该奖本身。布克奖的批评者们并不是简单地支持评选争议中的某一方，而是利用每一次争议来重复对布克奖本身的更关键的质疑。在《泰晤士报》上，布克奖被斥为"垃圾"[18]，只不过是"喧宾夺主……笑柄"，"一颗生锈的钉子……每年在棺材里敲打"[19]。《每日电讯报》称布克奖为"整个图书行业的耻辱"[20]，《经

208

济学人》称其为"一场可悲而低劣的闹剧"，现在是"支持者收手的时候了"[21]。这类谴责大量出现在英国最有影响力的报刊上，但它们显然不是布克奖公关人员的宣传策略所导致的一种令人不愉快的副作用，而恰恰是他们的核心目标。正是人们对布克奖的这种根本的、无法补救的不合法性的责难，使该奖成为人们关注的焦点，由此增加了它的新闻资本，并加速了它的象征资本或文化声誉的积累。布克奖的丑闻远远未作为文化经济的工具，对奖项功能构成威胁，反而成为它的生命线；人们对它愤慨的评论远远未构成一种批判，反而成为它正常和充分运作的一个指标。

然而，直到最近，文化奖游戏中还没有太多的空间来承认这个简单的事实：为人清高、不屑一顾的文化评论家们和那些与推广该奖并扩大其文化作用有着直接利益的人，二者之间存在一种利益趋同或共谋的关系。相反，即使评论家们不是假惺惺的话，也是误导性地将布克奖日益优越的文化地位与其公认的丑闻之间的关系描述为一种矛盾的关系，该奖"无视"所有书评人的愤怒和震惊，奇迹般地成功了。《星期日泰晤士报》评论道："在其二十年的历史中，该奖经常被嘲弄像一场乏味的赛马，一个文化上破产的宣传噱头，但现在它作为全英最著名的小说奖的形象是无可争议的。"[22]为布克奖摇旗呐喊的安东尼·思韦特（Anthony Thwaite）在担任该奖评委主席后说道："**尽管**布克奖的'炒作'和'大肆宣传'等受到了嘲笑，但它是国际公认的世界小说最高奖。"[23]玛格丽特·福斯特（Margaret Forster）在担任评委后就不那么乐观了，但她还是遵循了同样的逻辑，认为布克奖"自1968年诞生以来"一直无情地"被争议所困扰……被敌视"，它可能会被淘汰，因此"需要一切可能的帮助"。[24]甚至连比尔·布福德（Bill Buford）这个精明的文学推广人也注意到了布克奖宣传人员似乎非常热衷于强调其"丑闻"出现的时刻，他顺嘴以标准的言辞模式，好像很惊讶地说道："**无论如何，布克奖的颁奖仪式已经成为英国最重要的文学活动。**"[25]这种说法忽略了一个事实，那就是被思韦特称为一批"既嘲笑这个奖项又靠编造它的谎言为生的寄生虫"的批评家们，他们对布克奖的作用实际上比那些人数少得多的辩护者们更为重要，也更不可或缺。辩护者们往往是像思韦特和福斯特一样近期担任过评委的人，他们仍然能感觉到那些记者的"讽刺"和"嘲弄"所带来的刺痛，而在数年后他们却决定，自己也要对布克奖发布一些适度的嘲笑。[26]

　　评论家们自然而然地倾向以这种方式来描述布克奖的情形，诡异地偏离了事物正常和预期的进程，这种倾向是基于他们对文化声誉经济以及他们自己在这种经济中的地位的误解。艺术编辑、书评人，以及为报纸撰稿或在广播电视读书节目中出镜的作家们和学者们并不完全与文学奖的赞助商和管理者对立，在双方利益有分歧的地方，作家就算将文学奖完全赶出文化场域也不会从中获利。奖项对作家们的作用不亚于对提供赞助的公司和协会的作用，在许多情况下，他们是赞助公司和社团当中的成员或代理人。事实上，我所提及的几乎所有抨击布克奖的人都是以前的评委、获奖者、被提名者等，或者是那些未来很可能被邀请加入评委会的文学人士，或者他们的小说有一天可能被提名参加评奖。在阅读有关讽刺或批评奖品的文章时，人们会习惯于读到作者自己作为评委或参评者的历史。"我也许应该补充一句，"约翰·格罗斯（John Gross）在一篇文章的结尾评论道，"我自己也是一名评委，并且发现，在大多数情况下，这是一种愉快的经历。"[27]根据编辑给这篇文章的副标题，格罗斯"痛心于将名人置于文学价值之上的那种娱乐圈氛围"。马尔科姆·布拉德伯里（Malcolm Bradbury）的《犯罪医生》（*Doctor Criminale*，1992）第一章是我所见过的对布克奖最具恶意的讽刺。没有人比布拉德伯里更深入地介入了该奖，他在 2000 年去世前曾两次担任评委会主席，一次进入决选名单，并长期担任布克奖管理委员会成员，他同时还是东安格利亚大学（University of East Anglia）创意写作项目主任，而该校教师和校友在布克奖评选中表现突出，以至于有人抱怨东安格利亚大学是控制该奖的"黑手党"。1989 年当布拉德伯里担任评委会主席时，评委海伦·麦克尼尔（Helen McNeil）是他在东安格利亚大学的同事，其中的一位入围作家罗斯·特里门（Rose Tremain）也是他的同事，获奖者石黑一雄（Kazuo Ishiguro）毕业于东安

210

格利亚大学，曾是布拉德伯里的学生。

211　　就这种特殊的文化游戏而言，局外人也是局内人：那些高调呼吁结束布克奖的反对者正是那些通过评奖经济的循环而增加了资本的人。美国的情况也大致相同，在那里，人们对奖项的抨击历来采取基本相同的形式，而且在批评者和参与者之间也出现了类似的重合。小说家威廉·加斯（William Gass）在《纽约时报书评》（New York Times Book Review）上发表了一篇比较尖锐的文章，他质问道，就普利策奖而言，怎么会有人拒绝这个"荣誉的骂名"，并评论该奖的"失败纪录接近完美"。[28]加斯在这里只是遵循了一位普利策奖历史学家所说的那种悠久传统——"批判性的冷嘲热讽和公然的蔑视"。这一传统可以追溯到普利策奖最早的几年，当时人们经常会在《国家》（The Nation）、《纽约论坛报》（The New York Tribune）和其他报纸上看到一些文章，说普利策奖"几乎毫无意义"。[29]事实上，《泰晤士报文学增刊》在评论该奖在20世纪70年代中期的情况时指出，美国人贬低普利策奖，以至于当权人士只要能安排反对派作家获奖就能毁掉他们的声誉。[30]但和英国一样，那些在美国带头反对图书奖的人都是文学声誉经济中的内部人士。加斯不仅是一位获奖小说家，还作为评论家获得了国家书评人协会奖，并担任过国家图书奖评委，甚至还在1990年的国家图书奖颁奖典礼上发表了主旨演讲。1957年，卡洛斯·贝克（Carlos Baker）成为有史以来谴责普利策奖最彻底的人物之一，他不仅从1955年至1957年间一直担任普利策奖小说类评委会成员，并且在发表这篇尖刻的文章后再次被邀请担任评委。

212　　因此，可以毫不夸张地说，差评奖言论是奖项自身的话语机制的一部分，其制造者被奖项招募来作为自己的代理人，并服务于代理人与赞助商、管理者共同分享的利益。文学奖除了作为记者-评论家的一种派生的神圣化手段（因为这部分人经常被邀请担任文学奖提名者或评委，这在象征意义上是次要的，但在结构上是主要的荣誉），在传统上还有助于为这些评论家定期提供时机去重复启蒙运动关于"纯粹的"艺术和"真正"的艺术卓越性或天赋的空谈，由此，这些评论家使自己比起那些主宰(可耻的、不纯粹的)评奖经济以及新闻场域的人更能与"较高"的价值观或更强大的象征资本保持一致。这样的重复并不会使文化奖名誉扫地，事实上，这是对文化奖的一种重要支持，因为这有助于人们保持对艺术价值的集体信仰或信念、对品位的公平的评价、对价值或声誉的等级划分，这种等级不是社会等级制度的同源之物，也不是一种社会暴力的委婉形式。就像罗兰·巴特(Roland Barthes)在其《神话》(*Mythologies*)一书中对 20 世纪中期杂志上"伟大的度假作家"令人难忘的描述一样，对文化奖的新闻报道一直强调社会文化生活中平庸而又琐碎的一面——争吵、欺骗或内幕交易，即通常被称为艺术和文学的"政治"，以强化人们对艺术家和艺术价值更高的、非政治的、"本质不同"的信念。[32]文化奖依赖于这种集体信念，因为无论它自己的货币受到怎样的污染或贬值，人们都将其视为源自这种另类的、更纯粹的形式，这种形式与文化声誉经济的关系就像金本位制时代黄金与现金经济的关系一样，完美地建立了一个不完美的魔法体系。

长期以来，一直有一种不实的说法，认为丑闻评论员置身于文化奖励游戏之外并与之对立，站在独立批判而不是"非依赖性的依赖"的立场上，但近年来，这种说法终于开始消失。人们越来越多地发现这些评论家——包括记者们和学者批评家们，都承认奖项的存在有赖于像他们这样的"独立"作者的责难，奖项需要他们将其描述为一种可耻的和有辱人格的文化操纵工具。马克·劳森(Mark Lawson)是《独立报》的书评编辑，他曾担任布克奖评委，还不止一次卷入了图书奖丑闻。他在 1994 年指出，布克奖的功能不仅是促进严肃小说事业的发展，而且是挑起争吵和丑闻，在适当的时候，这样做可能会促进严肃小说事业的发展。理查德·托德(Richard Todd)是一位学者，他在 1996 年出版了一部关于布克奖的专著，他把因"推崇高雅文化"而针对该奖的批评斥为"愚蠢的"，他认为"显而易见"的是现在针对布克奖的那些最高傲的批评者们恰恰是该奖最好的盟友，而且在许多知名专家的眼中，布克奖的繁荣"恰恰是因为它'评判错了'"(因为它只能这样)[34]。最近，有关布克奖在新的赞助商支持下有意将参评资格扩大到美国作家的传闻引发

213

了长达数月的争论，罗伯特·麦克克拉姆（Robert McCrum）加入这场讨论，他注意到了人们对布克奖的商业逻辑以及它对传统英国文学文化的腐蚀性影响感受到极度痛心疾首，还有整个疯狂的辩论等，这些正是马汀·戈夫在散布谣言（几乎毫无疑问是假的）时所希望看到的，而包括他在内的评论家们只是在为新赞助商曼集团做宣传："在伦敦金融城某个公司的顶层，一群西装革履的人一定在暗自窃喜。"美国学者伊莲·肖瓦尔特（Elaine Showalter）那年春天正好访问伦敦，她评论道："大家都知道，布克奖的风波甚至可能是其宣传和推广的一部分……这都是游戏的一部分。"[35]

214

除了承认文化奖与其批评者之间有着顺畅的运作关系，我们还发现越来越多的对奖项戏谑或反思性的评论，以及在看似可耻的艺术家或评委、批评家和读者之间传递着各种心照不宣和暗示。在评论中这些"丑闻"似乎以令人吃惊的引用语形式在流传。整个评奖过程被认为是寄托在"希望可能会发生所谓的争吵"[36]上，这是 NCR 非小说类奖的一位评委主席所说的话。毫无疑问，在对布克奖的报道中（以及在一般的英国文化新闻中）总能观察到某种有意识的口是心非或戏谑，但在过去十年里，这种情况变得更加明显，很少有批评者是真心表达愤怒，更多的人公开围绕**"丑闻"而进行游戏**，而这些"丑闻"至少在一定程度上是他们自己制造的。杰拉尔丁·布鲁克斯（Geraldine Brooks）回忆了1992 年的布克奖颁奖晚宴，她讲起在没有出现尴尬或争议的情况下典礼就要结束了，人们对此感到失望。那一年评委们甚至没能选出唯一的赢家，而是选出了巴里·昂斯沃思（Barry Unsworth）和迈克尔·翁达杰（Michael Ondaatje）两位作家共同来获得奖金；那个典礼之夜似乎平淡无奇，没有高潮，被怯懦、妥协和礼节性的氛围所笼罩。不过，就在两位获奖者发表领奖致辞后不久，第二次进入决选却又落选的作家伊恩·麦克尤恩连同他的出版商同伴离开了市政厅。布鲁克斯急切地抓住了他们的这个举动。"这怎么可能？"她写道，"是的！他走出去了！在闭幕之前，在向可怜的萨尔曼敬酒之前，他不和我们在一起！……真是松了一口气。1992 年度的布克奖终于有了它的丑闻。"[37]

在制造奖项丑闻中有关这种可笑的串通一气的新说辞就是布尔迪厄所说的"屈尊策略"，这个策略使人既能得到游戏的回报，又能得到那些被视为凌驾于游戏之上的人带来的回报。[38]它不允许人们对奖项进行彻底的谴责或无情的反对，除非这是在游戏范围内可接受的一种欺骗、一种垃圾话及一种礼节性的侮辱。它也不允许个人明确并严肃地声称自己作为"文学批评家"或"知识分子"可以超越奖项经济所涉及的利益，但是它确实仍能指向现代艺术观和制度所依赖的那一存在于人们想象中的独立空间——那个空间独立存在，还不受所有的经济干扰，在那里，艺术天才是一种天赋，而不是某种形式的资本；在那里，伟大艺术的伟大性质是无法被人们衡量或操纵的，而是只能由时间来确立。[39]但是，对独立的艺术空间的指向在任何情况下都不再是必须的，而常常似乎是越来越间接的并充满歉意的和讽刺的。这个"屈尊策略"已经包含了某种承认，虽说这一承认不是完全的承认，人们认为艺术作为与外界"分离的世界"一直是一个集体的虚构。人们将不受社会干预的有审美价值的虚构描述成"真诚的虚构"，这影响着有关奖项的评论并确实支撑整个文化声誉的经济，而它还仍然作为一种必要的前提条件存在，但这种新的（或者更确切地说越来越占主导地位的）言辞表明，在这种情况下还拿**真诚**说事会出现新的困难。布尔迪厄所说的文学幻象——对文学游戏及其价值利益的基本信念，已经变得极为复杂或受到某种东西的损害，这种东西既不是对"文学作为建立在集体信仰基础上的虚构的客观真理"的清醒认识，也不是对文学实践似乎只是一种"令人怀疑的神秘化或有意识的欺骗"的彻底幻灭。[40]更确切地说，我们是在处理一种处于信仰与怀疑之间悬而未决的东西，即介于将艺术视为一种庞氏骗局的冲动和将艺术作为我们最信任的投资场所的冲动之间的一种悬置。在这种情况下，文化奖可以表现得比过去更令人怀疑，更像一个笑话，同时也可以表现得更有象征意义，并与文学经典化的过程更紧密、更有力地交织在一起。这就是当代文化奖世界的核心悖论。

第十章　屈尊策略和游戏玩法

　　但我确实要感谢该机构……我是说委员会这个组织，感谢他们送出的一万美元……今晚他们赚了超过 40 万美元。我想我还有一个约会，虽然我想留在这里，但为了让发言简短，我必须离开。我确实想感谢你们。我要感谢斯塔兹·特克尔。我要感谢克诺夫先生，他刚刚穿过礼堂，我要感谢勃列日涅夫、基辛格——美国的总统，还要感谢杜鲁门·卡波特，谢谢你们。

　　　　——欧文·科里(Irwin Corey)教授，1974 年 4 月 18 日代表托马斯·品钦(Thomas Pynchon)①领取美国国家图书奖

　　虽然布克奖是人们谈论最多的高雅文化奖之一，但它与批评、丑闻及新闻界的关系在很大程度上非常普通。即使在媒体关注度远不及文学的文化领域中，某个奖项成为新闻通常也是因为一些"丑闻"，即越来越以戏仿的或非诚心的形式出现的丑闻(即便从未是彻底的丑闻)，其基本形式与布克奖的情况相同。事实上，我们发现，通常在谈到整个文

---

　　①　托马斯·品钦(1937—　)，美国后现代主义文学代表作家，著作颇丰，生活低调，很少接受媒体采访，其代表作《万有引力之虹》被誉为后现代主义文学中的经典之作。

化奖的"布克奖化"（Bookerization）现象时，人们越来越多地拿其他奖来与布克奖做比较。[1]因此，虽然艺术家从纯艺术角度的神圣化，与资产阶级从商业化角度的神圣化之间根本上是敌对的，并有着悠久的传统，但是如今当文学或艺术奖爆发"丑闻"或"争议"时，有些人攻击、诋毁或羞辱奖项之举不太可能被视为沿袭传统，在艺术与金钱对立的旧模式下，这些人也不太可能被视为艺术自由的斗士，反而他们更有可能被视为一种新的文化游戏玩家，而且这种游戏涉及的"规则"和"立场"更加模糊，布克奖恰好是这些文化游戏中最著名的也是最典型的例子。

我们看到，由于获奖者打断颁奖与领奖常规仪式的拒奖丑闻时常发生，还给人留下深刻的印象，这种情形引起了人们的关注。颁奖仪式是象征性的交换仪式，要求所有参与者承认并尊重赠送和接受礼物时的惯例。获奖者必须非常谨慎地避免任何漠不关心的或忘恩负义的表现，否则不仅会激起颁奖人的愤怒，而且会激起整个参与者群体的愤怒，包括其他被提名人及所有之前的获奖者。因此，从象征意义上而言，获奖者公然拒绝领奖总是没有什么好处的。传统上，刻意拒绝领奖的人必须积累有大量的象征资本，并且这种资本实际上几乎无法用奖项、奖励和奖杯来换取。也就是说，这种资本并非任何公认的在美学上创新的人都能得到，它只属于那些坚定的社会反对派或异端，即"老派的知识分子们"[2]。在特别的、较为独立的艺术领域，这些艺术家们利用他们的声誉或象征资本去履行更宏阔的"有预见性地颠覆的使命"，这是一种政治使命，带着这种使命，艺术家们批判现有的社会秩序，并不断以艺术自主性的名义拒绝领奖所给予的好处。[3]

即使对那些在文化界举足轻重的人物来说，拒绝领奖也一直是微妙而冒险的行为。1964年，萨特拒领诺贝尔奖之举堪称典范，但在他自己看来这是一种不幸的纠葛，事先他曾试着要求瑞典文学院把他的名字从候选人名单中删除以避免这种纠葛。如果文学院的秘书没有把萨特的信放错地方，整个事件本来是可以避免的。萨特在这封信中巧妙地解释道，他一生拒绝接受任何奖（包括苏联和西方的奖），如果这次为诺贝尔奖而格外破例的话，他将受到影响。萨特对拒领诺贝尔奖一事尽可能保持低调并为此致歉。然而，他的拒绝被广泛认为是一种可怕的象征暴力性行为——这是正确的。毕竟萨特可以像乔治·萧伯纳（George Bernard Shaw）那样，先勉为其难地、策略性地去领奖，然后捐出那笔可观的奖金。他本可以利用发表获奖感言这一备受瞩目的场合使人们更加关注那些他认为需要帮助的政治派别（或许是非洲讲法语国家的一些反殖民主义运动），还可以把奖金重新分发给这些派别。萨特甚至拒绝与诺贝尔奖有过多交道，萨特的文化资本是他作为艺术家和知识分子的特殊重要性和价值，而他力图最大化其文化资本与瑞典文学院赋予他的资本之间的交换障碍，即象征经济的"贸易壁垒"。在他看来，与诺贝尔奖的交换交易将对他非常不利，将导致他的象征财富大幅减少，更不用说诺贝尔奖从中得到的好处是它将会成为一个连萨特都接受的奖，瑞典文学院提供的"礼物"实际上是一个特洛伊木马。

220

1964年，萨特仍能在文化场域里占有一席之地，在这个位置上其诚心且坚决的拒绝领奖行为更具象征意义。这个文化场域从19世纪以来就盛行"二元结构"（布尔迪厄的术语），与我们习以为常的高雅文化与大众文化之间的对立大体一致。文化场域的特点是文化生产具有两个子场域：一个是限制性的文化生产场域，前卫艺术家们在那里为彼此及大学的知识分子创作艺术作品（"这个场域是它自己的市场，并与使其合法化的教育制度相结合"）；另一个则是扩展的文化生产场域，在这个场域中，具有更传统的习性的艺术家们先是为更广泛的资产阶级艺术爱好者们创作作品，后来则是为享受大众娱乐的大众创作作品，然而"在这个场域中，按照外部需求来生产的产品在社会和文化意义上通常被视为低级的"[5]。这个按照"二元结构"被构建的场域（我更愿意称它为"被视为构建的"）仍然或多或少能够以左拉①为榜样产生先知型的颠覆性知识分子，这些知识分子可以把最初来之不易的象征资本投

---

① 埃米尔·左拉（Émile Zola，1840—1902）是19世纪后半期法国重要的批判现实主义作家、自然主义文学的先驱，著有数十部长篇小说，代表作为《萌芽》。左拉关心政治，1898年他撰文抨击当时法国政府的反犹太主义，结果被判诽谤罪，一年后法国政府才撤销判决。

入限制性的生产场中,并通过将艺术自主性与真理联系起来在政治上发挥作用。在 20 世纪 70 年代早期,也就是人们反企业、反体制的观念和实践盛行的最后时期,如果艺术家拒绝领奖之举受到文化场域里其他人的高度推崇,那么他们的拒奖行为显然具有一定的象征意义。这里我想到了乔治・C. 司科特(George C. Scott)、马龙・白兰度(Marlon Brando)和路易斯・布努埃尔(Luis Buñuel)等拒绝领取奥斯卡奖的事例。这些人和达斯汀・霍夫曼(Dustin Hoffman)、伍迪・艾伦(Woody Allen)等这一时期抵制奥斯卡奖的其他人一样,不仅将奥斯卡奖视为一个笑话或讨人嫌的东西,而且将其视为令人极其憎恶的东西。布努埃尔说道:"没有什么比赢得奥斯卡奖更让我恶心的了。我不会把它放在家里。"他们可以仰仗同行来认可他们的拒奖之举和言论,司科特说道,面对一个不断扩大的、普遍的场域,人们把拒奖作为支撑其个人"真正投身于合法的戏剧",也就是最纯粹或最自主的艺术的子场域的最佳手段,而在这个普遍的场域中,所有的事件和生产活动都要符合商业逻辑,用司科特的话来说,都是"出于经济原因"而被"精心策划的"[6]。

221

伟大的奥地利小说家托马斯・伯恩哈德(Thomas Bernhard)在其融合回忆录的小说(1982)中提及,他在 20 世纪 70 年代决定不再接受任何文学奖,他的理由是,对于严肃的艺术家来说,"领奖无非是让自己恼火至极",当时这种福楼拜式的清高似乎显得过时而且乖戾。伯恩哈德以小说的形式再现了一位旧式的艺术家-知识分子,他发现自己在当代文学场中格格不入而茫然不知所措。[7]实际上,伯恩哈德那时已经重新开始领奖,无论有多么勉强或具有讽刺意味,就像乔治・C. 司科特和达斯汀・霍夫曼开始参加奥斯卡颁奖典礼一样。如果他们不这样做,而是拒绝领奖,坚守自己洁身自好的立场或作为具有先见之明的破坏分子的立场,这可能会让他们看起来并不像是真正的或认真的艺术家,而像是过时的、更明显地属于老一辈的艺术家,而老一辈艺术家的立场已经失效,他们的策略也已经没用了。最糟糕的是,他们可能会被视为骗子和装腔作势的人,自以为是地认为自己具有一种其实不可能拥有的艺术纯粹性。

当然,人们仍然可以拒绝领奖,但不能再指望通过拒奖来强化个人
222 的艺术合法性,以凸显个人文化声誉的特殊性或完全的自主性,及其与
单纯的知名度或"成功"之间的区别。相反,由于人们逐渐认清了那些
表面上诋毁或羞辱奖项的人与那些维护奖项利益的人之间的共谋关
系,获奖者的拒奖丑闻已经成为一种公认的提高他们的知名度并使他
们取得成功的手段。当朱莉·安德鲁斯(Julie Andrews)①拒绝1996年
度托尼奖提名时,甚至没有人当真考虑她的这一举动是对托尼奖的抨
击,更不用说是为了捍卫"合法的戏剧"(legitimate theater)的完整性或
自主性了。相反,它被视为是由安德鲁斯精心"策划"的一场媒体活动,
旨在"帮助她的演出"吸引更多的观众买票。安德鲁斯是"百老汇最大
牌的明星,并出演了百老汇最卖座的热门剧之一"。虽然媒体围绕她的
"丑闻"展开的报道涉及许多贬损托尼奖的商业化的言论,但人们普遍
认为,就丑闻报道产生知名度并将知名度投入文化流通的能力而言,它
给托尼奖带来的利远大于弊。彼得·马克斯(Peter Marks)在《纽约时
报》上评论道,安德鲁斯的举动成功地完成了"百老汇广告代理人认为
不可能完成的任务……把托尼奖变成小报故事","但这一结果并没有
让一些参与托尼奖宣传的人感到不快"。8事实上,1996年度电视转播
的托尼奖颁奖典礼还以朱莉·安德鲁斯的笑话开场,似乎这场典礼是
人们有意识地、愉快地围绕着她的缺席这一可笑的丑闻事件而精心策
划的。

在一场以不诚心的或口是心非的对抗为特征的游戏中,获奖者的
拒奖行为已经为公众所接受,因此这不再被视为拒绝**游戏**的行为,不愿
参与游戏的玩家也不能诉诸文化场域中适当的场所,在那里见不到游
223 戏,并且奖所代表的象征性财富也是没有用的。今天的艺术家、作家和
知识分子是象征资本的主要拥有者,在文化上他们也备受尊重,但在很
大程度上他们把批评文化奖的任务留给了保守的记者和守旧的人文学

---

① 朱莉·安德鲁斯(1935—),英国女演员、歌手、舞蹈家、戏剧导演,好莱坞电影
《音乐之声》女主角玛莉亚的扮演者,曾获得奥斯卡最佳女主角奖等多项荣誉。

科教授，而他们自己则更有策略性地追逐这一游戏。

　　或许这个过渡时刻出现在 1974 年，这一年托马斯·品钦凭借其《万有引力之虹》获得了美国国家图书奖。那时的品钦当然仍有能力直接拒绝这一重要奖项，就像 1975 年他故意在一封"粗鲁"的信中拒绝了美国艺术与文学院（American Academy of Arts and Letters）颁发的"迪安·豪威尔斯奖章"（Dean Howells Medal），他在信中写道："我不想要它，请不要把我不想要的东西强加给我。"⁹ 15 年后，他表示愿意接受美国国家图书奖，而且没有表现出任何的不情愿，就像他在 1989 年领取麦克阿瑟"天才"奖（MacArthur "Genius" Award）一样。他对国家图书奖的处理巧妙地体现了他在拒奖和领奖这两个极端之间的模糊立场，他委托专业喜剧演员欧文·科里代表他领取了该奖。科里以"欧文·科里教授"的身份在发表获奖感言时讲了一堆令人匪夷所思的话，涉及颁奖宴会上的陈词滥调、学术术语、政治批评和纯粹的胡言乱语，把出席仪式的大多数人搞得莫名其妙，也让许多人大为恼火。品钦的做法并没有完全放弃与国家图书奖相关的象征和物质利益。这一事件提高了品钦作为一名"隐身的"隐士作家的特殊知名度，从而增强了他的名气，强化了他作为一名淡泊名利的艺术家所拥有的特殊象征地位［他与J. D. 塞林格（J. D. Salinger）一样享有这个地位］。¹⁰ 品钦的小说在学术上广受赞誉，但在商业上受到抵制，而这一事件促进了他的小说销量的增长，使他在更广泛的图书市场上具有特殊的学术代表性，科里教授现身领奖也给国家图书奖带来了知名度和象征地位，把品钦评选为获奖者并确保他来领奖（即便是以一种滑稽的方式），使得国家图书奖在取代普利策奖作为美国最合法的图书奖而展开的前期及后续的争斗中取得了一定的进展，也就是说，让国家图书奖成为最符合学术界的文学价值等级的合法奖项。普利策小说奖评委会当年提名《万有引力之虹》为唯一的入围作品，但普利策管理委员会否决了评委会的提名，称该小说是"淫秽的"且"读不懂的"，还投票决定取消给这部小说颁发小说奖。¹¹ 然而，与此同时，品钦显然把颁奖典礼变成了一场戏仿的颁奖典礼，是一种虚假的或假装的交易，还是一种模拟神圣化的行为，导致无论这个颁奖典礼多么成功地实现了其目的，都不能被当回事。因此，品钦的策略适合文化奖的后现代情境，即奖项日益增强的有效性与其日益降低的严肃性之间矛盾的结合，同时也预示着一系列的模拟奖、差评奖和伪奖等奖项已经开始给正常的奖项行业明显地蒙上了一层阴影，甚至已经融入了该行业。

至于后一点，我们可以参看苏格兰艺术家比尔·德拉蒙德（Bill Drummond）和吉米·考蒂（Jimmy Cauty）的事例，20 世纪 90 年代初，作为获奖者和赞助人，他们采用了一些特别精心设计、丰富多彩的手段参与了英国的艺术和音乐奖。考蒂和德拉蒙德以前是一个非常成功的流行乐"嘻哈"乐队组合，这个乐队相继取过各种名字，包括"正义的木木古人"（The Justified Ancients of Mu Mu）或"果酱"（The Jams）、"时间领主"（The Timelords）、"版权解放阵线"（Kopyright Liberation Front，简称"KLF"）等。1992 年末，德拉蒙德和考蒂半退出音乐界，摇身一变成为"K 基金会"（K Foundation）的概念艺术家。K 基金会在其短暂的存续期间制作了一小套作品，统称为《金钱：现金的主体》（*Money：A Major Body of Cash*），其核心是一件名为《钉在墙上》（Nailed to the Wall）的作品。这件作品用"版权解放阵线"流行乐队挣来的 100 万英镑钞票收入制作而成，用钉子把一捆捆面值 50 英镑的钞票钉在了展览区的墙上。最初，考蒂和德拉蒙德计划将这件作品作为慈善礼物（有趣的是算上税收，其价值为 50 万英镑）赠送给泰特美术馆，条件是泰特美术馆在出售、消费或投资该作品之前将其公开展出至 2000 年。如果泰特美术馆拒绝接受这幅作品作为礼物所附带的这些条件，考蒂和德拉蒙德发誓他们将要烧掉《钉在墙上》。泰特美术馆接受这些条件将意味着承认这是一件艺术品，并承认 K 基金会团队是艺术家。

考蒂和德拉蒙德的计划意在迫使艺术与慈善事业之间的正常关系发生逆转——将礼物变成艺术品，而不是把艺术品变成礼物，但由于律师反对，这个行动中止了，而考蒂和德拉蒙德确实于 1994 年 8 月在赫布里底群岛①的汝拉岛上烧毁了这件尚未展出的作品。他们的举动还被拍摄成一部时长一个小时的无声电影纪录片——《看 K 基金会烧掉一百万英镑》(Watch the K Foundation Burn a Million Quid)。次年，艺术家们在一些特殊场所放映了这部影片，放映场所包括一个工艺博览会、一座监狱、两所综合学校和一家挤满了分属对手足球队球迷的酒吧。

　　本书对《金钱：现金的主体》的简要描述将显示，德拉蒙德和考蒂的作品带着老派的意图对社会、经济和文化资本之间的主导关系进行颠覆，因此具有一种天真或不合时宜的品质。毫不奇怪的是，在很大程度上他们的艺术干预被艺术权威们视为一种旧闻而不以为然。几位颇具影响力的评论家和策展人称其"缺乏创意"，而泰特美术馆的尼古拉斯·塞罗塔(Nicholas Serota)就是其中的一位。确实，在美学或哲学意义上，人们很难将 K 基金会的作品与早期艺术家们对艺术与金钱之间相互作用的探索区分开来，尤其是 20 世纪 60 年代末的概念艺术家们，他们的作品在 1969 年被《生活》杂志称为"把纸币变成你能期待的艺术品"。《钉在墙上》这件展品让人强烈地联想到阿曼(Arman)的作品《内容即金钱》(The Content Is the Money)——把美钞置入一块有机玻璃中，或者亚伯拉罕·卢贝尔斯基(Abraham Lubelski)的作品《雕塑白日梦》(Sculptural Daydream)——一包 25 万张一美元的钞票，以 1968 年的货币计算，价值不低于 K 基金会的 100 万英镑。

　　但是，考蒂和德拉蒙德与既定的场馆、机构和观众的关系，特别是与文化赞助体系的关系，和阿曼、卢贝尔斯基或 20 世纪后期更知名的金钱艺术家如 J. S. G. 博格斯(J. S. G. Boggs)等有些不同。博格斯精心制作、流通和记录的作品旨在打破艺术表现和交易的合法行为与伪造金钱的犯罪行为之间的界限。[13] 虽然他们通过《现金的主体》实施的许多干预措施肯定有一种稚嫩的前卫品质，但在将其独特的、不友好的赞助事业扩展到文化奖领域时，德拉蒙德和考蒂显示出他们对当代文

226

①　赫布里底群岛是英国苏格兰西北海岸外的群岛。

化圈有着充分、细致入微的理解。然而，他们在文化奖领域里开展的文化游戏也表明，当代艺术家们对奖项最具创新性的拒绝、嘲弄或屈尊之举是多么容易被奖项吸收，并在扩大奖项的象征力量方面发挥积极的作用。

这已是考蒂和德拉蒙德亲身经历过的困难，当他们以"版权解放阵线"乐队的身份出现在 1992 年度的全英音乐奖上演唱歌曲并领取最佳英国乐队奖时，他们曾试图破坏这种文化礼物的交换经济但未能成功。在开幕式上，他们与碾核乐队"极端噪声恐怖"（Extreme Noise Terror）一起表演了自己团队 1989 年的锐舞歌曲《永恒的凌晨 3 点钟》（"3AM Eternal"）。他们的演出是在保安和警察的保护下进行的，这些人被安排到现场是为了防止考蒂和德拉蒙德实行向观众泼洒大量羊血的计划，两人原本还计划在舞台上切开一只羊体，由于"极端噪声恐怖"乐队是素食主义者，拒绝与之合作，所以他们把羊尸扔了全英音乐奖接待酒店的大厅里。这场演出成功地将到场领取最佳古典唱片奖的乔治·索尔蒂爵士（Sir George Solti）赶出了礼堂；最后，德拉蒙德用一把真机枪向前排贵宾席上就座的音乐界重要人物及其颁奖奖品发射了空包弹。当主持人宣布"'版权解放阵线'已经退出音乐行业"时，业已退场的德拉蒙德和考蒂前往伦敦城的另一端去参加反对全英音乐奖的狂欢，后来他派了一个朋友骑着摩托车来领奖，但这个人没有通行证也没有证件，于是他不得不等了几个小时，在听到宣布德拉蒙德和考蒂赢得最高奖项后，他悄悄溜上舞台，从主持人那里夺走了他们的"小玩意"奖品，后来安保人员在走廊里追上他并夺回了塑像。[14]

考蒂和德拉蒙德对颁奖典礼礼仪的嘲弄当然很滑稽，但这绝对不会坏了全英音乐奖的大事，事实上，该奖恰恰需要这种"惊世骇俗"的恶搞来提高其在民间的可信度，并提高其电视节目的观赏性。与其他领域一样，两人对音乐产业的失敬对英国的流行音乐奖至关重要。在整个 20 世纪 80 年代，全英音乐奖的超级企业形象使其失去信誉，以至于（如前所述）1992 年由《新音乐快报》杂志发起了明确反对"全英音乐奖"的顽童奖，该奖以一只竖起中指的手的铜像为象征，成为英国最令

227

228

人垂涎的音乐奖。虽说他们表达的意思是要在全英音乐奖上"破坏他人的美好时光",并扰乱音乐行业的颁奖活动,但实际上"版权解放阵线"以他们离经叛道的表演有力地支持了音乐奖的赞助商和组织者。英国广播公司在其播出的晚间节目中几乎没有删减"版权解放阵线"嬉戏的画面,在之后的几周里,音乐媒体和各家日报对他们的"惊世骇俗"之举进行了大量报道,随着年轻人开始关注,全英音乐奖的收视率开始大幅攀升。但是,如果说"版权解放阵线"拯救了全英音乐奖,那就未免有点夸张了。

然而,这次明显的失败并未阻止考蒂和德拉蒙德再次尝试。这一次他们把交易关系倒过来——使得奖项对有些通常从奖项中获利的人不利。他们从"版权解放阵线"摇身一变成为 K 基金会,实际上从主要的文化奖得主变成了主要的文化奖赞助者。1993 年 8 月,他们通过整版报纸广告宣布设立一个巨额现金奖励的艺术奖——这是英国有史以来设立的奖金数额最高的艺术类奖。人们不难注意到,由 K 基金会设立的英国最差艺术家奖(Worst British Artist)的奖金为 4 万英镑,这是特纳奖——所谓的"布克艺术奖"——的 2 万英镑奖金的整整两倍。特纳奖由英国电视四台赞助,由泰特美术馆与新艺术赞助(Patrons for New Art)的尼古拉斯·塞罗塔(Nicholas Serota)管理。[15] K 基金会的这个奖模仿特纳奖的语言,但完全颠倒了其颁奖标准。该奖授予"评委会认为在过去 12 个月中创作出最糟糕作品"的艺术家。"英国最差艺术家奖"入围名单照搬特纳奖,包括当年入围特纳奖的四位艺术家。此外,该奖的颁奖典礼在泰特美术馆的大门外举行,而且就在特纳奖颁奖典礼结束之后立即举行。首届获奖者当然是刚刚赢得特纳奖的艺术家——雕塑家雷切尔·怀特瑞德。与 K 基金会的其他艺术作品一样,该奖奖品是一份慈善礼物,将价值 4 万英镑的钞票以 1 600 英镑一捆的形式钉在一块镶金边的木板上,而 K 基金会颁奖的一个条件是,如果获奖者拒绝领奖,奖品将会立即当着众多聚集在一起的摄影师和记者(其中一些人早先有机会来协助将奖品钉在一起)的面被烧毁。怀特瑞德对于自己获奖一点也不觉得好笑,反而觉得有必要走出去正式领奖,她的发

229

言人后来解释说,这么一大笔钱至少应该捐给有需要的艺术家——也就是说,通过适当的文化慈善支出渠道重新去分配奖金。

通过向人们施压并让他们去接受其极具侮辱性的礼物,K 基金会发起了一次罕见的变革。艺术家们通常不会出席最差奖的颁奖典礼。例如,只有一位获奖者参加过金酸莓奖的颁奖典礼,经常获得该奖的演员,比如西尔维斯特·史泰龙、莎朗·斯通等,对此很生气,甚至不允许采访者提起他们获奖这个话题。而且,与金酸莓奖的管理者不同,考蒂和德拉蒙德竭力要避免让人觉得他们的奖完全是一种恶搞。他们坚持认为怀特瑞德的作品很糟糕,而特纳奖则是与艺术无关的、失败的奖。

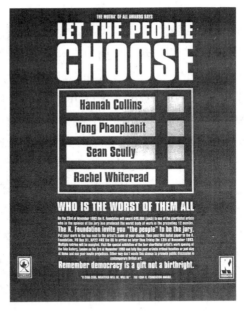

图 9 "英国最差艺术家奖"的广告

1993 年 8 月 26 日发表在《星期日泰晤士报》上,邀请"大众"投票的幌子是对特纳奖组织者的进一步嘲弄。1994 年,《每日电讯报》(*Daily Telegraph*)发起对非候选人——艺术家、动画师尼克·帕克(Nick Park)的提名活动时,再次讽刺了特纳奖组织者的精英主义、搞内部圈子评选的特征

但是在这种罕见的情形下，金钱具有一种不可抗拒的作用。

　　模仿奖和差评奖一般提供的是微不足道、毫无价值的奖品：一条死鱼，一个仿制的爆米花桶等。金酸莓奖获奖者得到的是一个喷成金色的超大的塑料覆盆子，粘在一卷破损的超 8 胶片上，据其组织者说，这个东西"就值两块钱"。正如我们所看到的，一个奖的物质价值与它的象征价值大致相当，在这方面，就像在其他许多方面一样，差评奖本身为奖品的伙伴或孪生兄弟，并非真正差评奖品本身，而是在滑稽层面上重演文化声誉合法性的一种经济游戏。K 基金会的奖品罕见地扰乱了这种经济，使得经济、艺术与象征价值的关系瞬间偏离了 20 世纪末规范的关系。

　　首先，从经济价值与象征价值的关系来看，报道艺术新闻的记者惯于将任何巨额奖项称为"享有声誉的"或"杰出的"奖项。虽然大家都承认，一些颇负盛名的奖项很少有或根本没有现金奖励（最典型的是龚古尔奖），但这并不妨碍有巨额奖金的新设奖项能赢得新闻界的关注和尊重。事实上，龚古尔奖的"声誉"通常体现在该奖促进图书销量的剧增：龚古尔奖的获奖者一夜之间成为百万富翁。当"国际杰出奖大会"（International Congress of Distinguished Awards）在 20 世纪 90 年代初成立时，作为文化奖产业和媒体之间的一种信息渠道，衡量"杰出的"奖的主要标准是六位数的奖金。在英国艺术领域中以最丰厚的现金奖励的形式颁发"英国最差艺术家奖"，K 基金会不仅保证了该奖不会被媒体轻视，而且还干扰了那些围绕"特纳奖"各种自动进行的新闻宣传，这些宣传说辞总是将"特纳奖"的"声誉"与其 2 万英镑的现金奖励联系在一起。[16] K 基金会的奖品的价值是特纳奖的两倍，至少耗资 20 万英镑，而且奖还颁给获得特纳奖的同一位艺术家的同一批作品，但该奖显然与特纳奖对声誉的要求完全不同：这是为糟糕的艺术家设立的一种诱饵奖，并且获奖作品还被宣布是"垃圾"。[17]

　　同样，英国最差艺术家奖也搅乱了奖的象征价值与评奖对象的艺术价值之间的正常关系。差评奖和最差奖为不具有艺术价值的作品提供不具有艺术性的奖杯，以否定的形式演绎将艺术（奖杯）等同于艺术

231

232

(作品)的常规行为。然而,德拉蒙德和考蒂确实在某种程度上将其物质奖品当作严肃的艺术品:他们向怀特瑞德赠送的不仅仅是4万英镑、一块木板、一些钉子和一个画框,而是从K基金会不断发展的资源库里组合起来的一件艺术作品,怀特瑞德显然拆解了这件作品,并从中挑出了现金作为慈善支出,该作品具体的艺术价值是否经得起长期的或短期的历史审视,当然成了一个毫无意义的问题。[18]但至少在我看来,K基金会"英国最差艺术家奖"是《金钱:现金的主体》中引人注目的存在,它构成了一个远远比皮博迪奖的奖章或英国电影电视艺术学院奖(BAFTA)的小金像等更有说服力的艺术奖品,把它捐出来作为奖品颁发给英国最差艺术家,这是扰乱默认的、假定的互惠体系的又一个手段,而这种互惠体系组织和支撑着文化声誉的市场。

但是,虽然考蒂和德拉蒙德的策划颇有创意地部署了他们的游击战术,而且是在文化生产场域中金钱与艺术之间的交换条件得到最有效的谈判的地方(即通过奖项),但他们对特纳奖及其赞助人或赞助商造成的损害比不上他们前一年对全英奖的损害。那一年,媒体对特纳奖的报道比往常更广泛,敌意也更少,因为媒体的大部分敌意转向了K基金会。由于怀特瑞德发起了一场运动以保护她的混凝土雕塑"房子"不被政府拆除,作为一位名人,她获得了《泰晤士报》所称的最佳与最差的"独特的艺术双料奖",而这远比单独获得特纳奖更让她出名。[19]就连英国电视四台也因此得到了K基金会的支持而有所收益,K基金会为其在该频道的特纳奖节目播出期间所做的广告至少支付了2万英镑的费用。

事实上,德拉蒙德和考蒂清楚地意识到,他们的介入并不是典型的现代主义对文化奖的责难,也不是针对艺术机构的直接对抗行为。他们并未表示自己放弃了游戏,或者以某种方式从艺术领域逃到了一个纯洁的边缘地带。他们取得成功的部分原因在于,他们所设立的最差艺术家奖尽管在经济上存在种种不合常规及失衡之处,但最终与泰特美术馆设立的最佳艺术家奖并没有太大的不同。最好的与最差的,最严肃的与最娱乐的,以及最合法的与最商业化的不再轻易地被设置成二元对立;虽说在人们的讨论中预设的文化场域的二元对立结构仍然存在,但这种对立已经从根本上被打破。毕竟,艺术家必须将自己当作超越商业化的流行明星,**同时又是**概念化的艺术世界前沿的先锋,并基于他们的流行明星身份的"素材"创作出根本没有明显商业价值的作品。可以肯定的是,德拉蒙德和考蒂的恶搞行为表明特纳奖已经是一个模仿奖、一个诱饵奖和一个笑话。但是,不太明显的是,他们设立的模仿奖是真实的,无法完全与特纳奖等经济工具区分开来:这个模仿奖也是通过新闻资本(可视性、名人、丑闻)将"异质资本"(来自大众市场的金钱)转换为特定的象征资本(在艺术界的合法地位)的一种手段。它也为艺术家和赞助商(更不用说艺术家兼赞助商)提供了一个机会,让他们可以通过接受或拒领奖的行为以及对奖项采取欢迎或屈尊的策略,以尽可能促进自身利益的方式来管理或协商这些交易行为。事实上,许多艺术家对 K 基金会的宣传活动做出了回应,他们打电话给泰特美术馆,询问自己的作品是否被列入最差艺术家的候选名单。最终他们利用了这个机会,因为怀特瑞德对 K 基金会奖采取屈尊策略的一个关键环节是将奖金以竞赛形式、由评委会评选的形式,重新分配给经济拮据、毛遂自荐的艺术家。[21]

234

　　虽然文化奖的严肃性已经被削弱,但其效力并未被相应地削弱,所以像德拉蒙德和考蒂这样的艺术家们所采取的游戏策略尽管有时确实具有挑衅性和启发性,但这些仍然属于当代文化奖的游戏范围之内。事实上,特纳奖得主和 K 基金会的最差艺术家奖得主一样,围绕不同形式的资本及其转换性开展了一场滑稽的游戏,或者说是一场戏弄式游戏。在怀特瑞德获得特纳奖的两年后,达米安·赫斯特(Damien Hirst)因其名作《母子分离》(*Mother and Child*, *Divided*)而获奖,该作品曾在 1992 年威尼斯双年展上被展出,由浸泡在甲醛中的残缺的母牛和小牛的尸体组成。赫斯特把他的获奖利用到了极致,他对媒体发表了一些令人难堪的、粗野的言论以展示其个性:"你用英国 A-Level 艺术课程的 E 等成绩、扭曲的想象力和电锯能做什么?真是太神奇了。"[22]媒体则尽职尽责地开火抨击,批评他的获奖是"可憎的、令人憎

235

恶的丑闻"，并且（参照当时人们对感染疯牛病的牛肉的持续恐慌情绪）指出这是一起"疯狂的评委病"案例。[23] 布赖恩·苏威尔（Brian Sewell）极端保守，他经常参与电视和电台节目，还为广告配音，并定期在《标准晚报》（Evening Standard）上开设专栏，成为英国最引人注目和最有发言权的艺术记者，他在所有可以发文的媒体上表达了对赫斯特获奖的鄙视，甚至在其散文集《恶棍的字母表》（Alphabet of Villains）的封面选用了把他自己的头颅浸泡在甲醛液体中的照片来戏仿赫斯特的作品，而且该书出版的时间正好与特纳奖评选结果宣布的时间一致。

当然，这大多是在作秀。赫斯特的获奖是当年最不令人意外也最不具有新闻价值的事件之一。赫斯特一直是英国 20 世纪 90 年代之后崛起的年轻艺术家"当红新人"中的领军人物，他或许也是英国最知名的艺术家，已经两次入围过特纳奖，并被威廉·希尔（William Hill）博彩公司评为令人期盼的四到五名热门候选人之一（威廉·希尔公司提供所有重要奖的赌局作为其"文化档案"的一部分）。报刊艺术编辑们以震惊和恐怖的口吻报道这一事件，不过是在所谓的英国新艺术捍卫者与传统艺术标准和价值的捍卫者之间正在进行的派别斗争中寻求他们自己的利益。[24] 评论家朱利安·斯塔拉布拉斯（Julian Stallabrass）将英国新艺术称之为"高雅艺术的平庸版"（high art lite），还对它进行了尤为犀利的批评。新艺术的捍卫者们则完全卷入了文化奖领域，其中几人担任了公开反对特纳奖的"杰伍德绘画奖"（Jerwood Prize for Painting）（创立于 1993 年，奖金为 3 万英镑）的评委。而在赫斯特获奖前几周，苏维尔宣布自己刚刚创立了一个更加激烈的反"特纳奖"的新奖，名为"海沃德年奖"（Hayward Annual）。他们夸张的言辞（称赫斯特的作品具有"满桶口水的美学价值"[25]）再次表明，现代文化奖总是牵涉的"平庸的丑闻"已经成为一种人们高度刻意地追逐地位的游戏，记者兼评论者们抓住奖项话题，以此来重新激活艺术与金钱、文化与社会之间业已弱化的二元对立，通过一个不适宜的但人们已习以为常的二元对立体系来加强自己的地位。甚至在赫斯特获奖之前，《星期日泰晤士报》就刊登了大卫·米尔斯（David Mills）撰写的一篇巧妙的文章，详细介绍用来抨击特纳奖的措辞的诀窍。[26] 在这些有关丑闻的新闻游戏中，"为艺术而艺术"辩护的并非来自坚定的前卫派们，尽管他们愿意进行长期投资（也就是说，他们甘守清贫数十年以达到最终战胜主流品位的目标），而是来自最安逸的艺术家或教授，以及最会规避风险的记者和批评家们，甚至特别是那些在习性上与日益活跃的公司右翼①的文化派保持一致的人，例如，我们发现奥林基金会（Olin Foundation）主要的艺术守卫者希尔顿·克雷默（Hilton Kramer）也属于反特纳奖派。

　　基于艺术自主性的现代话语并未消失，它已成为人们的一种策略性的设想，或者至少是一种不完全真诚的设想，并且这种现代话语经常被 20 世纪最后 20 年出现的高雅艺术右派有效地利用，作为一种对抗手段。[27] 因此，对于那些寻求特有的合法性的年轻、前卫的艺术家或少数族裔艺术家来说，它即便不是毫无希望达到目标的工具，也是一种危险的工具。我们可以从最近的文化奖丑闻中看到，这些前卫的艺术家或少数族裔艺术家被迫通过差异化策略、各种游戏玩法来保持自己对正当的艺术自主性的兴趣而不是放弃它，这些都违背了简单的二元对立、双轴或四象限文化位置的地理分布——以这种地理分布，艺术自主性只能出现在专为艺术家设置的一个遥远的角落或避难所。

　　再举一例来说明这些文学奖游戏的新玩法，以托妮·莫里森（Toni Morrison）为例，20 世纪 80 年代以来，她算是最积极、最渴望赢得文学奖的作家。她为得到文学奖而进行游说，并公开将其视为一种"救赎"而欣然接受。即使以当代的标准来看，她似乎也完全陷入了对奖项的趋之若鹜而完全抛弃了屈尊的礼仪，这使她很容易被人诟病是以艺术诚信来换取文化声誉。

　　在 1987—1988 年的美国图书奖颁奖季，令人关切的评奖"丑闻"爆发。当时莫里森的作品《宠儿》（Beloved）正在角逐文学奖，而之前只有少数非裔美国作家获得过重要的美国图书奖，1953 年，拉尔夫·埃里

237

---

　　①　公司右翼是由大公司老板和管理者资助的、与美国政治右翼一致的一系列智囊团、政治行动委员会、说客和黑钱集团。

森（Ralph Ellison）凭借其《隐形人》（*Invisible Man*）获得了美国国家图书奖，但此后近 30 年间，黑人作家再没有获得过国家图书奖或普利策小说奖。20 世纪 80 年代初美国非裔女作家们崭露头角后，这种情况开始发生变化。格洛丽亚·内勒（Gloria Naylor）、葆拉·马歇尔（Paule Marshall）和艾丽斯·沃克（Alice Walker）连续三年获得了国家图书奖。但作为这批作家中最受尊敬的人物，莫里森被淘汰了。虽然她的第五部小说《宠儿》出版后赢得评论界雷鸣般的好评，并获得了所有重要文学奖的提名，但她无法获奖这一情形似乎不太可能改变。

随着颁奖季的进行，《宠儿》先是被国家图书奖拒之门外，莫里森自信地带了三桌朋友和相关人士出席了国家图书奖的颁奖典礼，但该奖颁给了一位名不见经传的越战老兵拉里·海涅曼（Larry Heinemann），不久莫里森又被美国"国家书评人协会奖"拒之门外，这样她就只能去角逐普利策奖。而在这三大文学奖中，普利策奖历来是最抵制美国非裔作家的奖。于是，我们这个时代独有的文学奖争议随之爆发，其核心是几十位支持莫里森的著名非裔美国人。他们采取了先发制人的策略，为她集体发声，以确保普利策奖能颁给《宠儿》，但这扰乱了该奖正常的评选程序。

这些非裔美国人采用的干预方式是给《纽约时报书评》（*New York Times Book Review*）发出一封公开信，诗人琼·乔丹（June Jordan）和文学评论家小休斯顿·A. 贝克（Houston A. Baker Jr.）也在这封信上签名，信后附有一份重申其要点的"声明"，除乔丹、贝克外还有其他 46 人也签了名，其中包括玛雅·安吉洛（Maya Angelou）、托尼·凯德·班巴拉（Toni Cade Bambara）、阿米里·巴拉卡（Amiri Baraka）和艾丽斯·沃克等。[29] 在詹姆斯·鲍德温去世后不久，乔丹和贝克提出了这位国际知名作家与图书奖相关的地域影响和文化流放问题："詹姆斯·鲍德温享誉全世界，他在去世后被誉为'不朽的'作家及'他那个时代的良心'，这些是事实，但是鲍德温从未获得过国家图书奖和普利策奖——从来没有获得过美国文学经典的基石这一荣誉。"

这一声明接着将鲍德温与莫里森关联起来，莫里森是另一位深受爱戴的享有"国际地位"的作家,她"尚未获得民族认可,但她的五部主要小说作品完全值得……尚未获得的国家图书奖或普利策奖这两项至关重要的荣誉"。这些作家们宣称他们自己在做出这一评估时具有"正当和明确的权威",并在莫里森尚未赢得普利策奖的情况下,以相当于提前颁发该奖的言辞作为公开信的结尾,使用了颁奖仪式上特有的、令人听腻了的赠送礼物和表达感谢的话术,"我们谨向您的震撼人心的、优美的创作简单致敬……我们对《宠儿》的问世表示感激,这是您最近送给我们的社会、我们的国家和我们的良心的礼物"。

　　由于普利策奖评委会和委员会最终将该奖授予莫里森,并且个别评委还表示早在这封信和声明公布之前他们就已经坚定地支持《宠儿》获奖了,在接下来的几年里,莫里森和这部小说的地位在不断上升,结果到了今天,人们肯定会将莫里森视为美国最受尊敬的小说家,把《宠儿》看成是其不可或缺的作品。人们可能会认为,在这种情况下,丑闻就可以避免发生了。毕竟,正如我们已经注意到的,正是美国国家图书基金会发现这一评选结果引发"文学界和出版界愤怒"[30]。

　　然而,在文学奖评论史册上,莫里森获得普利策奖并未被当作一次使作家进入伟大文学行列的成功干预,而是被当作一件丑闻和"争议"事件——"争议"一词出现在数十篇针对该事件的评论文章中。作为另一个纠正文学奖错误的轶事,它证明了奖对文化的贬低作用,部分原因在于20世纪80年代末激烈的文化和种族政治斗争。正是在那个时代,里根政府的保守派开始将他们的反平权行动扩展到了文化领域,他们抨击大学、国家艺术基金会(National Endowment for the Arts)、国家人文基金会(National Endowment for the Humanities),以及各种博物馆和策展人等,也不可避免地抨击了主要的文化奖项和奖励活动,因为这些文化奖表面上是根据民族和种族配额制度来确立艺术作品的价值,而不是根据作品固有的艺术价值。卡罗尔·伊安诺内(Carol Iannone)在寻求担任"全美人文委员会"(National Council on the Humanities)最高职位的提名时,沿着上述思路抨击了莫里森的普利策奖事件。在普利策奖评选前她策略性地批评了《宠儿》,声称这部小说

239

240

不过是连篇累牍的"经常重复的痛苦"，后来她又指责道，"一群黑人作家要求让托妮·莫里森的小说获得普利策奖"，这是美国"最负盛名的文学奖"被那些为了"'平庸的民主独裁'而牺牲对卓越的文学品质要求"的评委降低评奖标准的一个例证。[31]

但即使是这些极端的批评者们也可以看出，莫里森和《宠儿》成为有关文学奖评奖标准降低的论战中非常糟糕的批评对象。虽然莫里森的普利策奖事件可能与政治右翼的议程和策略相吻合，给这群热衷于反对文化奖的人们提供了一个以"非政治"、超文学标准的名义诋毁黑人文化，不尊重美国最重要的黑人作家的机会，但这件事从未成为他们关注的中心事件或焦点，他们把矛头都指向了艾丽斯·沃克和查尔斯·约翰逊获得的奖项。莫里森的普利策奖在各种颁奖丑闻中的突出地位与里根、老布什时代反对多元文化主义和"政治正确"运动的关系不大，但与整个文化礼物交换体系的广泛转变有更多的关系。借这个事件衍生出我一直提及的文化游戏问题，即礼仪和礼节的问题，当然，这些问题本身绝非与种族或政治无关。围绕着莫里森的普利策奖丑闻的言论来自一种残余的但仍具影响力的要求，那就是艺术家就算参加了颁奖仪式也要置身奖项之外，艺术家要以某种方式采取屈尊策略，以便在审美价值与公众赞誉的尺度之间、在真正的天才与只是成功获奖之间保持一种可识别的距离。

莫里森及其代理人的策略实际上维护了上述两种等级的同一性，或者至少是夸大了两个层级的趋同程度。支持莫里森的公开信并没有将国家图书奖视为腐败的、破坏性的经济工具而抛弃它，甚至也没有将该奖视为装点门面的但根本上毫无价值的玩意，而是将它视为文学场域的一个顶峰，是"文学经典的基石"。这些言辞即使放在领奖致辞中，也会让人感到有些言过其实，因为作为礼物的奖是对获奖者成就的部分或者不完全的肯定，而这项成就已在其他地方和其他方面被可靠地衡量过：一个有价值的获奖者（有哪个奖会颁给一个不合格的获奖者？）会为奖增值，甚至将获奖者的（未来的，即便不是现在的）经典性带入奖，而不是相反。作为提前游说国家图书奖评委会活动的一部分，公开

信的措辞更加不妥,因为它认为,眼下这位作家是**唯一**值得在文学场域
占据崇高地位的候选人。有关只有某人才有资格获奖的观点可能是一
种有趣的宣传噱头,就像喜剧演员杰基·梅森(Jackie Mason)一样,他
甚至自负地对1994年度托尼奖的组织者发起索值2 500万美元赔偿的
诉讼,理由是他们没有认可他个人的伟大之处。不过,在最受尊敬的文
化实践场域里,莫里森与菲利普·罗斯(Philip Roth)——另一位我们
认为早该获得其首个普利策奖的作家同在被提名作家的行列。根据一
种仍然强大的文化逻辑,一个人非常认真地去追逐只有自己才有资格
获奖的执念是不得体的。克里斯托弗·希钦斯(Christopher Hitchens)
声讨了这种违规行为,他在《名利场》(*Vanity Fair*)上发表的一篇文章
中谈到了这场争论,并批评了当代人对文化奖的狂热:³⁴

242

> 1987年,散文家兼诗人琼·乔登和小说家托尼·莫里森认定
> 刚刚出版了《宠儿》的莫里森女士应该获奖,也**需要**获奖。他们感
> 到遗憾的是,她曾得到国家图书奖**和**国家书评人协会奖的提名却
> 未能获奖。琼·乔登说:"文学奖是文学界唯一有意义的认可。"即
> 便不算是非常雄辩的话,这句话也非常发人深省。她给《纽约时报
> 书评》(不知还发给哪个媒体?)发出一封公开信,并得到了宾夕法
> 尼亚大学英语教授休斯顿·贝克(Houston Baker)的共同声援,实
> 际上,包括艾丽斯·沃克、玛雅·安吉洛(Maya Angelou)和阿米
> 里·巴拉卡(Amiri Baraka)等在内的40多人一致要求把托妮·莫
> 里森升级为获奖者。当国家图书基金会为其不偏不倚的立场而苦
> 恼时……签名者的[郑重声明]被[新闻界]隆重地报道了。

这篇文章中突出了一句话,"对奖的渴望正在让作家们经受考验,
即使是一个执着的奥斯卡奖追逐者也应该感到尴尬"。在好莱坞底层
中存在的粗俗可以原谅,而这对文学艺术家来说却无法容忍。即使是
通过代理人,文学艺术家承认自己渴望获奖也是现代艺术观的一种尴
尬和丑闻。"当然,伟大的、勇敢的、原创的作家不需要评奖委员会来

'认可'"他们的"不朽"。像鲍德温这样的作家哪里会去觊觎图书奖，更不用说会去认同乔登的观点，即"文学奖是文学界唯一有意义的认可"。在希钦斯看来这简直是荒谬的："鲍德温以传统方式获得了不朽的声誉——他努力写作，孤独一生，他的作品深深地打动了那些从未听说过国家图书基金会的读者们。"[35]

  "孤独"一词是评奖丑闻中反复出现的一个褒义词，更好地阐释了希钦斯这篇文章的用意。实际上，尽管他有关丑闻的言论是在猛烈抨击文学奖，但将真正的越轨或批判干预从艺术与金钱、艺术与政治的旧模式重新引导到现代艺术意识形态的既定道路上。莫里森及其支持者就是要承认并批判奖本来的面目——它完全成为一种社会的、经济的和(种族主义)政治的工具，并相信在文学的长期评价方面，奖具有真正的甚至是潜在的决定性力量，他们公开地、坦荡地争取让莫里森获奖，还利用他们自己的社会资本和象征资本来实现这一目标。从评奖的角度来看，他们这是在明目张胆地展开博弈，摆出各种利益、赌注和资产负债表，并公开提出"交易"方案。但是，我们可以指望像希钦斯这样公开批评文学奖的人去谴责干预者，并将她护送到她适当的位置，超越或远离众所周知的密室，因为在密室里，文学价值是由一个委员会，即一群代理人，无耻地制造出来的。

  什么样的战略和战术在评奖游戏的规则中是可以接受的，或者艺术家处在什么位置可以合理面对奖，这个问题因此可归结为艺术家在社会中的位置。站在那些愤怒地反对图书奖的人的立场上，任何真正值得大家集体钦佩的作家都不应该热衷于取得严格意义上的社会成就，事实上，他们应该积极地避免取得这些社会成就。约翰·格罗斯(John Gross)在《泰晤士报》上发表了一篇典型的强烈反对布克奖的"有害影响"的文章，在文中他评论道："无论是过去还是现在，对于我所真正崇拜的大多数小说家来说，连参加个颁奖仪式都会让他们失去自豪感。"[36]这只是另一种说法，即艺术家的位置在别的地方——在远离社会之外的某个地方。"随着另一场(布克奖)评选的到来，"格罗斯在文章中总结道，"我发现自己想起了亨利·詹姆斯（Henry James）①对一位年轻人的建议，这位年轻人告诉他，他想成为一名小说家，詹姆斯建议道：'你必须在你的旗帜刻上一个词，那就是孤独。'"当然，社会可能会无视孤独的旗帜，坚持用它的小饰物和小玩意来干扰作家，但作家绝不能鼓励或积极参与这些"仪式"。

莫里森及其支持者们无疑认同艺术观，并相信艺术价值与社会尊重之间的区别。但这并不妨碍他们对声誉经济及其主导工具——文学奖进行大量投资，而且还公开地、坦诚地这样做。对奖项来说，这甚至也是尴尬之举。他们明确地将主流图书奖视为"美国文学经典的基石"，即便任何特定时期的文学经典与之前的获奖者之间存在着惊人的非连续性，[37]即便人们很容易指控这些奖品与腐败和偏见有关，[38]但他们认识到，正是通过这些令人尴尬的社会—商业—文化机制，文学经典才得以形成，文化资本才得以分配，"文学的伟大性"才得以确立。莫里森的策略是一种消极的肯定，既把国家图书奖视作比传统的评论家所能接受的更虚假（尤其是更极端的种族主义）的文化价值衡量标准，又将它视作更真实（与合法的、最终完美一致）的文化价值衡量标准，这一策略在她与有组织的文化右派的斗争中起到了很好的作用，那些文化右派竭尽全力压制非裔美国文学声誉的提升，尤其抵制它在大学课程中不断扩大的地位，却发现自己在托尼·莫里森面前完全处于劣势，因为在莫里森的象征宝库中各种形式的财富已经满得溢出来了。

无论莫里森个人的信念是什么，这种策略进一步证明了文学实践的幻象正在发生转变。因为如果文学奖被视为是文学经典形成的大本营，它就被剥夺了以艺术为基础的更高的合法性，从而也被剥夺了以被**误认**的形式进行资本流通的能力。传统上，文化奖给其发挥社会影响的地方蒙上了一层魔法和集体虚构的面纱，而今这个面纱变得更加透明，更加明确地揭示不同阶层的人之间的差异，而这些人与文化资本的

245

---

① 亨利·詹姆斯（1843—1916），美国 19 世纪末至 20 世纪初伟大的小说家、戏剧家和文艺理论家，被公认为西方文学现实主义向现代主义过渡时期的代表作家。

关系受文化奖经济的调节，并暴露了声誉经济内部斗争的政治利害关系。只要当代艺术家们对文化奖策略性的对抗仍然能够通过人们的心照不宣和暗示被纳入丑闻话语中，文化奖将继续在文化界占据主导地位。不过，有可能我们所看到的将是，伴随着颁奖游戏出现的新说辞和新玩法，文化奖的统治时代开始进入尾声，长期以来美学赖以悬浮的集体魔力被削弱了。一个隐秘的艺术支持体系逐渐显露，在社会实践的基础之上延伸到更高层次的艺术。这种趋势导致了现代艺术观念的衰落，但不会减少文化生活带给人们的乐趣和刺激，也不会终止包括文化奖在内的所有表达庆祝和敬仰的集体仪式。不过，一旦我们不再具有将文化奖本质上视为一个丑闻机构的能力或意愿，评奖产业必然会出现一个痛苦的收缩期。文化奖在经过这么多年不可遏制的扩张之后，面对它们迄今为止最丰富和最可靠的宣传资源的撤离，可能最终出现一些颓势迹象。

246

文化声誉的全球经济

第十一章　艺术的国际竞赛

12 比 1 的赔率实在太高了。鉴于好莱坞越来越强烈地感觉《指环王》可能会大获全胜，我认为霍克（Hawke）是仅次于麦凯伦（McKellen）的第二大热门。但是还记得吗？1978 年，亚历克·吉尼斯（Alec Guinness）因在《星球大战》中扮演"甘道夫"（Gandalf）而被提名"最佳男配角"奖，与他同时获得提名的还有其同胞——一位英国演员，以及一位俄罗斯演员、一位奥地利演员以及唯一的一位美国演员杰森·罗巴兹（Jason Robards）。罗巴兹获奖证明了分散票数的力量甚至比"原力"（The Force）①更强大。

——尼尔·杨，《奥斯卡博彩内幕，1999—2002》，《尼尔·杨的电影放映室》（*Neil Young's Film Lounge*），2002 年 3 月 7 日

我们可以把任何历史时期的艺术或文学视为广义上的"游戏"：为了在艺术生产场域里占据更好、更有利或"垄断"性的地位，各种文化玩

---

① 在电影《星球大战》中，"原力"是散布在银河系中的神秘能量场。具备原力感知能力的个体可以本能地感觉到原力的存在与流动。除了产生原力，生命体还可以让原力从光明面转向黑暗面。光明面滋养着生命，而黑暗面则带来毁灭。要维持原力的平衡，就必须让两面共存。

家或代理人彼此之间进行的竞争。本书的论点之一是文学与文化**体制**框架下的一些新事物，特别是过去的一个世纪里那些与文化奖和奖励相关的新事物，塑造了文化竞争的**特定**形式和价值，从而使其与之前的文化竞争有所不同，在最近数十年间，这种文化竞争更是得到了前所未有的强化，并被进一步重塑。这些新事物与我们现在所说的"全球化"有很大关系，全球化进程始于资本主义的出现，因为资本积累的动力从来就不会受限于国界，但它首先在19世纪后期的技术、意识形态和经济等创新中表现突出。[1]

为了追溯与文化声誉经济相关的全球化过程，我将不会从马克斯·韦伯（Max Weber）开始，而是从巨蟒剧团（Monty Python）的一部旧短剧开始。在这场短剧中，英国多塞特郡的一个足球场上挤满了粉丝，他们来观看托马斯·哈代（Thomas Hardy）撰写他最新的小说《无名的裘德》（*Jude the Obscure*）。当哈代努力写出第一句时，他的支持者们欢呼并赞叹，而内行的主播则进行精彩的现场解说：

> "现在人群安静下来了，哈代在书桌前坐下来，挺直身板，放松肩膀，右手轻轻地却又稳稳地握着笔……他走了！他写下第一个字——但这不是一个字！……哦，不，这是在左边空白处的涂鸦。这是毫无意义的涂鸦，他在下面签上了自己的名字。哦，亲爱的，真是个令人失望的开局……"
>
> "是的，看上去像《德伯家的苔丝》重演。"[2]

巨蟒剧团演出的历史剧往往出奇地准确，虽然他们对哈代的个别细节交代不清，但哈代的职业生涯正逢英国文学现代主义的兴起，围绕这位作家在1895年的小说创作演绎出一个把文学当成球赛的滑稽小品可谓是一个明智的选择。

简要地勾勒一下足球的复杂历史：我们首先注意到现代足球是在19世纪中叶左右被发明的。也就是说，这项运动被赋予了严格的定义和标准化的规则，以便与英式橄榄球及其他许多相关的球类运动明确区别开来，这些运动因地区而异，可以追溯到古希腊和中国。英格兰和苏格兰最古老的体育场修建于 19 世纪 60 年代末。现存最古老的足球赛门票是 1872 年英格兰队对阵苏格兰队的一场比赛。这实际上是有史以来的第一场国际比赛。足球比赛规则的标准化和编纂为跨越国家和地区的竞争打开了大门。到 19 世纪 90 年代，整个欧洲都在修建新体育场，在一个不仅涉及各个城市，而且涉及真正具有国际竞争力和旅游吸引力的新兴体系中，赞助城市积极推广本地的球队。那时，随着赞助城市和国家明确地实施经济上的、象征性的激励措施，体育职业化已经出现，并被合法化。到 19 世纪末，除英格兰外，从新西兰到智利再到芬兰等十几个国家，都成立了国家足球协会，足球运动在全球的未来发展得到了保证。

随着这一国际体育赛事体系的发展，我们可以追溯到 19 世纪 50 年代至 90 年代美术展览会和文化节的同时兴起，因为这些活动也更明确地以国际形式在欧洲主要城市如伦敦、巴黎和罗马等地出现，然后又在美国出现，本质上它们与过去全国性的都市文化节和乡村舞蹈节不同，也与其他新兴的全球博览会或"世界博览会"不同，在这些博览会上，艺术的地位不如工业。

大约在哈代出版《无名的裘德》时，这些平行发展的文化节历史开始交织在一起。艺术和体育逐渐被认为是相关的或类似的实践。在这些实践中，有一些相同的利益在发挥作用，一些相同的利害关系也在人们的争论之中显现。美术展览会和艺术节同时变得更加国际化，并且竞争更加激烈，这不仅是由于主办国将艺术节作为民族自立的工具，而且由于来自不同国家的艺术家们实际上在相互竞争奖金或奖章，并经常作为获奖者在台上发表演讲，等等。

例如，1895 年，首届威尼斯国际艺术双年展（Esposizione Internazionale d Arte della Cittàdi Venezia），即今天的"威尼斯国际艺术双年展"，开始举办。里卡多·塞尔瓦蒂科（Riccardo Selvatico）积极推动双年展，他是实际的创始人，将意大利其他城市（主要是罗马、米兰、那不勒斯和都灵等）举办的艺术博览会视为直接的竞争对象。但在

252

构思新节庆的基本目标和轮廓时，他参考了蓬勃发展的国际足球运动。尽管足球运动在意大利有着悠久的历史，但这项运动在 1893 年意大利热那亚俱乐部成立后才以现代国际比赛的形式呈现。然而，从北欧的事例可以清楚地看到，国际足球比赛很快就在意大利各地举办。事实上，短短五年内，尤文图斯、乌迪内斯、国际米兰和拉齐奥等强大的足球队都成立了。塞尔瓦蒂科完全意识到这一发展趋势，他对在威尼斯推广足球毫无兴趣，但他向威尼斯的参议员们提出，如果能招揽众多游客特地来观看不同国家足球运动员们的比赛，为什么不能让他们来观看这些国家的艺术家们的比赛呢？[3]

253　　诚然，早期的威尼斯双年展还远远不是一个完全合法的"国际竞争"的舞台。首先，组织者以及由他们任命的评审团和评委们都非常专注于宣传他们各自的城市，因此非常偏向于支持那些描绘威尼斯动人景色的本地艺术家，以至于许多外国艺术家们认为举办双年展是一个失败的主张。然而，威尼斯双年展做出了文化国际主义的基本承诺，其国际顾问委员会由法国的古斯塔夫·莫罗（Gustave Moreau）、英国的约翰·埃弗雷特·米莱（John Everett Millais）和爱德华·伯恩-琼斯（Edward Burne-Jones）等艺术家们组成，因此，它与早期在威尼斯和其他地方举办的展览会有很大的区别，后者是全国性的活动，并且是为了庆祝民族艺术，以便在意大利统一后所形成的高度分散的文化空间中来巩固民族认同的理念。

　　此外，威尼斯双年展从一开始就设有一个特别有创意的广告和宣传部门，该部门的业务在十年内开始覆盖整个欧洲，并最终走向了北美。双年展实施创新举措，例如设立评论家奖（Critic's Prize），为报道艺术节的最佳新闻作品提供丰厚的现金奖励，还在展览会大厅内特别指定"新闻记者区"等，这些都是双年展积极提升其国际新闻形象的典型举措。[4] 到 1909 年，电影节的观影人数（从 1895 年的 22 万人次上升到 45 万人次）和售出电影作品的比例（同样在这一时期翻了一番，从大约 35％上升到 70％）令人咋舌，不仅为 1903 年设立的金奖增添了国际声誉，也带来了难以掩盖的商业光彩。[5] 当年有 400 多位外国艺术家来到威尼斯参展，外国影片占参评影片的近 60％。在很短的时间内，威尼斯双年展就使早期的艺术节黯然失色，它不仅成为世界上规模最大、知名度最高的当代艺术展，而且成为现代双年展评审的原型，还将在 20 年后形成 20 世纪艺术节的主流形式，即国际电影节的制度基础，具备奖项、小金像、评审团大奖和特别荣誉等在内的完备形式。

　　几乎与双年展同时出现的还有另外两个重要的奖：1896 年首次举办的奥运会，以及同年在宣读阿尔弗雷德·诺贝尔遗嘱时宣布成立的诺贝尔奖。诺贝尔奖于 1901 年首次颁发。现代奥林匹克运动会基于希腊人的"体育是一门人文艺术"的理念，到 19 世纪后期，这一理念越来越多地在英国、法国、德国和北美的中小学和大学中得到推广，[6] 国际奥委会创始人皮埃尔·德·顾拜旦（Pierre de Coubertin）对此有感而发，奥运会的核心是由身体和智力的"力量"共同构成的一种理想的男子气概："肌肉和思想在兄弟情谊中共存。"显然，这句话出自他在雅典帕纳索斯文学俱乐部（Parnassus Literary Club）所做的一次演讲。帕纳索斯文学俱乐部积极参与奥林匹克复兴运动，深信其自身的文学利益及更广泛的文化利益与雅典奥运会的成败息息相关。就像对待其他有望支持他的文化团体那样，顾拜旦向文学俱乐部成员们描述了自己在欧洲和北美的旅行中目睹到各种大众化体育赛事越来越受欢迎的盛况，既有国际大众体育赛事，又有大型国际文化博览会。按照他的构想和计划，奥林匹克运动会不是单纯的复古，而完全是国际体育和文化这两种当代趋势的大融合，它通过积极拥抱新事物以复兴古典精神。第一次世界大战之前的前五届奥运会不仅把奖牌和橄榄枝花冠颁发给奥林匹克运动员，而且还颁发给了音乐家、艺术家和作家。顾拜旦在谈到授予一位诗人橄榄枝花冠时说道："音乐拉开了奥运会的序幕，诗歌出现在奥运会的闭幕式上，由此，过去将缪斯女神与体力壮举结合起来的纽带再次得到了延续。"[7]顾拜旦本人在 1912 年斯德哥尔摩奥运会上获得了奥林匹克诗歌金牌。

　　在 19 世纪和 20 世纪之交颁发金牌和桂冠的机构中，至少诺贝尔基金会与国际奥委会同样具有影响力。从诺贝尔奖，特别是诺贝尔文学奖中，我们看到了另一种在范围和功能上具有国际性的体制，将艺术与体育、想象力与肌肉力量、文化成就与战胜竞争者之间的共性具体化。这显然不在阿尔弗雷德·诺贝尔的视野中，但这是许多大众媒体所采用的视角。当代报刊有时会将新设立的奖称为"文化奥林匹克"，这个标签有各种形式，至今仍在新闻界盛行（多年来，几项四年一次的"文化奥林匹克"的发起倡议都与诺贝尔奖有关）。在 1901 年诺贝尔奖颁发给萨利·普吕多姆（Sully Prudhomme）之后，各种文章立即就出现了，列出了 1902 年度诺贝尔奖的"热门人选"或"领跑者"，他们各自的优势和劣势，可能造成他们在前一年令人失望的落选原因，他们的获奖概率等［很可能早在立博（Ladbrokes）、威廉·希尔以及其他合法博彩公司 20 世纪 80 年代设立其"文化档案"并开始设置诺贝尔奖赔率之前，就已经有人非正式地押注诺贝尔奖了］。

256　　可以毫不夸张地说，双年展、诺贝尔奖和奥运会的共同出现显示了奖励制度的发展，开启了现代主义时期的艺术与文学场域，并为今天的艺术与文学场域奠定了基础。正如我所描述的，在过去的一百年里，文化奖、荣誉、节日和其他竞争性文化活动在数量和经济规模上均以不成比例的速度大幅增长，其增长幅度超过了文化经济的总体增长。许多历史学家观察到，如果说这一时期的经济生活变得越来越依赖于"文化"实践（从广告写作到电影制作，再到软件用户界面的设计），那么文化实践本身也变得越来越依赖于文化竞争机制和奖励机制。文化工作，特别是生产文化价值的工作，越来越多地通过这些机制来完成。根据作家或艺术家的获奖与落选来评价他们的做法已经变得很普遍，甚至成为一种习惯，这一点在侨居外国或全球的艺术家们身上显得尤为明显。他们与其国内文化界不确定的关系似乎只能用"普利策奖和水星音乐奖双料得主""唯一的布克奖和国家书评人协会奖双料得主""威尼斯、戛纳和多伦多电影节评审团大奖得主"等此类称号来衡量。之前提到的文化讣告语言的显著变化——讣告被压缩成一个只包括逝者过去获奖和登上领奖台的简要目录，这成为艺术被体育模式概念化的又一例证。在我第一次撰写这段文字的那天早上，我读的报纸上就有已转变的文化话语的例子，现在看来这完全是自然的。报纸上有两篇专门的讣告：第一篇是彼得·斯通（Peter Stone）的讣告，标题是"《1776》的作者、获奖作家去世，享年 73 岁"，附有一张照片并配文"彼得·斯通，曾获奥斯卡奖、艾美奖和托尼奖"。第二篇讣告的标题是"迈克·拉雷比（Mike Larrabee），69 岁，1964 年奥运会双料金牌得主"，附有一张照片并配文"迈克·拉雷比赢得奥运会金牌，距离他 31 岁生日还有 6 周"。[8] 今天，谁还会觉得这样的讣告很奇怪？文化领域的奖和奖励就像体育领域的冠军奖牌和世界纪录一样，被视为人的一生中最知名、最有决定性的特征。在这方面，就像"美好时代"出现时那样，文化竞争机制成功地重新定义了艺术家，不仅改变了人们描述他们的用语，而且也改变了人们衡量他们对于这个世界有何价值的用语。艺术和文学的象征经济与国际观赏性体育的象征经济更加一致。这种对文化生活竞争性的重置和强化在那些文化批评家（无疑是大多数）看来也是显而易见的，尽管他们认为文化实践的竞争模式还有缺陷，也过于简化[9]。

　　重要的是，我们不仅要强调这个现象的规模是全球性的（我们仍可把它视为一种地方实践的帝国主义扩张，如从欧洲或北美地方实践的扩张），而且还要从根本上强调它的全球性质，这就导致了即使是最基于民族-国家内部的竞争也必须被视为一个体系或关联场域的一部分，而这个体系或关联场域的边界、规则和最终的利害关系超越并容纳民族文化。这并不是说文化民族主义无关紧要，也不是说在这种竞争范式中，某个国家的政府和机构必然是弱势的参与者。相反，从一开始，至少在 20 世纪的头五六十年里，整个艺术与体育的融合基本上表现为**国际**节日和颁奖，通过这些活动，大家觉得各国会以一种"健康"、良性、相互启发的方式与他国竞争。然而，在这些体制发展之初，也隐隐出现了某种对文化民族主义的挑战，也就是对更传统的民族主义文化实践的偏离。众多富有的实业家们在整个 19 世纪后期设立了科学奖，偶尔也在其他领域设立奖项，毕竟，阿尔弗雷德·诺贝尔只是其中之一。这是一个慈善事业云集的时期，大量的奖项赞助活动随之开展。诺贝尔奖之所以成为崭新的、不同的、独特范式的一部分，无愧于其"第一个真正的国际奖"的地位，与其说是因为它的巨额奖金，不如说是因为根据一个有效的"中立"的瑞典评委会的决定，这些巨额奖金将流向外国国民，这是一个前所未有的、极具争议性的特征[10]。

作为新（国际）文化赞助者，"美好时代"的实业家们和金融家们拥有巨大的、无与伦比的财富，这正是这一时期极其紧锣密鼓和广泛发展的全球化带来的结果。那些年里，巨大的技术进步和资本主义创新，例如海底电缆网络、哈瓦斯、路透社、沃尔夫①、美联社等地区通讯社、日报和广告业等，在媒体和通信领域中出现并被投入使用，产生了新兴的、另类的国际流行"活动"或"事件"。与苏格兰队对阵英格兰队的比赛不同，日报拥有无线电通信服务，经过它们的报道，即使是那些没有大量观众观看的活动和那些没有特别吸引力的场面，也会被有些狂热的民族主义"粉丝"或不断叫嚣的反对者所"关注"。虽然诺贝尔奖花了至少十年的时间才在科学界赢得了一定的合法性，但在 1915 年之前，它们甚至很少在科学期刊上被提及，而其他各项诺贝尔奖，尤其是文学奖与和平奖，作为具有高风险的国际竞争性奖，其功能很快就在大众媒体上引起轰动。在第一届诺贝尔奖颁奖典礼后，约有 500 家期刊（包括欧洲和北美以外的 150 多家期刊）发表了关于该奖的文章，此后相关报道的数量稳步增长。[11]其中一些报道可能也会出现在体育版上。例如，与奥运会一样，媒体很快就开始报道我们现下所熟悉的每个参赛国的奖牌总数，德国杂志的报道是志得意满的，而英国和美国杂志的报道却显得忧心忡忡或疑虑重重，因为这两国被强大的并且组织严密的德国体育"团队"超越，这种感受深深地刺痛了两国的神经。正如我们所预料的，这些对国家的竞争力的炫耀和焦虑以及对不同国家、不同文化的运动员备赛的报道，在第一次世界大战爆发前的几年里变得特别热闹。但是，这种新闻话语的表达方式早在十年前就已经确立，并一直被持续

①　沃尔夫通讯社（Wolff Telegraph Bureau）于 1849 年在德国柏林成立，19 世纪 60 年代末以来担任德国政府的半官方新闻机构，与法国哈瓦斯通讯社、英国路透社、美国联合通讯社一起被称为西方的四大通讯社。

不断地运用。[12]诺贝尔文学奖(就像奥运会、双年展和这一新兴组织的所有其他工具一样)让报纸有了销路,让新闻机构及其洲际通信系统忙个不停,因为它提供了涵盖以下话题的一系列可靠的事件——一场事关输赢的竞争、全球范围和民族主义诉求等,这些最适合新闻消费。

今天,文化声誉经济是一种全球性经济,这比以往任何时候都更加明显。在这种经济中,许多本土的文化市场和本土的价值尺度被捆绑在一起,形成了更加紧密的相互依存的关系。我们不仅可以看到,在过去半个世纪里,成功的欧美文化奖被一个又一个国家模仿复制,在日益全球化的文化传播与适合本土的挪用过程中成为正式的模版——"中国台湾的奥斯卡奖""南非的艾美奖""西班牙加泰罗尼亚的诺贝尔奖""俄罗斯的布克奖"等,而且在这个奖项的世界里,我们可以看到一个奖项竞赛的结果如何立即成为影响地理上相距遥远的其他奖项竞赛的因素——对安东尼·吉登斯(Anthony Giddens)来说,这种"远距离行动"(action at a distance)是全球化时代的特征。[13]戛纳电影节、圣丹斯电影节(Sundance)或泛非电影节(Fespaco)评审团的评选结果不仅影响世界上其他电影节的选片,而且可以在几分钟内改变博彩公司为英国电影和电视艺术学院奖及奥斯卡奖设定的赔付率。当瑞典文学院评选出一位新的诺贝尔奖得主,那些参与更具地方性或区域性奖项的人会立刻将此作为一笔象征性的意外之财来庆贺,这是因为新的诺贝尔奖得主已经把这些地方性或区域性奖项计入他(她)的获奖清单中,由此他(她)的诺贝尔奖会极大地提升地方性或区域性奖项的合法性。[14]

我们也可以很容易地观察到,由于颁奖的对象,也由于(其他)合法性的来源,最雄心勃勃的奖项是如何越来越多地超越了国界。在20世纪70年代以来涌现的众多国际"超级大奖"中,日本的"皇家世界文化奖"颇为典型。这些奖都是按照诺贝尔奖的模式构思的,它们与诺贝尔奖一样自诩为全球的权威。因此,1995年在东京举办的皇家世界文化奖的颁奖典礼上,一位智利裔法国画家、两位法裔美国雕塑家、一位英国作曲家、一位日本戏剧导演和一位意大利建筑师一起获奖也就不足为奇了。但是,在组织和典礼方面,诺贝尔奖的事务仍然是相对封闭地由瑞典人负责，而皇家世界文化奖则急切地抓住了来自日本以外的象征性支持。1995 年，该奖顾问委员会成员包括来自三个国家的前国家元首，其年度新闻公告则是在伦敦发布的，英国女王主持了颁奖后的一场招待会。这样的体制安排让人联想到奥林匹克委员会而不是瑞典文学院。这表明，文化声誉所带来的全球经济与政治、社会和经济权力的国际回路深深地交织在了一起。

即使"皇家世界文化奖"的最高奖也不是能够随意设置的，它们并非没有植根于日本本土或国家的公用事业。1989 年，根据日本高松亲王（Prince Takamatsu）的遗愿，"世界文化奖"在日本艺术协会（Japan Art Association）的主持下设立，旨在改善日本在其贸易伙伴中树立的糟糕的国家形象。当时，日本被广泛（特别是在北美和英国）认为是一台出口与贸易顺差最大化的机器，这导致北美和英国成为债务国，然后，日本从债务国购买"战利品资产"。在美国，日本收购了洛克菲勒中心（Rockefeller Center）、圆石滩高尔夫球场（Pebble Beach Golf Course）和久负盛名的好莱坞哥伦比亚电影公司（Columbia Pictures Entertainment），这些交易塑造了一个财大气粗的"日本侵略者"形象。"皇家世界文化奖"在很大程度上由大型媒体公司富士产经传媒集团（Fujisankei Media Group）资助，该公司正是几年前"入侵"纽约的公司之一。"皇家世界文化奖"被视为一种向国际社会表达善意和文化理解的象征性姿态的奖项。作为日本自发的一种慷慨之举，该奖旨在打消日本在有计划的收购资产方面的坏名声。该奖精心策划的"国际主义"一直被打造为**日本的**国际主义，也就是说，它是日本人民接受和支持外国文化的能力被低估的一个证据。

同样的民族特有的国际主义逻辑几乎是所有这类奖项共同的特征。再举一例，诺伊施塔特国际文学奖（Neustadt International Prize for Literature）是一个真正的多语言、多文化的活动，该奖的特点是，评委会和入围名单来自八个或十个不同的国家，涉及多种语言。最近的一些被提名作家来自尼日利亚、海地、圭亚那、葡萄牙、中国、芬兰以及其他那些远离主要的文学生产和消费地的国家。最近的获奖者有来自哥伦比亚和索马里的作家。但在宣传材料中,诺伊施塔特奖大力宣扬其美国属性,并有意将自身定位成美国本土的顶级文学奖,例如,该奖煞费苦心狭义地界定自身的类型,成为"唯一一个源自美国的国际文学奖"。就像其他数十个奖项一样,诺伊施塔特奖宣称自己"经常被称为'美国的诺贝尔奖'"。它的创始人、评论家伊瓦尔·伊瓦斯克(Ivar Ivask)考虑到尤其在美国国内,俄克拉荷马州被当作文化落后地区的典型,并被当作天生的乡巴佬笑话的素材,于是就创立了包括该奖在内的一系列文学事业,旨在促进俄克拉荷马大学这所美国的区域性大学的发展。[15] 因此,该奖利用国际声誉经济来提高当地在美国国内的地位。

　　根据这一逻辑,文化奖在坚持全球模式并寻求全球影响力的同时保持与本土的关联,以本土为基础,而根据另一逻辑,即使是世界上最强大的文化奖,在扩大自身在全球的权威方面也可能受到具体的、变化多端的限制。例如,据报道,20世纪90年代初,由弗兰克·盖里(Frank Gehry)领导的普利兹克奖评审团被迫推迟向安藤忠雄(Tadeo Ando)颁奖,而是首先向槇文彦(Fumihiko Maki)颁奖以使奖励符合日本相关的资历和秩序规约,因为如果不这样做的话,就会造成日本人的文化误解和相互指责的危机,而像普利兹克奖这样的奖项旨在通过对多元文化的欣赏和尊重来克服这种危机,为了实现它所宣称的全球计划,该奖管理方不得不遵从日本的规则和价值观[16]。

　　我们所能想到在"**文化**资本主义世界体系"[挪用伊曼纽尔·沃勒斯坦(Immanuel Wallerstein)及其学派的术语][17] 中存在的这种张力,包括地方与全球、国内与国外、本土与外来的或强加给本土的文化资本之间的张力,是下面两章将要讨论的重点。我特别关注的是,由于过去几十年来全球化的加剧和扩张,国际奖项和奖励体制发生了一些变化。我的总体观点是,无论我们多么怀疑全球化理论家的看法,即民族-国家作为新的世界秩序下的经济能动者的地位被削弱,甚至消失,但就世界声誉经济而言,这些说法似乎有一定的道理。[18] 至少,象征资本与民族市场的联系越来越不紧密;就我刚刚提到的槇文彦获得普利兹克奖

263

205

的例子，奖项管理方对日本的民族礼仪和价值观的顺从也正在变得不合时宜，因为这是过去残余的交易方式。[19] 我希望说明，这种对某些民族文化声誉价值的侵蚀，为"本土"文化生产的代理人和来自前殖民地的处于"夹缝"中的艺术家们提供了一些新的机会。但是，我们也将看到，尽管享有全球声誉的机构和市场为提高地方文化和少数文化的竞争地位做了很多工作，但对于那些正在开展文化后殖民化项目的人来说，这充其量是喜忧参半。

第十二章　声誉的新疆域

这将迫使我反思文学史的诸多空间——省份、国家、大陆、星球……以及将它们联系在一起的等级制度。
　　　——佛朗哥·莫雷蒂（Franco Moretti），《欧洲小说地图集》
　　　　　　　　　　　　　　（*Atlas of the European Novel*，1998）

大约在 20 世纪前三分之二的时间里，在意识形态层面上，地方文化声誉与全球文化声誉之间的张力往往可勉强属于狭隘的民族主义/国际主义范式，人们认为具有全国代表性的艺术家们在民族-国家（或其他民族主义实体）之间或其内部开展文化竞争。19 世纪初，歌德已经意识到，文化价值在新兴的"世界交易市场"上交易和流通，"所有国家都在那里出售商品"。[1]这一点对于新兴的第三世界国家及欧洲、北美的老牌国家同样适用。1900—1970 年毕竟是民族解放运动兴起的时期，在第二次世界大战之前的数十年里，民族解放运动开始强烈地挑战殖民秩序，并在 20 世纪 60 年代末大体推翻了正式的殖民权力体系。文化奖曾长期与殖民教化机构结合，在殖民地中学和大学中被广泛设立以达到殖民者的教化目的，随着显性的殖民占领和统治时代的结束，文化奖成为当地人树立和展现统一的本土民族文化的斗争的一部分，

207

但文化奖并没有完全丧失其早期的教化功能。

　　这场斗争面临着恢复"传统"文化习俗固有的困难，因为这些习俗曾经被灾难性地中断并被系统地贬值，而且在撒哈拉以南的非洲地区，无论是文学、音乐还是戏剧，从来没有一种实质性的**书面**文化可以随时从其存档中拿出来进行重建。非洲国家沿着民族反抗的中心道路推进本土文化利益的斗争也给文化声誉经济带来了切实的挑战，文化声誉经济需要发展一个专门用于生产和分配象征资本的国家体系，即建立一个有尊严的、自主的民族市场，并由此建构一个由国家控制的、有威望的"本土艺术家"和"本土知识分子"的等级制，并至少在一定程度上与（欧洲或英国向殖民地输出的）殖民教育和文化体系建立的等级制有所不同。但越来越矛盾的是，这场斗争也需要寻求欧洲及大都市对非洲民族文化更广泛的认可，而这种民族文化却在仍然由欧洲控制的更广阔的象征市场上被低估，从而使人们要求重新使象征市场公平化。人们既有必要对地方文化生产场域实行国有制，以实现地方文化产业的"国有化"，也有必要开展国际文化交流，以期获得只在国际市场上才能获得的象征利益。

　　一定意义上，通过设立文化奖，欧洲殖民地的知识分子们已开始从民族主义角度出发，重新就本土文化价值与全球文化价值之间的交易条件进行谈判。例如，随着阿尔及利亚民族解放阵线于 1954 年成立，阿尔及利亚独立运动全面兴起，在其兴起的大约 30 年前，一群法国殖民地作家成立的阿尔及利亚作家协会（Association des écrivains Algériens）于1921 年创立了阿尔及利亚文学大奖（Algerian Grand Prix Littéraire），该奖陷入了以下两个派别激烈争论的旋涡之中：一派是亲欧洲的作家和知识分子，其中许多人为《拉丁非洲》（L'Afrique latine）杂志工作；另一派是"本土主义"派，其中许多人与阿尔及利亚作家协会的内部期刊《北非研究》（Revue de l'Afrique du Nord）合作。评委们出人意料地将首个"阿尔及利亚文学大奖"授予具有本土主义倾向的作家费尔迪南·杜塞纳（Ferdinand Duchêne），而著作颇丰、倡导去非洲化"拉丁阿尔及利亚"论的作家罗贝尔·兰道（Robert Randau）却未能获奖。评选结果遭到阿尔及利亚作家协会部分人以及《拉丁非洲》、阿尔及利亚文学出版社其他期刊登载的文章的愤怒抨击。虽然阿尔及利亚作家协会的一些期刊编辑们具有本土主义倾向，但协会成员一直心照不宣地支持兰道。这些期刊文章的作者们都不是土生土长的阿尔及利亚人，然而，这个奖却成为有关"阿尔及利亚土著问题"论战的焦点。兰道是一位颇受赞誉的作家，他在作品中聚焦法国殖民者的社会与文化生活，详细描述了他们的习俗和制度，并将"提升拉丁能量"作为阿尔及利亚未来发展的关键。相比之下，据说杜塞纳的作品过于集中地讲述了除法国裔之外的阿尔及利亚人的严峻处境，或者如一位评论家所说的，记叙了他们"本土人民的麻木和痛苦"[2]。

虽然法国殖民地的期刊渴望有一个机会表明它们更热衷于赞美进取的**殖民定居者**而不是同情落后的阿尔及利亚**原住民**，但是这些文学评论杂志上发表的上述观点本身并不能被当作挑战评委会评判公正性的依据。当然，评委会的公正性需要诉诸兰道作品的"卓越的文学价值"。然而，这样的诉求只是再次遇到了有关文化场域的**定位**及其中心和边缘的界定问题，因为兰道实际上像一位恰巧在阿尔及利亚居住生活的杰出的法国小说家一样写作，而杜塞纳创作的小说在叙事形式上反映出一种张力，也就是小说作为欧洲的一项发明，与其殖民传播地域之间存在的一种生产性张力（productive tension）。杜塞纳的支持者指出，杜塞纳的作品在阿尔及尔的读者和评论家中享有很高的声誉，而兰道的支持者很容易地证明，兰道在法国和欧洲等其他地方享有更高的声誉，在其他国家他曾被称为"法国的吉卜林"，尽管这个比较派不上用场。从兰道支持者的立场来看，如果阿尔及利亚作家协会想要发挥任何象征性的影响力，它就必须"跟风西方大都会来评奖"[3]，而这只能通过向"一位已经在巴黎得到尊重的作家"颁发**大奖**来实现。相反，评审委员会推选具有明显的本土倾向、拥有本土读者群的作家的作品，就会损害阿尔及利亚寻求在其国界之外建构其文学地位和声誉的可信度。

然而，对上述论断的回应是显而易见的：如果"阿尔及利亚的"文学奖仅仅承认巴黎成熟的品位和等级制的话，这对提高**阿尔及利亚文学**

的声誉或增强阿尔及利亚作家的象征权力没有任何帮助。这将是一种文化上的否认而不是文化上的自我肯定。整个事件拖了好几年都没有结果。也许阿尔及利亚作家协会在其后的40年历史中，就像其他同类型的殖民地文化组织一样，我们甚至可以补充说，像加拿大和澳大利亚等英联邦国家的文学学会和组织一样，始终未完全明确为了给自身带来最大的荣誉，其奖项到底应该表彰什么：是表彰殖民地独特的文化成就，还是欧洲大都市文化在殖民地的成功推行。[4]

在巴黎，人们对同样的问题也有着不同的争论。1921年，龚古尔奖首次颁发给了旅居法国国外的黑人作家马提尼坎·勒内·马兰（Martiniquan René Maran）①，以表彰其有关法国的非洲殖民地的小说《巴图阿拉》（*Batouala*），该小说书名的副标题是"一部真正的黑人小说"（Un Véritable Roman Nègre）[5]。结果引起了很大争议。一些人嘲笑这本书没有多大价值，甚至算是外国作品，因此没有资格参评龚古尔奖，更不配获得这项法国最负盛名的文学奖。但也有人称赞它是新兴的、真正的"殖民小说"典范，因为殖民地独特的文化特征最终通过该书有了文学形式的表达，巴黎文学机构应该庆祝它的问世，毕竟巴黎文学机构自称不仅是法国的重要机构，而且还拥有帝国乃至全球文化权威的地位。这一新兴文学的拥护者之一是马里乌斯-阿里·勒布隆（Marius-Ary Leblond），这是由乔治·阿泰纳斯（Georges Athénas）[即马里乌斯（Marius）]与艾梅·梅洛（Aimé Merlo）[即阿里（Ary）]两人合作署名的团队，他们在东非的留尼汪岛（East African island of Réunion，今天仍是法国的一个省）长大，并在众多殖民地出生的作家当中率先获得龚古尔奖（1909）。20世纪20年代中期，他们发表了颇具影响力的有关"殖民小说"的宣言，并在巴黎成立了"殖民作家协会"（Société des Ecrivains Colonials"），不久，该协会就设立了自己的殖民文学奖。[6]

①　马兰（1887—1960），出生在加勒比的马提尼克岛，父母是圭亚那人。他曾在法属赤道非洲地区（今中非共和国）担任负责土著事务的士官（1910—1925）。马兰出版过诗集和小说等。

　　无论在法属非洲殖民地还是巴黎，这些界定和颂扬殖民地文学声誉的斗争从来都不完全是殖民与反殖民政治利益对立的问题。法国殖民地的那些阿尔及利亚文化推广者显然并非民族主义革命者。阿泰纳斯和梅洛将推广独特的法国殖民文学视为更宏大的殖民事业的一个重要组成部分，这是展示殖民地文化活力的一种方式，也是展示法国殖民化成功的一种方式。马兰本人是法国殖民政府的一名行政人员，在两次世界大战之间的时期，虽然他在始于 1919 年的首届泛非大会（Pan-African Congress）的"黑色巴黎"文化舞台上，以及在"黑人精神运动"（Négritude），即 20 世纪 30 年代初在讲法语的黑人知识分子中更广泛地发动的运动中都发挥了重要作用，但他的"真正的黑人小说"概念从未被当作反对殖民主义文化事业的一部分去推广。[7]此时，殖民地国家在现代性文化空间中的地位及作用的问题已经显得有些紧迫。在一幅按照殖民主义意识设计绘制的地图上，我们应该在哪里标记出**民族**文化实践场域的边界？就象征经济而言，人们如何才能确保民族货币的价值，而不是简单地将其与帝国的价值标准挂钩？

　　在殖民主义后期和民族独立初期，本土知识分子们设立的许多奖和庆祝活动涉及民族文化自治的利害关系，严肃的文化博弈变得更加棘手，但文化博弈的场域已经不可避免地全球化了，这往往会直接阻挠民族主义文化场域的布局。本土知识分子在殖民地教育机构或欧洲文化首都接受过欧洲或英国的殖民教育，在许多方面倾向于欧洲或英国的文化习性，他们将这种教育所灌输的气质原原本本地带入了艺术领域，并推进某种形式的欧化文化——他们受到的一种"启蒙"（他们自己一直因这种启蒙而得到奖和奖学金的奖励），作为提高本土艺术地位唯一的手段。对于民族文化，他们的做法是把西方大都市的模板象征性地移植到平坦的或"准备好的"本土土壤里。与此同时，那些没有接受过西方传统教育的人，或者那些决心摆脱或否定殖民教育的精英们，可能会形成一种难以持续的、狭隘的民族艺术观念。他们认为民族艺术是部落艺术，但并没有认识到民族艺术在经过殖民的遭遇后不可逆转地在国内外参与并卷入世界性文化（cosmopolitan culture）中。因此，在他们的民族文化理念中，他们往往构想出一个本土文化传统，在本地得到奇迹般的重生和净化，但他们的理念本身就是殖民主义意识形态的产物。

1966 年，塞内加尔达喀尔市（Dakar）举办的首届"世界黑人艺术节"（World Festival of Negro Arts）活动呈现出这个历史时期的特点。它代表一种方式：当时人们开始有效地利用文化奖和节日使本土与全球产生新的关联，并回避了在基于欧洲现代化理念的后殖民民族主义与基于本土文化纯洁性理念的后殖民民族主义这两者之间做出非此即彼的选择。从 20 世纪 30 年代初到 50 年代，非洲殖民地福利部门带着其"文明开化"使命举办了它所管理的部落参加的竞争性文化节，非洲**艺术节**（African Esteddfodau）就是其中之一，与这个节日相比，塞内加尔世界艺术节既是一种更为本土化的（后殖民的）活动，又是一种更为全球化的（离散的）活动。由于要向传统的土著人乐队和非裔美国人爵士乐队以及尼日利亚、哈莱姆或巴黎的诗人颁奖，艺术节开展了一项复杂的重新评价项目，旨在通过建立一种新的、更灵活的民族经济（只是部分源于黑人精神运动）来提升土著或"部落"艺术的国际声誉，例如，在这种经济中，艾拉·菲茨杰拉德（Ella Fitzgerald）①或兰斯顿·休斯（Langston Hughes）②可以被称为一种黑人遗产资产（heritage asset）。一位艺术节主持人评论道，"非洲部落艺术在世界上的地位"从根本上取决于它在"非洲本土"的地位，但非洲"绝大多数黑人知识分子……他们似乎鄙视'丛林艺术'"。虽然艺术节的目标是"在全世界传播和鉴赏黑人艺术知识"，但为了实现这一目标，它"最重要"的首先是要"在非洲人中宣传这种鉴赏意识"，这还要通过让非洲人参与一个全球性的庆祝

①　艾拉·费茨杰拉德(1917—1996)，非裔美国女歌手，20 世纪最著名的爵士乐歌手之一，首位获得格莱美奖的黑人女歌手，有"爵士乐女皇"之称。

②　兰斯顿·休斯(1902—1967)，非裔美国诗人、小说家和剧作家，哈莱姆文艺复兴运动的领军人物，此处以费茨杰拉德和休斯为例，指出他们不仅是作为美国黑人的杰出人物代表，成为美国黑人文化的象征性财富，他们也可以作为传承黑人文化并使之发扬光大的杰出代表，成为包括非洲黑人在内的全球黑人共同的象征性财富。

（跨国）"本土"文化的活动，也就是说一个"世界节日"来实现，这种"本土"文化比他们可能想象到的更为"部落化"和"世界化"。[8]这番振聋发聩的新说法谈到的核心问题是文化声誉的生产和传播，但国家——如举办国——并非这个核心问题的重点。

20世纪70年代以来，随着经济和文化全球化步伐的加快，人们通过奖、节日及相关形式的竞争性文化活动来促进本土市场与西方大都市市场之间进行象征资本交易的趋势变得更加明显，这些活动往往避开了严格的国家机构。尽管民族文化生产场域仍然能够通过适当的奖惩制度来发挥强大的象征作用，但其重要性已被严重削弱。然而，这并不仅仅是因为它们被并入了一个巨大的跨国场域中，在这个场域中，艺术家的民族声誉是根据对他们越来越不利（或迪士尼化）的交换标准来重新计算的。更重要的是，这是因为"地方英雄"——在地方土著社区受到赞誉的艺术家，现在可以直接进入土著文化产品的全球市场而无须参照任何民族的价值标准。事实上，在奖项和奖励方面，过去作为赢得诺贝尔奖的先决条件的民族荣誉现在往往滞后于全球荣誉，而且民族荣誉只是在事后调整或修正国内的象征市场。与此同时，全球性的文化奖有赖于对本土或"第四世界"[①]的声誉进行特别筛选，以此作为获得全球性文化奖庆祝的资格基础。

这种描述当代声誉经济的方式似乎低估了具体的民族实践场域——当地或本土文化声誉正是在民族场域中赢得的，同时还夸大了本土艺术价值与全球交易体系的对接程度（若非受制于全球交易体系的话）。但是，即使那些文化荣誉似乎与人们对本土政治和文化自决的直接追求相一致，在本土背景下人们以颂扬土著或部落文化的形式来维护传统社区并避免提及"整个世界"，也会很快暴露自身已被卷入全

272

---

① 1974年，当时北美印第安人运动的领导人乔治·曼努埃尔（George Manuel）在其专著中提出"第四世界"概念，试图替代之前的新世界、旧世界和第三世界的概念。这个术语一度被用来描述世界上最不发达、最贫穷和最边缘化的地区，目前已经过时。参见：Manuel，George，et al. *The Fourth World：An Indian Reality*，Minneapolis：University of Minnesota Press，2019。

球化的动态中，而且不仅仅是以有害的方式卷入其中，例如，我们可以考察 20 世纪 60—80 年代"传统"非洲音乐比赛的兴起，包括在加纳安洛-埃维（Anlo-Ewe）部族中兴起的相对自发的合唱大赛，即被称为"德克皮克普里"（Dzokpikpli）的比赛，还有南非祖鲁（Zulu）族举办的较为正式的"伊西卡米亚"（Isicathamiya）①合唱比赛等。南非的情况特别有趣，因为流行音乐对该国在全球文化中的兴起异常重要，并且作为"非洲流行音乐"及"世界音乐"重要的生产国，南非崛起的时间恰好与南非黑人反对白人少数统治的最后阶段相一致。[10] 想想看，1998 年，在 150 个国家参加的葡萄牙里斯本世界博览会（Lisbon EXPO）上，南非在指定的"南非国家馆日"整整一天内实际上展示的是音乐表演，这是 20 世纪的最后一届国际博览会，也是南非在后种族隔离时代参加的首届博览会。通过当地土著人的音乐比赛，南非黑人基于文化自豪感和民族团结的民族利益得到了促进，而南非白人少数派则是通过更多全球性的、以欧洲为中心的以及以北美为导向的荣誉和奖项得以维持其文化利益的主导地位，在此，我们至少从中可以期待见到一种奖项和颁奖制度，恰好映射本土对立于全球的二元体系。

事实上，在南非种族隔离制度下，主要由黑人掌管的非正式合唱比赛体系确实发挥了作用，成为对应于由南非官方及音乐行业赞助的、由国家控制的音乐声誉分配体系中的一种本土体系。"伊西卡米亚"合唱比赛通常在夜场或租来的礼堂里举办，组织者不仅向听众收取入场费，还以入场费的形式向参加比赛的合唱队收取费用，比赛可能会持续一整夜，然后由评委颁发山羊、毯子或封在信封里的现金作为奖品。评委们有权做出独立的审美判断，尽管他们经常受到当地社会、政治因素或贿赂及观众的喜好等因素的影响。维特·埃尔曼（Veit Erlmann）指出，参加这些比赛，尤其要赢得奖品是选手通过艺术实践展示力量的一个重要手段。鉴于南非乡村合唱音乐总体上与黑人解放斗争有着深刻的联系，自我赞扬（伊西卡米亚乐派的竞技比赛所固有的）与他人赞扬

---

① 南非民间传统的黑人男声无伴奏合唱。

（奖所固有的）的结合实际上将获奖艺术家提升为英雄——在种族隔离制度下，这个英雄角色显然在南非黑人中引发了强烈的社会政治共鸣。[11]

"南非格莱美奖"与官方奖励制度形成鲜明的对比。所谓的"南非格莱美奖"最初是"南非唱片业奖"（South African Record Industry Awards，简称"SARI"奖），但政府控制的南非广播公司（SABC Radio）于1965年接管了该奖，之后将其略微改名为"萨里奖"（Saries）。大约在同一时间，"伊西卡米亚"合唱比赛开始在城市俱乐部复兴，自南非建立城镇和实施通行证法以来①，人们一直在竭力解决这项比赛的场地和出席人数的问题。就在这一年，约瑟夫·沙巴拉拉（Joseph Shabalala）正式创立了"雷迪史密斯黑斧头合唱队"（Ladysmith Black Mambazo，意为雷迪史密斯村的黑斧头）②，这是所有伊西卡米亚合唱队中最著名的一支。简要追溯黑斧头合唱队在南非的地方、国家及全球音乐奖体系中的发展轨迹，我们就可以看出，就像在其他地方一样，在南非，全球化的影响是如何促进"本土"与"跨国"形式的象征资本进行交易，并如何在民族声誉发展到要阻碍这些新的全球交易时使其贬值的。

1965至1972年间，"雷迪史密斯黑斧头合唱队"征服了雷迪史密斯和德班（Durban）附近乡村的音乐舞台，并迅速在约翰内斯堡和其他城市举办的大型比赛（有些比赛包含50多个表演）中大获全胜。根据沙巴拉拉的说法，黑斧头合唱队拿走的奖太多了，以至于组织者开始拒绝他们参赛。[12]其他合唱队（即使在他们的家乡也不能保证获得任何奖）与一些评委抱怨黑斧头合唱队的参评破坏了比赛，这些评委面对黑

275

---

① 通行证法（Pass Laws）是南非政府用于控制南非黑人和有色人种流动的制度，这种制度由荷兰和英国在18世纪和19世纪南非殖民地颁布的法规演变而来，是南非政府用来维持种族隔离制度的最恶劣的方法之一，1986年被废除。参见："Pass laws in South Africa 1800—1994"，*South African History Online*，https://www.sahistory.org.za，2023年1月5日访问。

② 雷迪史密斯村是合唱队创始人沙巴拉拉的家乡，是位于德班和约翰内斯堡之间的一个小乡村。

斧头合唱队娱乐大众的实力，不能再随意做出特殊的"提前安排"以换取贿赂。到 20 世纪 70 年代中期，黑斧头合唱队主要以个人表演为主，因为在某种程度上它已经不满足于当地的音乐奖的奖励。

此时，主要鉴于合唱队获得了很多音乐奖，南非广播公司的班图电台（当地音乐艺术家的重要表演平台）在其祖鲁语节目中长时间地播出其歌曲，其唱片也大卖。1972—1976 年，黑斧头合唱队与盖洛唱片公司（Gallo）合作发行了 12 张唱片。南非法律没有规定电台为"音乐节目播放唱片时间"支付版税，而南非国有的电台不向音乐表演者提供任何补偿，并且按照盖洛公司与黑斧头合唱队之间的合同规定，这些唱片通常只能带给沙巴拉及其团队微薄的收入，但它们一直是金唱片或白金唱片，在喜爱乡村音乐的消费者中销量火爆。[13] 虽然唱片的消费者几乎都是黑人，但乐队确实开始吸引了一小批白人听众粉丝，并开始在 20 世纪 70 年代后期的唱片中偶尔加入英文歌曲。

尽管雷迪史密斯黑斧头合唱队的地位不断上升，并在商业上取得了成功，但在一年一度的萨里奖（Sarie Awards）比赛上，合唱队被系统性地忽视了。萨里奖并不是一个只有白人参加的音乐奖；20 世纪 70

276 年代末和 80 年代，追随当时白人音乐流派表演的黑人音乐家们，如年轻的流行民谣歌手乔纳森·巴特勒（Jonathan Butler），都赢得过萨里奖。

但是，赞助和管理该奖的南非广播公司通过严格区分"传统"与"当代"以及"本土"与"国际"的音乐表演，有效地排除了像黑斧头合唱队这样的表演获奖。南非广播公司帮助黑斧头合唱队和其他伊西卡米亚艺人实现了他们的职业生涯的重大突破，公司不仅在班图电台播出他们演唱的歌曲，还在德班的南非广播公司录音室指导他们制作唱片，帮助

278 他们形成集演唱和作曲为一体的表演风格。但这个安排始终具有种族隔离的性质：这些乡村合唱队被鼓励坚守部落"传统"，如不去使用英语或南非语词汇演唱。虽然这些合唱队的歌曲被广为播放——鉴于歌曲相对而言不适合跳舞，甚至可以说播放量过大。但是歌曲仅限在专门为黑人听众设立的电台播出。通过这种方式，南非广播公司使得伊

图 10 南非地方和全国音乐机构的声誉

上图是 1971 年"萨里奖"的宣传照,共同主持该奖的埃尔温·莫里斯(Elwin Morris)和帕迪·奥拜恩(Paddy O'Byrne)正在欣赏跳羚小雕像。跳羚是南非种族隔离制度的非官方国家象征,是南非广播公司下属的英语和南非语"第三电台"、跳羚电台以及萨里奖的象征,20 世纪 70 年代末之前,萨里奖比赛一直在该电台播出。右图是 1968 年约翰内斯堡歌唱比赛的宣传海报。萨里奖照片 © SABC。音乐会海报由大卫·马克斯(David Marks)、隐秘年代音乐档案馆(The Hidden Years Music Archive)及第三只耳音乐(Third Ear Music)提供

西卡米亚——一种不断发展的南非当代城市流行音乐形式成了一种静态的和传统的音乐,并且还是有着奇异风情的落伍的音乐,同时将听众限制在当地城乡的音乐迷以及政府或大学民族音乐学家的范围之内。

　　由同一个南非国家文化机构掌管的萨里奖自然遵循同样的种族隔离逻辑,使得像黑斧头合唱队这样的团队在以下两个方面不具有参评资格:作为一个"传统"的非洲音乐组合,合唱队无法与萨里奖下设的任何类别比赛相匹配,因为萨里奖旨在提升南非的当代音乐;作为一个

"本土"合唱队,黑斧头合唱队甚至无法参与萨里奖面向黑人艺术家的"国际"的音乐类比赛。萨里奖表面上是为了促进"本土"或土著人才的发展,对于南非这个 90% 的人口是黑人的国家,人们会认为这里的人才是指黑人音乐家们,但奖项的管理者使用的"国际"一词有特殊的但容易理解的含义,意为"出售给白人的音乐",指南非艺人在由凯玛特(K-MART)百货公司主导的、以白人为主的"国际音乐"市场上取得成功的歌曲,很可能适合白人听众的口味,他们对黑人音乐的品位(从凯玛特百货公司的销售数字来看)与迈克尔·杰克逊(Michael Jackson)和琼·阿玛特拉丁(Joan Armatrading)等外国明星有关。[14]《非洲音乐》(*African Music*)杂志的编辑在 1987 年说道,当我们看到"国际"一词与南非音乐联系在一起时,我们必须理解这指的是"专供白人听"的音乐。[15] 黑人艺术家们被归类到"本土"和(或)"传统"的类别,有资格获得所谓的"黑人萨里奖"(Black Saries),但这些由白人来经营的奖项缺乏资金并且宣传不足,通常被当作一种增补奖项或一种闹剧,是那些完全没有民族地位的音乐家们象征性的贫民窟。[16]

然而,到 20 世纪 80 年代初,部分由于非洲各地的各种奖项、比赛和节日的日积月累的成果,"世界节拍"(worldbeat,后来被称为"世界音乐")在国际音乐市场上成为一个强大的针对特定受众的市场。以"传统"形式表演的"本地"艺人们——尤其是来自非洲的艺人们——开始被视为全球音乐的创新者,为死气沉沉的后朋克(post-punk)西方流行乐带来新的活力和创造力。[17] 美国歌手兼词曲作者保罗·西蒙(Paul Simon)在 1986 年发行的专辑《恩赐之地》(*Graceland*)中与雷迪史密斯黑斧头合唱队及其他南非乐队合作,极大地扩大了新兴的听众数量,也提高了"世界音乐",特别是黑斧头合唱队在全球的声誉。这张专辑获得了格莱美奖年度最佳唱片奖,但这次获奖的宣传价值很大程度上受到了"丑闻"的影响,丑闻涉及许多评论家,他们将西蒙得奖看成一个以新帝国主义和经济剥削的方式来占有非洲部落音乐的典型,更不用说西蒙和沙巴拉违反了联合国发起的对南非的文化抵制。[18] 黑斧头合唱队在随后的争议中脱颖而出,与美国华纳兄弟公司(Warner

Brothers)签订了一份合同,他们在 1988 年单独赢得了"格莱美最佳传统民谣专辑奖",然后在 1992 年获得了五项托尼奖提名,并因给《雅各布之歌》(*The Song of Jacob*)的配乐而获得了纽约戏剧委员会奖(Drama Desk Award),他们也凭借"救生圈"(Lifesaver)糖果广告和"七喜"(7-Up)饮料广告而获得了两项克里奥奖,还获得了八项格莱美奖提名,以及一大堆美国的和国际性的奖,这些奖由各种媒体评选,其类别为各种乐曲流派。[19]尽管黑斧头合唱队受到了来自非洲的倡导非洲文化纯洁性的人士的批评,但该乐队已成为一个世界音乐的主流表演团队,并成为全球奖项的获奖专业户。1993 年,诺贝尔基金会将和平奖授予纳尔逊·曼德拉,以象征种族隔离制度的终结。黑斧头合唱队当时陪同曼德拉前往挪威并在颁奖典礼上进行了表演,这并不令人意外。对许多欧洲人、亚洲人和北美洲人而言,这个合唱队已成为全球与南非新民主政权团结一致的主要**文化象征**[20]。

　　把黑斧头合唱队在全球文化声誉市场上取得的成功仅仅看作他们通过出卖本土音乐传统而获得利益,或者视为他们通过与精明的美国唱片制作人密谋把持这一传统而获得利益,都没有多大意义。南非艺人任何具有本土底蕴或本土化的表演如果最终成为金唱片或获得格莱美奖,都将被指责是出卖本土文化之根的行为。这也许是流行乐新闻话语中最不可或缺的一个比喻。黑斧头合唱队的有趣之处在于,到了20 世纪 80 年代,即便非洲艺术家们由于某种原因而使自己在**民族**舞台上的地位严重受到限制,他们也能实现把本地资本转换成全球资本,包括象征性的和商业性的资本,这正是"出卖"概念成立的条件。相比以往的萨里奖,作为本土文化体制的伊西卡米亚音乐奖比赛及其选手们获得的奖励与全球音乐的声誉和价值体系之间的关联更为紧密。在这种情况下,"地方"是"全球"的一部分,或接近于"全球":由国家和官方界定的音乐表演和艺人因缺乏"国际"维度,并且过于本土化、过于土生土长而不能适当地享有民族声誉,实际上他们是在面向或适应一种新兴的"世界"风格,而这种风格恰恰将普遍价值赋予了具有本土特征的一种崭新的混合音乐。路易丝·梅因特耶斯(Louise Meintjes)在他

280

281

对《恩赐之地》事件的研究中评论道，黑斧头合唱队与西蒙的合作表演在政治和文化上之所以如此"关键"，是因为它嵌入了"音乐的'本土化'价值（即声音及其意义的本地化价值）与音乐的'国际化'价值之间的辩证关系"。[21]

此外，黑斧头合唱队在南非特别是在国外拥有的那种极为特殊的声誉只有在这样一个文化场域中才有可能存在：在这个文化场域中，那些能将**最有限制性**的地方荣誉（如乡村音乐奖，**但不是萨里奖**）和最耀眼的全球荣誉（格莱美奖和金狮奖）结合起来的人能增添一种象征性的奖励。文化声誉机构在为这些享有盛名的艺术家们庆贺时，可能会觉得是在为他们自己庆贺，是在庆祝自身有能力认可那些不同形式的价值，这些不同形式的价值对于（多少令人怀疑的）民族经济的目标来说既过于局限又过于笼统。

但是，黑斧头合唱队的案例也显示，目前人们已经对旧的国际文化声誉的疆域重新做了一些安排。在经济上和象征意义上，合唱队在全球市场上取得了巨大的成功，而与此同时，"伊西卡米亚"比赛却在经济上和象征意义上衰落了，20 世纪 70 年代末以来，这些比赛一直在萎缩。实际上，当约瑟夫·沙巴拉和黑斧头合唱队被尊为全球艺术家时，也正是他们本地的音乐场因缺乏资金而被关闭之时。他们的象征地位的提升与他们在地理上的去本土化同时发生了。这些混杂的轨迹表明，全球文化声誉市场强行推进其日益跨国化的价值体系时，本土文化需要付出一些代价。事实上，有些人由此发现这样的证据：从全球层面上看，象征经济只不过是货币经济的影子形式，它遵循同样的逻辑——强化对热销品或超级明星模式的投资，并在小众模式中去发现价值，不过要看在多大程度上小众模式可能重新被包装或重新融入主流消费。

这些问题将在下一章中讨论。此处我想强调的是，近来人们对奖和荣誉的狂热已不仅促进了声誉的非民族化，而且促进了更激进的声誉去地域化（deterritorialization），使得文化奖、象征场域与其举办城市、国家甚至明确规定的地区脱钩。

奖项支持被视为是"流动的"或"海外的"的文化价值这种趋势变得明显起来，例如，自 20 世纪 80 年代以来兴起的一些针对散居者或流亡者的电影节。就文化声誉的疆域而言，这些电影节与成熟的电影节范式有相当大的出入。如前所述，电影节起源于威尼斯，与其很快衍生出来的双年展一样，基本上都是按照古典的思路来构想的。也就是说，人们举办的电影节就像雅典的节日一样，旨在吸引游客来到这个城市，特别是富有的和具有影响力的游客，还有来自国外的贵宾。即使举办活动的经济成本不能立即从游客度假时的自由消费得到补偿，但人们通过提升城市作为文化之都的声誉，也会给城市带来大量的象征利益，最终会产生经济效应。当然，作为法西斯分子的一项创新，威尼斯电影节也服务于民族-国家的经济利益，特别是象征利益，例如通过展示和庆祝法西斯的宣传影片这种方式。人们应该记得，1939 年，莱尼·里芬斯塔尔(Leni Riefenstahl)的《奥林匹亚》(*Olympia*)和墨索里尼的儿子拍摄的一部电影共同获得了当时仍被称为墨索里尼杯的金狮奖。意大利通过促进威尼斯成为电影之都来为政府谋利；墨索里尼将威尼斯重新定位为一个寻求最前卫形式的审美刺激与经济机会的圣地，以此来展示意大利的现代性。

　　所有在"二战"后设立，旨在与威尼斯电影节竞争的电影节都是如此。戛纳、洛迦诺、柏林、爱丁堡、伦敦、维也纳等地的电影节是民族-国家(包括美国和苏联，美苏竞争造就了早期柏林电影节的议程)之间相互竞争的一部分。在每一个有关创立电影节的案例中，举办城市都被宣传为生产和传播电影声誉的地方，这反过来又给城市带来声誉和自豪感。电影声誉是一种相对较新的文化资本形式，仍具有诱人的投机性。电影节就这样诞生了，它不仅是一项定位明确的文化活动，也是一项与举办地点有关的文化活动，主办城市的名字本身就能引起象征财富的共鸣："在戛纳获奖""在维也纳被官方推选""在威尼斯引起轰动"等说法表明艺术家与举办城市共享了象征利益。从历史上看，电影节的兴起不仅与奖项的激增有关，也与当代形式的"场所推广"——将现代营销活动融入城市规划和公共政策的理念传播有关。虽然电影节一

283

284 **图 11 威尼斯电影节（1932）和洛迦诺电影节（2002）**

作为生产文化价值的壮观舞台，举办城市从赠送金狮、豹子或熊的小雕像的礼物中获得了象征利益。[威尼斯电影节图片由威尼斯双年展提供。洛迦诺电影节图片版权所有者为罗伯托・布齐尼（Roberto Buzzini）]

般由商界人士、专业协会或与电影业有关联的基金会来组织,但通常都是由市政府和旅游局来赞助,并被纳入城市的市政宣传活动,成为活动的重要内容。[22] 在宣传活动中,电影节试图利用主办城市的魅力和地位,例如通过使用宣传镜头,以城市(或度假小镇)为场景,展示城市人群消费电影的奇观,以此造就甚至加强了电影自身的奇观。从电影节发明直到现在,露天场地已成为举办电影节的标配场所,这就突显了在街道、广场上而不是在任何室内电影院里放映电影,满足了人们想要尽可能地展示电影节文化活动,甚至是看电影的愿望。

285

电影节与主办城市之间深度相互依存的关系在 1952 年首次举办的印度国际电影节(International Film Festival of India)这一反面例子中体现得淋漓尽致。虽然印度国际电影节的设立只比柏林电影节晚了一年,但比任何一个北美或英国的电影节都早:爱丁堡电影节始于 1954 年,旧金山电影节始于 1961 年,印度国际电影节与其他第一代电影节形成了鲜明的对比,这是一场不稳定也不安定的奇怪的电影活动。在一系列国际电影节中,印度国际电影节缺乏明确的定位。这也不仅仅是因为印度国际电影节由国家包办而过度官僚化,管理相当糟糕,在其举办之初的几十年里,举办的时间间隔经常改变,举办模式常常在竞争性评奖与非竞争性影展这两种形式,以及在第三世界与第一世界电影(或印度的第三类电影与第一类电影①)这两种定位之间摇摆不定。[23] 其他电影节也会同样受到不稳定性因素的干扰,偶尔会停办一年,或改变竞赛影片与非竞赛影片数量的比例(首届威尼斯电影节完全未设置竞赛),并不断调整在电影节上参评的欧洲电影和来自美国、第一世界、

286

---

① 费尔南多·索拉纳斯(Fernando Solanas)和奥克塔维奥·格蒂诺(Octavio Getino)在 1969 年发表的《走向第三类电影》("Towards a Third Cinema")宣言中指出,"第一类电影"是好莱坞电影,"第二类电影"是欧洲艺术院线电影,"第三类电影"是 20 世纪 60 年代后新兴的拉丁美洲和非洲等第三世界国家的电影,此类电影试图反对殖民主义,为被压迫者发声。后来,"第三类电影"的概念被拓展,不限于来自第三世界的电影,而是指反映社会底层、反种族主义、流亡等话题的电影。参见大英百科官网,John LeBlanc,"Third Cinema, Cinema Movement," *Britannica*, https://www.britannica.com/art/Third-Cinema,2023 年 1 月 5 日访问。

第三世界的电影、工业和手工电影等各类影片的组合，但这些电影节并没有遭遇任何特别的身份或地位上的危机。印度国际电影节与其他电影节相比，最具差异性的区别在于它没有一个明确的举办地点。虽然首届印度国际电影节在孟买举办，但在印度的加尔各答、德里和马德拉斯等城市巡回展映了影片。第二届电影节在德里举办。20 世纪 70 和 80 年代的一段时间里，电影节被一分为二，成为两场独立的活动，一场在新德里举办，另一场被称为国际电影节（Filmostav）的非竞争性活动，在孟买、加尔各答和其他城市之间循环举办。1989 年以来，这种相当混乱的一分为二的活动终于结束，国际电影节被重新整合，其后的 15 年间分别在 10 个不同的城市举办。

287 　　我认为，就印度国际电影节在第一代电影节中的地位和竞争力而言，该电影节相对缺乏对其举办城市（或是举办城市能给予）的象征投资是它失败的主要原因。虽然印度国际电影节在 1965 年成为发展中国家当中第一个被国际电影制片人协会（Fédération Internationale des Associations de Producteurs de Films）（总部设在法国的组织，旨在规范国际电影节评审团的评选和奖项的颁发）评为 A 类的电影节，但印度国际电影节至今几乎从未出现在"主流"电影节的参考名单上，即使是那些声称反映国际电影制片人协会电影节类别的参考名单。在全球南方（Global South）的文化节中，巴西圣保罗、埃及开罗、泛非电影节等和其他文化节享有更高的知名度。也许同样能说明问题的例子是，20 世纪 90 年代初，在奥地利因斯布鲁克（Innsbruck）新设的一个电影节抢走了印度电影的简称"IFFI"，甚至还用了"www. iffi"域名（当然该域名有奥地利网址的". at"后缀）。

　　印度国际电影节甚至无法保持首次启用自己名称的优势——半个世纪后，这个名称应该是一个有价值的商标。这表明，如果不采用节日的原始议程来促进对举办城市场所的宣传并招揽游客，国际电影节要获得全球合法性是多么困难。要想在欧洲模式上取得成功，国际电影节不仅仅得是一个定期举办的活动，还必须使自己成为一个定期的**目的地**，成为经济、社会、政治、文化和新闻资本持有者们的一个临时的却

是定期的和可靠的聚会场所。电影节首先是一种资本内部交易的实体
场所，比如影评人和电影演员或制片人和记者之间进行互惠互利的交
易，而整个奖项行业的存在就是为了促进这种交易。正因如此，电影节
在维持非竞争性的形式方面遇到了困难。鉴于整个文化声誉经济日益
依赖文化奖项，任何电影节想要在电影界产生重大的象征效应，甚至仅
仅是为了筹集足够的资金来支付电影节的开支，都必须举办颁奖晚会。
由于"非竞争性"节日已经发挥了与竞争性节日相同的经济功能，因此
很难按照"艺术纯洁性"的思路为无奖项的电影节活动提供令人信服的
理由。[24]

288

　　所有这些似乎只是以略微详细的形式重申了对戛纳、威尼斯电影
节以及其他电影节标准的反对意见：国际电影节是大生意，它们的象征
财富取决于它们面向全球电影业的商业核心，它们所授予的荣誉不过
是变相的广告付费形式而已。当然，电影节评委们和组织者们感受到
强大的压力（他们还没有轻松地将压力化解）去建立奖与金钱的联盟。
1969 年，柏林电影节评委们没有授予约翰·施莱辛格（John
Schlesinger）的《午夜牛仔》（Midnight Cowboy）任何奖。作为报复，美
国联美公司对柏林电影节进行了长达十年的抵制，拒绝让电影节与围
绕《飞越疯人院》（One Flying Over the Cuckoo's Nest）、《安妮·霍尔》
（Annie Hall）和《现代启示录》（Apocalypse Now）等联美公司发行的影
片产生的轰动效应有任何关联。尽管这些事件经常被援引当作金钱绝
对统治文化节产业的证据，但这不应掩盖一个事实——电影节要想繁
荣，就必须成为真正的交易场所。在一个发挥良好功能的电影节中，商
业力量不能简单地占据主导地位，而是必须与其他有着各自的策略和
计谋的社会力量的和象征力量进行谈判。事实上，人们并不清楚联美
公司是否从其惩罚柏林电影节评委之举中得到好处。

　　在联美公司的整个抵制过程中，与该公司有关联的著名作家和导
演们却参与了电影节。例如，乔治·史蒂文斯（George Stevens）和埃莉
诺·佩里（Eleanor Perry）分别在 1970 年和 1972 年担任了电影节国际
评审团主席，甚至曾因拒绝奥斯卡奖并嘲笑该奖而声名狼藉的伍迪·

289

艾伦也在 1975 年慷慨地接受了柏林电影节银熊奖·杰出艺术成就奖
（Silver Bear for Lifetime Achievement）。在评估电影节的商业化时，我
们也应该记住，至少自从多厅影院兴起（恰逢电影节在全球发展最具爆
炸性的时期）以来，电影节已经成为展映独立电影、前卫电影、纪录片、
短片以及各种小型和第三类电影最不可或缺的场所，电影节也是这些
类型的电影最容易获得象征性启动资本的来源。事实上，人们主要是
通过电影节的能动作用在吸引中产阶级的旅游项目中推广这些非主流
的、前卫的或对抗形式的电影，才使得低成本、小众电影在媒体集团化
和电影大片主导的时代获得并保住其高度的文化价值。[25]

　　电影节因没有固定的举办地而面临特殊的困难，这不是因为电影
节仅仅是商业工具，而恰恰是因为它们不只是商业工具。电影节需要
将自身打造成一个潜在的有利可图的目的地，为持有各种资本或寻求
各种资本来参与电影制作的人服务，包括金钱资本，但也包括那些最不
容易转换成金钱的资本形式。因此，似乎令人惊讶的是，近年来，移民
的、虚拟的、无固定场所的或看似"任何地方"的电影节并没有消失，而
是在迅速增加，这些电影节甚至比印度国际电影节更彻底地与其举办
城市的地方推广项目脱钩，但它们的蓬勃发展是由全球后殖民化进程
推动的，半个世纪以来，这一进程一直在重塑文化声誉的疆域。如果说
印度国际电影节偶然间成了第一代没有固定举办地的电影节，部分原
因也在于它是唯一的后殖民电影节。到 1952 年，南亚遭到占领、印巴
分治、移民和散居搬迁的规模之大，甚至超出了柏林人或威尼斯人的想
象。印度电影业是在西方以外最早出现的电影业之一，已经被打上了
这种颠沛流离的历史烙印。到了 20 世纪 80 年代和 90 年代，印度国际
电影节终于是每年举办一次，并可能按照欧洲的模式改为"新德里国际
电影节"（New Delhi International Film Festival），印度的电影文化更彻
底地适应了错位。20 世纪末，一群印度宝莱坞制片人和其他行业人士
决定组织一场"印度奥斯卡奖"（Indian Oscars）活动，即由电影行业赞
助的印度电影年度颁奖典礼，他们甚至将这个活动与印度次大陆相分
离。新奖彰显印度电影在制作层面［如米拉·奈尔（Mira Nair）和古林

德·查达(Gurinder Chadha)等散居海外的印度导演在业界享有盛名〕和接受层面(通过录像技术赢得广大散居海外的观众)上的双重传播，被称为"国际印度电影学院奖"(International Indian Film Academy Awards)，其首届颁奖典礼在伦敦举行，随后连续几年分别在南非太阳城(Sun City)、马来西亚和南非约翰内斯堡举办。

　　这只是说明，从一开始印度电影与本土及全球疆域的关系就和意大利、法国或美国电影的情形截然不同。长期以来，印度电影与哈米德·纳菲西(Hamid Naficy)命名的后殖民流亡者和散居者的"异国口音电影"(accented cinema)①之间存在着越来越多的交集和重合。"异国口音电影"由"在社会形态和电影实践的夹缝中工作的人物"制作，通常他们是"来自第三世界和后殖民国家(或来自全球南方)的艺术家，20世纪60年代以来，他们搬到了北方的大都市中心，在那里，他们与自己原来和现在的家乡都处于紧张、不和谐的状态"。²⁶正如纳菲西所观察到的，这些电影制片人遇到的一个难题是如何从地理文化的角度对他们进行**定位**。鉴于带着异国口音的艺术家尤其依赖电影节，这成了蓬勃发展的电影节巡回影展特别重要的问题，我们一直在思考，就文化的定位而言，电影节往往是所有文化声誉工具中最不含糊的一种：电影节自身稳固的定位提供了一种认可，假定并肯定了电影制作的(最初是**全国性的**，现在往往是**地方性的**)位置属性。如果说包括世界电影在内的"世界文化"的神圣化一直在以削弱国家的重要性的方式重新绘制文化竞争与文化声誉的地图，并在民族线路贯通不了的地方与全球之间开辟新的贸易路径，那么流亡和流散文化的神圣化至少在某些形式上已经开始削弱地方自身的象征重要性。

　　我想到的一个此类新兴的体制是"国际流亡电影节"(International Exile Film Festival)，它是1993年由出生在伊朗的电影摄影师侯赛

291

---

　　①　"异国口音电影"是哈米德·纳菲西提出的概念，旨在概述一个重要的电影类型生产趋势：后殖民时期，第三世界人士和其他生活在西方的散居者制作大量电影，成为电影界的新生力量。

因·马希尼（Hossein Mahini）在瑞典哥德堡市创办的。自 1978 年以来，哥德堡市每年都举办大型的电影节，它已经成为电影节巡回展映的重要的一站。然而，流亡电影节并不是作为哥德堡电影节这一重大旅游活动的派生边缘节日、反节日而设立的。具有讽刺性的影子电影节将不可避免地扩大其所依附的电影节的影响，尽管此类影子电影节似乎也在嘲笑这个电影节。事实上，这类旁门左道的活动，诸如依附圣丹斯电影节（Sundance Film Festival）的"斯兰丹斯电影节（Slamdance Festival）①或依附戛纳电影节的热热棕榈电影节（Hot-d'Or Festival）等，都是主流电影节的象征影响力最可靠的标志。相反，流亡电影节在十月举办，比哥德堡国际电影节还要早三个月，而且那时早已过了当地的旅游旺季。最近几年，这项为期一周的活动甚至没有在哥德堡市举办，而是在该市东部 50 公里处一个小很多的城镇波拉斯（Boras）举办。从电影节特别重视伊朗及更广泛的波斯侨民的电影可以看出马希尼的背景。例如，2001 年，参展的英语电影包括伊朗裔美国人拉明·谢里（Ramin Sherri）的《我兄弟的婚礼》（*My Brother's Wedding*），以及改编自英国演员阿尤布·卡恩-丁（Ayub Kahn-Din）戏剧的《东方即东方》（*East Is East*）。卡恩-丁的母亲是英国人，父亲是从巴基斯坦移民过来的穆斯林。该电影节并不直接与伊朗侨民电影（Iranian Diaspora Film Festival），即在蒙特利尔、纽约和多伦多等地轮流举办的移民电影节，或其他许多专门针对特定侨民的电影节竞争；它的影片展映旨在探索一般的流亡模式，捕捉流亡电影中多样化的风格与导向。

流亡电影节显然没有强调其自身与哥德堡市有任何重要的联系。哥德堡市的流亡人口数量并不多。根据 2002 年《哥德堡年鉴》（*Göteborg Yearbook*），该市是瑞典第二大城市，每年只接收约 1 000 名移民，其中许多人来自前南斯拉夫地区。整个瑞典的净移民率大约是丹麦的一半、德

① 1995 年一群前卫的电影人举办了首届独立电影节，从此，该电影节成为展示原创、新电影制作的窗口，证明独立的草根电影人可以去冒险发掘人才，改变电影行业。参见该电影节官网：https://slamdance.com/about-slamdance，2023 年 1 月 5 日访问。

国的四分之一。无论是电影还是其他艺术，哥德堡和波拉斯都不是流
亡文化生产的中心，国际流亡电影节的目的也并非要发起一场变革，最
终可能使这两个城市成为流亡文化生产中心。因此，该电影节的宣传口
号"世界是我家"并不像传统的电影节那样召唤世界，并把电影节作为一
种手段来扩大以某个确立的象征地点为中心的地理文化范围，由主办城
市通过电影节在世界所有国家或所有"地方英雄"中进行声誉的分配来
支持自身的国际地位。相反，该电影节将"世界"作为流亡者的家园，这
一姿态标志着电影节缺乏一个更具体、更明确的地方。流亡电影节的主
题并不是一个脑子里装着整个世界的欧洲绅士（如 2001 年夏纳电影节
宣传海报所展示的），而是一个有关边界的、过境的主题，在 1995 年流亡
电影节海报上，护照持有人的照片底片恰如其分地象征了这一主题。

图 12　2001 年戛纳电影节海报

"世界"电影节。这张 2001 年度戛纳电影节海报描绘了一位四海为家的绅士，他的
头脑里装着整个世界，这是世界性的象征。版权所有 © 米歇尔·格兰杰（Michel
Granger），戛纳电影节

294

图 13　第二届国际流亡电影节海报

1995 年，哥德堡市，作为"无归属"的象征，在第二届国际流亡电影节海报上，护照持有人的相片为一张底片。制作者为弗雷斯特·法泽里（Freshteh Fazeli），由国际流亡电影节提供

　　通过此类电影节所产生和传播的声誉是一种象征货币，适合哈米德·纳菲西在继霍米·巴巴（Homi Bhabha）之后所说的"电影制作的夹缝模式"（interstitial mode of cinematic production）。[27] 也就是说，这种象征货币是一种在全球合法的、值得信赖的声誉，通过一种公认的制度的机制在发达国家的世界主义空间中产生。它不是一种地方的或"传统的"硬币，并且硬币的价值也不是只存在于文化资本主义世界体系的"边缘"，或者只有在西方大都市的文化银行家们慷慨地认可并转换之后才存在。然而，在某种程度上它有"异国口音"，这让它有别于具有全球声誉的金棕榈奖或金狮奖。流亡电影节为在文化上无归属的艺术家

们提供了一种全球性的但无归属的认可,无论该电影节和这些艺术家有多么稳固地扎根于大都市。[28] 从其说明上看,这类电影节是非主流的,是不可能很快取代戛纳、威尼斯和柏林电影节的。但是,由电影经纪人和机构组成的全球网络(这些电影节是其中的重要组成部分)代表着声誉经济中一股日益增长的力量。文化竞争领域的全球化引入了新的文化奖体制参与者们,从而给游戏带来了新变化。如今,任何人要想在文化领域里增加自己的文化利益并获得象征优势,不仅需要减少自己的民族底色,无论是物质的还是象征的,而且有时还需要减少地方的认证和信誉,数十年来主要的全球性文化奖机构一直接受这种认证和信誉以取代国家的认可。然而,这种接受过程仍在继续,它的逻辑预计将在一段时间内主导象征市场,这一事实应该让我们对未来涉及以下几个方面的前景感到不乐观:夹缝中的艺术家们和他们所能支配的资本种类,以及他们进行后殖民化全面改变全球文化场域中的位置和关系的可能性。

第十三章　文化奖与世界文化政治

美孚公司意在让人们在文化与经济上联合起来。

——美孚石油公司（Mobil Oil Corporation）董事长兼首席执行官卢西奥·诺托（Lucio Noto）解释设立美孚飞马土著文学奖（Mobil Pegasus Prize in Indigenous Literature）的原因，1999 年

在媒体和文化产业日益全球化的背景下，文化奖的象征资本具有特殊的重要性，因为它被视为一种潜在的强大的反货币（counter-currency），尽管在某些方面，它被攻击为仅仅是影子货币。通过特别为"原住民"或"第三世界"，或单为"世界"艺术家设立新的平行奖项（1996 年格莱美奖增设了一个世界音乐奖类别，大约在同一时期，世界电影首次作为一个奖项类别出现在圣丹斯电影节以及其他主流电影节上），[1] 或者通过将表面上一直是全球性的文化奖的参评资格和评判的内涵标准进行扩大，英国、欧洲、美国等多个国家和地区的文化与慈善机构，无论多么姗姗来迟，都开始致力于从后殖民国家中挑选艺术家们送入所谓的"全球万神殿"的工作，这一尝试遵循了类似于外国金融资本投资的过程。一方面，外国象征资本在新兴象征市场上的投资被视为后殖民世界的必需品及大国的伦理义务——事关真正的尊重和认

232

可,而不仅仅是象征性的慈善事业,另一方面,帝国曾通过控制象征经济来控制文化实践,这种投资被视为非公开、间接地维持这种旧模式的手段。这并非文化奖指望能脱得了干系的一个问题:文化奖自称从全球奖的有利角度去表彰和认可本土的文化成就,不可避免地会从外部对地方的文化价值体系进行干预。即使文化奖只是在一个更大的舞台上加强、重塑在本土社区中业已存在的文化等级制度,显然它也是在不断变动和各方争斗的背景下为某一方提供象征权力,并鼓励文化争斗中的各方更加协调一致地面向全球利益,例如,根据世界文化奖日历改变自身活动的时间或节奏。在全球市场越来越多地决定本土象征经济的命运之时,全球奖项的社会与政治负担是无法回避的。

1986 年,即《恩赐之地》获得格莱美奖的那一年,瑞典文学院在庆祝其成立 200 周年之际,特别强调首次将诺贝尔文学奖颁发给一位来自非洲大陆的作家,事实上是首次颁发给非洲裔作家——尼日利亚诗人和剧作家沃莱·索因卡(Wole Soyinka)。对非洲文学界而言,索因卡获奖不是值得庆祝的事件。虽然西方媒体关注到在索因卡获奖的消息公布后,当他飞抵拉各斯时迎接他的是"欢呼的人群",并将之后斯德哥尔摩给他颁发诺贝尔奖的活动描述成尼日利亚人迫切需要的一种对"尼日利亚士气的鼓舞",但尼日利亚文学界对颁奖事件的实际反应更为复杂。[2]

正如诺贝尔奖得主经常遇到的情况,索因卡在这之前的 1985 年差一点儿就获奖,结果却落选了,这令人们大为失望,尼日利亚媒体抓住了这个机会,对诺贝尔奖在非洲的价值进行了一次激烈而持久的辩论。参加辩论的绝大多数尼日利亚人都希望他们的同胞得到诺贝尔奖的认可,他们对索因卡被克劳德·西蒙(Claude Simon)——一位不太出名的法国新小说运动的创始人——挤掉表示失望,并再次呼吁选出一位非洲获奖作家。然而,20 世纪 70 年代以来,索因卡的批评者一直在攻击他的"欧洲现代主义"倾向,他们认为普通非洲人没有理由觊觎诺贝尔奖,也没有理由欣赏索因卡的"不知所云"的戏剧和诗歌。事实上,根据索因卡的死对头、评论家兼专栏撰稿人钦维祖(Chinweizu)的说法,索因卡获得诺贝尔奖将是一个很好的"不受欢迎的机构向读不懂的作家致敬"[3]的例子,这两者简直是绝配。对钦维祖及其他人来说,瑞典文学院院士推选这位剧作家,远远算不上是对尼日利亚和非洲那些令人敬佩的文学成就的认可,而只是肯定了欧洲对非洲文化缺陷的一种偏见。按照他们的观点,索因卡接受诺贝尔奖并将其视为一种巨大的荣誉是一种拒绝本土语言文化转而支持欧洲全球霸权的行为。[4]

300　　从首次传言索因卡正在角逐诺贝尔奖的那一刻起,尼日利亚文学界和大众媒体就一直在谈论这些话题。索因卡获奖一事只是使得这种言论甚嚣尘上。尽管索因卡的诋毁者们可能会让人觉得他们是对其作品异常无感的读者,更不用说过于尖刻的论战者(虽说这类"战斗"的字眼在尼日利亚文人中可能是常用的),然而他们的观点与代表索因卡的人对斯德哥尔摩评选诺贝尔奖进行的游说一样,是对瑞典文学院在20世纪80年代所做的决定的合理反应,并不出人意料。根据这个决定,瑞典文学院会以其无可匹敌的象征能动力去承担将文学声誉的国际经济拓展到更广阔的全球层面的任务。

　　多年来,诺贝尔奖的评论者们一直期盼列奥波尔德·塞达·桑戈尔(Léopold Sédar Senghor)成为首位非洲获奖作家。桑戈尔堪称20世纪文学的一座丰碑,是"黑人精神"(Négritude)运动的共同创始人和主要倡导者之一,还在塞内加尔独立后最初的二十年间担任过总统。人们相信,非洲人的个人认同和政治主权必须牢牢根植于真正的非洲文化传统和资源,在这些人的心目中,他也是一位英雄。桑戈尔于1984年当选法兰西学术院(French Academy)院士,而瑞典文学院就是基于法兰西学术院的模式。当时法兰西学术院这个强大的机构中的一些院士已经开始为他能够获得诺贝尔奖而奔走。然而,在反殖民主义斗争时期和非洲国家独立初期,有关真实的非洲的言论,特别是黑人民族主义认同言论,曾被作为强大的武器,却在后殖民时期迅速地失去了其文化和政治上的作用。这种适合文化民族主义而非文化全球主义的言论基于一种抵抗范式,就像迈克尔·哈特(Michael Hardt)和安东尼奥·内格里(Antonio Negri)所指出的,随着一种新的、跨国形式的主权

（他们称之为"帝国"）的兴起，这种范式已经变得越来越不合时宜并且
无用。桑戈尔关于黑人文化民族主义的论述缺乏一种策略，无法在新
的语境下将特殊性与普遍性相结合起来，也无法使本土形式的文化资
本在快速发展的"世界"文化市场上流通。此外，它与至今一直主导瑞
典文学院的大多数成员所信奉的自由人文主义思想相冲突，因此桑戈
尔永远无法得到足够的选票来赢得诺贝尔奖。讽刺的是（这也是许多
在巴黎讲法语的非洲移民的看法），早在 1985 年，瑞典文学院就决定将
更年轻的后殖民作家（讲英语的）索因卡而不是更年长的、反殖民主义
作家（讲法语的）桑戈尔作为诺贝尔奖非洲获奖者的首选，而法国作家
克劳德·西蒙赢得了诺贝尔奖桂冠，这是给法国人的补偿。[5]

　　事实上，索因卡是最著名的**反对**"黑人精神运动"的非洲作家，他评
论道，老虎不会到处宣讲自己的"老虎精神"（tigritude），这是非常出名
的对"黑人精神运动"的嘲讽。1975 年，他出版了后殖民非洲的主流文
化杂志《过渡》（*Transition*），对非洲**真实论**一派的文学批评家们进行了
猛烈抨击，他批评他们提倡完全依靠本土资源创作非洲文学的观点是
"新塔尔扎主义"（neo-Tarzanism），即一种"伪传统诗学"[6]。索因卡的作
品有时在语言上相当晦涩难懂，在形式上也相当前卫，可以说在英国和
欧洲大陆比在非洲更成功。他在英国获得了乔克·坎贝尔奖（Jock
Campbell Prize），并与汤姆·斯托帕德（Tom Stoppard）分享了约翰·
怀廷奖（John Whiting Award），他在欧洲还获得意大利的埃尼·恩里
科·马泰奖（Eni Enrico Mattei Prize）。他得到了文化界举足轻重的非
裔美国作家们和学者们的支持，包括提名他获得诺伊施塔特奖的伊什
梅尔·里德（Ishmael Reed）、安东尼·阿皮亚（Anthony Appiah）和玛
雅·安吉洛（Maya Angelou），以及小亨利·路易斯·盖茨（Henry
Louis Gates Jr.）等人的支持，其中盖茨是索因卡在剑桥大学任教时的
学生，也是索因卡获诺贝尔奖的主要提名人。虽然他在自己的祖国毫
无疑问是一位重要人物，从学生时就开始在尼日利亚艺术节上获得诗
歌奖，后来在尼日利亚也赢得许多奖项，[7]但是他在英国和欧洲戏剧界
的成功有时反而对他不利，他参与有关非洲文化真实性议程的论战，在

301

302

钦维祖的圈子里被贴上了文学"内奸"的标签。在尼日利亚评论家们的眼中，索因卡是英国、美国和欧洲新殖民者挑选出来的"尖兵和破坏专家"，旨在摧毁真正的尼日利亚本土作家的声誉。[8]

当然，斯德哥尔摩市的学者们知道这一切，在评选获奖者的过程中，没有什么是单纯的或未经过他们盘算过的。即将离任的学院秘书拉尔斯·吉伦斯滕（Lars Gyllensten）在其演讲中明确地指出，索因卡是一位世界主义作家，对这位作家来说，非洲元素只是其复杂的、高度原创性的视野的一个方面。吉伦斯滕向索因卡颁发诺贝尔奖的理由是他成功地"将自己祖国丰富的遗产、古老的神话和古老的传统与欧洲文化的文学遗产和传统结合在一起"。在这方面，诺贝尔奖确实被有效地利用，损害了最直言不讳地支持"地方主义"以及黑人民族主义的团体的利益，该奖支持的不完全是欧洲的新帝国主义（neo-imperialism），而是数年后在尼日利亚以及其他地方出现的文化全球化。[9]通过这一全球主义战略，受"诺贝尔奖效应"（文学声誉市场的"诺贝尔奖化"）影响的领域正在迅猛扩大，而扩大的关键取决于作家对特定地方或区域（但不一定是国家）的生产场域的认同。索因卡在领奖时穿了一件长袍礼服（Agbada），即传统约鲁巴礼袍，他在获奖感言及多次向新闻界发表的声明中明确表示，他的获奖应被视为是非洲人的，他代表非洲人获奖；他以"非洲人"的身份来领取诺贝尔奖，并在南非反对种族隔离斗争中不失时机地利用了这一身份。与此同时，他声明获奖给予他的最大的喜悦并非因为他是首位获奖的非洲人，而是因为他能够有机会把诺贝尔奖作为尼日利亚的"民族荣誉"带回家。他说道："对我来说，这就是诺贝尔奖的伟大之处，这真的是国之幸事。"[10]

上述观点得到了许多在索因卡之后获奖的作家们的响应，这些观点有时可能会过分强调瑞典文学院所采用的战略的"联邦主义"（federalist）的维度，或者高估文学院对民族文化场域的兴趣，这导致瑞典文学院的发言人公开澄清，大意是诺贝尔奖不是简单地授予一个尼日利亚人，甚至不是授予一个非洲人，"而是世界上最伟大的作家之一。他的根在黑非洲"。[11]获奖作家关于民族和地区代表性的言论与文学院

303

关于超凡天才和独特多元文化融合的言论之间似乎存在分歧,无论是在文学院特定的发声中,还是在上述分歧中,所体现的含混性其实都是一种策划好的策略的产物。这种策略旨在表彰那些无论如何能够同时认同自己本土的根基或作品出版地的世界文学作家。事实上,作家们在世界文学中的地位是随着他们与本土根基的关系的变化而变化的。在索因卡获奖后的 15 年里,相继有来自埃及、墨西哥、圣卢西亚和特立尼达的作家获奖,还有首位非裔美国人获奖。这些作家不仅**代表**了特定地方(或散居的)的文学群体,而且代表出现在世界文学的全球关联中,经过精挑细选出来的群体或群体的某些特色。诺贝尔奖并不是对地方文学成就的认可,也不是加入地方主义或本土主义的文化议程,更不是对某些民族-国家地位的确认或拓展。然而,诺贝尔奖也不意味着仅仅是欧洲文学霸权的进一步发展,并非证明欧洲的文学品位和标准不仅可以适用于地球上最遥远的地方,而且可以在那里获得合法性。在各个不同的、相距甚远的产地出现了可被公认的真正的"全球"文学,作为一个特殊文学类别,它的生产与接受场域只能在世界的范围内被规划,具体的作品也只能在世界范围内受到尊重,诺贝尔奖已经成为一种把这些"全球"文学关联起来的手段。

保罗·赫斯特(Paul Hirst)和格雷厄姆·汤普森(Grahame Thompson)指出,全球化经济之所以"不同于国际经济"是因为"不同国家的经济通过国际程序和交易被纳入全球体系并在其中被重新关联"。[12]我的观点是,在象征经济中这种归并和重新关联的过程比在货币与物资贸易经济中达到了更高级的阶段。在货币与物资贸易经济中,民族利益强有力地占据上风,而日益全球化的发展轨迹还远未明朗化。[13]诺贝尔奖进军非洲是全球文学声誉经济被强化的一个表现,这种声誉经济经常利用民族文学的等级制度及价值体系并从中获利,但并不是简单地肯定或复制它们,有时甚至是相当激进地贬低它们。因此,诺贝尔奖构成了一个世界文学的总汇(就像世界音乐一样),它与世界上许多国家的"最佳"文学或音乐作品明显不同,因为这些最佳文学或音乐作品是由其国家的象征经济决定的,或者实际上是由美国或瑞典

304

305

等一些特定的国家来决定的。我们应该说，至少它们在**最初**并不相同：因为尽管世界文学经典在全球的生产可以而且确实越来越无关乎民族声誉的等级，但从长远来看，在民族市场上肯定很难实施一种与全球市场上的象征评价方案截然不同的方案。虽然那些具有民族特色的文学作品与世界文学不断演变的标准或体制机制格格不入，却仍被各国读者、评论家们广泛阅读并赞扬，而随着非洲和亚洲的一些国家继续只资助最坚守"传统"的、反西方的音乐表演者，同时阻止国人尝试把本民族艺术与世界的艺术相融合，从奇努阿·阿切比（Chinua Achebe）到"国王"桑尼·阿德（Sunny Adé），这些在世界文学或世界音乐中最知名的人物与其更具有本民族"代表性"的那些同行们相比，已经在地位上拉开了差距，甚至在他们各自的本土市场上也拉开了差距。

有人可能会反对把"世界文学"作为一种与世界音乐大致相似并在历史上同时发生的现象。当然，人们有充分的理由坚信这个术语具有深厚的历史渊源。毕竟，世界文学可以追溯到 1827 年歌德创造的新词"世界文学"（Weltliteratur），至少从 20 世纪初开始，它基本上被用来命名比较文学的经典——在欧美核心教育机构中被构建并为其服务的经典，但这个经典包括来自边缘文化的文本。[14] 学者们有理由认为，从整个 20 世纪的"世界文学"选集来看，人们近期对"世界文学"术语的使用不过是沿着多元文化的路线，对仍然相对稳定、本质上仍然是西方的文学经典适度的、经济上的机会主义扩张。[15] 因此，它并非一个**崭新的**类别，也并非像世界音乐一样是 20 世纪末全球化的一种新的产物。

但是，这种把当代"世界文学"仅仅视为人们所熟悉的文学经典在文化和地理上的扩展的观点缺少了一些东西。在很大程度上，通过文学奖的地域传播，"世界文学"术语更强调一些东西，它被赋予了一些新的含义，虽然很难具体加以说明，但恰恰是在目前某些情况下从人们使用时对它的怀疑或厌恶中显示出来的。在过去的二十年里，世界文学已经成为一个更具象征意义的类别——比歌德所说的"各国最好的［文学］作品"，甚至比"世界各地的伟大文学作品"更特别，更有内涵。世界文学与世界音乐受到的批评和排斥完全相同。首先，有一种反对商业

306

化的批评，这种批评基于非常理性的怀疑，即文化"全球化"与经济全球化一样，仅仅是美国和欧洲企业集团（特别是五大传媒集团巨头）统治世界的托词。[16] 人们在连锁书店的"世界文学"书架上可以找到的选集数量激增，不仅仅是像《诺顿世界名著选集》（*The Norton Anthology of World Masterpieces*）（在该书的 1985 年版中，索因卡是首批入选的三位非西方作家之一）或克利夫顿·法迪曼（Clifton Fadiman）的《终身阅读计划：世界文学经典指南》（*Lifetime Reading Plan：The Classical Guide to World Literature*）（该书新版中还包括两位 1925 年之后出生的作家阿切比和加西亚·马尔克斯），还有一些更明显的当代策划图书，如普伦蒂斯·霍尔（Prentice Hall）出版社的系列选集《永恒的声音，永恒的主题：世界文学》（*Timeless Voices，Timeless Themes：World Literature*）以及与该书配套的一系列视频、练习册和教师指南等，都被搜罗来当作纯粹的世界文学的商业性质的证据，就像世界音乐的盒装唱片或星巴克的"世界音乐合辑"（World Music Compilations）被视为世界音乐沦为纯粹的营销炒作的标志，还有诸如简明指南（Rough Guide）、世界音乐网络（World Music Network）和朗德（Rounder）唱片公司①等发行的唱片。就像英国杂志《民谣之根》（*Folk Roots*）的创刊编辑伊恩·安德森（Ian Anderson）在谈到"世界音乐"（World Music）时所说的那样，"世界音乐只是唱片店里的一个储物箱"。他将世界音乐这个术语的广泛应用追溯到 20 世纪 80 年代中期独立唱片公司高管们召开的一次会议。也就是说，"世界音乐"术语的出现只是出于商业上的便利，"世界音乐"被当作一种"摆放无法归类的唱片"的手段，而不是指任何特定的音乐现象或音乐的内在品质的名称。[17]

还有第二种批评，虽然它与第一种批评有部分重叠，但它确实看到了在这些文化生产的"世界"艺术形式中某些共同的品质、可辨识的品

---

①　朗德唱片公司（Rounder Records）成立于 1970 年，以经营蓝调及美国本土民谣、乡村音乐唱片为主，其出品唱片曾获得 54 项格莱美奖。参见该公司官网介绍：https://rounder.com/about，2023 年 1 月 5 日访问。

位和偏好，尽管有些是令人讨厌的。从这个角度来看，世界文学就像世界音乐一样，不仅仅是一种营销生态位，可以让人们将某些以前不受市场欢迎的文化产品加入其中并获利。它本质上是一种虚假的旅游产品，是特别（不总是特意地）为欧美消费而制作的并伪装成一种土著文化的代表。钦维祖抨击瑞典文学院对非洲文学的品位，非常类似于非洲流行乐的评论家们在 1986 年早些时候嘲笑美国格莱美奖评委们对《恩赐之地》的青睐。钦维祖评论道，在非洲，诺贝尔奖只能由一位创作"机场艺术的高级的文学版本"（sophisticated literary versions of airport art）的作家获得，获奖作家在其被欧洲同化的作品中精心运用十足的"非洲风格的外观和镶嵌"，以满足"西方游客所怀有的对异国情调的品位"。[18] 从这个角度来看，世界文学和世界音乐同样是新帝国主义的委婉说法，是格雷厄姆·哈根（Graham Huggan）所称的"后殖民异国情调"（postcolonial exotic）[19]。世界文学就是印度的"后拉什迪、后殖民小说"这一特别的文学种类的普遍形式，弗朗西斯卡·奥尔西尼（Francesca Orsini）认为，这个普遍形式是一种逃避或忽视的形式，而不是跨文化接触的形式，通过这种形式，"西方可以专注于思考对自身的最新解释而不是思考印度的事"[20]。

最后，第三种批评经常针对世界文学和世界音乐以及全球文化奖体系，认为全球文化奖通过神圣化重要的艺术家，极大地促进了世界文学类别的形成。这种批评不是从地方主义的角度出发去反对在跨国资本的压力下放弃文化的特殊性，相反，它是从西方大都市的角度出发，反对在"政治正确"的压力下放弃普遍的美学原则。这种批评的要点是，大多数世界文学的价值并不是基于任何特定的文学成就，而是由那些控制着全球文学等级地位的人（如地位优越的文学教授和书评人，以及他们中那些担任主流文学奖评委和管理者的人士）掌握的，他们系统地把文学价值与社会价值，文学的伟大成就与设想的政治英雄主义，基于多元文化的文学经典与更民主或社会主义或平等主义的世界等混为一谈。从这个批判的立场来看，"世界文学"就只是"世界"而没有"文学"。世界音乐、世界电影及这个现象涉及的所有其他文化形式也是如此。

我们应该认识到,这种表面上的普适主义批评实际上是长期存在的一种对文化声誉的全球化进行抵制的民族主义和种族主义,它恰恰出现在针对第一批获得欧洲文化奖的黑人获奖者身上,一位法国评论家在评论马兰获得龚古尔奖时讥讽道:"有些人很幸运能成为黑人。"[21]这一点在今天仍然很明显,一位英国小说家抱怨道,如果布克奖的新赞助商将参评资格扩大到美国作家,相比因受奥斯汀和莎士比亚的束缚而缺乏创新精神的英国作家们,"只有口头传统的美国黑人作家"将不公平地享有竞争"优势"。[22]然而,如前文所述,这种对世界文学的批评指向之前提到过的一个实际的奖项合并或分类问题,这个问题长期困扰着瑞典文学院和其他主要的文化奖机构,并且自20世纪80年代以来,随着国际超级大奖的圈子的加强,这一问题变得更加突出。这些"世界"大奖的远大抱负不仅表现在其评选范围之广,而且表现在其言辞的浪漫主义及设计的英雄主义上,尽管当奖项涉及的资金总额达到数十万美元时,这种远大的抱负或许是不可避免的,但这使得大奖比以往更容易去青睐那些在个人可敬的人生与创作中均取得了"终身成就"的作家。索因卡对尼日利亚政治言论自由的支持(为此他被单独监禁了两年多)似乎更能引起诺贝尔和平奖评委而不是瑞典文学院委员的关切,但这无疑使他成为非洲首位获得世界顶级文学奖作家的强有力候选人。拉乌尔·格兰奎斯特(Raoul Granqvist)评论道,在瑞典,索因卡作为持不同政见者的名气比作为诗人或剧作家的名气更大。[23]纳丁·戈迪默(Nadine Gordimer)在反对种族隔离斗争中的不懈努力同样有助于她在数年后成为第二位来自非洲大陆的获奖作家。同样,《恩赐之地》(Graceland)和黑斧头合唱队对全球音乐奖评委的吸引力显然与当时正在发起的结束种族隔离、解放纳尔逊·曼德拉的国际运动有关,这一运动在英、美大学生中得到了特别强烈的支持,而他们可能是流行音乐消费者和潮流创造者中最关键的群体。如前所述,在挪威奥斯陆举办的曼德拉领取诺贝尔和平奖的庆典上,黑斧头合唱队的正式亮相可被视为美学与人道主义这两个不同类别之间相融合的标志。

309

310

　　此外,在传统上这种不同奖项类别的吻合对文学奖的评委和管理者来说是一种尴尬或难堪,因为它暴露了艺术与政治资本之间相互依存和随意转换的关系,但在最近国际大型文化奖的迅速发展中,这种吻合变得更加明确,并且不加掩饰。仅举一例,1999 年,致力于文学慈善事业的组织兰南基金会(Lannan Foundation)在其所设立的主要奖项之外增设了一项奖金为 35 万美元的文化自由奖(Prize for Cultural Freedom)。既然兰南基金会已经分别赞助了奖金 25 万美元的人道主义奖(Humanitarian Prize)和 20 万美元的终身文学成就奖(Prize for Lifetime Literary Achievement),而且这两个奖项本来都是为了"文化自由"而设立的(文学奖得主包括爱德华·赛义德),因此新的奖项显然是为了让这两套标准更加明确地发挥作用,并表彰那些设法跨越或陷入越来越狭窄的奖励类别之间的人物。用不着加入反对"政治正确"和"文学平权"人士的行列,我们就可以看到在这类文化奖赞助商的算计中,地缘政治因素似乎的确比艺术因素更重要。小帕特里克·兰南(J. Patrick Lannan Jr.)本人曾指出,在某些年份,"文化自由奖"可能根本没有颁发给艺术界的任何人士,而是颁发给了"某个原住民"。[24] 这意味着从"文化自由奖"的创始名称来判断,这位原住民虽然不是艺术家,但促进了"个人和社区界定并保护目前受到全球化威胁的有价值的和多样化的生活方式的权利"。这是一个令人钦佩的有关象征使命的声明,但它未能考虑到以下事实,即正是由于这种奖励,兰南基金会将不可避免地在某些地方被视为文化全球化的一种威胁。虽然人们会继续把基金会造成威胁的确切性和程度作为辩论的话题,但这种看法本身是有充分理由的。因为全球化形成的一个深远的却鲜为人知的影响是像兰南基金会这样的文化机构的权力在加大,它们从世界各地挑选并神圣化一批文化英雄,将这些人作为世界文学、世界音乐、世界电影等"世界文化"舞台上的领军人物,而这些舞台本身就是部分地由"世界文化"的进程构成的。[25]

　　因此,我们可以把当代语境里的世界文学看作通过体制和过程产生的一种文化范畴,受到类似于人们对世界音乐和其他世界文化形式的怀疑和批评,所有这些都附属于一种新兴的世界文化观,世界文化与"世界所有的文化"或"每个民族-国家的最具代表性或最著名的文化"截然不同。帕斯卡尔·卡萨诺瓦(Pascale Casanova)描述的"文学的世界共和国"实际上界定了自工业革命以来人们为获得象征性奖励而开展文学竞争的一个真正的场域,这个场域最近变得更加全球化,而不是像她所说的那种国际化。借用本尼迪克特·安德森(Benedict Anderson)轻蔑的用语,就算它仍然像"文学世界杯"(literary world cup)的论坛一样运作,重要的竞争者们也不再主要将彼此当作主张民族主义文化并拥有各自民族-国家的象征性资金支持的民族人物来对付。[26]现在游戏涉及衔接民族-国家内部与超越民族-国家外部的策略,成功属于那些设法拥有双重的甚至成倍优势的人:本土声誉的优势地位给他们带来了全球声誉,而他们的全球声誉再次巩固并强化了他们在本土的地位。同样重要的是,那些在主持和评判这些文化大赛中发挥最大作用的人(我指的不仅仅是某个奖项的评委们,而是还有诸如遴选评委的人员、慈善监督机构或企业赞助商,以及宣传获奖和丑闻的媒体等),都越来越多地从跨国的角度出发,越来越不依赖国家对文化奖项的赞助(20 世纪 70 年代以来,在世界范围内,国家对文化奖的赞助稳步下降),越来越不在意民族文学本身——虽然民族文学仍然是可辨识的,但它不再是决定性的评选因素。回到 1827 年,歌德指出,"如今,民族文学没有多大意义:世界文学的时代正在来临",这番话由于说得过早而显得不准确,然而,他的说法最终却得到了验证。

《骨人》(*The Bone People*)这部奇特的小说的命运表明了文学声誉的全球市场的现状。1984 年 2 月,新西兰作家凯里·休姆(Keri Hulme)在惠灵顿市的一家名为"螺旋集合"(Spiral Collective)的非营利女性主义微型出版社出版了《骨人》。[27]在接下来的几个月里,这本书在新西兰毛利族媒体及其他媒体上获得了些许好评(不是非常突出),并两度印制 2 000 册,均销售一空。[28]这对休姆及由三位女性组建的螺旋出版社团队来说是一次成功的尝试。20 世纪 80 年代初,《骨人》的书稿曾在新西兰全国各大出版社辗转,却均遭到退稿。休姆是一位发

312

313

表过作品的诗人和短篇小说家，她的一篇小说曾获得凯瑟琳·曼斯菲尔德奖（Katherine Mansfield Prize），但这是她首次创作长篇小说，小说的篇幅很长，还有点反常地混合了各种文学体裁、风格和语言等，并且编辑草率、印刷错误百出，这部书明显不会在市场上受到欢迎。伦敦《泰晤士报》（Times）的一位文学编辑后来评论道："我不认为它会在车站书摊里大卖。"[29]

但是，这才仅仅是这本几乎"无法出版"的小说的开头。休姆自称其作品是"被释放的怪物"[30]。1984 年 6—7 月，就在英国霍德和斯托顿（Hodder and Stoughton）出版社赶着印制 2.5 万册新书之时，《骨人》赢得了两项文学奖：新西兰图书奖小说类（New Zealand Book Award for Fiction，简称"NZBA"）和毛利文学飞马奖（Pegasus Prize for Maori Literature）。第一个奖是标准的年度新西兰图书奖，创立于 1977 年，连同更早设立的"瓦蒂图书奖"（Wattie's Book Award）一起是当时新西兰最重要的年度图书奖。[31]新西兰图书奖评委会对休姆的小说印象深刻，认为它在一个梦幻般的创伤和疗伤的叙事中融合了英国人（"Pakeha"即"白人"）与原住民（毛利人）的元素，是一则民族寓言。对于作者为出版这部小说长期坚持不懈的努力，以及螺旋出版社的一小群志愿者成功地将小说推向全国发行，评委会的印象深刻。新西兰图书奖的新闻发布突出报道了休姆收到拒稿信和螺旋出版社的志愿者们在影印机上工作到凌晨的事迹——这也许是另一则民族寓言。休姆是一位具有苏格兰、英格兰和毛利族血统的混血作家，在范围相对不大的新西兰小说界中她被誉为一个冉冉升起的文学新秀。

休姆在 1984 年初夏赢得的另一个奖——毛利文学飞马奖更像是一个新事物。新西兰已有各种毛利文学年度奖项；休姆本人在 20 世纪 70 年代末获得了毛利信托基金奖（Maori Trust Fund Prize），但飞马奖是新西兰第一个全球性的原住民文学奖。飞马奖于 1977 年由跨国石油巨头美孚公司（现在的埃克森美孚公司）创立，由分布在世界各地的众多美孚子公司举办。飞马奖既定的目标是促进国际上，特别是北美对因语言和（或）经济环境而被边缘化的地方文学文化的认识。美孚公

314

司的公共关系部门先决定由哪个子公司来接受其慷慨的文化捐赠，然后由一个顾问委员会确定大赛的类别，再任命一位当地的文学名人来挑选一组评委，并精心安排评选过程。在这里我们应注意不同层次或级别的选择。当然，公关人员是由美孚公司的高级管理层挑选的，然后，这些公关人员挑选一组文学顾问——不仅来自他们自己的公司[格雷戈里·维蒂耶洛（Gregory Vitiello）是美孚公司形象《飞马》杂志的编辑]，而且来自合法的文学生产场，例如，保罗·恩格尔（Paul Engle）是世界文学机构史上的重要人物，他是现代"作家工作坊"的发明者和爱荷华大学国际作家项目的创始人——这项事业使他获得了诺贝尔和平奖的提名。顾问委员会随后选择了维多利亚大学毛利语教授西德尼·米德（Sidney Mead）来挑选评委，他的最终决定虽然不受美孚公司的直接干预，但评委会不仅是个人与集体品位的产物，而且是整个战略筛选和分类分级排序的产物。从这一过程中脱颖而出的作品赢得飞马奖，但该奖的颁奖时间距离作品最初出版的日期可能长达十年。获奖作品由美孚公司出资翻译成英文，然后在美国出版，在美国路易斯安那州立大学出版社（Louisiana State University Press）的合作安排下，在北美和英国发行。

315

当然休姆的小说不需要被翻译成英文。然而，它确实需要从其所在的仍然相当本土或"原住民"的场域被翻译或传播到全球文学场，而新西兰图书奖根本不适合这项工作。事实上，新西兰文学协会（NZBAS）长期未能在民族文学场域以外的任何地方注册，这件事促使在新西兰度假的美国休闲度假产业大亨格伦·舍弗尔（Glenn Schaeffer）（他曾是保罗·恩格尔在爱荷华大学的学生）通过他在惠灵顿大学创立的"国际现代文学研究所"（International Institute of Modern Letters）设立了一个新的超级奖。新奖公开希望以新西兰其他图书奖前所未有的方式参与社会声誉及象征声誉的全球经济。第一届"舍弗尔奖"（Schaeffer Priz）由全球文化名人组成的顾问委员会颁发，成员包括萨尔曼·拉什迪、奥利弗·斯通（Oliver Stone）和雅克·德里达（Jacques Derrida）等，该奖 6 万美元的奖金超过了新西兰文学协会颁发的1.5万美元奖金。2002年，世界文学的代表人物沃莱·索因卡将第一届"舍弗尔奖"颁发给了凯瑟琳·奇吉（Catherine Chidgey），索因卡是内华达大学拉斯维加斯分校创意写作项目的舍弗尔主席。

然而，舍弗尔奖的参评资格和评选标准符合传统的民族文学范式，出于这个原因，它可能会设法去取代新西兰图书奖（NZBA）。舍弗尔奖无疑是象征经济通过跨国文化机构实现"全球地方化"趋势的一个征兆，但它不像飞马奖那样引人注目，飞马奖的设立比舍弗尔奖早了15年。仅就1984年的新西兰飞马奖的评选而言，该奖产生的影响力比新西兰小说获得的任何奖的影响力都要大。这种象征的效力之所以产生，只是因为飞马奖是在纪念一种文学——毛利文学，虽然它是用英语创作的，销量也很好，并在新西兰国内享有赞誉，但它可能被视为边缘的、濒危的文学（因此需要美孚公司的跨国象征援助），而新西兰文学却并非如此。美孚公司通过其审阅和评判机构聚焦民族文学内部或地方文学的大量作品，以确保其评选将在全球产生更多的共鸣。

首先，将《骨人》神圣化为一部（超越世界的）毛利文学作品容易引发跨国争议。虽然休姆获得新西兰图书奖几乎没有引起关注，但她获得飞马奖引起了多方关注，尤其是奥克兰大学的评论家、小说家C. K. 斯特德（C. K. Stead）的关注，他是一位在新西兰文学界赫赫有名的获奖作家。斯特德反对将《骨人》归类为毛利小说，将凯里·休姆归类为毛利小说家，因为休姆与其作品的主人公凯瑞温·福尔摩斯（Kerewin Holmes）一样，最多只有八分之一的毛利族血统，而且他们基本上是被当成以英语为母语的新西兰白人来抚养和教育的。[32]在美国，随着白人对非白人表面上获得的象征性优势的愤懑情绪高涨，这个有关作家的毛利族血统不够正宗的丑闻恰好符合文化战争中的新兴话语。例如，同年夏天，美国艺术与文学学院（American Academy and Institute of Arts and Letters）的"罗森塔尔基金会奖"（Rosenthal Foundation Award）引发了一场丑闻。"罗森塔尔奖"颁发给了一个名为丹尼·圣地亚哥（Danny Santiago）的人，其处女作小说讲述了洛杉矶拉丁美洲裔奇卡诺人的街头生活，然而获奖小说并不像评委会被引导去相信的那

316

317

样，是由一位才华横溢的年轻的奇卡诺作家创作的，而是由一位富有的名叫丹尼尔·詹姆斯(Daniel James)的白人老人创作的。[33]此事引发的争议登上了《纽约时报》和其他美国报纸的头版，甚至一年后，当休姆在美国巡回宣传她在路易斯安那出版的书，并担任新西兰官方毛利族"文化大使"时，人们仍然为此感到愤怒或尴尬。就在这个时候，英国霍德和斯托顿出版社的《骨人》凭借其飞马奖克服重重困难赢得了 1985 年度的布克奖。[34]（当英国广播公司电话采访休姆时，她正在美国犹他州。）英国媒体同美国媒体一样，已经准备好了抓住作家的种族作为争议点，并引用斯蒂德和其他对休姆血统感到疑惑的人的话，去质疑飞马奖对这部小说做出的以下评价：一部值得特别关注和奖励的"毛利文学"作品。这些质疑巧妙地融入了撒切尔时代盛行的那种保守的、极端民族主义的文化新闻，同时在更狭隘的范围内也符合我们所看到的同样蓬勃发展的抨击布克奖的运动。右翼评论家们指出，自 1981 年以来，布克奖一直颁发给来自印度、澳大利亚、南非和现在的新西兰的作家，他们认为英国在所有文化问题上采用一种日益扩大的处理模式，即英国民族自我分裂和后殖民政治正确性的模式，他们斥责布克奖评委会的决定就属于这个模式，尽管那一年由诺曼·圣约翰·斯蒂瓦斯(Norman St. John Stevas)担任主席的评委会在政治立场上相对保守。事实上，人们常说，《骨人》是布克奖评选出来的所有作品中最具争议的作品，鉴于该奖长期在引发文学争议方面颇有建树，这种说法很有说服力。

　　这些对旧的民族文学解体的怨言广泛传播，再加上各种族裔性的但合法性和价值均存疑的亚文学对旧的民族文学的象征性碾压，产生了可以预见的反作用。关于休姆的土著作家身份的"国际争议"只是强化了她肯定自己的毛利人身份的言论，并加强了她与已建立的毛利文学界之间的团结。毛利文学界的代表们在飞马奖评委会中占主导地位，他们不喜欢由 C. K. 斯蒂德这种人来监管他们民族认同的边界。就像大多数文化奖丑闻，有关作家的种族身份的真实性丑闻在很大程度上有利于作家及其小说和所获的奖，给这三者带来了意外的宣传效

318

果。此外，休姆作为毛利人成员的资格的中止，转移了人们对飞马奖和此类全球奖在创造土著文化价值中所发挥的作用的密切关注。我认为，休姆通过以家庭功能失调和儿童受虐为中心的创伤及疗伤范式把殖民接触寓言化，再加上小说中毫不掩饰的"新时代"（New Age）①神秘主义，这部小说既不应被视为代表特定的毛利文学文化的发展，也不应被视为暴露休姆的白人血统的混杂性和不正宗的症状。相反，这些是一个真正的本土性的全球品牌的标志特征，也是在世界范围内的英文文学场域里可以发挥保值作用的"毛利性"的标志性特征（毕竟，飞马奖应该**翻译**英文文学场域里的"本土"文学）。在"世界文化"的所有领域中，文化奖庆祝的正是这种普遍认可的本土性标志，例如，"格莱美最佳世界音乐专辑奖"就有几次是由官方分类（和营销）成为"新时代"专辑而不是"世界音乐唱片"专辑获得的。这种看似跨类别的评奖之所以出现，与其说是因为"新时代"运动是一场真正的全球性运动（它对新西兰来说并不陌生），不如说是因为随着"新时代"重现的"地球"和"行星"的比喻，还有它通过各种自我治疗和自我实现的"传统"整体实践来解决世界的精神层面的比喻，"新时代"特别容易让特定事物实现普遍化，同样重要的是，也特别容易使特定事物实现普适化。就休姆的例子而言，在 20 世纪晚期（即新时代）令人较熟悉的《骨人》的普适性使它在众多竞争"世界文学"地位的毛利小说中成为一部颇具实力的候选作品，这正是因为普适性可以被当成小说合法的毛利性的公开标志。

直到今天，休姆仍然是唯一的全球性的毛利文学奖得主，一定程度上由于这个缘故，她经常被称为世界上"最著名的当代毛利作家"[35]。克里斯·邦吉（Chris Bongie）指出，连续印制的《骨人》各版平装本对休姆的介绍显示了"她的［混杂的］欧洲血统被抹去的变化"，她变成了"一

---

① "新时代"指的是 20 世纪末当代西方一个广泛的文化运动，其特点是将东方泛神论与西方神秘主义的实践相融合，强调主流以外的信仰，并提出了精神、正确生活和健康的另类方法。新时代的实践已经进入了音乐、艺术、娱乐等几乎所有的文化领域。参见维基百科"新时代"条目：http://en.wikipedia.org/wiki/New_Age，2023 年 1 月 5 日访问。

个纯粹的'毛利作家'"。[36]《骨人》现已成为世界文学经典中的一部毛利小说。在当代世界文学和后殖民文学研究课程中，它也是这样被定义的。记者们和世界文学的学者们在文章和会议上讨论它（有书目列出了一百多篇文章）；也许最能说明问题的是，这部书在首次出版大约20年后仍在美、英等国出版，而与其同一时期的其他小说，包括几乎所有获得"新西兰图书奖的其他小说"，都早已从国际市场上消失了。[37]《骨人》并不是作为一本新西兰小说而成为文学经典的，20世纪80年代末以来，该书平装本每一版的封面或扉页上都会宣称，这是一本世界认证的、在全球被神圣化的毛利小说。在这方面，该书是世界文化的典型产物：作为一部少数民族文学作品，其神奇的土著少数民族性质是它有资格获得全球知名度的基础，而其全球知名度反过来又确保了它在地区或本土文学创作领域里的地位。如果没有像兰南基金会这样具有全球意识的慈善机构以及埃克森美孚这样的跨国公司赞助的文学奖，类似休姆的小说仍然可以被创作出来，也仍然可以供国际读者们阅读，但我认为，它们不会完全像世界文学作品一样被人们认可并消费。在全球化的声誉经济中，它们也不可能比其他有着类似起源和年代的作品更具有优势。因此，《骨人》的事例不仅让人看到了"世界文化"这个术语中所包含的新的地缘文化关系，而且还让人看到了这些关系在多大程度上是通过文化奖的能动性而产生并被推动的。

附录 A　文化奖的崛起

　　附录图 14 和 15 分别展示了在过去的一百年里，电影和文学领域
里的奖是如何迅速、大规模传播的。

电　影

　　这里最值得注意的发现是，到 20 世纪末，世界上每年颁发的电影
奖的数量超过了制作的电影正片的数量。在世界范围内，电影正片的
年产量从 1900 年的约 300 部增长到 1910 年的 3 000 多部。虽然自
1910 年以来，这个数字的增降幅度高达 50％，但没有出现大规模的扩
张。《国际电影索引》(*International Film Index*)列出了 1920 年制作
的 3 300 部电影，1970 年的产量相同，中间的总数大多较低，而且从
1970 年到 1990 年逐渐下降。《联合国教科文组织统计年鉴》
(*UNESCO Statistical Yearbook*)中的数据只追溯到 1970 年，但该书对
北美和欧洲以外的电影进行了更好的统计，年鉴显示，20 世纪 70 年代
中期以来，世界电影的产量相当稳定，为 3 500—4 300 部正片长度的故
事片，一些国家(特别是印度、中国、菲律宾和美国等国)的电影业的增
长被许多较小的国家(如日本、韩国和巴基斯坦等国)的电影业的萎缩

所抵消。与此同时,电影奖的数量一直在飞速增长,这在很大程度上是由电影节的扩张以及现有电影节和颁奖活动内部的大扩张所推动的,仅在过去五年里就出现了数十个电影节。奥斯卡奖现在包括 37 个不同的奖项,威尼斯国际电影节颁发的奖项是这个数字的两倍多。我从

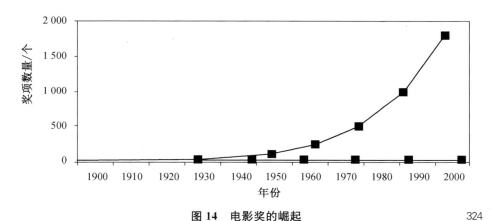

图 14　电影奖的崛起　　324

1900—2000 年全球每 1 000 部电影所对应的电影奖的数量。现在每年颁发的电影奖比制作的故事片还多

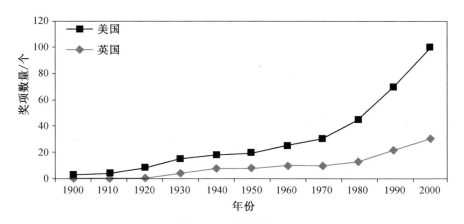

图 15　文学奖的崛起

1900—2000 年美国和英国每 1 000 部新出版的文学作品(小说、诗歌、戏剧)所对应的文学奖数量。自 20 世纪 20 年代以来,文学奖与出版的新书的比例上升了 10 倍

互联网电影数据库(IMDB)中列出的大约 900 个电影节和颁奖节目中随机抽取了 50 个,结果显示目前平均每个节目有 9 个奖项(根据 2004 年至 2005 年的新闻报道或其他官方活动资料,而不是根据互联网电影数据库,因为互联网电影数据库往往会少算奖项)。假设此类活动的实际数量现在至少达到了 1 000 项,我们可以有把握地说,每年颁发的电影奖的数量在 9 000 项左右,或者说是电影正片产量的两倍以上。更不用说,有些颁发给短片和其他类别电影的奖不在我们统计的生产数字之内。但显而易见的是,电影奖的增加与电影产量的扩大无关,也与二十年来一直在萎缩的电影观众人数无关。

文　学

文学奖的激增虽然没有电影奖那么引人注目,但也远远超过了文学图书出版的增长速度。国际数据,无论是关于图书出版的数据[见下面引用的阿尔特巴赫(Altbach)和星野(Hoshino)的条目],还是关于文学奖的数据,往往很少或不可靠,因此,我把图表的范围限制在英国和美国。美国最近才超过英国成为世界领先的新书出版国,自 20 世纪 80 年代初英国的小说市场开始复苏以来,在成人小说、诗歌和戏剧(前者约占总数的 90%)综合类别上,两国的图书产量不相上下。从那时起,英国的新书数量翻了一番,从 1981 年的约 3 650 种增加到 20 世纪与 21 世纪之交的约 7 000 种(其中至少有一半是旧书的新版和再版书,这是图书出版的学术研究中通常出现的较高总数的原因)。自 1937 年高峰期的 2 400 册以来,世纪之交的数量大约扩大了三倍,比"二战"时 1943 年低谷期的 1 350 册扩大了五倍。美国图书的数量在"二战"前几年明显较低,但在 1950—1975 年普遍较高。1975 年以来,美国比英国出版的新小说往往多出 10%—30%,在高峰期的 1996 年和 2000 年,美国出版了超过 9 000 种新书,包括新版本的话有 1.3 万种。自 2001 年以来,美国的成人小说数量也在急剧增加,不过这并不在图 15 的范围之内。

在"二战"前文学出版的繁荣期,英国重要的文学奖不超过六项——贝西·格雷厄姆(Bessie Graham)在 1935 年版的《著名文学奖及获奖者》(*Famous Literary Prizes and Their Winner*)中列出了五项。每千本新书中可能有两到三本获奖。这一比例在"二战"期间攀升,更多的是由于出版业的衰落,而不是奖项产业的崛起。然而,自"二战"以来,文学奖的传播速度一直超过文学出版业的复兴速度。到 1981 年,新的小说和诗歌作品的出版增加到 3 700 种,大约是 1937 年的一半,但重要的文学奖数量增加了大约 10 倍,达到 50 多项。到 1988 年,我们在斯特罗恩(Strachan)的文学奖文献中发现了由 60 个组织颁发的 90 项文学奖,下面引用的资料表明,到 2000 年,这一数字增加了一倍多。这些是相当保守的数字。出版业和图书销售业人士估计文学奖的实际总数接近 400 项。

在美国方面,我们发现在鲍克(Bowker)的《著名文学奖和获奖者及其后继者》(*Famous Literary Prizes and Their Winners and Its Successor*)系列及其后续的《文学奖和图书馆奖》(*Literary and Library Prizes*)中所罗列的文学奖(不包括加拿大的)数量从 1929 年的 21 项和 1935 年的 48 项攀升至 1959 年的 232 项、1964 年的 310 项和 1976 年的 367 项。《为美国作家设立的笔会基金和奖项》(*PEN Grants and Awards Available to American Writers*)的前七版显示了 1969—1976 年的可比数字(尽管笔会的名单与鲍克的名单并不相同,但二者可以合并,产生的总数字更高)。从 1976 至 1996 年,笔会设立的奖项数量翻了一番,达到约 700 项,然后在 20 世纪末开始急剧上升到约 1 100 项。与电影奖一样,这些文学奖中的许多奖项并不属于我所提取数据的图书制作类别。例如,有些人从事新闻或游记的写作。另一方面,在所有这些英、美的参考文献中,每一类文学奖都被严重低估,部分是由于编制这类详尽的名单的困难(我个人的研究已发现了数十项未在任何参考文献中被列出的奖项),部分也是由于设计。鲍克的编辑们警告说,他们忽略了"鲜为人知或具有严格的地方性的重要奖项"。当然,许多奖项,尤其是在其早期,正是通过强调其"严格的地方性的重要性"——

它们对通常被主流评奖机构所忽视的次要或边缘群体的价值，与其他奖项进行区分。笔会的编辑们指出，在很大程度上他们最近收录的奖限制在那些"提供 500 美元或更多现金奖励"的奖，再次使得大量奖被忽略不计，在每一份名单中排除了大量由学术机构颁发给学生的或根据其他多少算是内部资格标准颁发的文学奖。因此，我们所有的数据都可进一步完善，但毫无疑问，总的来说，图 14 和 15 捕捉到了一个真实的且相当显著的统计趋势，这也反映了其他艺术和娱乐领域的普遍趋势。

资料来源：

Alan Goble, ed. , *International Film Index on CD-ROM* (London: Bowker-Saur, 1996); 1999 *UNESCO Statistical Yearbook*; Internet Movie Database (IMDB) Awards and Festivals Browser; "International Book Production Statistics" in Philip G. Altbach and Edith S. Hoshino, eds. , *International Book Publishing: An Encyclopedia* (New York: Garland, 1995), 163 - 186; *Bowker's American Book Publishing Record* (New Providence, N. J. : Bowker, various years); Whitaker Bibliographic Information (www. whitaker. co. uk); "The UK Book Industry in Statistics" and "New and Revised Titles 1996 - 2002," Publisher's Association (www. publishers. org. uk); Ian Norrie, ed. , *Mumby's Publishing and Bookselling in the Twentieth Century*, 6th ed. (London: Bell and Hyman, 1982); Anne Strachan, *Prizewinning Literature: UK Literary Award Winners* (London: Library Association, 1989); Richard Todd, *Consuming Fictions: The Booker Prize and Fiction in Britain Today* (London: Bloomsbury, 1996); *Famous Literary Prizes and Their Winners*, 1st and 2nd editions (New York: Bowker, 1929, 1935); *Literary and Library Prizes*, 4th, 5th, 6th, and 9th editions (New York: Bowker, 1946, 1959, 1967, 1976); *Grants and Awards Available to American Writers*, 9th-23rd editions (New York: PEN American Center, 1969 - 2003); *Awards, Honors and Prizes*, 1st-20th editions (Detroit: Gale Research, 1969 - 2002).

附录 B　文化奖与商业

人们通常对文化奖的看法是它们引入商业价值，进一步淡化了文　
化或美学价值。它们有助于使人们公认的"最佳"或"最重要"的作品与
那些仅仅是最畅销或最受欢迎的作品之间的联系更加紧密。皮埃尔·
布尔迪厄在其《艺术的法则》(*The Rules of Art*)一书中宣称："毫无疑
问，[经济]权力持有者对神圣化工具的控制从未像今天这样广泛和深
入，实验性作品和畅销书之间的界限也从未像今天这样模糊。"(347)本
书的一个目的是坚持关注在不同形式的资本、不同的市场和不同的价
值等级之间形成的关系的复杂历史，以及部分地通过奖项的能动性来
使这些关系产生互动，以促进文化生产的开展。文化奖的蓬勃发展改
变了这些关系，但这种改变的方式并非通过讨论艺术逐渐变得商业化
或商品化、畅销书的神圣化的事实就能充分地描述。

图 16 和 17 部分地显示了这种复杂性。就美国文学奖而言，这里
的数据明显偏离了普遍的看法，即文学奖实际上是一种变相的商业工
具，通过金钱逐步渗透和支配文学的等级制。20 世纪 20—60 年代，大
约一半的普利策奖获奖作品都是从上一年度和(或)当年的十大畅销书
中挑选出来的。但在此后，在 30 多位获奖作品中只有一部来自这个商
业上最成功的小说出版领域。创立于 1950 年的美国国家图书奖的情

况也无太大的差异。国家图书奖小说类奖从未像 20 世纪 70 年代前的

331　普利策奖那样与市场有着密切的关联，在 20 世纪的最后 30 年里，只有

两部获奖作品——威廉·斯泰伦（William Styron）的《苏菲的选择》

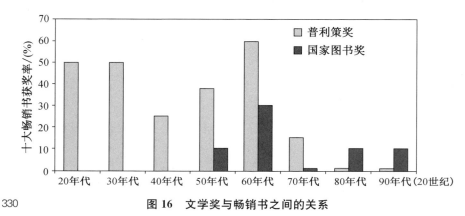

330

图 16　文学奖与畅销书之间的关系

20 世纪 20—90 年代，十大畅销书排行榜上的美国小说奖（普利策奖和国家图书奖）获奖

比例。与传统观点相反，在过去的半个世纪里，美国主流图书奖颁发给畅销书的可能性已经

降低

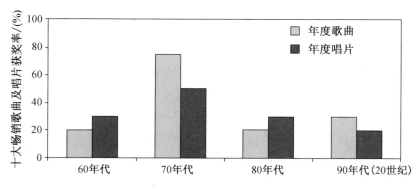

图 17　音乐奖与畅销音乐之间的关系

20 世纪 60—90 年代，在年度十大歌曲畅销排行榜上的格莱美奖获奖歌曲的比

例。实际上 20 世纪 70 年代初以来，即使是因商业化而被广泛鄙视的格莱美奖的评选

也变得更加独立于歌曲排行榜

(*Sophie's Choice*)和查尔斯·弗雷泽(Charles Frazier)的《冷山》(*Cold Mountain*)跻身年度十大畅销书之列。

总体趋势甚至比上图所显示的更具戏剧性。1925 至 1940 年间，超过三分之一的年度畅销书最终获得了普利策奖。1980 年，美国国家书评人协会奖与普利策奖、国家图书奖一起成为美国最重要的小说奖，自那时起，还没有一部排名第一的畅销书获得过这些重要的奖。"热销书"已经高踞畅销书榜单的前十名，但是文学奖已经越来越支持一个明显的象征价值等级结构，而越来越不支持布尔迪厄和许多人所批评的文学种类的混合或融合。我想表明这种被神圣化的作家及作品的鲜明的等级结构绝不是独立于商业之外的，一方面，通过新闻媒体的关注，人们尽力发挥奖在市场上的作用，甚至将奖作为值得消费者持续购买的品牌。然而，事实却一直是这样的：文化奖产业恰恰是在其最具爆炸性增长和影响最广泛的时期(1972 年之后的三十年间)，在推进自身混合的、复杂的、"不纯粹的"的利益中，帮助造就了一种更加远离畅销书的价值尺度。

在相对于文学小说的艺术-娱乐领域的一端，我们可以考查流行音乐的最高奖——格莱美奖。该奖被广泛认为是所有文化荣誉中最完美也是最令人尴尬的商业奖之一，在颁发该奖的流行音乐领域中，特定的音乐的合法性(在"严肃"的听众及评论家中的可信度)与纯粹的流行之间的区别似乎令人可笑，很难维持。尤其是近几十年来，另类(alternative)或独立(indie)艺术家获得了巨大的商业成功。有人认为美国的"涅槃"(Nirvana)乐队、英国的"模糊"(Blur)乐队和"绿洲"(Oasis)乐队标志着在这方面的一个转折点；艾拉妮丝·莫莉塞特(Alanis Morissette)在排行榜上独占鳌头的歌曲《小碎药丸》(*Jagged Little Pill*)在 1995 年巩固了这一趋势。年度格莱美奖获奖歌曲与年度十大畅销唱片排行榜之间的相关性越来越紧密。然而，我们发现，除了从 20 世纪 70 年代早期到中期一段短暂的时段外，格莱美奖年度唱片或专辑跻身畅销榜前十名的可能性只有 20% 或 30%。在过去的半个世纪里，唱片或专辑的声誉(如因格莱美奖而产生并与该奖挂钩的声

332

誉）与其市场性或商业成功之间没有呈现出更紧密结合的趋势。此外，我们可以假设，这些格莱美奖获奖者享有一些商业上的成功是由于该奖在市场上的促销作用。如同图书奖的情况一样，这种促销规模是出了名的难以判断。但是，根据此处提供的数据，我们没有理由认为，就算是在流行音乐领域里，音乐奖更倾向于以牺牲象征利益为代价来促进商业利益的发展，而不去为已获得超越商业的象征价值的作品争取更大的商业支持。事实上，我在研究中未发现任何证据来表明，文化奖与最畅销的作品日益被神圣化的趋势有任何共谋。

资料来源：

Alice Payne Hackett, *70 Years of Best Sellers*, *1895 – 1965*（New York：Bowker, 1967）；Michael Korda, *Making the List*：*A Cultural History of the American Bestseller*, *1900 – 1999*（New York：Barnes and Noble Books, 2001）；National Book Foundation website（www. nationalbook. org/nba. html）；*Publishers Weekly*；Pulitzer Prizes online archive（www. pulitzer. org/ Archive/archive. html）；Grammy website（www. grammy. com）；Thomas O'Neil, *The Grammys*：*The Ultimate Unofficial Guide to Music's Highest Honor*, *a Variety Book*（New York：Perigee, 1999）；Joel Whitburn, *The Billboard Book of Top 40 Albums*, revised and enlarged 3rd ed.（New York：Billboard Books, 1995）；Joel Whitburn, *The Bill-board Book of Top 40 Hits*, revised and expanded 7th ed.（New York：Billboard Books, 2000）；Joel Whitburn, *The Billboard Top Ten Singles Charts*, *1955 – 2000*（Menomonee Falls, Wisc. ：Record Research, 2001）.

333

附录 C 赢家通吃:六份获奖名单

从广义上讲……我们在其他赢家通吃的市场上看到的情况与 334 我们在职业体育中看到的非常相似。

——罗伯特·H. 弗兰克(Robert H. Frank)和菲利普·J. 库克(Philip J. Cook),《赢家通吃的社会》

(*The Winner-Take-All Society*,1966)

19世纪后期,现代文化奖产业与国际体育赛事一起在共同的竞争模式下兴起(见第11章),许多奖项依赖于新闻知名度,因此产生对名人逻辑的依赖(第4章和第9章),随着时间的推移,文化奖趋向于往各自场域的中心发展(第3章)。事实上,一个奖项往往是其他奖项的凭证或资格标志(第6章),所有这些都强化了在艺术和娱乐的象征经济中赢家通吃的特点。如今,文化奖的激增意味着相对更多的艺术家、作家以及作品能够获奖的殊荣,这明显是象征文化财富的民主分配,也通常被人哀叹是对审美标准的"摧毁"或"选美小姐综合征",而与此相抵触的是少数大赢家获得了大量奖项,这个趋势变得更加明显,以下是一些例子。

1. 音乐:迈克尔·杰克逊获得的奖(1970—2003) {#335}

美国电影奖,American Cinema Award,1 项

全美音乐奖(包括世纪艺人奖),American Music Award(including Artist of the Century),23 项

美国总统奖(里根和老布什),American Presidential Awards(Reagan and Bush I),2 项

澳大利亚音乐产业奖,Australia Music Industry Awards,2 项

斑比"千禧年流行艺术家"奖,Bambi "Pop Artist of the Millennium" Award,1 项

公告牌音乐奖,Billboard Awards,28 项

公告牌视频奖,Billboard Video Awards,8 项

黑人娱乐电视奖,Black Entertainment Television Award,2 项

黑金奖,Black Gold Awards,4 项

广播音乐公司音乐奖,BMI Awards①,2 项

广播音乐公司城市音乐奖,BMI Urban Award,1 项

鲍伯·佛西奖,Bob Fosse Award,1 项

宝莱坞奖,Bollywood Award,1 项

布拉沃奖,Bravo Awards,17 项

全英音乐奖(包括一代艺术家),BRIT Awards(including Artist of a Generation),3 项

英国音乐学院奖,British Academy of Music Award,1 项

英国唱片业奖,British Phonographic Industry Awards,2 项

英国电视业奖,British Television Industry Award,1 项

有线王牌大奖,Cable Ace Awards,2 项

加拿大黑人音乐奖,Canadian Black Music Awards,4 项

《钱柜》奖,*Cashbox* Awards,13 项

儿童评选奖,Children's Choice Awards,3 项

———————————

① "BMI"是"Broadcast Music, Inc."(广播音乐公司)首字母缩写。

国会嘉奖，Congressional Commendation，1 项

水晶球奖，Crystal Globe Award，1 项

荷兰格莱美奖，Dutch Grammy Awards，3 项

荷兰音乐工厂奖，Dutch Music Factory Awards，2 项

乌木奖，Ebony Award，1 项

艾美奖，Emmy Awards，2 项

今夜娱乐奖（十年来最重要的艺人），Entertainment Tonight Award (Most Important Entertainer of the Decade)，1 项

欧洲 MTV 音乐奖，European MTV Music Award，1 项

《福布斯》杂志年度艺人奖，*Forbes* Magazine Entertainer of the Year Awards，2 项

法国电影奖，French Film Award，1 项

周五晚间视频奖，Friday Night Video Awards，2 项

创世奖，Genesis Award，即多丽丝·戴体恤动物作品奖，（Doris Day Award for an Animal-Sensitive Work），1 项

金球奖，Golden Globe Award，1 项

格莱美奖（包括"活着的传奇"），Grammy Awards（including Living Legend），18 项

希腊年度唱片奖，Greek Record of the Year Award，1 项

吉尼斯世界纪录终身成就，Guinness Book of World Records Lifetime Achievement Award，1 项

中国香港劲爆电台大奖，Hong Kong Hit Radio Awards，2 项

爱尔兰音乐奖，Irish Music Award，1 项

意大利年度艺术家奖，Italy Artist of the Year Award，1 项

日本音乐大奖，Japan Music Awards，3 项

《直播！》杂志奖，*Live*! Magazine Awards，2 项

神奇生命奖，Magical Life Award，1 项

MTV 电影奖，MTV Movie Award，1 项

MTV 视频奖（其中一项 MTV 大奖更名为迈克尔·杰克逊奖），MTV Video Awards C and one MTV Award renamed the Michael Jackson Award,

336

9 项

全美有色人种协会形象奖，NAACP Image Awards，8 项

Nabob 终身成就奖，NABOB Lifetime Achievement Award，1 项

全国唱片销售商协会奖，National Association of Recording Merchandisers Award，1 项

全国城市联盟奖，National Urban Coalition Award，1 项

NRJ 音乐奖（法国），NRJ Music Award，1 项

大众评选奖，People's Choice Awards，5 项

《流行摇滚》杂志奖，*Pop Rock* Magazine Award，1 项

入选摇滚名人堂，Rock and Roll Hall of Fame inductions，2 项

洛克比约恩奖，Rockbjörnen Award，1 项

《滚石》杂志奖，*Rolling Stone* Magazine Awards，9 项

超级流行奖，Smash Hits Awards，2 项

灵魂列车奖（其中一项灵魂列车奖改名为迈克尔·杰克逊奖），Soul Train Awards and one Soul Train Award renamed the Michael Jackson Award，8 项

西班牙音乐奖，Spanish Music Award，1 项

TVZ 视频大奖（巴西），TVZ Video Awards，2 项

联合黑人大学基金奖，United Negro College Fund Award，1 项

《名利场》"十年最佳艺术家"奖，*Vanity Fair* "Artist of the Decade" Award，1 项

视频软件经销商协会奖，Video Software Dealers Association Award，1 项

世界艺术奖，World Arts Award，1 项

世界音乐奖，World Music Awards，1 项

获奖总数：240 个。这仅仅是部分获奖名单，省略了许多外国奖项。

2. 电影（导演）：史蒂文·斯皮尔伯格获得的奖和荣誉（1970—2004）

奥斯卡最佳影片奖，Academy Award for Best Picture，1 项

奥斯卡最佳导演奖，Academy Awards for Best Director，2 项

科幻、奇幻、恐怖电影学院奖，Academy of Science Fiction, Fantasy, and

Horror Films Awards，5 项

阿曼达奖(挪威)，Amanda Award，1 项

美国电影剪辑金埃迪奖，American Cinema Editors Golden Eddie Award，1 项

美国电影资料馆奖，American Cinematheque Award，1 项

美国电影学会终身成就奖，American Film Institute Lifetime Achievement Award，1 项

美国电影奖最佳导演，American Movie Award，Best Director，1 项

美国电影摄影师协会理事会奖，American Society of Cinematographers Board of Governors Award，1 项

阿维奥拉兹奇幻电影节大奖，Avioraz Fantastic Film Festival Grand Prize，1 项

英国电影学院奖，BAFTA Awards，2 项

英国电影和电视艺术学院/不列颠奖，BAFTA/Britannia Award，1 项

蓝丝带奖(日本)，(Blue Ribbon Awards)，3 项

波士顿影评人协会奖，Boston Society of Film Critics Awards，3 项

广播影评人协会奖，Broadcast Film Critics Association Awards，2 项

戛纳电影节最佳剧本奖，Cannes Film Festival Award，Best Screenplay，1 项

芝加哥影评人协会奖，Chicago Film Critics Associate Award，1 项

捷克狮子奖，Czech Lion Awards，2 项

达拉斯-沃斯堡影评人奖，Dallas-Fort Worth Film Critics Award，1 项

大卫·迪·多纳泰罗奖(意大利)，David di Donatello Awards，3 项

日间节目艾美奖，Daytime Emmy Awards，5 项

美国导演协会奖，Directors Guild of America Awards，3 项

美国导演协会终身成就奖，Directors Guild of America Lifetime Achievement Award，1 项

艾美奖，Emmy Awards，3 项

帝国奖(英国)，Empire Awards，2 项

银帧奖(西班牙)，Fotogramas de Plata Award，1 项

吉福尼电影节奖（意大利），Giffoni Film Festival Award，1 项

金球奖，Golden Globe Awards，2 项

哈斯迪·布丁年度人物奖（哈佛大学戏剧协会），Hasty Pudding Man of the Year Award，1 项

报知映画赏电影奖（日本），Hochi Film Award，1 项

荣誉凯撒奖（法国），Honorary César Award，1 项

意大利国家电影记者协会奖，Italian National Syndicate of Film Journalists Award，1 项

日本电影旬报奖，Kinema Junpo Awards，3 项

拉斯维加斯影评人协会奖，Las Vegas Film Critics Society Award，1 项

伦敦影评人协会电影奖，London Critics Circle Film Award，1 项

洛杉矶影评人协会奖，Los Angeles Film Critics Association Awards，2 项

《每日新闻》读者评选奖（日本），Mainichi Readers Choice Awards，3 项

全国有色人种协进会形象奖，NAACP Image Award，1 项

美国国家评论协会最佳导演奖，National Board of Review Best Director Award，1 项

美国国家评论协会比利·怀尔德奖，National Board of Review Billy Wilder Award，1 项

美国影评人协会奖，National Society of Film Critics Awards，2 项

在线影评人协会奖，Online Film Critics Society Award，1 项

美国制片人协会金月桂奖，Producers Guild of America Golden Laurel Awards，6 项

伦勃朗奖，Rembrandt Award，1 项

退休研究基金会奖，Retirement Research Foundation Award，1 项

美国戏院商会奖，Sho West Awards，3 项

东南影评人协会奖，Southeastern Film Critics Association Award，1 项

撒尔伯格纪念奖，Thalberg Memorial Award，1 项

多伦多影评人协会奖，Toronto Film Critics Association Award，1 项

威尼斯电影节奖，Venice Film Festival Awards，2 项

星光大道之星，Walk of Fame Star，1 项

青年艺术家杰基•库甘奖，Young Artist Jackie Coogan Award，1 项

获奖总数：90 个，还有超过 150 个提名。相比之下，约翰•福特（John Ford）获得了 27 个，阿尔弗雷德•希区柯克（Alfred Hitchcock）获得了 21 个，查理•卓别林获得了 16 个。

3. 电影（单部电影）：电影《指环王：王者归来》（*Rings：Return of the King*，2003）获得的奖和荣誉

奥斯卡奖，Academy Awards，11 项

美国童子军优秀童军人道主义奖，American Boy Scouts Good Scout Humanitarian Award，1 项

美国电影编辑提名，American Cinema Editors nomination，1 项

美国作曲家、作家和出版商协会奖，American Society of Composers, Authors, and Publishers Award，1 项

艺术总监协会奖，Art Directors Guild Award，1 项

英国电影学院奖，BAFTA Awards，1 项

美国影评人选择奖，Broadcast Film Critics Association Awards，简称"BFCA"，4 项

芝加哥影评人协会奖，Chicago Film Critics Association Awards，3 项

服装设计师协会奖，Costume Designers Guild Award，1 项

达拉斯-沃思堡影评人协会奖，Dallas-Forth Worth Film Critics Association Awards，3 项

美国导演协会奖，Directors Guild of America Award，1 项

340

帝国奖，Empire Awards，3 项

佛罗里达影评人协会奖，Florida Film Critics Circle Awards，3 项

加蓬国家功勋荣誉奖，Gabon National Honor of Merit Award，1 项

金球奖，Golden Globe Awards，4 项

金卫星奖，Golden Satellite Award，1 项

好莱坞化妆师和发型师协会奖，Hollywood Makeup Artist and Hair Stylist Guild Award，1 项

塔萨斯城影评人协会奖，Kansas City Film Critics Circle Award，2 项

拉斯维加斯影评人协会谢拉奖，Las Vegas Film Critics Society Sierra Awards，8 项

洛杉矶影评人协会奖，Los Angeles Film Critics Association Awards，2 项

全美评论委员会奖，National Board of Review Award，1 项

纽约影评人协会奖，New York Film Critics Circle Award，1 项

在线影评人协会奖，Online Film Critics Society Awards，9 项

美国制片人协会金桂奖，Producers Guild of America Golden Laurel Award，1 项

圣地亚哥影评人协会奖，San Diego Film Critics Society Award，1 项

旧金山影评人协会奖，San Francisco Film Critics Circle Award，1 项

土星奖，Saturn Awards，8 项

美国演员协会奖，Screen Actors Guild Award，1 项

西雅图影评人奖，Seattle Film Critics Awards，2 项

西南影评人协会奖，Southwestern Film Critics Association Awards，2 项

多伦多影评人协会奖，Toronto Film Critics Association Award，1 项

USC 编剧奖，USC Scriptor Award，1 项

温哥华影评人协会奖，Vancouver Film Critics Circle Award，1 项

视觉效果协会奖，Visual Effects Society Awards，4 项

获奖总数：79 个，117 个提名。今后这部电影的获奖总数无疑还会增加，它已经超过了《泰坦尼克号》(1987)获得的 78 项的记录。与《乱世佳人》(1939)获得 10 项和《卡萨布兰卡》(1942)获得 3 项相比，它获奖的数量更多。

341　4. 建筑：弗兰克·盖里获得的奖（1965—2004）

美国艺术与文学学院金奖，American Academy of Arts and Letters Gold Medal

美国建筑师学会金奖，American Institute of Architects Gold Medal

美国艺术终身成就奖，Americans for the Arts Lifetime Achievement Award

阿诺德·W. 布鲁纳纪念奖，Arnold W. Brunner Memorial Prize

加拿大功勋勋章，Companion，Order of Canada

多萝西和莉莲·吉什奖，Dorothy and Lillian Gish Award

弗里德里希·基斯勒奖（奥地利），Friedrich Kiesler Prize

罗特斯荣誉勋章，Lotos Medal of Merit

美国学会设计奖，National Academy of Design Award

皇家世界文化奖（日本），Praemium Imperiale Prize

普利兹克建筑奖，Pritzker Architecture Prize

进步建筑设计奖，Progressive Architecture Design Award

英国皇家艺术学院荣誉院士，Royal Academy of the Arts，Honorary Academician

英国皇家建筑师学会金奖，Royal Institute of British Architects Gold Medal

沃尔夫奖，Wolf Prize

针对特定建筑的 100 个美国或地方的美国建筑师协会奖

15 个荣誉博士

获奖总数：130 个，此外还有许多其他荣誉，如皇家和美国国家科学院的荣誉等。

5. 文学（诗歌）：约翰·阿什贝利获得的奖（1960—2004）

国家林赛学院，安东尼奥·费尔特里内利国际诗歌奖（意大利），Academia Nazionale dei Lincei，Antonio Feltrinelli International Prize for Poetry

美国诗人学会会长（当选），Academy of American Poets chancellorship （elected）

美国诗人学会会员，Academy of American Poets Fellowship

美国诗人学会，Academy of American Poets

华莱士·史蒂文斯奖，Wallace Stevens Award

美国艺术与文学学会会员（当选），American Academy and Institute of Arts and Letters membership（elected）

美国成就学会金盘奖，American Academy of Achievement Golden Plate Award

美国艺术与文学学院诗歌金奖，American Academy of Arts and Letters Gold Medal for Poetry

美国艺术与科学学院成员（当选），American Academy of Arts and

Sciences membership（elected）

《美国诗歌评论》杰罗姆·J. 谢斯塔克诗歌奖，*American Poetry Review Jerome J. Shestack Poetry Awards*

巴德学院查尔斯·弗林特·凯洛格艺术与文学奖，Bard College Charles Flint Kellogg Award in Art and Letters

巴伐利亚美术学院霍斯特·比内克诗歌奖，Bavarian Academy of Fine Arts Horst Bienek Prize for Poetry

宾厄姆诗歌奖，Bingham Poetry Prize

博林根奖，Bollingen Prize

布兰迪斯大学诗歌创作艺术奖，Brandeis University's Creative Arts Medal for Poetry

法国教育和文化部艺术与文学骑士勋章，Chevalier de l'Ordre des Arts et Lettres，French Ministry of Education and Culture

哥伦比亚县（纽约）艺术委员会文学特别奖，Columbia County（New York）Council on the Arts Special Citation for Literature

共同财富文学奖，Common Wealth Award for Literature

英语联合会奖，English Speaking Union Award

富布赖特基金，Fulbright Fellowship

国际诗歌双年展大奖（比利时），Grand Prix des Biennales Internationales de Poésie

古根海姆基金，Guggenheim fellowship，2 项

哈佛大学西格尼特协会艺术成就奖，Harvard University Signet Society Medal for Achievement in the Arts

英格拉姆·梅里尔基金会基金，Ingram Merrill Foundation grants，2 项

麦克阿瑟基金会奖，MacArthur Foundation Award

现代诗歌协会弗兰克·奥哈拉奖，Modern Poetry Association Frank O'Hara Prize

国家图书奖，National Book Award

美国国家书评人协会奖，National Book Critics Circle Award

美国艺术基金会出版奖，National Endowment for the Arts publication

awards，2 项

美国国家艺术基金会曲作者/词作者奖，National Endowment for the Arts Composer/Librettist grant

《国家》杂志丽诺尔·马歇尔奖，*Nation* Magazine's Lenore Marshall Award

纽约市长艺术与文化荣誉奖，New York City Mayor's Award of Honour for Arts and Culture

纽约州桂冠诗人，New York State Poet Laureateship

纽约州作家协会沃尔特·惠特曼奖，New York State Writers Institute Walt Whitman Citation of Merit

法兰西共和国荣誉军团军官勋章，Officier，Légion d'Honneur of the Republic of France

《诗歌》杂志哈里特·门罗诗歌奖，*Poetry* Magazine Harriet Monroe Poetry Award

《诗歌》杂志莱文森奖，*Poetry* Magazine Levinson Prize

《诗歌》杂志露丝·莉莉诗歌奖，*Poetry* Magazine Ruth Lilly Poetry Prize

美国诗歌协会罗伯特·弗罗斯特奖章，Poetry Society of America Robert Frost Medal

美国诗歌协会雪莱纪念奖，Poetry Society of America Shelley Memorial Award

普利策诗歌奖，Pulitzer Prize for Poetry

洛克菲勒基金会剧本创作基金，Rockefeller Foundation grant for playwriting

巴黎市银勋章，Silver Medal of the City of Paris

耶鲁大学联盟公民与艺术基金会奖，Union League Civic and Arts Foundation Prize Yale University

华莱士·史蒂文斯基金，Wallace Stevens Fellowship

耶鲁青年诗人奖得主，Yale Younger Poets Series winner

获奖总数：45 个。也许还有其他诗人比他获得的奖更多，此处仅列出以下诗人们的获奖情况：谢默斯·希尼（Seamus Heaney）获得了 30 个奖，他还获得了诺贝尔文学奖；艾德里安娜·里奇（Adrienne Rich）获得 25 个奖，她还获得了坦宁奖（Tanning Prize）和兰南终身成就奖（Lannan Lifetime Achievement Award）；阿什贝利没有获得以上两个奖。

6. 文学（散文小说）：约翰·厄普代克获得的奖（1950—2004）

艺术与文学学院豪威尔斯奖章，Academy of Arts and Letters Howells Medal

艺术与文学学院会员（当选），Academy of Arts and Letters membership（elected）

国际英语联合会大使奖，Ambassador Award of the English Speaking Union

美国图书奖，American Book Award

布兰迪斯大学终身成就奖，Brandeis University Lifetime Achievement Award

凯迪克大奖，Caldecott Award

坎皮恩基督教作家贡献奖，Campion Award for contributions as a Christian Writer

艺术与文学勋章（法国），Commandeur de l'Ordre des Arts et des Lettres

共同财富奖，Common Wealth Award

海螺共和国文学奖，Conch Republic Prize for Literature

爱德华·麦克道威尔文学奖章，Edward MacDowell Medal for Literature

埃尔默·霍姆斯·博斯特小说奖，Elmer Holmes Bobst Award for Fiction

伊诺克·普拉特学会文学终身成就奖，Enoch Pratt Society Award for Lifetime Literary Achievement

F. 斯科特·菲茨杰拉德奖，F. Scott Fitzgerald Award

富布赖特基金，Fulbright Foundation

林肯讲席，Lincoln Lectureship

古根海姆基金，Guggenheim Fellowship

哈佛大学艺术一等奖章，Harvard University Arts First Medal

库茨敦大学基金会董事奖，Kutztown University Foundation Director's Award

美国国会图书馆美国文学荣誉顾问，Library of Congress, Honorary Consultant in American Letters

林肯文学奖，Lincoln Literary Award

罗特斯俱乐部荣誉勋章，Lotus Club Award of Merit

国家艺术俱乐部荣誉奖章，National Arts Club Medal of Honor

国家图书奖，National Book Award

美国国家书评人协会奖，National Book Critics Circle Awards，3 项（小说奖 2 项，批评奖 1 项）

国家图书基金会杰出贡献奖章，National Book Foundation Medal for Distinguished Contribution

全美艺术与文学学院会员（有史以来最年轻的当选作家），National Institute of Arts and Letters membership（youngest writer ever elected）

全美艺术与文学学院罗森塔尔奖国家艺术奖章，National Institute of Arts and Letters Rosenthal Award National Medal of Arts

美国人文奖章，National Medal for the Humanities

新英格兰佩尔奖，New England Pell Award

笔会/福克纳奖，Penn/Faulkner Award

宾夕法尼亚州杰出艺术家奖，Pennsylvania Distinguished Artist Award

斯坎诺奖（意大利），Premio Scanno Prize

普利策小说奖，Pulitzer Prizes for Fiction

西格尼特协会艺术成就奖章，Signet Society Medal for Achievement in the Arts

托马斯·库珀图书馆奖章，Thomas Cooper Library Medal

获奖总数：39 个，此外还有许多其他荣誉，如六个荣誉博士学位和两次登上《时代》杂志的封面。根据菲利普·罗斯学会（Philip Roth Society）的数据，其他当代小说家们获得了 31 个奖，彼得·凯里（Peter Carey）获得 26 个，萨尔曼·拉什迪获得 21 个［英国文化教育协会（British Council）的数据］，托尼·莫里森获得 23 个（综合粉丝网站和公开来源的数据）。所有获奖名单均未包括荣誉称号和次要荣誉，奖的数量无疑还可以增加。

注　释

引言：文化奖与文化研究

1. 赫伊津哈认为，艺术和体育都是"游戏元素"的表现，"游戏元素"是所有文化活动的源头。Johan Huizinga，*Homo Ludens：A Study of the Play Element in Culture*（Boston：Beacon Press，1955；orig. pub. 1944）。

2. 1972 年 11 月约翰·伯格在伦敦皇家咖啡馆被授予布克奖时发表的演讲。

John Berger，*Selected Essays of John Berger*，ed. Geoff Dyer（New York：Vintage，2003），253 - 257。

3. 1827 年歌德致卡莱尔（Carlyle）的信，J. W. Von Goethe，*Letter to Carlyle*，1827，引自 Pascale Casanova，*La République Mondiale des Lettres*（Paris：Seuil，1999），27。

4. Pierre Bourdieu，*Outline of a Theory of Practice*，trans. Richard Nice（Cambridge：Cambridge University Press，1977），178。

5. Jacques Derrida，*Given Time，I：Counterfeit Money*，trans. Peggy Kamuf（Chicago：University of Chicago Press，1992），76。

6. 关于"非生产性支出"或"绝对损失"的论述,巴塔耶在 1933 年的论文《支出的概念》("The Concept of Expenditure")中做了非常清晰的表述,这篇论文收录在巴塔耶的《过度的愿景:文选》(*Visions of Excess*:*Selected Writings*)中。芭芭拉·赫恩斯坦·史密斯(Barbara Herrnstein Smith)指出,巴塔耶实际上并不是在驳斥甚至拒绝经济思想,而是更重视某些象征价值(特别是与"非生产性支出"的极端行为相关联的"荣耀"),超过狭隘的功利主义和"资产阶级"社会的最终货币价值。他同他所鄙视的资产阶级理性主义者们一样关心"平衡账目",但他这样做是基于一种完全颠倒的或反资产阶级的价值尺度。在这方面,他的消费理论与布尔迪厄的艺术社会学在政治上和概念上的一致性远远超过了人们所普遍公认的。参见:Bataille, *Visions of Excess*:*Selected Writings*, *1927 - 1939*, trans. Allan Stoekl, with Carl R. Lovitt and Donald M. Leslie Jr. (Minneapolis: University of Minnesota Press, 1981); Barbara Herrnstein Smith, *Contingencies of Value*:*Alternative Perspectives for Critical Theory* (Cambridge, Mass.: Harvard University Press, 1988), 134 - 144。

7. Huizinga, *Homo Ludens*, 51.

8. 我不打算在此或其他地方对布尔迪厄的思想体系进行全面的概述。对布尔迪厄的介绍参见 Loïc Wacquant, "The Structure and Logic of Bourdieu's Sociology," in Bourdieu and Wacquant, eds., *An Invitation to Reflexive Sociology* (Chicago: University of Chicago Press, 1992), 1 - 59; Rogers Brubaker, "Rethinking Classical Theory: The Sociological Vision of Pierre Bourdieu," *Theory and Society*, 14 (1985): 745 - 775; John B. Thompson, "Editor's Introduction," in Bourdieu, *Language and Symbolic Power* (Cambridge, Mass.: Harvard University Press, 1991), 1 - 34; Paul DiMaggio, "Review Essay on Pierre Bourdieu," *American Journal of Sociology*, 84 (May 1979): 1460 - 74。

9. 布尔迪厄也承认自己的方法中有一种所谓的"深思熟虑的和前

347

瞻性的简化论"，他为这种方法辩护，依据是它使社会学家"将唯物主义的质疑模式引入文化领域，而在历史上，当现代艺术观被发明时，这种质疑模式就被排除了"。(*Invitation to Reflexive Sociology*，116)

10. 除了文化经济学历史上所有新的学术成果外，此处我指的是 20 世纪 80 年代末和 90 年代初出现的被称为"新经济社会学"的著作。虽然它关注的是货币经济的社会学维度或"社会嵌入性"，而不是文化场的经济维度，但这项研究对我来说仍然是有用的，因为它是针对新古典主义经济学的一系列社会学挑战，也是有关不同形式资本相互转化的观点的来源。以下著作很好地概述了新的经济社会学所涉及的问题：Sharon Zukin and Paul DiMaggio, eds. , *Structures of Capital*：*The Social Organization of the Economy* (Cambridge：Cambridge University Press，1990）；Richard Swedberg，eds. , *Economics and Sociology*：*Redefining Their Boundaries* (Princeton：Princeton University Press，1990）；Roger Friedland and A. F. Robertson，eds. , *Beyond the Marketplace*：*Rethinking Economy and Society* (New York：Aldine de Gruyter，1990）；Paul DiMaggio，"Cultural Aspects of Economic Action and Organization，" 113 - 136；Mark Granovetter， "Economic Action and Social Structure：The Problem of Embeddedness，" 89 - 112。

11. 反对文化商业化的哀歌与资本主义市场的历史一样古老，它们出现在艺术作品开始不再依赖古老的赞助制度而是依赖其自身作为商品成功地流通之时。但是，这种批判的对象专门针对 19 世纪后期开始形成的美国文化生产和营销的机构，如今这类机构被视为制订了全球文化产品经济的条件，直到 1944 年，马克斯·霍克海默（Max Horkheimer)和西奥多·W. 阿多诺（Theodor W. Adorno)发表了他们的论文《文化产业：作为大众欺骗的启蒙》(*The Culture Industry*：*Enlightenment as Mass Deception*)，以及 1950 年代末和 1960 年代初，德怀特·麦克唐纳（Dwight Macdonald)及其纽约知识分子同伴们抨击了"中庸文化"（或"中产文化"），这种批评才有了经典的范式。麦克唐纳的文章《大众文化与中庸文化》（"Masscult and Midcult"）于 1960 年发表在《党派评论》（*Partisan Review*）上，并在他的论文集《反对美国精神》（*Against the American Grain*）中重印。参见 Max Horkheimer and Theodor W. Adorno，"The Culture Industry：Enlightenment as Mass Deception"，in *Dialectic of Enlightenment*，trans. John Cumming（New York：Continuum，1989），120 – 167；Dwight Macdonald，*Against the American Grain*（New York：Random House，1962）。20 世纪 70 年代末以来，文化研究领域对这种商品化的叙述进行过多的否定、重塑和完善，在此不做总结。从泰勒·考恩（Tyler Cowen）和戴维·哈维（David Harvey）的研究中我们可以了解到研究者们目前的立场范围。我们发现考恩在著作中，把自由市场的资本主义作为文化民主化的手段，全力为其辩护。在哈维的书中，我们看到了法兰克福式的怀疑，即资本主义需要最大限度地提高文化生产的效率和利润，尽管现在人们也承认某些市场的全球扩张正在为通过文化实践来实现民主化提供一些新的机会。参见 Tyler Cowen，*In Praise of Commercial Culture*（Cambridge，Mass.：Harvard University Press，1998）；David Harvey，"The Art of Rent：Globalisation，Monopoly，and the Commodification of Culture，" in Harvey，*Spaces of Capital：Towards a Critical Geography*（New York：Routledge，2001），394 – 411。

第一章　文化奖狂潮

1. Gore Vidal and Peter Porter quoted in Karen MacGregor，"Traumas，Triumphs，" *Times Higher Educational Supplement*，3 November 1989，14；1. "One of only two fiction writers present"：Anonymous，"Success and the Other Author," *Times*（London），14 July 1986，12. Anonymous，"Success and the Other Author," *Times*（London），14 July 1986，12.

2. Lewis Carroll，*Alice's Adventures in Wonderland*，30th ed. (Pitts-burgh：Project Gutenberg，1994），ch. 3；Christopher Hitchens，

349

"These Glittering Prizes," *Vanity Fair*, 56 (January 1993)：20.

3. David Segal，"Heavy Medals：Journalism Awards," *Washington Monthly*, 25，no. 3 (March 1993)：12.

4. Greg Dawson，"Last Thing TV Needs Is Another Award Show," *Orlando Sentinel Tribune*, 11 June 1992，E1.

5. 美国国内统计数据来自美国人口普查局的印刷版《美国统计摘要》(1998)，以及人口普查局网站 www. census. gov 上的历史统计摘要。关于书籍消费支出的数字可在"通信和信息技术"表中找到。全球数据来自 Angus Maddison, *The World Economy*：*A Millennial Perspective* (Paris：Organization for Economic Cooperation and Development，2000)。

6. Valerie J. Webster,eds. , *Awards, Honors, and Prizes*, 22nd ed (Farmington Hills，Mich. ：Gale Group，2004).

7. 具体细节可以在以下网站 www. icda. org 上找到。"国际杰出奖大会"(ICDA)创始人兼主席拉里·提斯(Larry Tise)在谈话中承认，世界上奖项的实际数量比国际杰出奖大会能够清点出的 2.64 万项"多很多倍"。

8. Mary B. W. Tabor，"A Poet Takes the Long View, Ninety Years Long," *New York Times*, 30 November 1995，C13.

9. 商务版的匿名专栏，题名为"商界人士"(Business People)，*Buffalo News*, 31 May 1995。

10. "年度卓越体育表现奖"(ESPYS)颁奖典礼创办于 1993 年,通常由固定的娱乐奖主持人如丹尼斯·米勒(Dennis Miller)或塞缪尔·L. 杰克逊(Samuel L. Jackson)等主持。在其他方面,该奖也标志着艺术与体育之间的界限越来越模糊,例如,在某些年度,它为运动员们在娱乐方面的杰出表现设立了一个奖项。在它的颁奖典礼前的红毯表演与奥斯卡颁奖典礼前的表演非常相似,出席的名人包括主要的影视明星。

第二章　现代文化奖的滥觞

1. 该奖的早期新闻报道见：Susan Quinn，*Madame Curie：A Life*
(New York：Simon and Schuster，1995)，197－199。

2. 首届普利策奖直到 1917 年才颁发。普利策在 1902 年 8 月的一
份备忘录中描述了他计划为哥伦比亚大学新闻学院提供的捐款，以及
一个关于奖品的粗略计划。John Hohenberg，*The Pulitzer Prizes：A
History of the Awards in Books，Drama，Music，and Journalism，
Based on the Private Files over Six Decades*（New York：Columbia
University Press，1974)，10－11.

3. 到了 19 世纪，尤其是在英国，建筑行业相当依赖于竞赛，这构
成了建筑作为一个专业领域的组织体系。但这些竞赛类奖项必须与实
际的奖品区分开来，后者在 20 世纪中叶之前仍然相当罕见。建筑竞赛
奖品是一份合同而不是一份礼物，更像是一次练习而不是一个奖项。它
实际上是一种规范雇佣行为的方式。见 Joan Bassin，"The Development
of the Competition System，" in Bassin，*Architectural Competitions in
Nineteenth-Century England*（Ann Arbor：UMI Research Press，
1984)，1－17。

4. A. E. Haigh，*The Attic Theatre：A Description of the Stage
and Theatre of the Athenians，and of the Dramatic Performances at
Athens*，3rd ed.（Oxford：Clarendon Press，1907)，2；较为近期的一
项有关早期雅典节日的学术研究将所谓的城市酒神节（City Dionysia）
的兴起追溯到其在阿提卡节日（Attic festival）中的主导地位。见 H.
W. Parke，*Festivals of the Athenians*（Ithaca：Cornell University
Press，1977)，esp. 125－136。

5. Haigh，*Attic Theatre*，4. 关于节日与古代城市场所推广实践
的关系，参见 Noel Robertson，*Festivals and Legends：The Formation
of Greek Cities in the Light of Public Ritual*（Toronto：University of
Toronto Press，1993)。

6. 我的依据是与约翰·卡茨(John Katz)在 1999 年 6 月的一次对话中，他对戛纳电影节新闻发布现场的描述。

7. 首届埃斯特德福德(Eisteddfod)威尔士诗歌音乐比赛可以追溯到 12 世纪在里斯勋爵的城堡举办的比赛，但它并不是延续竞争性艺术节的传统，而是一种独特的现代实践，即发明或至少重新发明"传统"实践来促进民族主义事业。关于苏格兰和威尔士的其他相关例子，请参阅 Eric Hobsbawm and Terrance Ranger, eds., *The Invention of Tradition* (Cambridge：Cambridge University Press，1983)。

8. D. T. Max, "The Oprah Effect," *New York Times Magazine*，26 December 1999，36.

9. 在《雅典人的节日》(*Festivals of the Athenians*)一书中，帕克(Parke)评论这个原本具有宗教性质的节日所面临的越来越多的政治和官僚控制，指出"负责城市酒神节所有组织的官员不是巴塞利乌斯(basileus)，即这个社区的旧的宗教负责人，而是执政官，即政治领袖，其世俗重要性在六世纪趋于增强"(129)。

351

10. Karlis Racevskis, *Voltaire and the French Academy* (Chapel Hill：University of North Carolina Press，1975)，17.

11. 复杂的《熙德》事件(*l'affaire du Cid*)是由黎塞留精心策划的，但这并没有妨碍黎塞留继续资助高乃依，也没有阻止高乃依最终入选法兰西学院(1647)。此事一直是许多评论的话题，其中大部分是为了分析这位伟大的红衣主教领导下的法兰西学院及其政治化、非文学化的倾向。D. Maclaren Robertson, *A History of the French Academy* (New York：Dillingham，910)，29 - 39.

12. Linda Colley, *Britons：Forging the Nation*，1707 - 1837 (New Haven：Yale University Press，1992)，168；Erik Simpson, "Minstrels and the Market：Prize Poems, Minstrel Contests, and Romantic Poetry," *ELH*，71 (Fall 2004).

13. 信件原件由皮尔庞特·摩根图书馆(Pierpont Morgan Library)收藏，显然是根据一份稍有瑕疵的阿博茨福德(Abbotsford)副本转录的，来自 H. J. C. 格里森编辑的《沃尔特·司各特爵士书信集》。H. J. C. Grierson, ed., *The Letters of Sir Walter Scott*, vol. 6, 1819 - 1821 (New York: AMS Press, 1971; orig. pub. 1934), 397 - 405. 其中大部分内容也出现在大卫·加德纳·威廉斯（David Gardner Williams）撰写的《皇家文学学会与乔治四世的赞助》（*The Royal Society of Literature and the Patronship of George IV*）一书中。几天后，司各特寄给西德茅斯子爵（Viscount Sidmouth）一封道歉信，该信件被收录在格里森的书中。pp. 417 - 419.

14. Grierson, *Letters of Sir Walter Scott*, 398 - 399.

15. 科林·特罗德（Colin Trodd）很好地支持了这一观点。Colin Trodd, "The Authority of Art: Cultural Criticism and the Idea of the Royal Academy in Mid-Victorian Britain," *Art History*, 20 (March 1997): 3 - 22.

16. Grierson, *Letters of Sir Walter Scott*, 399.

17. MacArthur Foundation, "MacArthur Fellows Program: Overview," www. macfdn. org.

18. Grierson, *Letters of Sir Walter Scott*, 401, 400.

19. 同上，第 399 页。这段话在格里森的书中被错误地复制，在威廉斯（Williams）的《皇家文学学会》（*Royal Society of Literature*）中也错了（第 45 页），其中"皇家仁爱"（Royal Benevolence）出现了两次，替换了"君主的赏赐"（Bounty of the Sovereign）。Williams, *Royal Society of Literature*, p. 45.

20. Grierson, *Letters of Sir Walter Scott*, 401, 402（其中最后一个短语被错误地译为"获得任何荣誉"）。

21. 同上，第 401、402 页。

22. 同上，第 402、405 页。

23. 1660 年，为了推广自然知识，伦敦皇家学会（Royal Society of London）成立，这种倾向出现在英国，18 世纪的大多数古典主义人物都有这种倾向。举一个最著名的例子，诗人亚历山大·蒲柏（Alexander

Pope)嘲笑皇家学会（F. R. S.）的成员，在《新愚人志》（*New Dunciad*，1742）中，他描写在一场模拟的颁奖典礼上，沉闷女神将皇家荣誉授予愚人（IV，564－569）：

> 接下来，让所有人屈膝靠近，
> 女王授予她头衔和学位，
> 她的孩子们首先是更杰出的一类人，
> 他们在宫廷里学习莎士比亚，
> 刺穿萤火虫，或行善事，
> 在皇家学会的尊严中闪耀。

24. Williams，*Royal Society of Literature*，37.

25. 大主教努瓦永（Noyon）于1699年发表的声明在以下文章中被引用：Paul Mesnard，*Histoire de l'Académie Française Depuis sa Fondation Jusqu'en* 1830（Paris：Charpentier，1857），30. 引自Racevskis，*Voltaire and the French Academy*，18。事实上，学院的创始座右铭是"走向不朽"（A l'immortalité），甚至在学院公章上印有黎塞留头像的时期，较小的印章上也印有这一"不朽"传说，据说讽刺院士为"不朽人物"的习惯就是出自这个传说。

第三章　文化奖扩增的逻辑

1. Pierre Bourdieu，*The Rules of Art：Genesis and Structure of the Literary Field*，trans. Susan Emanuel（Stanford：Stanford University Press，1996），258.

2. 西班牙皇家语言学院（Real Academia Española，Royal Spanish Academy of Language）于1713年在马德里成立，并于次年获得国王菲利普五世的批准。与其他皇家学院一样，它最初的目的是保护民族语言的纯洁性。

3. Leo Braudy，*The Frenzy of Renown：Fame and Its History*，

2nd ed.（New York：Vintage，97；orig. pub. 1986）；关于为了提升某
个合作者使其达到明星的水平而搁置合作的例子（这是社会化的过
程），请参看丹尼斯·斯科特·布朗（Denise Scott Brown）与其丈夫罗
伯特·文图里（Robert Venturi）有关工作上的伙伴关系的讨论。文图
里曾因其个人成就获得普利兹克奖及许多其他建筑奖。Denise Scott
Brown，"Room at the Top? Sexism and the Star System in Architecture,"
in Ellen Perry Berkeley，ed.，*Architecture*：*A Place for Women*
（Washington：Smithsonian Institute Press，1989），237 - 246.

4. Anders Österling，"The Literary Prize," in Henrik Schück et
al.，*Nobel*：*The Man and His Prizes*，2nd ed.（Amsterdam：Elsevier，
1962），82.

5. 事实上，这两个奖项设立的时间非常接近，以至于双方对各自
历史悠久程度进行竞争，这进一步激励它们通过各种手段争夺公众的
关注和声誉。此外，这反过来又支持了一个奖项在法国秋季文化奖日历
上具有优先的地位。有关例子参见"Les Dames du Femina réprouvent les
manières des messieurs du Goncourt," *Agence Presse*，3 November
1999；Marc Burleigh，"French Literary World in a Tizzy over Book
Prizes," *Agence France-Presse*，21 October 2003；关于龚古尔兄弟与
他们的文学沙龙，以及龚古尔奖的创立，参见 Pierre Sabatier，"Du
grenier d'Auteuil au Prix Goncourt," *Nouvelle Revue des Deux
Mondes*，12（1975）：593 - 611。

6. 引用英国前首相爱德华·希思（Edward Heath）关于诺贝尔奖
获奖阵容遗珠的评论，作为"皇家世界文化奖"六大国际顾问之一，他至
少象征性地位于该奖复杂的管理结构的顶层。引自 Patricia Reaney，
"John Gielgud Wins Japanese Theatre Award," *Reuters World Service*，
27 September 1994；有关新闻报道乐意接受皇家世界文化奖发布的新
闻通稿的语言的例子——在通稿第一段中两次出现了该奖"相当于诺
贝尔奖"的说法，参见 Rob Scully，"Art World 'Nobel' for Lloyd
Webber," Press Association Newsfile，15 June 1995.

7. 凯悦基金会，《普利兹克建筑奖简史》(*A Brief History of the Pritzker Architecture Prize*)，宣布 1997 年度普利兹克建筑奖得主的媒体工具包手册。Media Kit Booklet announcing the 1997 Pritzker Architecture Prize Laureate (Los Angeles：Jensen and Walker，1997)，25；Anonymous，"The Purpose of the Pritzker Architecture Prize," www. pritzkerprize. com/main；凯悦基金会的这些材料没有提到这个事实，即普利兹克本人并未提出"诺贝尔建筑奖"的想法，他是一位名叫卡勒顿·史密斯(Carleton Smith)的文化企业家在为奖项寻求赞助者时的第二或第三人选。关于普利兹克奖历史的新闻报道，请参阅建筑评论家马丁·菲勒(Martin Filler)的文章。Martin Filler，"Eyes on the Prize," *New Republic*，26 March 1999，86 - 88.

8. 1978 年，在以色列沃尔夫基金会的赞助下，沃尔夫奖被设立了，该奖旨在推广科学和艺术，造福人类。沃尔夫基金会的资金来自德国出生的外交官里卡多·沃尔夫(Ricardo Wolf)博士的遗产。该奖每年颁发六项 10 万美元的奖，四项在科学领域，一项在数学领域，一项在艺术领域。每年评选的艺术奖包括建筑、音乐、绘画和雕塑等奖项。弗兰克·盖里在 1992 年获奖。

9. BBC 1，"Omnibus at the Tate，1984." Video TAV-1278D，Tate Gallery Archive.

10. David Sexton，"Books That Win More Prizes Than Readers," *Sunday Telegraph*，25 July 1993，6. 该奖 5 000 英镑的奖金数额高得惊人。

11. 这个协会的影响力很大，如果雷诺多奖被授予另一家出版社的小说，这就会被当作重大新闻。参见 Herbert R. Lottman，"France's Goncourt and Renaudot Prizes Break with Tradition," *Publishers Weekly*，237 (14 December 1990)：15。

12. 然而，不足为奇的是，虽然 11 月图书奖在创立之初就被宣布是一项"完全独立于"社会、政治，尤其是商业利益的奖，龚古尔奖和其他法国图书奖则深受这些利益的影响，但自 20 世纪 90 年代中期以来，

354

该奖的获奖者往往是从龚古尔奖和雷诺多奖的入围名单中挑选出来的。

13. 关于布克奖与龚古尔奖的关系，参见 Anne Strachan，*Prize-winning Literature*：*UK Literary Award Winners*（London：Library Association，1989），ix；另请参阅汤姆·马施勒（Tom Maschler）在《一切是如何开始的》（"*How It All Begin*"）中对布克奖的起源的回忆，Tom Maschler，"How It All Began，" *Booker 30*：*A Celebration of 30 Years of the Booker Prize for Fiction*（London：Booker PLC，1998），15 - 16；布克奖管理委员会（Booker Management Committee）的马克·朗曼（Mark Longman）也强调了严格遵循龚古尔奖模式的必要性，事实证明，龚古尔奖能够"激发读者的兴趣"。朗曼于 1970 年 1 月 15 日发表的演讲手稿被保存在牛津布鲁克斯大学的布克奖档案中。更详细的关于文学奖在英国兴起的论述，请参阅 James F. English，"The Prize Phenomenon in Context，" in Brian Schaffer，ed.，*A Companion to the British and Irish Novel*，*1945—2000*（Oxford：Blackwell，2004），160 - 176；关于特纳奖对布克奖的"有意识的模仿"，参见 Virginia Button，*The Turner Prize*（London：Tate Gallery Publishing，1997），19。

355

第四章　娱乐类奖项

1. 关于奥斯卡奖的背景话题的佳作参见 Emanuel Levy，*Oscar Fever*：*The History and Politics of the Academy Awards*（New York：Continuum，2001）。

2. 在皮博迪奖宣传材料中的一篇文章中可看出此类比较的自我炫耀性质，该文章描述了史蒂文·斯皮尔伯格在 1993 年得知其儿童电视节目《阿尼马尼亚克斯》（Animaniacs）获得"皮博迪奖"的消息后，跑到大厅里对他的工作人员喊道："这是皮博迪奖！比奥斯卡奖好，比艾美奖好。这是皮博迪奖！你知道这意味着什么吗？"

3. 亚洲电影促进联盟（NETPAC）和西格尼斯（SIGNIS，世界天主教交流协会）①都是典型的非政府组织，在过去二十年里，它们在电影节上越来越活跃，它们将创办和赞助文化奖作为其更广泛的宣传使命的一部分，例如，西格尼斯在戛纳电影节、柏林电影节、蒙特卡洛电影节和非洲瓦加杜古电影节上组织"普世评审团"，选出具有杰出的"精神价值"的影片。

4. Joseph Horowitz，*The Ivory Trade*：*Music and the Business of Music at the Van Cliburn International Piano Competition*（New York：Summit，1990），14.

5. 我所找到的最完整列表的网址如下：Masa Mizuno，at www. afn. org/ afn39483（accessed April 2005）。

6. Horowitz，*Ivory Trade*，15. 我们应该在此补充几个限制条件。首先，由于比赛往往更看重年轻的表演者们的技术，而不是他们的表演曲目的范围或他们承受巡演的苛刻要求的能力等品质，竞赛型奖项往往预测不出来参赛者在长时期内能否成功；其次，我们需要认识到，评奖不是在真空中进行的，而是受到已发表的评论以及专家们非正式谈话的影响。这些确立价值或人才等级制的方法既没有萎缩，也没有失去效力。新的东西是文化奖在多大程度上调解了这些传统的创立名声的做法，并将自身置于名声制造者和市场之间。

356

7. Horowitz，*Ivory Trade*，72 - 76. 莱文特里特钢琴比赛从未真正引起高度的社会关注，现已停办。

8. Daniel Bell，*The Coming of Post-Industrial Society*：*A Venture in Social Forecasting*（New York：Basic Books，1973）。

---

① 西格尼斯成立于 2001 年 11 月，由 1928 年成立的两个组织［安达（Unda），负责广播和电视；国际天主教电影组织（OCIC），负责电影和视听］合并而成。其使命是与媒体专业人员接触并支持天主教传播福音。西格尼斯是一个非政府组织，其成员来自 100 多个国家。作为"世界天主教传播协会"，它汇集了广播、电视、电影、录像、媒体教育、互联网和新技术的专业人士，开展的活动涵盖了视听创作等领域：推广电影或电视节目（它在重要的国际电影和电视节上设有评委会）、创作、制作和发行广播、电视和视频节目，建设广播室，提供设备，通过卫星提供互联网服务，培训专业人员等。以上信息摘自该组织官网，参见：https：//www. signis. net/menu/about-us-9，2023 年 1 月 5 日访问。

9. 关于该文献的概述，参见 Pat Walker，ed.，*Between Labor and Capital*：*The Professional Managerial Class*（Boston：South End，1979）。尤其是以下文章：Barbara Ehrenreich and John Ehrenreich，"The Professional-Managerial Class"。

10. Alvin W. Gouldner，*The Future of Intellectuals and the Rise of the New Class*：*A Frame of Reference*，*Theses*，*Conjectures*，*Arguments*，*and an Historical Perspective on the Role of Intellectuals and Intelligentsia in the International Class Contest of the Modern Era*（New York：Seabury/Continuum，1979），5；Randall Collins，*The Credential Society*：*An Historical Sociology of Education and Stratification*（New York：Academic Press，1979），71.

11. 尽管历史学家早已放弃了 20 世纪 70 年代末的这种倾向，把文化工作者和文化证书的扩张视为与企业资金相关的权力的消亡或大量被侵蚀（今天这种权力持续对社会事务的控制比以往任何时候都更加明确），但有关新阶级诸多方面的叙事仍然存在。20 世纪 90 年代初以来，随着有关"全球化"学术研究的激增，以及这种叙事迅速从学术界向外传播到现在非常流行的商业新闻和管理理论，出现了大量讲述日益重要的文化资本与文化市场事例的书籍。托马斯·斯图尔特写道："今天创造财富所需的资本资产，不是土地，不是体力劳动，也不是机床和工厂，相反，是知识资本。"Stewart，*Intellectual Capital*：*The New Wealth of Organization*［New York：Doubleday，1997］，x；一项流行的城市研究同类的叙事参见 Richard Florida，*The Rise of the Creative Class*，*and How It's Transforming Work*，*Leisure*，*Community and Everyday Life*（New York：Basic Books，2002）。该研究将美国各个城市的命运与具体的"创意工作者"——教授、音乐家、艺术家、软件作家、网页设计师等在城市人口中的比例联系起来。

12. 从经济学家塞缪尔·鲍尔斯（Samuel Bowles）到语言学家诺姆·乔姆斯基（Noam Chomsky），许多左翼学者们都对新阶级的崛起展开了批判分析，我必须承认，柯林斯同他们一样怀疑这种向文化资本

357

的转变是否代表了真正的社会关系的重组。他指出，文化和教育资格认证机构的急剧扩张并没有以任何方式减少美国社会分层的僵化程度。它"对增加社会流动的机会没有任何影响"（The Credential Society，182）。人们甚至可以得出结论，文化部门的优势地位导致这种机会的丧失，因为贝克尔与其他政治上正统的评论家们的看法相反，文化资产可能"比经济和政治资源更容易从父母传给子女"（182—183）。这种悲观的看法也不仅限于美国。柯林斯引用了一项来自中非的研究，该研究"更清晰地显示了基本模式"（183）；英国的教育社会学家以及法国的布尔迪厄和他的同事们也得出了同样的结论。例如，参见Roy Lowe，Education in the Post-War Years：A Social History（London：Routledge，1988）；Pierre Bourdieu，Homo Academicus，trans. Peter Collier（Stanford：Stanford University Press，1988）；还有Bourdieu，Jean-Claude Passeron，The Inheritors：French Students and Their Relation to Culture（Chicago：University of Chicago Press，1979）；简短讨论的文章见Bourdieu，"The Racism of 'Intelligence'"（1978），in Bourdieu，Sociology in Question，trans. Richard Nice（London：Sage，1993），177-180；在美国学界，先于柯林斯的一项重要研究参见Samuel Bowles and Herbert Gintis，Schooling in Capitalist America（New York：Basic Books，1976）；美国意见研究中心（National Opinion Research Center）和高等教育研究所（Higher Education Research Institute）最近的研究表明，在美国，金钱和教育资本之间的关联持续存在而且确实还在加强。参见Anonymous，"Report Finds that Income Best Predicts Education，"New York Times，17 June 1996，A12；David Leonhardt，"As Wealthy Fill Top Colleges，Concern Grows over Fairness，"New York Times，22 April 2004。

13. Danny Quah，"The Weightless Economy in Growth，"Business Economist，30（March 1999）：40-53；这篇是柯成兴众多关于这一话题的论文和文章的代表作。

14. David Harvey，The Condition of Postmodernity：An Enquiry

into the Origins of Cultural Change（Oxford：Blackwell，1989），vii；哈维的分析与乔瓦尼·阿瑞吉（Giovanni Arrighi）及埃里克·霍布斯鲍姆（Eric Hobsbawm）的分析是一致的，两人同样把"漫长的 20 世纪"当中的 1970—1973 年划分出来作为一个关键的突破期。对霍布斯鲍姆来说，这一突破不仅标志着左翼的长期"危机"的开始，也标志着资本主义本身"危机"的开始，资本主义已经看到了其"黄金时代"的结束，现在正失控，走向不可避免的灾难。阿瑞吉也谈到了自 1972 年以来不断增长的"危机"，但他强调了资本主义的弹性——它有能力推迟灾难，并以一种新的、大规模扩张的形式出现在每一次生产过剩的危机中。Arrighi，*The Long Twentieth Century*（London：Verso，1994）；Hobsbawm，*The Age of Extremes：A History of the World，1914 - 1991*（New York：Vintage，1994），403；Hobsbawm，*On the Edge of the New Century*，ed. Allan Cameron（New York：New Press，2000），102.

　　15. 关于名人，请参阅 Leo Braudy，*The Frenzy of Renown：Fame and Its History*，2nd ed.（New York Vintage，1997；orig. pub. 1986）；Richard Dyer，*Stars*，expanded ed.（Berkeley：University of California Press and British Film Institute，1998；orig. pub. 1979）；Dyer，*Heavenly Bodies：Film Stars and Society*（New York：St. Martins，1986）；关于海明威和毕加索，参见 Leonard J. Leff，*Hemingway and His Conspirators：Hollywood，Scribners，and the Making of American Celebrity Culture*（Lanham，Md.：Rowman and Littlefield，1997）；Michael C. Fitzgerald，*Making Modernism：Picasso and the Creation of the Market for Twentieth-Century Art*（Berkeley：University of California Press，1996）。

　　16. 例如，戴维·马歇尔（David Marshall）认为，数十年的名人体系导致了公共生活中的各个领域之间的距离或差异的消失，以至于就连政治制度现在（至少在美国）也被纳入了名人的逻辑。参见 Marshall，David. *Celebrity and Power：Fame in Contemporary*

Culture （Minneapolis：University of Minnesota Press，1997），esp. 248 - 250。

17. Mason Wiley and Damien Bona，*Inside Oscar：The Unofficial History of the Academy Awards*，4th ed.（New York：Ballantine，1993），438，440.

18. 这些收视率涉及《2002 世界年鉴与事实》中报告的有史以来最热门的电视节目(1961—2000)，参见 *The World Almanac and Book of Facts* 2002（New York：World Almanac Books，2002），282。在这份名单上，1970 年度奥斯卡颁奖典礼排名第 38 位。这些统计数据由尼尔森媒体研究(Nielsen Media Research)公司根据样本家庭的收视习惯的数据编制。

19. Mark Gunther，"What's Wrong with This Picture? Plenty," *Fortune*，12 January 1998，106.

20. 自 1999 年第三季度开始，游戏节目《谁想成为百万富翁?》大获成功，该节目使得美国广播公司(ABC)的盈利状况发生巨大的变化，即便这一变化是短暂的。据估计，到 2000 年中期，这个节目每季带给电视台的盈利高达 5 亿美元。Bill Carter，"Good Times Add Ring of Truth to TV Networks' Spring Celebration," *New York Times*，15 May 2000，C.

21. 关于广告收入，参见 Stuart Elliot，"Despite Up-and-Down Ratings，Marketers Still Flock to the Academy Awards Broadcast"（"Advertising" column），*New York Times*，20 March 2000，C；关于利润，参见 Bill Higgins，"Kudos Gold Mine：Nets，Orgs，Vary Widely in Award Rewards," *Daily Variety*，3 September 1999，1。

22. Thomas O'Neil，*The Grammys for the Record*（New York：Penguin，1993），193.

23. Tom Shales，"Hey Audience! You're Beautiful! Mmmm-Wahh! The Awards Awards," *Washington Post*，11 December 1977，F1.

359

24. 数字在继续攀升。根据尼尔森媒体研究公司，2002 年美国有 100 个电视节目转播了颁奖典礼，这还不包括 MTV 电影奖节目的多次重复播放。参见 Caryn James，"Awards Shows：The More Obscure，the Juicier?" *New York Times*，23 March 2003，sect. 2，p. 1. 25. Robert W. Welkos，"Oscars 99：Cinema's Super Sunday," *Los Angeles Times*，13 March 1999，F1；Robert Dominguez，"Now There's a Battle for Pre-Show Preeminence," *New York Daily News*，18 March 1999。

25. Robert W. Welkos，"Oscars 99：Cinema's Super Sunday," *Los Angeles Times*，13 March 1999，F1；Robert Dominguez，"Now There's a Battle for Pre-Show Preeminence," *New York Daily News*，18 March 1999.

26. 有人猜测，美国电影艺术与科学学院可能也出于希望限制如今无处不在的"奥斯卡奖顾问"、电影公司的游说者以及其他参与为某些提名者投票的公关人员可利用的时间。因为在最近几年里，在这些为期 12 周的内部活动中，明显是乌七八糟的事件却得到了比被提名电影和艺术家更多的媒体报道。然而，除了加快活动的节奏之外，日期的变动是否会对活动产生很大的影响还有待观察。参见 Robert Abele，"Caught in a Maddening Crowd," *Los Angeles Times*，11 February 2004，E1。

27. 本段引用的宣传语均摘自 1996 年"独立精神奖"（Independent Spirit Awards）的新闻发布稿："Bravo and the Independent Film Channel Invite You to 'Zap the Oscars' on March 25 from 8：00pm/ET to 1：00am/ET"（March 23，1996）。

28. 所谓米拉麦克斯公司策略的丑闻遵循本书第三部分所讨论的戏仿奖项形式，参见 Vincent Canby，"Hollywood's Shocked and Appalled by Miramax? Oh，Please!" *New York Times*，25 March 1999，E1。

29. 有关该奖首批也是最重要的一系列变化的描述，参见 Dominic Pride，"BRIT Awards Get Expanded Voting：Organizers Hoping to

360

Boost Credibility," *Billboard*, 9 October 1993。

30. 这种时态逻辑在皮埃尔·布尔迪厄的著作中有图示，Pierre Bourdieu, *The Rules of Art：Genesis and Structure of the Literary Field*, trans. Susan Emanuel（Stanford：Stanford University Press，1996），159。

31. 在整个 20 世纪 90 年代，据尼尔森统计，该节目的收视率每年增加 60％—70％，到 1999 年达到近 1 100 万观众，仅次于 MTV 年度收视率最高的节目——"音乐视频奖"（Music Video Awards），该节目也是少数几个广告收入超过 100 万美元的有线电视节目之一。大多数观众都属于 MTV 的核心群体，即 12—34 岁的群体，用电视行业术语来说，这就是使得该节目"比收视率更重要"的原因。

32. Joe Bob Briggs, "Joe Bob Goes to the Drive-in," *San Francisco Chronicle*, Sunday Datebook, 6 March 1994.

33. 我应在此指出，美国电影艺术与科学学院严格禁止任何其他奖项使用"奥斯卡奖"或"学院奖"的术语，因为这侵犯了其注册商标。因此，例如，引用学院自己声明的规则，其他奖项可以被宣传为"相当于奥斯卡奖的乌拉圭奖"，但不能被宣传为"乌拉圭奥斯卡奖"（Uruguayan Oscar）或"乌拉圭的奥斯卡奖"（Oscar of Uruguay）。关于长达十页的学院知识产权的法律条文，可在奥斯卡奖官网 www. oscars. org/legal/regulations. HTML 查看，稍后我将讨论其中一些条文的含义。

34. William Margol, interview with the author, March 1998.

35. 据说，获得"纽伯瑞儿童文学奖"（Newbery Prize for Children's Literature）能"保证第一年就能卖出 10 万本精装书"。更重要的是，很有可能在数年或数十年后，随着每一代快速成长起来的读者的父母为其购买这本"纽伯瑞奖"的获奖作品，该书的销量会一直很强劲。现在，许多书店甚至设有"纽伯瑞奖"或"纽伯瑞和凯迪克奖"（Newbery and Caldecott）的展销书架，书架上陈列的获奖经典作品可以作为一整套来阅读，多少有点像它们带有统一的作者签名的图书或以同一品牌名称

361

生产的产品。关于"纽伯瑞奖"对图书的促销,见 Judith Miller,"Value of Multiplying Awards May Be Eroding,"*Austin American-Statesman*, 14 December 1996, C13；John Frow,"Signature and Brand,"in Jim Collins, ed. , *High-Pop*：*Making Culture into Popular Entertainment* (Oxford：Blackwell,2002),56－74。

　　至于奖项对色情影像销量的影响,不可能获得可靠的统计数据,部分原因是这个行业的制作公司和奖品的历史通常还不到十年,几乎没有延续性,而且许多制片商和零售商(现在大多在线上)都对各自产品的实际销量数据保密。但业内人士有一个强烈的共识,即色情片的购买者们甚至比其他娱乐产品的购买者们更多地把获奖名单当作线索去观看。当然,获奖影片和畅销影片之间的联系似乎非常密切,诸如《贾丝汀》(*Justine*,1992)、《坏妻子》(*Bad Wives*,1997)、《七宗罪》(*Seven Deadly Sins*,1999)、《时尚达人》(*The Fashionistas*,2002)和《按摩师》(*Masseuse*,2004)等获奖最多的电影也出现在销量最多或最受欢迎的名单上。

　　36. Tim Walker,"The Love Stories behind Cartland's Crown Jewels,"*Daily Mail*, 4 April 1995.

　　37. 1996 年 3 月 24 日,洛杉矶好莱坞罗斯福酒店举行的(不太甜)第十六届金酸莓奖的新闻资料袋和节目单中的歌词。在本段和下一段中引用的金酸莓奖基金会(Golden Raspberry Award Foundation)描述自身的宣传用语摘自新闻资料袋里的材料或金酸莓奖官网 www. razzies. com(2005 年 4 月访问)。

第五章　文化奖的设置

　　1. 1998 年 4 月 1 日美国伊利诺伊州德斯普兰斯,与美国儿童电视中心(American Center for Children's Television)执行主任戴维·W. 克莱曼(David W. Kleeman)个人的交流。此后,该机构更名为美国儿童与媒体中心(American Center for Children and Media)。

　　2. 1998 年,美国儿童电视中心的《奥利奖：规则和常见问题》。出　　362

自美国儿童电视中心应我的要求邮寄的材料。

3. 短纪录片奖的支持者们占了上风，就像 1993 年在学院提议停止颁发该类别的奖项之时他们所做的那样。参见"Shorts Makers Blitz Academy," *Hollywood Reporter*，April 1999，5；Terry Pristin，"Oscar Board Rethinks Fate of the Short Documentary," *New York Times*，26 April 1999，E1；Debra Kaufman，" Rescuing the Documentary Oscar," *Hollywood Re-porter*，15 May 2000，8。

4. 这种违背诺贝尔意愿的要求构成了巨大的障碍。伊丽莎白·克劳福德（Elisabeth Crawford）指出，意大利商人杰罗姆·庞帝（Jerome Ponti）早些时候曾有意将他的全部财产（数量可观，但规模小得多）用于资助科学和文学奖品，但遭到了庞帝家族成员的反对而未能成功。Crawford，*The Beginnings of the Nobel Institute：The Science Prizes，1901 - 1915* (New York：Cambridge University Press，1984)，24，26.

5. S. Ragnar Sohlman, "Alfred Nobel and the Nobel Foundation," in Henrik Schück et al. , *Nobel：The Man and His Prizes*，第 2 版修订扩充版 (Amsterdam：Elsevier，1962；orig. pub. 1950)，42；参见以下具有丰富的信息量的著作：Ragnar Sohlman，*Legacy of Alfred Nobel：The Story Behind the Nobel Prizes*，trans. Elspeth Harley Schubert (London：Bodley Head，1983)。

6. 据我所知，1896 年瑞典文学院成员中唯一一发表过作品的小说家或诗人是卡尔·斯诺尔斯基（Carl Snoilsky），他是瑞典皇家图书馆馆长，写过六本诗集。文学院的常任秘书卡尔·戴维·阿夫·维森并不是小说家或诗人，但他的专业背景是文学，他在 1870 年出版了研究瑞典主要的哥特小说家克拉斯·利维因（Class Livijn）的书，利维因受 E. T. A. 霍夫曼（E. T. A. Hoffmann）的启发创作了《斯派德夫人》，*Spader Dame* (Stockholm：Swedish Academy，1997；orig. pub. 1824)。

7. Anders Österling, "The Literary Prize," in Schück et al. , *Nobel*，80.

8. Crawford, *Beginnings of the Nobel Institute*，69；Burton

Feldman, *The Nobel Prize*: *A History of Genius*, *Controversy*, *and Prestige* (New York: Arcade, 2000), 42-45. 克劳福德是主要的研究诺贝尔奖的历史学家之一，她比较人们的购买力和工资，做了详细的估计。她换算成现今的美元，我觉得有点太低了。无论如何都需要考虑从 1984 年开始的通货膨胀的因素。当然，这种换算是出了名地不准确。另见 Burton Feldman, *The Nobel Prize*: *A History of Genius*, *Controversy*, *and Prestige* (New York: Arcade, 2000), 42-45。

9. 相关章程转载自舒克（Schück）等人编辑的《诺贝尔》(*Nobel*), 《诺贝尔基金会章程》第 13 部分(650)，《临时章程》第 4 部分(653)，以及《瑞典文学院颁发奖品章程》第 3 部分（663）。每年基金会主要基金收入的 10％用于再投资，因此五个奖项之间分配的可用收入占基金总额的 90％。经济学奖是一个奇特而有争议的混合体，严格来说，它并不是真正的诺贝尔奖。它于 1969 年设立，由瑞典央行（Swedish Riksbank)而不是诺贝尔基金会资助。

10. 调整后的官方数字由诺贝尔基金会交流与对外关系办公室（Communications and External Relations office of the Nobel Foundation)的安妮卡·艾克达尔（Annika Ekdahl)提供。按 2000 年年底货币计算为 1.55 亿美元。我自己兑换成 2000 年的实际金额大约是这个数字的两倍。经济史服务网站(www. ehs. net)给出了五个常用的换算公式，得出的数字在 1.9 亿美元到 72 亿美元之间，后者是根据在国内生产总值中相对所占份额计算出来的。

11. 1999 年 10 月，雷蒙德在橘子公司办公室接受采访时证实，该奖当时花费了橘子公司"20 多万英镑"，但每年不到 30 万英镑。布克奖的赞助费与橘子奖大致相当。据 2001 年新闻报道布克奖的老赞助商大食品公司(老布克公司被并入的企业集团)停止赞助，当时该奖奖金为 2.1 万英镑，赞助成本为 35 万英镑。后来新的赞助商曼集团把奖金增加到 5 万英镑，而对该奖的活动经费预算定为"五年内至少 250 万英镑"。Tony Thorncroft, "New Sponsor for the Booker Prize," *Financial Times*, 26 April 2002.

12. Martin Filler, "Eyes on the Prize," *New Republic*, 26 March 1999, 90.

13. Alvin H. Reiss, "Famed Music Competition Woos and Wins Sponsors," *Fund Raising Management*, 24 (June 1993)：47 – 49.

14. Oliver Burkeman, "'Put It Down? I Couldn't Even Pick It Up,' Admits U. S. Book Award Judge," *Guardian*, 30 November 2002. 有争议的评委是迈克尔·金斯利(Michael Kinsley)，他愉快地承认自己没有读过被提名国家图书奖非虚构类奖的大部分作品。金斯利认为，"图书奖的评委们必须抛开任何不以封面来评判一本书的守旧观念"。

第六章　品位管理

364　　　1. 皮埃尔·布尔迪厄非常有用但烦人的循环概念"习性" (habitus)是指一套内化的、身体上的以及智力上的态度、倾向、策略和性情，它们构成了个人对其所玩游戏的感受的基础。个人在某一特定场域中如何做事的感觉（"实际感觉"）——以及个人在该场域的定位（如"知道自己的位置"）和其他人定位的感觉。参见 Pierre Bourdieu, "Structures, Habitus, Practices" and "Belief and the Body" in Bourdieu, *The Logic of Practice*, trans. Richard Nice (Stanford：Stanford University Press, 1990), 52 – 79。

2. 一个典型的例子是关于 2000 年国际 IMPAC 都柏林文学奖评委的生平介绍。该文称她"在著名的惠特布雷德文学奖（Whitbread Literary Prize for Literature）的小说类评委会中担任评委"。参见 www. impacdublinaward. ie/judges2000. htm (accessed April 2005)。

3. Jocelyn McClurg, "Litchfield Man's Firm Offers ＄162,000 Prize,"*Hartford Courant*, 18 May 1995, A1.

4. Edwin McDowell,"Fiction with Solutions," *New York Times*, 12 December 1990, C22.

5. Jack Mathews, "Film Directors See Red over Ted Turner's

Movie Tinting," *Los Angeles Times*, 12 September 1986.

6. 这是获奖者丹尼尔·奎因本人的观点,尽管特纳从未行使过这一权利,但他相信这个奖项"是为了让特纳公司得到一本可以拍成电影的书"。Jeff Favre, "Call Him Surprised," *Chicago Tribune*, 2 January 1996, C.

7. McDowell, "Fiction with Solutions."

8. "公园艺术"的宣传资料仅用小字注明主办学院是一家私人营利性组织,但在其正文中反复强调,该比赛是与美国"国家公园基金会"(National Park Foundation,政府国家公园管理局的官方非营利合作伙伴)合作举办的。1986 年该奖启动时,国家公园基金会似乎为它提供了资金,但此后再没有参与。我的研究以 1997 年官方比赛的文献、1998 年 5 月 8 日比赛协调员詹妮·查普曼(Jamie Chapman)的个人信件以及截至 2005 年 5 月网站的信息为主。见 www. artsfortheparks. com。

9. Jonathan Yardley, "Literary Lions and the Tame Turner Award," *Washington Post*, 17 June 1991, C2. 斯泰伦两周后愤怒地公开发表了回复,参见 Styron, "We Weren't in It for the Money," *Washington Post*, 16 July 1991, A19。

10. 同上,Styron, "We Weren't in It for the Money"。

11. Paul Gray, "The ＄500,000 Firefly," *Time*, 17 June 1991, 79. 整个评选中更令人可笑的讽刺之一是,奎因的这本古怪的书显然毫无希望达到商业的(更不用说电影的)目的,因此,特纳公司决定减少损失,缩减原计划中的大型宣传活动。实际上奎因的书却成了矮脚鸡图书公司/特纳公司宝贵的财产,作为一本让年轻读者谈论道德的好书,该书获得了口碑和声誉,还在 20 世纪 90 年代末确立了自身的地位,成为中学课程的主要内容。

12. Yardley, "Literary Lions."

13. Anonymous, "Turner 'Tomorrow' Award Sparks Row," *Facts on File World News Digest*, 27 June 1991.

14. 然而,这并不是一个特例,几乎雷同的评委会不顺从之举和类似结果参见:PHS,"The Times Diary: Booby Prize," *The Times* (London),11 July 1985。

15. Styron,"We Weren't in It for the Money."

16. Stephen Pile,"Outrage at the Tate," *Daily Telegraph*,23 July 1994.

17. 大多数主要的广告奖都是根据产品类型颁发的。这个迹象表明当涉及对"创造力"和"艺术成就"进行定义时,商业上的必要性对广告商来说比对其他文化生产者更强烈。同时,大多数广告奖,包括克里奥奖,都采用了按照众多技术类别如电脑动画、电影摄影、原创音乐等来给奖项分类,还根据广告的媒介,如公告牌、杂志、电视或电影等广泛对奖项类型进行细分,但这些细分并不与广告产品的类型挂钩。

18. Andrew Jaffe,interview with the author,July 1999.

19. Wendy Rosenfield,"Changes Afoot for the Barrymores," *Philadelphia Weekly*,19 May 1999,44.

20. 1998 年 3 月和 1999 年 7 月,与玛塞勒·米哈格(Marcella Meharg)的个人交流,1999 年 7 月 10 日,与比弗利山戏剧协会主席珍妮特·索尔特(Janet Salter)的电话交谈。

21. Erik Simpson,"Minstrels and the Market: Prize Poems, Minstrel Contests,and Romantic Poetry," *ELH*,71 (Fall 2004).

366

22. 值得注意的是,巴纳姆大赛的获奖者、广受好评的诗人贝亚德·泰勒(Bayard Taylor)当年早些时候在哈佛大学发表的诗歌获得了美国大学优等生联谊学会奖(Phi Beta Kappa),这在当时可能是大学里的最高荣誉,也是非学生诗人可以获得的最高荣誉。这表明,学术性和非学术性的诗歌奖之间的差距比我们想象的要小,但学者们对美国获奖诗歌传统的早期历史挖掘得太少,不足以支持对这一点的猜测。很感谢马克斯·卡维奇(Max Cavitch)提醒我泰勒在 1850 年取得了启发性的双重胜利。

23. Charles Sprague et al.,*Boston Prize Poems,and Other*

Specimens of Dramatic Poetry（Boston：Joseph T. Buckingham，1824）.

24. Lawrence Thompson，"An Inquiry into the Importance of Boston Prize Poems，"*The Colophon*，New Graphic Series，1，no. 4（1940）：55 - 62；George Bradley，"Introduction，"*The Yale Younger Poets Anthology*（New Haven：Yale University Press，1998），lxxxvi.

25. George Bradley，"Introduction，"*The Yale Younger Poets Anthology*（New Haven：Yale University Press，1998），lxxxvi.

26. James Waller，"The Culture of Competition，"*Poets and Writers*，27（July-August 1999）：43.

27. 同上，第 42 页。

28. 关于耶鲁奖我的信息主要来自布拉德利对《耶鲁青年诗人选集》（*The Yale Younger Poets Anthology*）的出色的介绍，第 xxi - ci 页。该书第 lviii - lxxii 页讨论了奥登担任评委的那几年。

29. Waller，"The Culture of Competition，"45.

30. 同上，第 44 页。

31. 同上，关于获奖者的空缺如何比评出一位获奖者更能吸引公众关注的例子，参见 David Streitfeld，"And the Winner Isn't … ，"*Washington Post*，3 October 1997，B1。

32. Edwin McDowell，"Paco's Story Wins Top U. S. Award，"*Globe and Mail*（Toronto），11 November 1987.

33. Richard Eder，"*Paco's Story*，by Larry Heinemann，"*Los Angeles Times*，Sunday Book Review，7 December 1986；John Leonard，"*Beloved*，by Toni Morrison，"*New York Times*，Sunday Book Review，30 August 1987；伦纳德评论道，这部小说"位列美国文学书架上的最高处，即便有半打被经典化的白人男作家也不得不被挤下来"。他写道，"如果没有《宠儿》，我们对民族自我的想象就有一个大洞，足以把人埋葬"。

34. 理查德·艾德关于该事件的后记参见：Richard Eder，

367 "Endpapers：Black Prizes，Black Prospects," *Los Angeles Times*，Sunday Book Review，14 February 1988，15。

35．"NBA Names Judges for 1988，Increases Fiction Jury to Five," *Publishers Weekly*，234（12 August 1988）：320.

36．关于布克奖，在理查德·托德的《消费小说：今日英国的布克奖和小说》中有详细的记载。参见 Richard Todd，*Consuming Fictions*：*The Booker Prize and Fiction in Britain Today*（London：Bloomsbury，1996）；汤姆·霍尔曼（Tom Holman）表示，近年来，除了布克奖以外，其他文学奖也开始产生重大影响。Holman，"The Race for the Prize," *The Bookseller*，5 December 2003，S10.

37．John McGowan，*Democracy's Children*：*Intellectuals and the Rise of Cultural Politics*（Ithaca：Cornell University Press，2002）．约翰·麦高万在《民主之子：知识分子与文化政治学的兴起》中强烈呼吁文化研究发展"与复杂的消费者人种学相匹配的商业人种学"。这确实有助于我们克服某些"现在不受质疑的愚蠢的商业观点"。然而，我想补充的是，我们需要认识到那些既不是"商业"也不是"文化"的空间，并开始发展一种民族志来描述那些主导着这个不断扩大的、非此即彼的中介或转换实践区域的人们。

第七章　奖品：生产和交易之物

1．诺贝尔科学奖和文学奖奖章是"瑞典的"，而和平奖奖章是"挪威的"，它由挪威雕塑家古斯塔夫·维格兰（Gustav Vigeland）设计，由位于康斯堡的挪威皇家铸币厂（Royal Mint）铸造。然而，它的含金量与瑞典奖章不相上下。杰弗里·施拉梅克（Jeffrey Schramek）是一位奖牌交易商，他自认个人的核心藏品是一枚诺贝尔奖章，1995 年他得到了詹姆斯·查德威克（James Chadwick）获得的 1935 年度诺贝尔物理学奖奖章。他告诉我，苏富比拍卖行在安格尔奖章的分类和宣传方面做得极差，如果拍卖做得更专业一些，它可能会拍出更高的价格。但苏富比随意拍卖这枚奖章的做法仅仅表明（非军事）奖品的收藏市场在

1983 年尚未成气候。

2. 好莱坞纪念品经销商马尔科姆·威利茨,引自 Daniel Cerone,
"Orphan Oscars," *Los Angeles Times*, 8 February 1989, part 6。

3. David Gardner Williams, *The Royal Society of Literature and
the Patronage of George IV* (New York: Garland, 1987; orig. pub.
1945), 296.

4. 同上。

5. 同上,第 281 页。

6. 事实上,在这个行业中,公司承接制造的奖品的名称比该公司
自己的名称更重要。在 20 世纪的大部分时间里,美国领先的奖章制造
商是总部位于康涅狄格州丹伯里的奖章艺术公司(Medallic Art
Company,简称"MACO")。该公司于 1989 年解散,其部分管理层在马
里兰州伊斯顿成立了一家名为国际奖品公司 [Recognition Products
International,现简称"RPI"协议集团(Protocol Group)] 的新公司。奖
章艺术公司的大部分资产,包括名称、用过的模具、产品的包装和配置
("商业外观")等所有专利,都被出售给了当时位于内华达州的三州铸
币公司(Tri-State Mint Company),即现在的新奖章艺术公司(Medallic
Art Company)的罗伯特·霍夫(Robert Hoff)。所有这些,奖章艺术公
司最初的管理层都愿意放弃,但他们带到国际奖品公司的是一些大名
鼎鼎的客户——普利策奖、皮博迪奖等,这才是奖章艺术公司真正的价
值所在,国际奖品公司非常成功地利用了与地位较高的奖项的业务。
感谢国际奖品公司的查克·布雷斯洛夫(Chuck Bresloff)和奖章艺术
公司的艺术总监马克·弗罗斯特(Mark Frost)提供有关两家公司的关
系的信息。

7. 米兹·坎利夫主要是作为英国电影和电视艺术学院奖
(BAFTA)的奖品面具的设计者而被铭记。2000 年 7 月发生了一例典
型的奖品扩散事件。在坎利夫的第一任丈夫约瑟夫·所罗门(Joseph
Solomon)的要求下,为牛津大学的本科生设立了"坎利夫雕塑奖"
(Cunliffe Sculpture Prize)。就这样,以设计奖品而闻名的艺术家在适

当的时候通过一个为其他艺术家设立的奖品而被人们纪念。

8. M. 爱德华兹（M. Edwards）与扬·皮恩科夫斯基（Jan Pienkowski）之间的通信，1973 年 1 月。委员会的财务记录显示，布克奖在 1973 年 10 月花了 310 英镑买下了这五尊新雕像。参见布克奖档案，文件箱 1973，牛津布鲁克斯大学（Oxford Brookes University），英国牛津。

9. 国际奖品公司的奖章上写着：由广受赞誉的获奖雕塑家创作的高底座浮雕。来自该公司宣传册，1995。

10. 然而，这些版画并不像人们想象的那么值钱。根据艺术品价格（Artprice. com）网站的资料，一幅德·库宁于 1974 年创作的版画《斯波莱托》（*Spoleto*）于 1996 年在威廉·道尔拍卖行（William Doyle）以 500 美元的价格被拍卖，这幅画的尺寸与《斯波莱托》相当，但版数较小(150)。他的一幅 1973 年的版画《两个女人》（*Two Women*，版数是 100)1974 年在苏富比拍卖会上仅以 1 100 美元成交。

11. Jeffrey Schramek and Associates，"Awards of Outstanding International Importance to Statesmen and Heroines：Concepts," www. collectnobel. com. Accessed May 2005.

12. Almar Latour，"Even at the Dinner for the Nobel Prize, They Steal the Spoons,"*Wall Street Journal*，December 2000，A1.

13. Susan Stewart，*On Longing：Narratives of the Miniature，the Gigantic，the Souvenir，the Collection* （Durham：Duke University Press，1994)，154.

14. Charles Thomas，conversation with the author，17 June 2004.

15. Todd S. Purdham，"His Best Years Past，Veteran in Debt Sells Oscar He Won,"*New York Times*，7 August 1992，A10.

16. 然而，引人注目的是，美国电影艺术与科学学院发起了一场新的法律诉讼，针对佳士得拍卖行试图拍卖奥森·威尔斯（Orson Welles）于 1942 年凭借与人合作编剧的《公民凯恩》（*Citizen Kane*）而获得的奥斯卡奖，学院打算延长 1950 年的优先购买权条款，以涵盖早期小金像奖品的销售。参见 Dave Kehr，"Objection Quashes Sale of Welles's 'Kane' Oscar，" *New York Times*，22 July 2003，E1。

17. Anonymous，"Spacey Mystery Buyer，" *Dominion*（Wellington），15 September 2001.

18. Daniel Cerone，"Orphan Oscars，" *Los Angeles Times*，8 February 1989.

19. 这些早期法律诉讼的历史，包括学院律师所用的论据，在 1955 年审判的判决中被审核。参见 *Schnur and Cohan，Inc.，vs. Academy of Motion Picture Arts and Sciences*，no. 6128，15 June 1955，United States Court of Customs and Patent Appeals 42 C. C. P. A. 963；223 F. 2d 478；1955 CCPA LEXIS 173；106 U. S. P. Q.（BNA）181. Oral argument 2 May 1955。

20. 在好莱坞纪念品经销商"星光大道公司"的目录上列出，在 2001 年的 AMC 拍卖会上，确实有一块这样的手表卖出了这个价格。

21. Cerone，"Orphan Oscars，" Section 6，p. 1.

第八章　丑闻当道

1. 这三个题词出自以下三篇文章：Philip Howard，"Curling Up with All the Bookers，" *The Times*（London），19 October 1982，12；David Lehman，"May the Best Author Win：Fat Chance—A Flap over Book Prizes，" *Newsweek*，107（21 April 1986）：86；Anonymous，"A Turner for the Worse，" *Daily Telegraph*，29 November 1995，20。

2. Dustin Hoffman，OBIE Awards，27 May 1985，New York；Bill Murray，New York Film Critics Circle Awards，10 January 1999，Windows on the World，New York；Sally Field，Academy Awards，14 April 1980，Dorothy Chandler Pavilion，Los Angeles.

3. Mick Lasalle，"MTV Movie Awards Goof-Off，" *San Francisco Chronicle*，12 June 1992，D1.

4. Pierre Bourdieu，*Photography：A Middle-Brow Art*，trans.

370

Shaunn Whiteside（Stanford：Stanford University Press，1990），96.

5. Pierre Bourdieu and Hans Haacke，*Free Exchange*（Stanford：Stan-ford University Press，1994），84.

6. 欧洲文学界的另一位杰出作家埃米尔·左拉（Emile Zola）也被诺贝尔奖排除在外，这似乎也很可耻。但鉴于阿尔弗雷德·诺贝尔讨厌左拉的作品这一事实，学院在此事上有一些自由。

7. 同样可能的是，如果他们在第二年授予托尔斯泰诺贝尔奖，他也会拒绝。在普吕多姆（Prudhomme）被授予首个诺贝尔文学奖后，托尔斯泰不仅可能对院士们感到有些不满，而且1902年卡尔·戴维·阿夫·维森在关于托尔斯泰的委员会报告中提到，这位俄罗斯作家最近更宽泛地指出了文学奖"缺乏价值，不，是金钱奖赏的危害"。Anders Österling，"The Literary Prize," in Henrik Schück et al.，*Nobel：The Man and His Prizes*，（Amsterdam：Elsevier，1962；orig. pub. 1950），92.

8. 然而，按照我们将在本书下一节中所考察的逻辑，博林根奖很快就开始从其丑闻现眼中获得象征利益，成为"美国最负盛名的诗歌奖"，并使"普利策奖"黯然失色（引自《纽约时报》的评价）。参见 James F. English，*Encyclopedia of American Poetry：The Twentieth Century*（Chicago：Fitzroy Dearborn，2001），580。

9. Anonymous，"Never Mind the Plot, Enjoy the Argument,"*Independent*，6 September 1994，12.

10. Richard Brooks，"Judges Trade Insults as Book Award Turns into Prizefight,"*Observer*，7 May 1995，3.

11. Anonymous，"The Booker Prize,"*Economist*，15 October 1994，118；Annalena McAfee，"Judges Split as Kelman Wins Booker,"*Financial Times*，12 October 1994，统计"Fucking"一词出现次数的报道见 Robert Winder，"Highly Literary and Deeply Vulgar,"*Independent*，13 October 1994，18。

第九章　奖评新辞

1. John Sutherland, "The Bumpy Ride to the Booker, 1981," *Times Higher Education Supplement*, 30 October 1981, 11; Richard Todd, *Consuming Fictions: The Booker Prize and Fiction in Britain Today* (London: Bloomsbury, 1996), 62 – 64.

2. 为马施勒说句公道话,应该指出的是,在同一时期,坎普出版的小说在获得詹姆斯·泰特·布莱克纪念奖上有更大的优势。

3. NCR 图书奖在 20 世纪 90 年代中期陷入困境,当时美国电报电话公司(AT&T)收购了该奖赞助商国家现金柜员机公司(National Cash Register Company,简称"NCR"),并将子公司更名为美国电报电话公司全球信息解决方案(AT&T Global Information Solutions)。该奖最终在 1998 年停办,在非小说类奖项中留下了一个空位,很快就被塞缪尔·约翰逊奖填补了,该奖目前由英国广播公司电视四台赞助。

4. 与当年的布克奖管理有关的文件存放在牛津布鲁克斯大学图书信托的未编目布克奖档案中。非常感谢英国图书信托的桑德拉·文斯(Sandra Vince)和罗素·普里查德(Russell Pritchard),以及马丁·戈夫,他们允许我查阅这些档案,并帮助我开展研究。

5. 伯格演讲的全文刊登在 1972 年 11 月 24 日的《卫报》上。这篇文章后来被重印,题名为《布克小说奖领奖辞》(Speech on Accepting the Booker Prize for Fiction),收录在伯格的《约翰·伯格文选》中。Berger, *Selected Essays of John Berger*, ed. Geoff Dyer (New York: Vintage, 2003), 253 – 257.

6. 格雷厄姆·哈根(Graham Huggan)在《奖励他者:布克奖简史》(Prizing Otherness: A Short History of the Booker)一文中追溯了从 20 世纪 80 年代初到 90 年代中期该奖所发挥的作用。Graham Huggan. "Prizing Otherness: A Short History of the Booker," *Studies in the Novel*, 24 (Fall 1997): 412 – 433. 哈根有关布克奖通过营销"后殖民异国情调"来延续帝国统治模式的总体论点可以在收录上述文章的专

著《后殖民异国情调：营销边缘》一书中找到，Graham Huggan. *The Postcolonial Exotic*：*Marketing the Margins*（London：Routledge，2001）。

7. 根据《纽约时报》刊登的以下这篇关于伯格的文章，Gerald Marzorati，"Living and Writing the Peasant Life," 29 November 1987。伯格的《观看之道》仅在美国就卖出了超过 25 万本。

8. 就连漫画杂志《潘趣》也用打油诗来调侃伯格拒绝布克奖的立场的不当之处："挥动鞭子是多么正确啊/朝向那些给你脏钱的人！/我们的敬佩之情无以复加。/我们要给你寄一万英镑。/经过深思熟虑，我们认为最好把它放在老橡木箱里。"（*Punch*，6 December 1972，834）这些贬低都是打着普通人厌恶艺术家表面上的纯艺术立场的幌子，实际却是在捍卫美学的纯洁性——不受政治影响的艺术实践。

9. J. G. Farrell，*Morning Star*（London），6 December 1973.

10. 巴特勒勋爵（Lord Butler）在主席台上向法雷尔（Farrell）颁发奖金支票时，以两个反犹太人的笑话开始了他的演讲，这加剧了人们对布克奖丑闻的感受。鉴于法雷尔的出版商、尊贵的阿瑟·魏登菲尔德（Arthur Weidenfeld），即切尔西的魏登菲尔德男爵（Baron Weidenfeld of Chelsea）出席了颁奖仪式，巴特勒对犹太人的攻击尤其显得尖锐。魏登菲尔德是《戈培尔的实验》（*The Goebbels Experiment*）的作者，曾在以色列内阁做过一任部长。

11. 布克奖管理委员会的会议记录，1974 年 1 月 8 日。Man Booker Prize archive，folder 1974，Oxford Brookes University，Oxford.

12. 这些数字是根据曼布克奖档案中的剪报。

13. Bryan Appleyard，"Glittering Prizes and a Game Called Celebrity Sadism," *Sunday Times*（London），21 October 1990. 1992 年入围的南非作家克里斯托弗·霍普（Christopher Hope）从落选者的有利角度出发生动地描述了颁奖晚宴的气氛："当你被贬损之时，电视镜头探向你的耳孔，盯着你把食物推到你的盘子周边。"引自 Geraldine Brooks，"No Civility，Please，We're English," *GQ*，63（February

1993）：59（"Letter from London"）。

14. 然而，与艺术家一样，记者可能会因在布克奖晚宴上表现失态或发表欠考虑的言论而获得一定的知名度。马尔科姆·布拉德伯里1992 年的小说《犯罪医生》（*Doctor Criminale*）从局内人的角度出发对布克奖进行了讽刺。开篇恰如其分，主人公、记者弗朗西斯·杰伊（Francis Jay)因在布克奖晚宴上讲了几句非常不专业的话，一夜成名。

15. 艾恩·特立文（Ion Trewin），引自 Patricia Miller，"Booker Triumph 'Like Avalanche Smothering You,'" *Sunday Times* (London)，24 October 1982。关于肯尼利小说的销量大增，参见 Gay Firth，"The Financial Facts of Fiction：The Booker Prize," *Financial Times*，6 October 1984。

16. 痛斥这些倾向的代表人物是丹尼尔·J. 布尔斯廷。Daniel J. Boorstin，*The Image*：*A Guide to Pseudo-Events in America*（New York：Harper and Row，1964；orig. pub. 1962），esp. 45 – 76，118 – 180. 利奥·布劳迪(Leo Braudy)对当代名人文化及其在漫长的名流史中的地位进行了宏大的、更客观的研究。见 Leo Braudy，*The Frenzy of Renown*：*Fame and Its History*，2nd ed. （New York：Vintage，1997；orig. pub. 1986）。有关电影名人和好莱坞明星制的最重要的书仍然是理查德·戴尔（Richard Dyer）的佳作《明星》（*Stars* 1998；1979）。乔·莫兰的《明星作家：美国的文学名人》（*Star Authors*：*Literary Celebrity in America*，1999)对具体的名人文化的文学维度进行了有益的研究。Joe Moran，*Star Authors*：*Literary Celebrity in America* （London：Pluto，1999）。

373

17. 戈夫至今仍继续向新闻界泄露大量的"流言蜚语"。例如，戈夫给《观察家报》的戴维·史密斯讲述了许多"愚弄、争斗、骂人和闹剧"事件。David Smith. "A Prize Bunch of Literary Egos," *Sunday Observer*，31 August 2003.

18. Philip Howard，"Curling Up with All the Bookers," *Times* (London)，19 October 1982，12.

19. E. J. Craddock, "Why the Booker Prize is Bad News for Books," *Times* (London), 7 October 1985, 15.

20. Susannah Herbert, "The Night Booker Became a Dirty Word," *Daily Telegraph*, 13 October 1994. 赫伯特在这里引用了 W. H. 史密斯图书部门的营销总经理宾·泰勒的话，正如标题所示，她的观点与泰勒的观点基本相同。

21. "Who Needs the Booker? The Sorry State of a Literary Prize," *Economist* (21 October 1989).

22. "For Love of Literature and Loadsamoney," *Sunday Times* (Lon-don), 2 October 1988, G8 (emphasis added).

23. Anthony Thwaite, "Booker 1986," *Encounter*, 68 (February 1987)：37，38 (emphasis added).

24. Margaret Forster, "Secrets of a Glittering Prize," *Sunday Times* (London), 26 October 1980, 13.

25. Bill Buford, "Send in the Scones," *Vogue* (USA), 175 (December 1985)：196 (emphasis added).

26. 赫米奥尼·李为《泰晤士文学评论》(TLS)撰写了一篇关于"'白痴布克奖'学派"在新闻界占主导地位的辩护文章。Hermione Lee, "the 'idiotic Booker prize' school of thought" (30 October 1981, 1268). 但到了 1984 年，英国电视台四台首次播出布克奖颁奖晚宴，而她主持的演播室团队辩论对布克奖缺乏尊重，她本人对布克奖的评论随后也变得更尖锐，更具讽刺意味。

27. John Gross, "The Booker's Baneful Influence," *Times* (London), 13 September 1990. 格罗斯在 1971 年担任布克奖评委会的主席，该评委会特别出名，由索尔·贝娄、约翰·福尔斯、安东尼娅·弗雷泽女爵士和菲利普·汤因比等组成。

28. William Gass, "Prizes, Surprises, and Consolation Prizes," *New York Times Book Review*, 5 May 1985.

29. 来自《国家》和《论坛》的引文出自以下著作：William Joseph

374

Stuckey，*The Pulitzer Prize Novels：A Critical Backward Look* (Norman：University of Oklahoma Press，1966)，249。斯塔基注意到，在他写作之时，"如今甚至很难找到一个非常推崇普利策奖的评论家"(249)。

30. Joseph Epstein，"The All-American Honors List," *TLS*，13 June 1975，650 – 651.

31. Carlos Baker，"Forty Years of Pulitzer Prizes," *Princeton University Library Chronicle*，18（Winter 1957）：55 – 70.

32. Roland Barthes，"The Writer on Holiday," *Mythologies*，trans. Annette Lavers（New York：Noonday，1973），30.

33. Mark Lawson，"Never Mind the Plot，Enjoy the Argument," *Independent*，6 September 1994.

34. Todd，*Consuming Fictions*，64.

35. Elaine Showalter，"Coming to Blows over the Booker Prize," *Chronicle of Higher Education*，28 June 2002，B11。肖瓦尔特引用了麦克鲁姆(McCrum)在《观察家报》上的评论。

36. 这就是保守党大臣艾伦·克拉克(Alan Clark)，他主持了 1995 年度 NCR 图书奖评委会，而这个评委会非常难以驾驭。克拉克在典礼后的采访中说道："他们并不是因为我在这个领域里的品位和洞察力而让我加入的。""我被任命为委员会成员，是希望可能会有一场争吵，我可能会引起争论，这将吸引公众对整个评选的关注。"参见 Julia Llewellyn Smith，"They Invited Me Hoping for Controversy," *Times* (London)，6 May 1995，Features section。

37. Brooks，"No Civility，Please," "Times Diary," *Times* (London)，15 October 1992.

38. Pierre Bourdieu，"Price Formation and the Anticipation of Profits," in Bourdieu，*Language and Symbolic Power*，ed. John B. Thompson，trans. Gino Raymond and Matthew Adamson (Cambridge，Mass.：Harvard University Press，1991)，67 – 72.

39. 在对文学和艺术奖的评论中，将时间作为超越历史和社会的客观仲裁者的呼吁随处可见。一个典型的例子是菲利普·霍华德（Phillip Howard）1982 年 10 月 19 日在《泰晤士报》第 12 期上发表的文章《对文学唯一的客观评判是时间……》：从长远的历史角度来看，我们不能假定获奖意味着一本书的文学价值。Phillip Howard，"And Thundering in to the Final Page … ," *Times*（London），19 October 1982，12.

40. Pierre Bourdieu, *The Rules of Art*：*Genesis and Structure of the Literary Field*，trans. Susan Emanuel（Stanford：Stanford University Press，1996），274. 对布尔迪厄来说，这种相信与不相信之间的悬置是难以想象的，只是作为一种特殊的复杂或细微的差别出现在最优雅和最具反思性的作家的习性中。他举的例子是法国作家马拉美（Mallamé）。我认为这是一种越来越普遍的幻觉，毕竟，它是一种集体信念而非个人信念的形式。

第十章　屈尊策略和游戏玩法

1. 即使在美国，对"布克奖化"的指责也是司空见惯的。例如，见大卫·雷曼（David Lehman）对美国国家图书奖的布克奖化的描述，David Lehman．"May the Best Author Win：Fat Chance—A Flap over Book Prizes," *Newsweek*，107（21 April 1986）。根据雷曼的说法，芭芭拉·普莱特在 20 世纪 80 年代中期负责的美国图书奖（American Book Awards）运转艰难，她多次前往伦敦，研究马丁·戈夫和英国图书信托基金（Book Trust）管理布克奖的方式。普莱特这些访问的一个成果是她决定在公布获奖者之前的几周就开始公布决选名单，新规则实施的第一年就成功地制造了布克奖式的"气恼的落选者丑闻"（sore-loser scandal）。第二年，托尼·莫里森的《宠儿》卷入了更大的"气恼的落选者丑闻"（下文将讨论）。

2. Pierre Bourdieu and Hans Haacke，*Free Exchange*（Stanford：Stanford University Press，1994），52.

3. Pierre Bourdieu，"The Invention of the Intellectual," in Bourdieu，*The Rules of Art：Genesis and Structure of the Literary Field*，trans. Susan Emanuel（Stanford：Stanford University Press，1996），129 - 131.

4. 对此事所做的很好的简要描述见 Annie Cohen-Solal，*Sartre：A Life*（New York：Pantheon，1985），444 - 449。

5. Pierre Bourdieu，"The Market of Symbolic Goods," trans. R. Sawyer，in Bourdieu，*The Field of Cultural Production：Essays on Art and Literature*（New York：Columbia University Press，1993），130. 自 1971 年这篇有关文化生产场域的文章首次发表以来，布尔迪厄对有限生产场域和一般生产场域之间的逻辑关系的分析做了一些改进，特别是涉及这两个场域的不同时间性，即"老化模式"，最新版本的文章见 Pierre Bourdieu，"The Market for Symbolic Goods," *Rules of Art*，141 - 173。

6. Mason Wiley and Damien Bona，*Inside Oscar：The Unofficial History of the Academy Awards*，4th ed.（New York：Ballantine，1993），447.

7. Thomas Bernhard，*Wittgenstein's Nephew：A Friendship*，trans. Ewald Osers（London：Quartet Books，1986），78.

8. Peter Marks，"Adding Drama to Musical，Andrews Spurns a Tony," *New York Times*，9 May 1996，A1，B6.

9. 这封信的一部分内容出现在波莫纳学院（Pomona College）的圣纳西索社区学院（San Narciso Community College）制作的托马斯·品钦的主页上，见 www. pynchon. pomona. edu/bio/facts. html（accessed April 2005）。

10. 见 Joe Moran，*Star Authors：Literary Celebrity in America*（Lon-don：Pluto，1999），54，64 - 66。莫兰还提到了约翰·厄普代克（John Updike）的作品中反复出现的主人公亨利·贝奇（Henry Bech）的命运。亨利·贝奇曾经是一位多产的作家，他在中年阶段经历漫长

376

的创作瓶颈期,这反而提升了他的地位和声望,甚至一度为他赢得了"梅尔维尔奖章"(Melville Medal),以表彰他在美国文学中"最有意义的沉默"。

11. Anonymous,"Pulitzer Jurors Dismayed on Pynchon,"*New York Times*,8 May 1974.

12. 针对整个事件的过程,有些古怪和不可靠的记录见 Chris Brook,ed.,*K Foundation Burn a Million Quid*(London:Ellipsis,1998),5 - 30. 还可参见 Lynn Cochrane,"Fans to Watch £1m Go Up in Smoke for Glaswegian Football Fans,"*Scotsman*,4 November 1995. Robert Sandall,"Money to Burn,"*Sunday Times*(London),5 November 1995.

13. Lawrence Weschler,*Boggs*:*A Comedy of Values*(Chicago:University of Chicago Press,1999).

14. 抢夺雕像的人是艾伦·"吉博"·古德里克(Alan"Gimpo"Goodrick),他是"版权解放阵线"(KLF)乐队的一名管理员,也是 K 基金会的一位合作者,他拍摄了纪录片《看 K 基金会烧掉一百万英镑》(*Watch the K Foundation Burn a Million Quid*)。大量有关德拉蒙德和考蒂的不同身份的档案材料可从以下网址免费下载:ftp://ftp.xmission.com/pub/users/l/lazlo/music/klf/. Accessed April 2005。

377

15. 感谢弗吉尼亚·巴顿(Virginia Button)帮助我查阅泰特美术馆档案,我观看了特纳奖节目的录像,她还在 1999 年 10 月促成对我很有帮助的一次采访。巴顿经过授权客观描写特纳奖历史的著作如下:*The Turner Prize*(London:Tate Gallery Publishing,1997)。

16. 1993 年 8 月 31 日《每日电讯报》第 3 版新闻宣布 K 基金会将赞助这一奖项。

17. 对德拉蒙德和考蒂在宣传活动上花费多少钱的算法不一,他们的花销包括在《卫报》《太阳报》《观察家报》《星期日泰晤士报》和《新音乐快报》杂志上刊登整版广告;为参加颁奖前钉纸币活动的记者们提供豪华轿车接送服务;购买英国广播公司电视四台对特纳奖报道的整个广告时段等。

18. 至于他们的第一件作品"钉在墙上"的长期价值，作为一件艺术品，它的标价为 50 万英镑，而其面值为 100 万英镑。考蒂和德拉蒙德认为："随着时间的推移，这件作品的面值将被通货膨胀所侵蚀，但其艺术价值将不断上升。关于其艺术价值超过表面价值的精确的数额是未知的。现在拆掉这件作品，你得到的钱就会翻倍。把它挂在墙上，看着它的票面被侵蚀，市场价值波动，它的艺术价值会飙升。选择权在你。"Jim Reid, *K Foundation—Money：A Major Body of Cash*，自行出版的展览目录，1993 年，引自维基百科条目"K 基金会艺术奖"（K Foundation Art Award）：en. Wikipedia. org/wiki/K_Foundation_Art_Award（2005 年 4 月访问）。

19. Alison Roberts, "Turner's Best Equals the Worst," *Times* (London)，24 November 1993.

20. Susannah Herbert and Victoria Combe, "Pop Group 'Prize' Rocks the Tate," *Daily Telegraph*，31 August 1993.

21. Roberta Smith, "The Best of Sculptors, the Worst of Sculptors," *New York Times*，30 November 1993.

22. Damien Hirst, quoted in Anonymous, "Damien Hirst Is Unanimous Winner of the Turner Prize," *Daily Telegraph*，29 November 1995.

23. Anonymous, "Prize Idiots：The Turner Prize Award," *Daily Mirror*，30 November 1995.

24. Julian Stallabrass, *High Art Lite：British Art in the* 1990s (London：Verso, 1999).

25. Anonymous, "A Turner for the Worse," *Daily Telegraph*，29 November 1995.

26. David Mills, "A Conspiracy of Theorists," *Sunday Times* (London)，28 November 1993.

27. 这并不是说文化左派不能偶尔直接抨击艺术商品化的现象。

378

斯塔拉布拉斯（Stallabrass）开展此类批判，他认为模仿高雅艺术的平庸之作在很大程度上是撒切尔主义的产物，由撒切尔的形象制造大师查尔斯·萨奇（Charles Saatchi）赞助和策划，萨奇还是"工人没工作"[①]（Labour Isn't Working）宣传活动的创始人。斯塔拉布拉斯评论说，"并非巧合，萨奇这位当代英国艺术的主要买家通过广告发家致富"，并运用自己的广告专业知识服务于极右翼的霸权（*High Art Lite*，259）。我的观点是，斯塔拉布拉斯承认自己拒绝所有的游戏性和表里不一，并保持高度严肃与纯粹的批判的姿态是回归罗杰·弗莱（Roger Fry）的传统[②]，这往往使他的言论与他所反对的企业右派的文化代言人保持一致。

28. Anonymous，"Morrison, duCille, Baquet, Pulitzer Prizewinners，"*Jet*，74（18 April 1988）：14.

29. Anonymous，"Black Writers in Praise of Toni Morrison，"*New York Times Book Review*，January 24，1988，36.

30. Anonymous，"NBA Names Judges for 1988, Increases Fiction Jury to Five，"*Publishers Weekly*，234（12 August 1988）：320.

31. Carol Iannone，"Toni Morrison's Career，"*Commentary*，84（December 1987）：59 – 63. idem，"Literature by Quota，"*Commentary*，91（March 1991）：50 - 53. 作为 1987—1988 年颁奖季期间反莫里森运动的一部分，由希尔顿·克雷默（Hilton Kramer）编辑的《新标准》（*The New Criterion*）还刊登了一篇文章，以配合普利策奖评委会的审议：Martha Bayles，"Special Effects, Special Pleading，"*New Criterion*，6（January 1988）：34 - 40。

32. 参见这方面的一篇关键文章：Roger Cohen，"Ideology Said to

---

① 这是个双关语，有"工人没工作"和"工党不作为"的双重意思，是撒切尔领导的保守党在竞选中针对工党的宣传口号，表达对工党政策导致英国较高失业率的讽刺与不满。

② 罗杰·弗莱（1866—1934），英国著名艺术史家和美学家，20 世纪最伟大的艺术批评家之一。

Split Book-Award Jurors," *New York Times*, 27 November 1990。在这篇文章中,科恩报道了保罗·韦斯特(Paul West)抱怨 1990 年美国国家图书奖评委会在推选查尔斯·约翰逊(Charles Johnson)的《中间通道》(*Middle Passage*)时受到了"种族意识"和"意识形态"的支配。伊安诺内(Iannone)和其他保守派文化斗士抓住了这些抱怨,韦斯特本人在以下文章中详细地描述了此事,Paul West,"Felipe Alfau and the NBA," *Review of Contemporary Fiction*, 13（Spring 1993）。

33. 不同于莫里森,罗斯在 1960 年凭借《再见,哥伦布》(*Goodbye, Columbus*)赢得了美国国家图书奖。

34. Christopher Hitchens，"These Glittering Prizes," *Vanity Fair*, 56（January 1993）：22。

35. 同上。

36. John Gross，"The Booker's Baneful Influence," *Times*（London），13 September 1990。

37. 相互竞争的文学奖创始人经常反复提起这种不连续性。1950 年美国国家图书奖在创立时,其创始人指出被普利策奖遗漏的以下作家:舍伍德·安德森(Sherwood Anderson)、约翰·多斯·帕索斯(John Dos Passos)、西奥多·德莱塞(Theodore Dreiser)、威廉·福克纳(William Faulkner)、F. 斯科特·菲茨杰拉德(F. Scott Fitzgerald)和欧内斯特·海明威等。他们很快把国家图书奖这个新奖项颁给了福克纳的《故事集》(*Collected Stories* 1951)。

38. 面对长期以来普利策奖的腐败和任人唯亲的记录,戴维·肖采用了一个很好的处理方法,他将重点放在新闻奖而非文学奖上。David Shaw, *Press Watch：A Provocative Look at How Newspapers Report the News*（New York：Macmillan，1984），181‐214。

第十一章　艺术的国际竞赛

1. 马克思和恩格斯明确指出,各个国家在金融和贸易领域丧失自主权是资本主义生产方式的必然结果,而不是某个特定国家——例如

379

313

当今美国或 19 世纪的英国霸权的结果。在《德意志意识形态》(*The German Ideology*,1846)中,他们对比了仅仅是"有限的……和地方的交换形式",这使得封建社会的经济具有工业资本的全球影响力,到 18 世纪末,工业资本"使所有文明国家及其每一个成员都依赖整个世界来满足他们的需求,从而摧毁了以前独立国家的自然排他性"。资本主义因此"第一次创造了世界历史"。Karl Marx and Friedrich Engels,*The German Ideology*（Marx-Engels Internet Archive：www. ex. ac. uk/ Projects/meia/Ar-chive/1845-GI）, ch. 3.

2. Monty Python,"Novel Writing（Live from Wessex）,"*Monty Python's "The Final Rip-Off"*（Virgin Records,1992）. 短剧以多种形式、多种媒介存在;此处引用的版本可从哈代音像图书馆（Hardy Sound Library）下载,网址为 pages. ripco. net/ mws/sounds. html （accessed April 2005）. 在短剧的开头,据说哈代正在创作《还乡》(*Return of the Native*),实际上他正开始撰写这部小说（1878）的第一句话。但许多背景资料提到作家的"迄今为止的 11 部小说"——《裘德》是他的第 12 部作品,还提到他在写作《德伯家的苔丝》时遇到的困难等,都清楚地将我们带入了作家创作《无名的裘德》的时代情境。《德伯家的苔丝》是《裘德》之前创作的一部小说,于 1891 年出版。

3. Enzo diMartino, *La Biennale di Venezia*, 1895—1995（Milan：Giorgio Mondadori,1995）.

4. Shearer West,"National Desires and Regional Realities in the Venice Biennale,1895 - 1914,"*Art History*, 18（September 1995）：410.

5. 同上。韦斯特令人信服地指出,尽管双年展公开宣称它具有国际主义精神,但它仍然主要服务于意大利参与者们的民族主义目的。正如他所说的,"展览本身传递了相互矛盾的信息,试图让'内部人士'相信意大利文化的统一性,同时让'外部人士'对意大利的现代性和国际主义留下深刻印象"(422)。

6. John J. MacAloon, *This Great Symbol：Pierre de Coubertin*

and the Origins of the Modern Olympic Games（Chicago：University of Chicago Press，1981），187.

7. 同上，第 252 页。

8. *New York Times*，28 April 2003，Obituaries page.

9. 新近表达对"野蛮的竞争模式"怀疑的文章，参阅 Christopher Prendergast，"Negotiating World Literature，" *New Left Review*，8（March-April 2001）。

10. 参见伊丽莎白·克劳福德关于"19 世纪末科学的新赞助者"的讨论：Elisabeth Crawford. "New Patrons of Science in the Late Nineteenth Century，" *The Beginnings of the Nobel Institute*：*The Science Prizes*，1901–1915（New York：Cambridge University Press，1984），16–22.

11. 同上，第 188—210 页。克劳福德对早期新闻界对诺贝尔奖的反响进行了彻底的研究。

12. 诺贝尔奖和奥运会之间的联系非常紧密，在 20 世纪 80 年代中期，出现了一场为国际奥委会（International Olympic Committee）争取诺贝尔和平奖的运动。然而，尽管国际奥委会连续三年获得提名，却从未获奖。Robert Sullivan，"Nobel Gesture：International Olympic Committee nominated for Nobel Peace Prize，" *Sports Illustrated*，9 June 1986，12.

13. Anthony Giddens，*Consequences of Modernity*（Cambridge：Polity Press，1990）.

14. "诺伊施塔特奖"在其宣传材料中自夸道，加夫列尔·加西亚·马尔克斯（Gabriel García Márquez）、切斯拉夫·米洛什（Czeslaw Milosz）和奥克塔维奥·帕斯（Octavio Paz）等都是在获得诺贝尔奖的几年前就获得了该奖。

15. "Ivar Ivask，Author，Critic，Founder of Neustadt Prize"（obituary），*Los Angeles Times*，27 September 1992，A34.

16. Martin Filler，"Eyes on the Prize，" *New Republic*，26 April-3

May 1999，88.

17. 关于沃勒斯坦对世界体系的分析，有一个很好的概述参见 Immanuel Wallerstein, *The Essential Wallerstein*（New York：New Press，2000）。

18. 在经济和贸易方面，我们是否真的见证了民族-国家交换模式的突然崩溃和"真正的全球化"市场的第一道曙光，仍然是一个有争议的问题。当然，对于伦敦政治经济学院和其他提出"第三条道路"的研究中心以及类似的新学说所提出的宏大主张和预言，我们有必要持怀疑态度，特别是考虑到最近民族主义贸易壁垒的恢复，以及明显出现在世界社会论坛（World Social Forum）的倡议下，①经济边缘国家——特别是以巴西和印度为首的所谓全球南方国家，开始大规模退出 20 世纪 80 年代和 90 年代的全球贸易协定的趋势。

19. 我力图描述的转变实际上是现代世界—文化体系本身终结的开端，这个体系可以追溯到 16 世纪，正如帕斯卡尔·卡萨诺瓦所指出的，在这个体系中，"国际斗争主要在民族空间内发生并产生影响"。卡萨诺瓦对世界体系进行了深入的描述，尤其在文学方面。Pascale Casanova. *La République mondiale des lettres*（Paris：Seuil，1999）。以上引语引自 Pascale Casanova. "Literature as a World," *New Left Review*，31（January-February 2005）：81。卡萨诺瓦承认自 1970 年代以来，这个世界体系发生了重大的变化，不过，在我看来，她对世界体系发生的转变的简要叙述，即对媒体集团化和风靡一时的文化产品模式的蓬勃发展的叙述，极易符合人们所熟悉的文化商品化的叙事。

第十二章　声誉的新疆域

1. 关于歌德、瓦莱里以及其他早期研究世界市场或全球文化、尤

---

①　世界社会论坛是由反对经济全球化的非政府组织发起，并由全世界非政府组织、知识分子和社会团体代表参加的大型会议。2000 年 6 月，世界各地的非政府组织代表在日内瓦举行会议，决定在世界经济论坛举行的同时召开世界社会论坛。摘自百度百科 https://baike.baidu.com/item/世界社会论坛/4749183，2022 年 1 月 20 日访问。

其是文学交流体系的理论家们的探讨参见 Pascale Casanova，*République mondiale des lettres*（Paris：Seuil，1999），26‑28（对歌德的引用见第 27 页）。

2. Jeanne Adams，"Polémiques autour du premier Grand Prix Littéraire de l'Algérie：La Situation des lettres algériennes en 1921，" *Revue de L'Occident Musulman et de la Méditerranée*，37（1984）：15‑30।

3. 关于辩论中各位参与者的引文，同上。

4. 争吵一直升级到阿尔及利亚国务院，国务院在 1922 年最终确认了颁奖委员会的决定，但兰道的支持者成功地赶走了委员会中的大部分违规成员，并最终力争使他获得 1929 年度的阿尔及利亚文学大奖。引文来自 Adams，"Polémiques autour du premier Grand Prix"；关于该奖和获奖者的背景，参见 Jean Déjeux，"Le Grand Prix Littéraire de l'Algérie，1921—1961，" *Revue d'Histoire Littéraire de la France*，85，no. 1（1985）：60‑71。

5. 关于副标题的复杂内涵，请参见以下对马兰获奖（Maran affair）详细且引人入胜的研究：Brent Edwards，*The Practice of Diaspora：Literature，Translation，and the Rise of Black Internationalism*（Cambridge，Mass.：Harvard University Press，2003），81‑87。

6. 这个文学领域的活动是第一次世界大战后法国为神圣化非洲艺术和文化所做的更广泛努力的一部分。1921 年布莱斯·桑德拉（Blaise Cendrars）的《黑人作家选集》（*Anthologie Nègre*）的出版也推动了这个活动。亨利·克鲁佐特（Henri Clouzot）和安德烈·莱维尔（André Level）于 1919 年出版了《黑人艺术与海洋艺术》（*L'Art nègre et l'art océanien*）。此后，又有一些作品，例如 Stéphen Chauvet，*Arts indigènes des colonies françaises*（Paris：Maloine，1924）；以及 Georges Hardy，*L'Art nègre*（Paris：Laurens，1927）。

7. 在此我再次感谢爱德华兹在《离散者的实践》（*The Practice of Diaspora*）中的讨论。

8. William Fagg，"African Art and the Modern World," *Premier Festival mondiale des arts nègres*：*Dakar*，1 - 24 *avril* 1966（Dakar：André Rousseau，1966），44 - 47.

9. 关于伊西卡米亚音乐，参见 Veit Erlmann，*Nightsong*：*Performance*，*Power*，*and Practice in South Africa*（Chicago：University of Chicago Press，1996）。关于德克皮克普里音乐，参见 Daniel Avorgbedor，"Competition and Conflict as a Framework for Understanding Performance Culture among the Urban Anlo-Ewe," *Ethnomusicology*，45，no. 2（2001）：260 - 282。

383　　　10. 可能音乐在南非国内文化中比在国际市场上发挥的作用要小。虽然音乐一直是南非后种族隔离时代增长最快的文化输出（津巴布韦也是如此），但约翰内斯堡的一名记者指出，为了宣传南非1999年的第一个官方音乐日，赞助商觉得有必要招募"体育明星、模特和漫画人物"来进行广告宣传，因为这些人物比顶级的音乐艺术家享有更广泛的知名度。Anonymous，"SA Musicians Striking the Right Note on Music Day," Mail and Guardian（Johannesburg），26 March 1999. 关于南非音乐产业在国际音乐市场上的地位，参见 *The South African Music Industry* 2001：*Facts*，*Trends*，*Future*（Johannesburg：KPMG Media and Entertainment，2001）。

11. Erlmann，*Nightsong*，224 - 242.

12. 同上，第291页。正如埃尔曼所讨论的，沙巴拉拉对其早期成功的自传性描述很大程度上包含了自我封神，但黑斧头合唱队在音乐奖比赛中的统治地位是毋庸置疑的。

13. Chris Stapleton and Chris May，*African All-Stars*：*The Pop Music of a Continent*（London：Quartet，1987）.

14. Muff Andersson，*Music in the Mix*：*The Story of South African Popular Music*（Johannesburg：Raven Press，1981），93. 根据凯玛特公司内部销售数据的畅销书单出现在第57页。

15. "A Word from the Editor," *African Music*：*Journal of the*

International- Library of African Music, 6, no. 4 (1987): 3.

16. Andersson, *Music in the Mix*, 91 - 92.

17. "世界节拍"和"世界音乐"这两个词可以追溯到 20 世纪 70 年代,从加纳的奥西比萨(Osibisa)乐队到扎伊尔的塔布·莱(Tabu Ley)乐队,20 世纪 70 年代初,许多非洲流行乐艺术家们在伦敦,特别是在巴黎获得了成功。但是,直到出现了充足的音乐奖项和竞赛网络将非洲艺术家们从本土传播到国际论坛,欧洲的非洲融合(Afro-fusion)演出才开始吸引唱片公司和音乐杂志认真的关注。

18. 路易丝·梅因特耶斯对整个《恩赐之地》事件进行了深入的分析。参见 Louise Meintjes, "Paul Simon's *Graceland*, South Africa, and the Mediation of Musical Meaning," *Ethnomusicology*, 34 (Winter 1990): 37 - 74。尼尔·拉扎勒斯(Neil Lazarus)在其《后殖民世界中的民族主义和文化实践》(*Nationalism and Cultural Practice in the Postcolonial World*)一书中的"非洲流行音乐和帝国主义的悖论"(Afropop and the Paradoxes of Imperialism)部分对有关世界音乐政治的辩论进行了很好的概述。见 Neil Lazarus, "Afropop and the Paradoxes of Imperialism," *Nationalism and Cultural Practice in the Postcolonial World* (Cambridge: Cambridge University Press, 1999)。

19. 到此时,黑斧头乐队终于开始赢得南非的音乐奖,包括在 1994 年创立的后种族隔离时代南非音乐奖(SAMAS)大赛中获得多个奖项。沙巴拉拉在 1996 年获得了南非音乐奖终身成就奖,黑斧头乐队在 1996 年和 2000 年获得了最佳双人或组合奖。2000 年,乐队获得"南非音乐家在国际市场上的最佳成就奖"(Best Achievement by a South African Artist in International Markets),这表明,在南非,乐队正是因为在全球市场上取得了惊人的经济及象征意义上的成功而受到了赞扬。

20. 黑斧头乐队受邀在亚特兰大奥运会上表演,这进一步确立并加强了该乐队的全球地位。

21. Meintjes, "Paul Simon's *Graceland*," 63.

22. 一个侧重英国背景的有用的场所推广研究概述,参见 John R.

384

Gold and Stephen V. Ward, eds., *Place Promotion: The Use of Publicity and Marketing to Sell Towns and Regions* (Chichester: Wiley, 1994)。

23. 20 世纪 60 年代，在拉丁美洲出现了"第三类电影"的概念，它的范围很快扩大到其他国家和地区，尤其是后殖民国家和地区。"第三类电影"在美学、制作价值和政治上都不同于占主导地位的行业"第一类"电影(与好莱坞和美国相关)以及独立导演的"第二类"电影(与欧洲新浪潮导演相关)。自 20 世纪 70 年代以来，它已成为国际电影节的主要类别。"第三类电影"最初的宣言和理论收录在以下书中：Michael Martin, ed., *New Latin American Cinema*, *Volume I: Theories*, *Practices*, *and Transcontinental Articulations* (Detroit: Wayne State University Press, 1997)。

24. 许多传统的非竞争性节日，包括伦敦、维也纳、多伦多和圣丹斯等地的大型电影节活动，多年来通过引入一系列的奖项逐渐扩大，或者将自己作为一个颁发其他地方独立评选的奖项的场所。此外，评选过程的绝对竞争性(圣丹斯学院每年收到 1 700 多部故事片和 2 000 部短片，其中只有 100 部故事片和 60 部短片被选中放映)显然将所有的电影节都牢牢地置于国际文化竞争的圈子里，无论电影节是否采用国际电影制片人协会(FIAPF)承认的评审团评奖。

385 25. 在日益对节日的依赖中，艺术或电影遵循了大卫・昌尼(David Chaney)所描述的关于视觉艺术的历史进程，不是从大学而是从旅游和地方推广行业那里获得主要的支持。见 David Chaney. "Cosmopolitan Art and Cultural Citizenship," *Theory*, *Culture and Society*, 19, no. 1 (2002): 157 - 174。

26. Hamid Naficy, *An Accented Cinema: Exilic and Diasporic Film-Making* (Princeton: Princeton University Press, 2001), 10.

27. 同上，46 - 56。Homi Bhabha, "Preface: Arrivals and Departures," in Hamid Naficy, ed., *Home*, *Exile*, *Homeland: Film*, *Media*, *and the Politics of Place* (New York: Routledge, 1999), vii-

xii.

28. 巴巴提醒我们,"无归宿并不意味着无家可归"。更确切地说,它是体验"家园和世界的重新定位——无归宿,这是域外和跨文化启蒙的条件"。见 Homi Bhabha, *The Location of Culture* (New York: Routledge,1994),9。

第十三章　文化奖与世界文化政治

1. 最初圣丹斯电影节是为了宣传和庆祝美国独立电影而设立的,但 20 世纪 90 年代初以来,特别是自世纪之交以来,它一直在稳步扩大其世界电影类别的竞赛。随着这部分的扩大,越来越明显的是,世界电影不仅仅是指北美之外的一个包罗万象的电影类别。例如,2004 年,圣丹斯电影节有数十部来自拉丁美洲、亚洲和非洲的电影,而欧洲主要导演的缺席却引人注目。本文中的"世界"实际上是指"发展中世界""全球南方""少数"或"第三世界"。

2. 关于索因卡抵达拉各斯,见路透社电讯报道 "Nigeria Honors Nobel Prize Winner," *New York Times*, 18 October 1986。

3. 钦维祖多次重复这句俏皮话。

4. 尼日利亚伊博语(Igbo)文学评论家钦维祖、翁武切夸·杰米(Onwuchekwa Jemie)和伊赫丘库·马杜布伊克(Ihechukwu Madubuike)等带头发起对索因卡和诺贝尔奖的攻击,他们多年来一直在《过渡》等杂志上谴责索因卡是"欧洲现代主义者",说他"刻意模仿 20 世纪欧洲现代派诗歌的实践"。参见上述评论家们合作的文章, *Toward the Decolonization of African Literature*, vol. 1 (Washington: Howard University Press,1983)。以上引文见第 163 页。索因卡获奖后,钦维祖将这种"下车去战斗"——约鲁巴语"Bolekaja"①的言论升

386

————————

①　"Bolekaja"在非洲的约鲁巴语中意思是"让我们下车去战斗"。参见 Maduka, C. T. The Black Aesthetic and Africanbolekaja Criticism. *Neohelicon* 16,209 – 228 (1989)。

级，参见其著作 *Decolonising the African Mind*（Lagos：Pero Press，1987）以及其文选 *Voices from Twentieth-Century Africa：Griots and Towncriers*（London：Faber，1988）。他在第二部的"导言"中写道，人们可以想象"沃斯特（Vorster）、博塔（Botha）和希特勒（Hitler）"欢迎索因卡"作为辅助的班图人（Bantu）代言白人至上主义"。

5. 瑞典文学院的这种战略意识在《西非》（*West Africa*）和《非洲和谐》（*African Concord*）等非洲离散者的期刊中得到了宣扬。关于此话题的讨论和其他媒体对诺贝尔奖的报道，参见 James Gibbs，"Prize and Prejudice：Reactions to the Award of the 1986 Nobel Prize for Literature to Wole Soyinka，Particularly in the British Press，" *Black American Literature Forum*，22（Autumn 1988）：449–465。吉布斯提到了西非的一位作家，他推测瑞典文学院放弃桑戈尔的决定是对法国人的惩罚，因为萨特拒绝领取诺贝尔奖（459）造成了恶劣的影响。总体而言，他对这一事件的描述与帕斯卡尔·卡萨诺瓦对"文学的世界共和国"的描述是一致的，"文学的世界共和国"是一个以巴黎（支持桑戈尔）和伦敦（支持索因卡）为权力中心的体系，在这两个中心之间进行对世界神圣化权力的竞争。

6. Wole Soyinka，"Neo-Tarzanism：The Poetics of Pseudo-Tradition，" *Transition*，48（1975）：38–44；reprinted in Soyinka，Art，*Dialogue and Outrage：Essays on Literature and Culture*（New York：Pantheon，1993）。

7. Gibbs，"Prize and Prejudice，" 453。

8. Chinweizu et al.，Toward Decolonization，208。我在此应补充的是，索因卡长期高度坚持原则性以及他的勇敢的政治异见的记录现已使他超越了这种攻击，毫无疑问他是尼日利亚最受尊敬的作家和主要的民间知识分子，但我们不应该把 20 世纪 80 年代中期更具争议性的索因卡当成他现在的形象。

9. 毫不奇怪，20 世纪 90 年代钦维祖成为主要的反对全球化声音。

10. 引自 Bernth Lindfors，"Beating the White Man at His Own

Game：Nigerian Reactions to the 1986 Nobel Prize in Literature，" *Black American Literature Forum*，22（Autumn 1988）：475 – 488。

11. Gibbs，"Prizeand Prejudice，"454.

12. Paul Hirst and Grahame Thompson，*Globalization in Question*，2nd ed.（Cambridge：Polity，1999）赫斯特和汤普森是两个最直言不讳的全球化怀疑论者，他们将国际经济和真正的全球经济区分开来，以论证后者实际上是一个神话。

13. "文化产品"的国际贸易可能会继续增长，然而，即使农业和工业产品的贸易有所下降，正如教科文组织所记录的，文化产品的全球贸易一直超过其他门类，从 1980 年占世界进口总额的 2.5％上升到 1998年的 2.8％。这意味着从人均 12 美元增加到人均 45 美元。参见Phillip Ramsdale，"International Flows of Selected Cultural Goods，1980 – 1998"（Paris：UNESCO Institute for Statistics，2000）。这项研究的简要统计数字见网站"实事快报"（Fast Facts）部分的"你知道吗？国际文化产品贸易"一节。www. uis. unesco. org.

14. Moretti，"Conjectures on World Literature，" *New Left Review*，1（January-February 2000）：54 – 68. 佛朗哥·莫雷蒂（Franco Moretti)在其才气横溢的宣言《世界文学猜想》（*Conjectures on World Literature*）中提出了一个重要的方法论观点，即"世界文学不是一个对象，而是一个问题"。也就是说，它给我们提出的任务不是更完整或更孜孜不倦地阅读"它"（世界文学的主体），而是发展一种"新的批评方法"（本质上是文学社会学），通过这种方法，我们可以形成一种更全面、更权威的批评视角，如果必要的话，也是一种更"遥远"的批评视角。我全面赞同这一观点，尽管我关注的不是在当今世界文学形式的产生和传播过程中可能发现的地理模式（这是莫雷蒂的研究），而是最近的世界文学在全球传播阶段作为一个类别——一个公认的对象被重塑的方式。它的产生部分地依赖于某些西方文学机构，而这些机构自身也经历了一个在全球被复制、调整和挪用的过程（这一过程比西方文学本身要晚得多）。这些日益"全球化"和（或）去地域化的机构的运作是当今世界文学"问题"的根本所在。另见莫雷蒂对批评者的反驳，Moretti，"More Conjectures，" New Left Review，20（March-April 2003）：73 - 81，以及他的专著 Atlas of the European Novel，1800 - 1900（London：Verso，1998）。

15. 参见 Waïl S. Hassan，"World Literature in the Age of Globalization：Reflections on an Anthology，" College English，63，no. 1（2000）：38 - 47。感谢杰西卡·洛温塔尔（Jessica Lowenthal）允许我参考其未发表文章："What Is World Literature and Where Can I Buy It? The World Literature Anthology in the Twentieth Century，" University of Pennsylvania，December 2002。

16. 帕斯卡尔·卡萨诺瓦对世界文学从长计议，她在其著作的结尾也表示，近年来文学价值市场的全球化正在使文学权力中心分裂和分散，这给世界文学经典的选择强加了一种更有力的、持续不断的商业逻辑。参见 Pascale Casanova，a République Mondiale des Lettres（Paris：Seuil，1999），233 - 236。

17. Ian Anderson，"World Music History，" Folk Roots，21（2000）：36 - 39.

18. 引自 Lindfors，"Beating the White Man at His Own Game，"481。

19. 然而，哈根对于从审美角度批评属于这一范畴的作品不感兴趣，这些作品作为代表具有"后殖民性"的作品而被接受，这是由一些机构来促成并支持的。哈根更有兴趣对这些机构进行政治批判，我认为这是正确的。

20. Francesca Orsini，"India in the Mirror of World Fiction，" in Christopher Prendergast，ed. ，Debating World Literature（London：Verso，2004），333.

21. Maurice Delafosse，quoted in Brent Edwards，The Practice of Diaspora：Literature，Translation，and the Rise of Black Internationalism（Cambridge，Mass. ：Harvard University Press，

2003），82.

22. Bernice Rubens, quoted in John Mullin, "Prize Fighters," *Guardian*，23 May 2002.

23. Raoul Granqvist, "Wole Soyinka, Nobel Prize Winner：Sweden Acknowledges Africa," *Black African Literature Forum*，22 (Autumn 1988).

24. Dinitia Smith, "In Its Debut, a Big Prize for Freedom Helps Writer," *New York Times*，21 April 1999，E1.

25. 格雷厄姆·哈根是唯一对这些"后殖民赞助者"（他所给出的恰当的称呼）进行社会学分析的评论家。他在以下文章中解释道，20世纪后期这些令人怀疑的资金赞助者的兴起是"大型跨国公司"增长的结果。Graham Huggan. "Prizing Otherness：A Short History of the Booker," *Studies in the Novel*，24 (Fall 1997). 显然这方面的现象在欧洲尤其是英国最为明显，但非企业赞助数量也在急剧增加，这在美国最为明显。相对于企业和私人基金会的赞助，政府赞助奖项的趋势一直在下降，这是新自由主义国家贫困化的一个鲜为人知的结果，这一点似乎很清楚，也值得给予比本书更多的关注。

389

26. Benedict Anderson, "You Who Read Me, Friend or Enemy：The Choices of the Third World Novelist," *Southeast Asia Lecture Series*，Princeton University，3 October 2002.

27. Keri Hulme, *The Bone People* (London：Picador，1985). 我追随休姆，提到《骨人》的书名时使用了小写字母，但休姆后来的版本以及对这部小说的评论并不总是使用小写字母。书名使用小写字母本身就是世界文化的一个标志，或陈词滥调。

28. 麦克劳德（A. McLeod）的一篇评论发表在 1984 年 4 月 17 日的奥克兰大学的学生杂志《克拉克姆》（*Craccum*）第 18—19 页上，随后，D. S. 朗（D. S. Long）的一篇评论发表在 4 月至 5 月的《登高》（毛利语"Tu Tangata"）杂志上，该杂志是新西兰毛利发展部（Ministry of Maori Development）的杂志。由乔伊·考利（Joy Cowley）和阿拉佩拉·布朗克（Arapera Blank）撰写的第一个真正重要的评论出现在 5 月 12 日的《听众》（*The Listener*）杂志上，这是当时新西兰最重要的艺术和文学周刊，发行量超过了 100 万册。布朗克是澳大利亚奥克兰格伦菲尔德学院（Glenfield College）的一名教授，在发表这篇评论时，他是飞马奖评委会的成员。

29. Philip Howard，"Poetic Kiwi Tale Takes Booker Prize," *Times*（Lon-don），1 November 1985.

30. Anonymous，"Monster Novel at Large：Keri Hulme，Author of *The Bone People*，" *Guardian*，2 October 1985.

31. 在瓦蒂奖被蒙大拿葡萄酒公司买断后，这两个奖项于 1996 年合并，组成了蒙大拿新西兰图书奖（Montana New Zealand Book Awards），由此结束了长达 20 年的新西兰"第一"大奖之争，然而，仅仅五年后，舍弗尔奖的创立再次点燃了这场"第一"大奖的争斗。

32. C. K. Stead，"Keri Hulme's *The Bone People* and the Pegasus Award for Maori Literature，" *Ariel*，16（October 1985）：101‐108. 关于讨论和反驳，参见 Margerie Fee，"Why C. K. Stead Didn't Like *the bone people*：Who Can Write as Other People，" *Australian and New Zealand Studies in Canada*，1（Spring 1989）。

33. Edwin McDowell，"A Noted 'Hispanic' Novelist Proves to Be Some-One Else，" *New York Times*，22 July 1984，A1.

34. 可以理解，那年最被看好的作品是多丽丝·莱辛的《善良的恐怖分子》（*The Good Terrorist*），而彼得·凯里的《魔术师》（*Illywhacker*）紧随其后。如果博彩公司注意到马丁·戈夫在《每日电讯报》上发表对《骨人》热情洋溢的评论的话，他们会大大降低赔率。戈夫后来接受艾恩·特立文的采访时承认，尽管修姆的小说最初受到评委们的抵制，但他通过在幕后努力使其得以参评。*Booker 30：A Celebration of 30 Years of the Booker Prize for Fiction*，1969—1998（London：Booker PLC，1998），21.

35. Dea Birkett，"Maori Mafia versus Pakeha Redneck，" *Guardian*，

25 February 1994，A26. 休姆是仅有的入选以下文学作品选集的两位毛利族作家之一（没有其他新西兰作家入选）：Victor J. Ramrash, ed.，*Concert of Voices*：*An Anthology of World Writing in English* (Peterborough，Ontario：Broadview Press，1994).

36. Chris Bongie，*Islands and Exiles*：*The Creole Identities of Post/Colonial Literature* (Stanford：Stanford University Press，1998)，417.

37. 在 1977—1990 年获得"新西兰图书奖"的小说中，只有珍妮特·弗雷姆（Janet Frame）的《生活在马尼奥托托》（*Living in the Maniototo*，1980）和《喀尔巴阡山脉》（*The Carpathians*，1989）仍在美国和英国发行。在毛利族作家中，帕特里夏·格雷斯（Patricia Grace）在 20 世纪 80 年代的大部分作品，以及维蒂·伊希迈拉（Witi Ihimaera）的所有作品（包括他在 1983 年编辑的毛利文学选集）在 20 世纪 90 年代中期已经绝版。然而，伊希迈拉的《捕鲸者》（*Whalerider*）是新西兰的畅销书，还获得了 1988 年度"瓦蒂图书奖"，随着 2003 年尼基·卡罗（Niki Caro）根据该书改编的电影上映，该书又戏剧性地再次出现在北美书店里。《捕鲸者》具有神话般的叙事和明显的魔法元素，与伊希迈拉早期密切观察的自传式现实主义小说截然不同。事实上，这是一部更容易得到"世界文学"机构认可的作品。虽然这些机构还没有授予伊希迈拉多少荣誉，但值得注意的是，他作为联合制片人制作的电影《捕鲸者》在 2003 年度圣丹斯电影节上获得了世界电影奖。在我看来，《捕鲸者》现在很可能会加入《骨人》的行列，成为世界文学经典中的第二部新西兰小说，而且它将会像代表世界文学经典中的非洲小说——阿切比的《分崩离析》（*Things Fall Apart*）一样，成为最常见的课堂指定教材。

索　引

328

译后记

　　20 世纪文化奖项的迅猛增长已成为当今消费社会的一个特征,但文化奖长期以来在学术界是非主流的研究对象。正如本书作者英格利希在"前言"所述,20 世纪 90 年代,当学者们尚在质疑文学奖、文化奖与文学研究和文化研究到底有何关系之时,他开展了对文化奖这一当代最重要的文化价值产业的研究,并在此基础上完成了《声誉经济:文化奖、荣誉和文化价值的流通》这一专著。全书除了"引言"外,共分为四个部分。第一部分"文化奖的时代"包括前四章内容,主要讲述文化奖的发轫、演变、扩增以及在这个过程中现代文化奖模式的确立;第二部分"文化奖产业之特性"包括第五章到第七章的内容,主要讲述文化奖的组织、运转和经营等管理体制,以及文化奖评选制度的形成和奖品的制作与颁发;第三部分"游戏与玩家"包括第八章到第十章的内容,主要讲述文学奖作为文化游戏,其管理者、评委、记者、作家等玩家们为维护各自的利益进行的博弈,以及这种博弈对文化生产的影响;第四部分"文化声誉的全球经济"包括最后三章的内容,主要讲述在全球化语境下,文化奖跨越民族-国家边界发挥价值商榷作用,而西方借助举办国际文化奖干预本土民族文化价值的生产。

　　在本书中,英格利希通过聚焦文化奖的运作机制,诸如提名、评选、颁奖、领奖、赞助、宣传和丑闻等人们精心设计的各个环节，揭示在各种文化奖所促成的复杂交易中，文化价值的社会性建构过程以及文化声誉的产生和流通规则。他将文化奖作为赋予文化艺术作品、艺术家特殊价值的体系（经济体系），围绕该体系生产价值的方式，着力描述、分析和解读这个生产体系，探索并建立一种新的文学与文化经济学研究范式，这与帕斯卡尔·卡萨诺瓦提出的世界文学的新经济模式研究遥相呼应。

作为皮埃尔·布尔迪厄和法兰福学派之后有关文化生产和文化产业研究重要的理论家之一，英格利希提出的有关声誉资本的观点令人耳目一新。他强调在经济学家研究的货币之外其他类型的货币、资本以及经济权益或利润的重要性，指出一些有价值的资产和巨大的奖励不可简化为经济资本，而文化奖是促进不同形式的资本之间相互转换的工具，因而处于当代文化生产的核心位置。他对非金钱维度上最为突出和重要的实践和现象——荣誉、认可、各种评判手段的研究构成了声誉经济学理论，为推动文学社会学和文化经济学的发展做出了重要的贡献。2005 年《声誉经济》出版后，受到《华盛顿邮报》等英美各大报刊的广泛好评，并被《纽约》杂志评为"年度最佳学术图书"，被学术杂志《N＋1》称为"我们时代最好的批评作品之一"。本书的成功让年轻一代的学者能名正言顺地步入从事经济学、社会学和文化、文学交叉研究的领域。本书提出的声誉资本和新闻资本等是学者们研究文化奖和文化竞赛、文化节、艺术节等文化活动常用的概念，也是学者们在研究当代文化生产和文学生产常用的概念。作为文学社会学、文化经济学研究的经典著作，本书迄今已被约 1 300 种学术出版物引用过。

虽然本书是一部学术著作，但并不枯燥艰涩。英格利希描述公元 6 世纪至 20 世纪宏阔的文化奖发展史，对围绕文化奖项的起源和交易的各种逸闻趣事娓娓道来，语言幽默，读来饶有趣味，吸引了众多非专业读者，经常为欧美各大报刊文艺版、播客、电视节目等提及。

值得注意的是，英格利希所研究的文化奖项既包含欧美主流的文化奖比如诺贝尔奖、奥斯卡奖、艾美奖、格莱美奖、布克奖等，也包含非主流差评奖比如金酸霉奖、最差作品奖、最差艺术家奖等,作者并未对主流奖项和非主流奖项按照高低等级进行划分,而是将所有奖项视为文化价值产业的有机组成部分,在不同向度上进行价值生产。更难能可贵的是,他对西方国家在文化价值生产上的垄断性也有一定的揭露,这对于我们研究中国文化的对外传播不无启迪。虽然作者自己也意识到他的案例多来自欧美文化奖项和文化节,因此他在涉及全球文化生产的研究上有一定的局限性,并且他对诸如莫里森获得普利策奖等案例涉及的文化奖政治的阐述是否有失偏颇也有待读者以批判的视角来评判,但瑕不掩瑜,要知道,即便在今天文化奖研究已经成为新兴的合法的研究领域,他对文化奖宏阔且深入的研究仍尚待被超越。

英格利希注重与中国学界交流。2011 年,他曾为南京大学出版社出版的由江宁康和高巍翻译的美国知名学者约翰·杰洛瑞的《文化资本:论文学经典的建构》一书撰写了中文版"前言";2012 年,他在专著《全球英语研究的未来》(*The Global Future of English Studies*)一书中收入了南京大学英语专业培养方案的案例;2017 年,他接受了《中华读书报》的专访,向中国读者介绍了其主持评审图书奖的经历及美国图书奖的全貌;2021 年,他接受《外国文学研究》专访,向中国学者讲解文学社会学和文学经济学的学科研究史。南京大学出版社学术分社社长杨金荣先生慧眼识珠支持本书出版也将添加学术交流的一段佳话。

本书的翻译是一个很大的挑战,正如作者在"前言"所述,本书在"英文学术术语和独特的美国习语之间来回切换",并且本书的研究领域横跨文学、艺术、文化、经济学、社会学和传播学,研究对象包含了欧美和非洲主流及非主流的文学、音乐、影视、绘画奖项甚至国际体育赛事奖项,涉及法语、西班牙语、意大利语等,数以百计的文化奖名称中有相当一部分是首次中文译出,这些都给翻译工作带来一定的难度。本书在翻译过程中得到作者英格利希的大力支持,他及时对相关术语、俚语及其语境的解释帮助我们解决了一些翻译的难题。另外,本书的翻译也得到了西安外国语大学英文学院、欧洲学院诸位同事及一些校外专家的支持,他们对部分术语的翻译提供了宝贵意见。本书的编辑刘慧宁老师也对译文提出许多改进意见，在此一并致谢！

本书的翻译工作由我和党争胜教授承担，主要的校译由我来负责，书中难免存在疏漏、笔误或表达问题，这些均是由于我们的水平有限，恳请专家学者们谅解，并衷心希望提出宝贵的批评和指正意见。

芮小河　于西安

2023 年 9 月 15 日